坚守耕地红线

郧文聚 著

中国财经出版传媒集团
中国财政经济出版社

图书在版编目（CIP）数据

坚守耕地红线／郧文聚著．—北京：中国财政经济出版社，2022.5

ISBN 978-7-5223-1315-3

Ⅰ.①坚… Ⅱ.①郧… Ⅲ.①耕地保护-中国-文集 Ⅳ.①F323.211-53

中国版本图书馆CIP数据核字（2022）第059345号

责任编辑：张　军　　责任印制：张　健

封面设计：陈宇琰　　责任校对：徐艳丽

坚守耕地红线

JIANSHOU GENGDI HONGXIAN

中国财政经济出版社 出版

URL：http：//www.cfeph.cn

E-mail：cfeph@cfeph.cn

（版权所有　翻印必究）

社址：北京市海淀区阜成路甲28号　邮政编码：100142

营销中心电话：010-88191522

天猫网店：中国财政经济出版社旗舰店

网址：https：//zgczjjcbs.tmall.com

北京时捷印刷有限公司印刷　各地新华书店经销

成品尺寸：145mm×210mm　32开　15印张　363 000字

2022年6月第1版　2022年6月北京第1次印刷

定价：66.00元

ISBN 978-7-5223-1315-3

（图书出现印装问题，本社负责调换，电话：010-88190548）

本社质量投诉电话：010-88190744

打击盗版举报热线：010-88191661　QQ：2242791300

序言

曹卫星

郧文聚同志长期从事土地管理工作，对土地科技的热爱之情是发自内心的，也是见之行动的。《坚守耕地红线》一书是文聚继《农村土地利用研究》和《生态良田思考》后的第三本个人著作文集，主要收录了近年来公开发表的评论和科普类文章，反映了他在耕地保护领域的一些独到见解和思考，在此表示衷心祝贺。

我到原国土资源部、自然资源部工作后，曾分管科技、执法、耕地保护工作，与文聚同志有较多联系。据我所知，文聚同志的职业生涯是与土地行业发展、土地科技进步紧密联系的。他对耕地保护、基本农田、土地利用、土地调查、土地质量等方面有比较深刻的思考。近些年，他集中精力，勤于动笔，凝练成果，写出不少高质量的学术论文和科普文章，其中关于耕地红线的研究是非常突出和发人深省的。

作为土地科技领域的杰出代表，文聚同志积极参与原国土资源部的科技创新发展规划工作，对“三深一土”科技创新发展布局贡献良多。他向国土资源部科技大会汇报了土地科技进步与展望，促进了国家土地科技战略的构思。他代表原国土资源部、自然资源部参与了国家中长期科技发展战略研制，深受好评。

在做好大量行政工作的同时，文聚同志非常热心土地科技人才培养和学科建设。在推动土地整治工程进入《中华人民共和国职业大典》、土地整治工程成为国民教育本科专业、土地行业进入国民经济统计、土地科学列进自然科学基金委学科目录、土地科学与技术被教育部接纳为一级学科等重要工作进程中，文聚同志都发挥了积极的关键的作用。

希望郧文聚同志保持勤奋精神，发挥专业优势，积极建言献策，为土地系统科学发展和土地行业科学管理继续贡献聪明才智。

自然资源部原副部长
民盟中央副主席
欧美同学会副会长
南京农业大学教授

2022 年 2 月

目　录

第一篇　耕地红线与粮食安全

第二篇　耕地健康与生态保护修复

第三篇 土地利用实践与乡村振兴

第四篇　土地科技创新

第五篇　媒体访谈

第六篇　发言与寄语

第一篇

耕地红线与粮食安全

矢志守红线　一起向未来

2021 年，是名副其实的坚守耕地红线年、耕地保护行动年、耕地保护制度构建年。自然资源系统认真落实中央决策，不断亮出“长牙齿”的耕地保护硬措施，把制度的“笼子”扎得更牢更实。

这一年，耕地保护执法监管方面，“早发现、早制止、严查处”机制进一步完善，监测内容更细，监测频次更密，实现了“月清、季核、年评估”。

这一年，补充耕地监管机制进一步健全。自然资源系统主动公开补充耕地项目与地块信息，在部网站上公布了 2 万余个补充耕地项目信息，认真接受社会监督，确保补充耕地真实可靠。

这一年，执法督察力度进一步加大。自然资源部通报耕地保护突出典型问题、典型案例，挂牌督办重大典型违法违规案件，约谈违法违规突出地区，启动违法违规占用耕地重点问题整治，公开通报 100 起涉刑土地违法案件，以“零容忍”态度形成了坚守耕地红线的高压态势。

这一年，全国耕地后备资源调查评价启动。自然资源部门全面完成全国耕地质量分类调查评价，与有关部门一起，积极推动黑土地保护行动、北方干旱区和南方红黄壤治理科技行动，深入开展土地综合整治、高标准农田建设和山水工程，组织开展耕地生物多样性调查评价，构建耕地调查监测技术体系，为坚守耕地红线插上了更为坚实的科技翅膀。

这一年，耕地保护制度网越织越密。自然资源系统认真梳理耕地保护法律规定，用最严密的法制推动落实最严格的耕地保护制度，推出了新的《土地管理法实施条例》，动手起草耕地保护法，把党中央关于耕地保护的要求进一步法制化。同时，还发布了备受关注的耕地用途管制规则，以堵住因农用地内部流转而造成耕地流失的漏洞。

耕地保护，关乎当下，更关乎未来。18 亿亩耕地必须实至名归，农田就是农田，而且必须是良田。2022 年，让我们共同许下心愿：矢志守红线，一起向未来。

（原载：《中国自然资源报》，2022 年 2 月 1 日）

18 亿亩耕地必须实至名归

前不久召开的中央农村工作会议指出，耕地保护要求要非常明确，18 亿亩耕地必须实至名归，农田就是农田，而且必须是良田。

如何让 18 亿亩耕地“实至名归”？

首先，耕地必须是用于耕种作物的土地。耕地的本质是什么？如何科学严谨地给耕地下定义？从我国耕地保护的具体实践来看，对这一基本问题的不同理解、解释和决策导致了不同的耕地保护效果。中央农村工作会议要求“18 亿亩耕地必须实至名归”。日后在耕地定义上做文章、搞变通的路子，行不通了。能够种作物且只种作物的土地，才能被认定为耕地。

其次，农田不仅是作物生长的基地，而且是高能效、可持续的优质资产。

我国有几千年的农业文明史。耕地到了我们手中决不能变成过量施肥、过量用药的“鸡肋”。良田，应是中华民族代代相传、赖以生存发展的优质自然资产。高标准农田建设是新世纪一项成功的国土综合整治工程建设实践，这项工作日益得到全社会的重视和肯定。高标准农田要做到“一季千斤、两季吨粮”。“农田就是农田，而且必须是良田”。也就是说，农田的本质属性应得到充分尊重。农田不能无视法律法规转变性质，演变为非农业用地；农田就要种粮，不能种果种树；农田应是良田，要按照“良田”的本质要求，进一步完善高标准农田建设制度和标准，向生态良田的更高目标迈进。

再次，耕地布局必须稳定优先，与光温水自然禀赋条件相协调。

如果人类没有发展农业文明，耕地形态就不出现。人类为了提高自我生存保障能力，才开发出了耕地。耕地的前世或是枝叶繁茂的森林，或是水草丰美的草原，或是生机勃勃的湿地，或是干旱瘠薄的荒漠。耕地的开垦必须以得天独厚的水土条件为基本前提。离开了自然生态安全，耕地资源安全是无法保障的。

而得天独厚的自然禀赋不是均衡分布的。我国南方可以一年三熟，可以达到吨粮田的标准；北方能一年一熟，尤其是西北地区干旱少雨，农业气象条件极不稳定。因此，耕地布局与自然资源禀赋相匹配，优先布局稳定管控目标十分必要。耕地“要有合理布局，主产区、主销区、产销平衡区都要保面积、保产量”。任何地方，都不得以任何借口放弃、转移耕地保护责任。

耕地是我国最为宝贵的资源，是粮食生产的命根子。这不是一句口号，而是一个极为复杂的系统工程。耕地保护工作如今再不能搞变通、“讲故事”了。让耕地“实至名归”，是地方政府需要切实负起的责任，是考核的硬目标，也是人民群众实实在在的期盼。

（原载：《中国自然资源报》，2022 年 1 月 27 日）

“三问”耕地保护

日前，中央农村工作会议在北京召开，会议分析了当前“三农”工作面临的形势任务，并特别强调，耕地保护要求要非常明确，18 亿亩耕地必须实至名归，“农田就是农田，而且必须是良田”。耕地保护继续“加码”，直指科学管理、科学保护的本质。

一问：为何需要明确耕地本质？

耕地并不难辨识，如果耕地连作物都不生长，一定不是耕地，但现实管理实践中却走了样。

根据《基本农田保护条例》，基本农田不但是耕地，还是不得被占用、实施永久性保护的优质耕地。我国登记在册的基本农田中却有不少数量的非耕地，更有地方耕地数量和基本农田数量“倒挂”，基本农田数量高于区域耕地面积总量的市县不是个例。

这种违背基本常识、违背法律的现象恐怕不是分不清什么是耕地，而是管理出了漏洞、概念有了变通、法律做了文章。

另外，还有两类“非耕地”恐怕不容易辨识。一类是种植了粮食作物的“耕地”，上山入水、人迹罕至、土壤贫瘠、缺肥少水，本不具备种植条件的土地“名正言顺”登记入册，甚至被纳入基本农田永久保护；另一类是延续种植了千百年的好耕地，先是被“穿膛破肚”，短短数年就被管理成为可恢复类“耕地”，最终怕是难逃永久流失。

在耕地概念上做文章、搞变通不仅名不副实，而且埋下了巨大隐忧。耕地保护必须首先明确耕地本质，笔者呼吁：能够用于且必须用于种植作物的土地，才能认定为耕地。

二问：为何农田必须是良田？

我国是文明古国，农业文明史延绵数千年，耕地在中国先人手中精耕细作、越种越肥，成为社会发展的压舱石、经济运行的稳定器、国际交往的底气牌。中华民族代代相传、赖以生存和发展的优质自然资产绝不能到我们手中，就变成了过量施肥、过量用药的“鸡肋田”。

进入21世纪，我国成功实施了高标准农田建设工程实践，得到政府、学界、农户等各方的肯定与重视，高标准农田应该也必须做到“一季千斤、两季吨粮”，不仅要按照现代农业发展要求进行高标准投资建设、高标准管理使用、高标准维护监管，还要能在绿色利用方式的前提下算得过账、保障得了经营者收益。

为了保障生存安全、提高生活水平，耕地被陆续开发了出来，但得天独厚的自然禀赋并不是均衡分布的，南方可以一年三熟，轻松生产吨粮，北方只能一年一熟；西北干旱少雨，农业气象条件极不稳定，而在雨水丰沛的地区一季千斤则很容易。

由此可见，良田必须以水土条件可承载为基本前提，离开了自然生态安全，耕地可持续利用无从保障。我国耕地保护利用不仅要守住面积、生产高效，还必须勇于正视挑战，向自然生态可持续的“生态良田”目标继续挺进。

“农田就是农田，而且必须是良田。”我们必须充分尊重农田作为生产资源的本质属性，优先稳定耕地格局、严格用途管制，持续提升耕地质量、保障经营效益，修复耕地生态环境、协同光温水自然禀赋。笔者呼吁：将良田建设纳入耕地保护制度规定，将维护耕地自然生态安全边界与耕地生态保护修复明确为法律规定，尽早实施“生态良田”工程。

三问：耕地保护为何是各方责任?

耕地是我国最为宝贵的资源，是粮食生产的命根子。这不是一句口号，而是一个极为复杂的系统工程。在耕地保护问题上，不能只算经济账、不算政治账，只算眼前账、不算长远账。耕地必须“要有合理布局，主产区、主销区、产销平衡区都要保面积、保产量”。任何地方都不得以任何借口放弃、转移耕地保护责任。

耕地保护还要算好经济账，充分调动农民护田主动性、种粮积极性同样是社会各方责任，也是当前耕地保护面临的现实难题。扩大耕地经营规模、壮大新型经营主体、提高农业生产的科技水平是重要途径。需要耕地资源监督管理者主动作为、组织引导，还需要科技工作者、农业院校勇于承担时代责任，多部门、多领域、多学科汇聚起更大的推进农业农村现代化的力量。

为此，笔者呼吁：完善耕地监测监管体系，构建耕地数量、质量、生态评价指标体系，评价耕地资源状况与保护开发利用程度、耕地保护利用科技状况与区域发展的协调关系，进一步加强耕地资源监督考核。

（原载：《中国科学报》，2022 年 1 月 20 日，合作者：汤怀志）

建设生态良田，坚守18亿亩耕地红线不褪色

前不久召开的中央经济工作会议再次强调了要继续把提高农业综合生产能力放在更加突出的位置。在具体部署上，一抓高标准农田建设，二抓种业振兴行动，三抓农机装备水平提高，四抓种粮农民合理收益保障。应该说，这是中央持续打组合拳、以顶层设计保障国家粮食总产实现“十八连丰”“七连稳”的深刻总结。若把这个要求换作一个公式来表达，就是：国家粮食综合生产能力 =（耕地 + 种子 + 农机装备）× 农民种粮积极性。如果进一步演绎一下，这个公式可以改为：国家粮食综合生产能力 =（良田 + 良种 + 良法）×（书记县长的决心 + 社长盟长的雄心）。多年观察三农问题，笔者认为，调动农民种粮积极性，不仅需要中央经济工作会议定方向、中央一号文件明确措施，更需要县委书记、县长的实施方案，同样需要千千万万合作社社长、农业科技创新推广联盟盟长的榜样示范作用。在这个过程中，如果有各地农业大学“科技小院”的支撑，必将汇聚起更大的推进农业农村现代化的力量。

采取有效措施，实现国家粮食总产实现“十八连丰”“七连稳”，是一个方面。清醒地看到国家粮食安全体系中的要害、短板，

明确做出战略性安排，则是另一个方面。

2021 年中央经济工作会议明确了“种子和耕地”两个要害问题。国家随即做出重大部署，集中战略科技力量，确保打赢“种子芯片攻坚战”，确保中国粮用中国种。组织实施“黑土地保护攻坚战”，全面阻击黑土地“变薄、变瘦、变硬”退化，保卫黑土大粮仓。与此同时，国家重点研发专项安排部省共建项目，强力推动对新疆、宁夏、山东盐碱耕地、河北中低产田、湖北坡耕地、山西旱地等耕地科学合理的开发利用，以期大幅度提升水土资源利用效率，确保可持续发展。

我们必须看到，土地退化是全球人口增长、经济社会发展大背景下的一个国际级挑战。联合国粮农组织估计，全球 38% 的耕地面临中、重度退化，而毁林毁草毁湿开垦耕地还没有到达顶点。我国耕地退化现象也比较普遍，耕地盐渍化、荒漠化、石漠化发生面比较大，土壤酸化向北方发展，三大平原农区耕地退化治理面临极其复杂的局面。这不仅需要通过科技创新提供解决方案，更需要制度创新提供整体方案。

其中，有两个问题是极其复杂的，必须引起高度重视，并逐步找到金钥匙。其一，是耕地资源的自然生态安全边界问题；其二，是小农户粮食生产格局的社会化组织问题。

第三次全国国土调查成果显示，自 2009 年到 2019 年，10 年间耕地净减少 1.13 亿亩，年均 1130 万亩，主要流向了国土绿化和农业结构调整。而在现实保有的耕地中，还有相当比例是不稳定耕地，这些帮忙田只有数量意义，难以改造建设成为高标准农田。因此，坚守耕地红线，不仅意味着要确保 18 亿亩耕地稳定在握，而且要确保耕地红线的成色不褪，耕地资源的利用效率不降。我们理解，这才是中央经济工作会议精神的深刻奥义所在。

进入 21 世纪以来，高标准农田建设成为稳固提升国家粮食安全水平的一个重要抓手。经过国务院批准，“十二五”“十三五”

期间连续实施了两个五年高标准农田建设规划，建成了8亿亩高标准农田。这些高标准农田的建设，贵在有规划引领，有建设标准、预算标准支撑，有专业队伍实施，有建后运营监管，从根本上走出了过去搞农田建设“头年建、二年坏、三年原地又重来”的恶性循环怪圈，真正形成了一笔国家优质资产。

前不久，国务院又批准了高标准农田建设“十四五”规划。这个规划，进一步总结了前两个“五年规划”的基本经验，提出了一些更加明确有力的措施。比如，高标准农田的“宜机化”改造；再比如，高标准农田15年工程寿命比较短，应该参比日本水田建设标准，延长到40年等。

我们相信，中国良田工程一定能够为国家粮食安全做出更大的贡献。我们更希望，从现在开始，明确将“高标准农田”建设更名为“生态良田工程”建设，而且将建设范围拓展到雨养农业区。

最近，《自然——食品》发表的一篇文章指出，中国86%的农田可以合并，建成平均农田面积大于16公顷的大规模耕作方。这将使科技推广和农机使用分别增加59%和91%。同时，使总氮投入量减少24%，氮肥利用率提高18%，劳动力需求减少39%，而劳动力收入则增加一倍。可见，中国生态良田工程建设的前景十分光明。

在当前形势下，坚守耕地红线，必须坚持数量质量并举，坚持耕地数量质量生态“三位一体”保护，用最严密的法制，完善最严格的耕地保护制度。**一是**明确耕地内涵，彻底斩断对耕地内涵的曲解，彻底解决耕地保有量、永久基本农田倒挂现象；**二是**构建耕地资源及其利用的监测预警技术体系，及时发现、及时解决耕地资源源头保护与耕地资源利用过程中出现的问题，防患于未然，避免尾大不掉；**三是**突出耕地资源质量建设和耕地资源利用过程中的质量保护，高水平建设高标准农田，努力恢复和发扬中华民族精耕细作，用养结合、农牧结合的农业文明遗产，走绿色农业发展之路；

四是切实把耕地生态保护修复写进法律，把维护耕地自然生态安全边界的硬措施明确为法律规定，坚决遏制耕地退化普遍发生、难以逆转的局面，打赢耕地退化阻击战。

（原载：《中国科学报》，2022 年 1 月 9 日，合作者：桑玲玲）

积极审慎组织实施第三次全国土壤普查

新中国成立以来，已经开展了两次全国土壤普查。第一次全国土壤普查（1958—1960 年），以土壤农业性状为基础，并提出全国第一个农业土壤分类系统。第二次全国土壤普查（1979—1994 年），以成土条件、成土过程及其属性为土壤分类依据，采用土类、亚类、土属、土种、变种 5 级分类，分级完成了不同比例尺的土壤制图（全国 1∶100 万，各省区 1∶50 ~ 1∶100 万，各地市区 1∶10 ~ 1∶20 万，各县 1∶5 万），编绘了土壤类型图、土壤资源利用图、土壤养分图、土壤改良分区图，完成了《中国土壤》及各省区的土壤志等专著、《中国土种志》六卷和各省区《土种志》以及中国《土壤普查数据》等成果。

第二次全国土壤普查的主体工作完成，距今已近 40 年了，全国土壤资源已经发生了很大变化，迫切需要开展第三次全国土壤普查。但是，开展第三次全国土壤普查的紧迫性，必须以普查技术方案和组织方案的可行性为基础和前提。可行性不充分，第三次全国土壤普查就必须缓行。可行性可以从以下九个方面来分析：

一是土壤资源，其发生和发展是一个慢变量，其开发与利用却是一个快变量。生成一厘米厚的土壤，需要 300 ~ 500 年时间，而流失一厘米厚的土壤，仅一场雨、一场风就够了。吉林梨树试验站实测数据表明，自清末这片黑土地被开垦为粮田以来的一百年间，黑土层普遍流失了30厘米，原来70厘米厚的黑土层目前仅有40厘米厚。如不施以保护型利用，再过一百年，吉林梨树黄金玉米带赖以存在的黑土层将不复存在。全国土壤普查，不仅要搞清楚土壤资源，而且要搞清楚土壤资源利用。两个方面，相辅相成，一个也不能少。

二是土壤普查，逻辑起点是土壤分类系统的建立，及其标准化、知识化和工具化。全国土壤“一普”、“二普”都是反弹琵琶，先调查后分类，这与当时的土壤学发展水平是一致的，是不得已而为之。“二普”以来，中国土壤分类科学已经取得了巨大进展和突破，已经跨过了以经验分类、区域性知识概括的为特征，“同名不同土、同土不同名”的问题，已经随着中国土壤系统分类的建立和完善得以解决。现在的问题是，全面系统掌握土壤系统分类科学知识的专业人才数量不足，难以满足“三普”需要。

三是土壤普查，是一个系统工程，又是一个国家工程。今天的土壤普查，已经不仅是土壤类型、数量、质量与分布的基础调查，而且是土壤利用、保护、修复和治理的专项调查，同时是土壤及其可持续管理的科学调查。土壤普查，既有很强的科学性，又有很强的管理性，还有很强的工程性。土壤普查，不仅关系到农业生产，而且关系到自然资源安全、生态环境状况；不仅关系到吃得饱、吃得好的问题，而且关系到子孙后代的福祉保障问题。因此，对这一调查工程的系统性、复杂性、整体性要有充分认识、充分估计，对可能发生的困难和风险要做出重复估计，做好应对预案。

四是土壤普查，调查底图应该怎么做？“二普”以来，全国土壤基本性质的调查事实上并没有中断过。自然资源部、农业农村部、生态环境部、中国地质调查局、中国科学院都有经常或专项调查项目开展相关工作。自然资源部关于耕地质量分等定级工作已经持续了20多年，至今没有中断。农业农村部关于耕地配方施肥工作一直得到财政支持，每年都有成果。生态环境部对耕地土壤重金属污染详查工作刚刚完成，是近20年来的第二个普查性质的重要成果。中国科学院南京土壤研究所刚刚发布了基于网格的全国土壤基本性质属性值。第三次全国国土调查更是将耕地调查作为重点内容予以实施，并安排专项开展了全国耕地资源质量分类调查。以上成果综合起来，可以为第三次全国土壤普查奠定坚实的科学数据基础和指引。土壤普查底图制作，需要建立在对这些成果的高质量综合基础之上，而不需要另起炉灶、从头再来。

五是土壤普查，人才是基础、队伍是保障。“二普”以来，土壤学日益变成了一个小众科学，土壤学内部的不均衡发展问题也比较突出。土壤资源高强度利用科学技术发展迅速，而土壤资源可持续利用与保护科学技术发展缓慢，导致土壤退化现象普遍发生。以耕地退化为例，北方盐渍化、南方酸化，东北平原农区黑土地变薄变瘦变硬，华北平原农区地下水漏斗持续深化，长江中下游平原农区土壤、地下水和河湖污染严重，西南山区丘陵区耕地石漠化，西北干旱区和青藏寒旱区耕地荒漠化等。这些区域土壤资源退化问题的调查、评价，需要大量高水平土壤学人才、高质量普查队伍的支撑，而土壤普查人才队伍调查评价能力的形成，并不是一蹴而就的，而是需要有一个时间过程来建立、培养和培训。

六是土壤普查，应该有《全国土壤普查条例》予以规范。全国土壤普查是一项国情国力普查，与人口普查、国土调查、土壤污染调查相当，需要大笔中央和地方财政资源支撑。同时，由于土壤资源性质的隐蔽性，需要以大量原位实测、实验室检测科学数据为基础，需要运用先进科学技术进行数据挖掘分析和情景研判。全国土壤普查的目的、目标、任务、技术规范、组织实施、预期成果及其应用，应该也必须建立在法律规范先行的基础之上。

七是土壤普查，必须试点先行。综合以上几个方面的分析，开展第三次全国土壤普查，可以考虑在“十四五”先搞好试点。通过试点，把必要的法律政策、规程规范、人才队伍等关键问题解决好。试点完成后，再决策第三次全国土壤普查。即使“十四五”必须启动第三次全国土壤普查，也必须视试点结果再决策，不能没有这个里程碑考核。打个比方，如果说“第三次全国土壤普查”是三峡大坝工程，“第三次全国土壤普查试点”就是葛洲坝工程。

八是土壤普查，必须走多部门协同合作调查的组织路线。开展第三次全国土壤普查，由农业农村部牵头是适当的。但是，一方面，必须注意到土壤本质上属于自然资源范畴，是耕地、园地、林地、草地等农用地资源的核心要素，荒漠、湿地中也有土壤。对自然资源进行调查评价和监测，是自然资源部的一项核心职责。第三次全国国土调查刚刚完成，耕地、园地、林地、草地、荒漠、湿地的空间分布已经查清，自然资源部理应是第三次全国土壤普查的合作部门，承担职责分工内的相应工作。另一方面，由生态环境部牵头，自然资源部、农业农村部参加的全国土壤污染状况调查也已经完成，开展第三次全国土壤普查，理应考虑这项重要成果。生态环境部也应该是开展第三次全国土壤普查的主要参加部门，承担部门职责分工内的相应工作。

九是土壤资源数据必须归口权威发布。土壤资源调查、评价和监测数据属于自然资源数据范畴，以土壤资源为基础的耕地、园地、林地、草地、荒地等土地性质的界定和调查工作已经统一归口自然资源部负责。作为下游用地行业部门，在用地过程中必须遵循按国土空间规划和用途管制规则，不得违规使用，更不能破坏性使用。比如，我国盐碱地资源情况，权威数字已经通过第三次全国国土调查获得并公布。不能再继续搞第二套数据、第二个底板和第二个平台。盐碱化耕地、草地的情况，可以通过第三次全国土壤普查获得。第三次全国国土调查没有这两项数据。

（原载：《经济日报》新闻客户端，2021 年 12 月 13 日）

保障资源安全　守牢耕地红线

今年中央经济工作会议提出，要把提高农业综合生产能力放在更加突出的位置，持续推进高标准农田建设，深入实施种业振兴行动，提高农机装备水平，保障种粮农民合理收益，中国人的饭碗任何时候都要牢牢端在自己手中。

从农业产出增长、经济效益提高与农业生产潜力保护、农业生态环境改善有机统一的实践案例（如吉林省四平市的“梨树模式”）来看，继续稳定全国粮食产量，夯实应对经济社会可持续发展的物质基础，在良种良法育良田的同时提升农民生产积极性，不仅需要广大农业科技工作者奋力提升农业科技现代化水平，还需要各级党委和政府领航把舵，带领农民走上乡村振兴、共同富裕的道路。

我国粮食产量连续 7 年保持在 1.3 万亿斤以上，实现了粮食生产 18 年连续丰收，这是我们从容应对各种风险挑战的底气。中国人的饭碗不仅要牢牢端在中国人自己手中，还要努力确保中国碗主要装中国粮，中国粮主要用中国种。

然而，我们应清醒地认识到，我国粮食产量稳步提升和高位稳定，意味着坚守耕地红线面临着艰巨挑战。需要注意的是，耕地长期持续全面的高强度利用，一方面耕地退化发生面大，北方耕地盐渍化，南方土壤酸化，东北黑土地变薄变瘦变硬，西南山区丘陵区耕地石漠化，西北干旱区和青藏寒旱区耕地荒漠化等，这些问题不仅威胁耕地资源保障安全，而且危害耕地资源生态安全。坚守耕地自然生态安全边界的目标任务空前艰巨。

另一方面小农户粮食生产格局并没有发生深刻变革，耕地资源利用比较效益低的问题没有得到根本解决，耕地“非粮化”、新增补充耕地“边际化”问题破解存在困难。

在当前情形下，坚守耕地红线，必须坚持数量质量并举，坚持耕地数量质量生态“三位一体”保护，完善最严格的耕地保护制度，切实做到用“长牙齿的硬措施”，像保护大熊猫一样保护耕地，像爱护眼睛一样守护耕地。

应加快完善耕地保护的法律制度，通过细化、修正相关条文使各项法律规定更加简明，具有可操作性；构建耕地资源及其利用的监测预警技术体系，及时发现、及时解决耕地资源源头保护与耕地资源利用过程中出现的问题，防患于未然；突出耕地资源质量建设和耕地资源利用过程中的质量保护，走绿色发展之路；切实把耕地生态保护修复写进法律，把维护耕地自然生态安全边界的硬措施明确为法律规定。

（原载：《中国自然资源报》，2021 年 12 月 21 日）

有了“路线图”还要绘细“施工图”

——从限制性因子看耕地后备资源调查评价

上周，自然资源部办公厅发文启动新一轮耕地后备资源调查评价，随文下发的技术方案明确了“不宜耕”的限制性因子及其阈值，可谓画好了“路线图”。但为了确保调查评价成果质量，笔者以为地方在开展过程中还要进一步细化明确要求，把“施工图”绘细绘好。

此次技术方案明确了部分限制性因子的阈值，包括坡度不得大于25°、年积温不得低于1800℃、土壤质地不得为砾质、土壤pH值在4.0～9.5之间、土层厚度不低于60厘米且无客土土源、年降水量不得低于400毫米或低于400毫米但有灌溉条件等。对于土壤重金属污染状况、土壤盐渍化程度两个因子，尽管是描述性的，但科学数据来源是可靠的。

在笔者看来，上述这些限制性因子调查评价起来相对容易把握，难的是剩下的两个限制性因子：“生态条件”和“耕作便利度”。

对于“生态条件”，技术方案明确分为三个级别：一级，即耕地后备资源地块处于生态保护红线或城镇开发边界外；二级，即耕地后备资源地块处于生态保护红线或城镇开发边界内；三级，即耕地后备资源开发可能大概率导致土地退化或诱发地质灾害。笔者以为，对“三级”的判断，技术性很强，没有良好科学知识的调查员可能陷入困境，无法给出结论性意见。因此，建议进一步做出详细说明，以便调查员能够据此做出准确判断并在调查报告中注明判断依据。

对于“耕作便利度”，技术方案明确为“两个是否”，即是否方便到达耕种、是否可持续利用。其中，“是否方便到达耕种”划分为两级，一级为方便到达耕作；二级为不方便到达耕作。对于“是否可持续利用”，技术方案没有给出说明。从农业水土工程角度看“耕作便利度”，实质上就是一个要求——道路通达度。而“耕作便利度”的内涵其实要丰富得多，是农田工程建设对现代农业、绿色农业的支撑水平问题。这是一个重要判断，建议开展耕地后备资源调查时在这方面加以完善。

此外，此次调查评价还有两项原则性很强的要求，一是“以水定地”，二是“逐块调查”。这两项要求，同样需要进一步细化明确。

其一，“以水定地”，关键是区域水量平衡和水源工程保障。从耕地后备资源的基本条件看，水是根本制约因素，而且往往也是最容易忽视的因素。像日本，由于耕地资源禀赋的限制，在水田开发建设方面的要求极其严格：山丘区开发水田，至少 120 亩连片、水源工程有保障；具体要求是每块水田 20 亩，长宽按照水田机械作业的技术参数计算确定，水源工程按照 40 年寿命设计建设。然而，我国有些地方的补充耕地，连个水窖都没有，怎能称之为垦造水田呢？为此，应当进一步明确“以水定地”的要求。

其二，“逐块调查”，即逐地块调查登记耕地后备资源开发条件，建立能够经得起历史检验的数据库。这项要求并不高，但考验的是调查机构和调查员是否具备资质能力，是否能够扛稳历史责任，而这同样是关乎调查评价质量的关键所在，需要细化责任要求。

（原载：《中国自然资源报》，2021 年 7 月 13 日）

立足自然禀赋差异保护耕地

做好新时代的耕地保护监督工作，需要分析研判、深刻认识我国耕地资源禀赋的差异性，不断探索创新能够适应不同区域的耕地保护差别化政策。这其中既要立足耕地资源禀赋的差异性，也要兼顾耕地资源利用条件配置的差异性，还要考虑耕地保护监督工作重点的差异性，以及耕地保护监督制度建设的差异性。

我国现有耕地从南到北、从低到高分布在49个自然区中。从地类分，有水田、水浇地、旱地，其中旱地占了半壁江山，只能发展雨养农业。从种植制度分，有热作区，有三熟区，有两熟区，也有一熟区，光热条件是影响耕地资源利用的主导因素。从地形看，有东北平原、华北平原和长江中下游平原，也有西北干旱、南方丘陵山区。做好耕地保护，必须充分考虑自然地理格局对耕地资源的支配性作用。

耕地资源的形成及其开发利用，不是撒把种子能长出庄稼就算数的，而是一个随着农业文明发展不断进步的系统工程。耕地资源禀赋的差异，与耕地资源利用系统的发展变化互相作用。《高标准农田建设通则》规定的“土地平整、集中连片、设施完善、农电配套、土壤肥沃、生态良好、抗灾能力强，与现代农业生产和经营方式相适应的旱涝保收、高产稳产”，在不同地方特别是南方北方、东部西部之间存在着极大的差异。

我国三大平原农区的耕地资源存在着截然不同的突出问题，东北平原黑土地退化，黄淮海平原地下水漏斗，长江中下游平原农田土壤污染，这些问题都已引起高度重视。西北地区耕地荒漠化、沙漠化，西南地区耕地石漠化，南方地区水田减少、坡耕地增加，都会对耕地资源的总体质量带来实质性损害。对此，区分突出问题和主要矛盾，制定差异化的耕地保护监督政策显得十分必要和迫切。

立足自然资源禀赋保护耕地，就是要坚持实事求是的原则，充分尊重这些地域的差异性。从南方省份耕地保护监督实践来看，贵州如何妥善处置平坝区发展与保护的矛盾，广西如何处理粮糖关系，广东如何安排高质量发展转型、切实履行米袋子省长负责制等，都需要实事求是、具体深入地去研判和解决。那些只关注数量，不关注布局、产能、生态的耕地保护“一刀切”政策，该清理清理了。

综上，坚决制止耕地“非农化”、防止耕地“非粮化”、杜绝耕地边际化、治理耕地碎片化、提升耕地生态安全水平等一系列耕保举措，都需要因地制宜、实事求是，充分尊重地方实践探索，从而走出一条符合实际、更加完善、能够落地管用的最严格耕地保护制度。

（原载：《中国自然资源报》，2021 年 6 月 23 日）

以硬核举措完善耕地保护制度体系

《关于加强耕地保护和改进占补平衡的意见》（中发〔2017〕4号文件）明确要求，要完善耕地保护制度改进占补平衡。这一文件对自然资源部组建后如何落实耕地保护职责，有着重大指导意义。从自然资源部内设机构来看，原国土资源部耕地保护司被改组为耕地保护监督司。监督靠什么？制度是依据，数据是基础，能力是关键。从文件精神来说，构建并实施耕地数量、质量、生态“三位一体”保护是核心要义，改进并规范耕地占补平衡是战略要点。

法律规定是开展耕地保护管理和监督工作的根本遵循。《土地管理法》明确规定，“十分珍惜、合理利用土地和切实保护耕地是我国的基本国策”，“对耕地实行特殊保护”，“国务院自然资源主管部门统一负责全国土地的管理和监督工作”，“国家实行占用耕地补偿制度”，“国家实行永久基本农田保护制度”。《土地管理法实施条例》《基本农田保护条例》进一步细化了耕地保护制度。再加上相关法律、部门规章，共同构成了严整有序、上下衔接、主责明确、部门协同的耕地保护制度体系，即“最严格的耕地保护制度”。事实上，改革开放以来，我国经济社会发展始终快速运行，如果没有最严格的耕地保护制度，18 亿亩耕地红线可能早已失守。同时也必须承认，最严格的耕地保护制度体系迫切需要完善和改进。正如今年的全国自然资源工作会议强调的，“用‘长牙齿’的硬措施严格落实耕地保护制度，严防死守 18 亿亩耕地红线”。

完善最严格的耕地保护制度，核心是让“长牙齿”的硬措施有效发挥作用，确保 18 亿亩耕地红线守得住、不褪色。

一是要坚持守正创新。永久基本农田制度、耕地占补平衡制度等，已经被多年实践证明是有效的硬措施，要进一步发挥好其作用。永久基本农田是耕地中最核心、最稳定的部分，是国家农产品生产的核心区，是确保口粮安全的根本依据；而实行耕地占补平衡制度，是确保 18 亿亩耕地红线不失守的根本举措。

二是坚持目标导向。依据《土地管理法》《土地管理法实施条例》精神，国务院办公厅印发的《省级政府耕地保护责任目标考核办法》明确，实行耕地保护责任目标省长负责制。实践中，耕地保护责任目标要层层分解落实，而不是只有省长才有责任目标；同时，即使落实了省长负责制，还有党政同责如何落实的问题。有些地方提出了“田长制”，非常值得肯定。但目前推举出来田长，多是组长、村主任，乡长、镇长不多见，县长、市长更是少见。这样的“田长制”和省长负责制很难对接起来。而耕地是我国最为重要的资源，五级书记亲自抓耕地保护责任目标落实很有必要。

三要坚持问题导向。我国整体上进入了新发展阶段，经济社会发展过程中，建设占用永久基本农田，优化国土空间格局调整永久基本农田，是必然会发生的。这些用途变化必须加以尊重，规范程序予以支持。建设占用永久基本农田，必须报经国务院审批核准。

四要坚持实践导向。当前，耕地后备资源接近匮乏底线。可用于垦造耕地的土地资源，已经不再是水草丰美的草原和土层深厚、有机质丰富的林地，也不再是疏干积水就可以开垦出万顷良田的“北大荒”，而是沙地、裸土地、其他草地和盐碱地。这些“光板地”要垦造为生态良田，工程投资大、技术门槛高、使用管理要求强。坚持实践导向，才能防止落入补充耕地不到位的陷阱。

除了上述措施，在完善耕地保护制度体系方面还应有几项关键举措。

首先，在已有硬措施实施过程中，必须敢于较真碰硬，实实在在地“严起来”，而不是停留在口头上、落实在“一阵风”上。同时，再推出几项“长牙齿”的硬措施。目标责任考核、行政执法和自然资源督察、耕地用途管制等，都具备成为硬措施的条件。

其次，坚定不移地贯彻落实中发〔2017〕4 号文件精神，全面推进耕地数量、质量、生态“三位一体”保护落地生根。耕地看得见，数量一定要查清、算准；耕地质量不是所见即所得，可以借助科学的技术方法和装备调查清楚、评价准确。后者的当务之急，是厘清资源管理、资源利用管理和资源利用后果管理的法定职责，不能继续扯皮、“踢皮球”。耕地生态对耕地资源保护利用、开发治理的综合效果具有标志性意义，耕地具备粮食综合生产能力，说到底是耕地资源的生态系统服务价值在有效发挥作用。如果某地耕地的生态系统服务价值低于不可逆转的阈值了，这个地区的耕地也将永远失去。自然资源部已经构建了新的耕地资源质量分类技术体系，并作为“三调”工作予以部署推动，在不久的将来，新的分类、调查、评价成果将发挥出保驾护航的重要作用。

最后，要激励耕地保护工作者真懂、真爱本职工作。有观点认为，“没牙齿是营养不良造成的”，“长牙齿”不用也是白长，有牙齿也不会用、不想用、不敢用。这说明，中央反复强调深化不忘初心、牢记使命教育，坚决反对形式主义、官僚主义，强调作风建设永远在路上，是十分必要的。对于耕地保护工作者来说，要认识到这项工作不仅是一份沉甸甸的责任，更是一个发自内心的伦理考题，关系人与自然的和谐共生。

（原载：《中国自然资源报》，2021 年 3 月 5 日）

敬畏耕地

粮食安全事关国家稳定，耕地作为国土资源的精华，是保障中国粮食安全最为重要的战略性资源。日前发布的2021年中央一号文件指出，坚决守住18亿亩耕地红线。目前，中国粮食产量连续四年稳定在1.3万亿斤以上的水平，粮食的有效供给逐步增加。在实现耕地高产稳产的同时，人们的需求由“吃得饱”逐渐转向“吃得好”，耕地是否健康成为粮食安全的关键。

但不容忽视的是：我国的耕地还存在本底质量低、耕地退化、耕地污染等问题。

中国耕地地力偏低，平均质量等别为9.96等，其中，优等地的面积还不到全国耕地总面积的3%，中低产田面积则达到70%，大部分耕地的肥力状况不容乐观。东北地区的黑土层在逐年变薄，有机质含量与开垦之初相比下降了4%～7%。耕层变浅，土壤板结等土壤结构性问题依然突出。

2020年开展的《全国耕地健康产能试点与技术体系完善》项目已经在中国标准耕作制度二级区中选取了沿江平原区、松嫩平原区、燕山太行山山前平原区进行了试点研究，评价了各试点耕地的健康状况，结果不容乐观。

以沿江平原区重要的稻米产区某市为例，由于其产业结构的影响，化工厂、陶瓷厂、琉璃瓦厂等数量多，导致该地区的土壤污染问题严重，主要是土壤中的重金属含量超标，耕地恢复力下降，尤其是太湖沿岸地区。

造成耕地不健康有多种因素：自然灾害频繁发生；工业化、城镇化发展与耕地健康矛盾加剧；利用方式不当以及制度不健全等，都难以保障耕地健康。

尤其值得指出的是，中国实行最严格的耕地保护制度，但长期以来主要侧重对耕地数量的保护，忽视了维持耕地健康可持续发展，没有建立和完善耕地健康保护的约束激励机制和责任追究制度，一些地方政府单纯追求当地经济发展，疏于对耕地的监管，耕地健康保护难以落到实处。

要“把中国人的饭碗牢牢端在自己手中”，就必须敬畏“耕地”。

我们必须重新认识耕地资源的价值，重新认识耕地资源与人之间的关系。耕地资源不仅因人的利用而拥有价值，其本身就内含有固有价值。耕地“吐生万物”的特性是其固有价值的本质属性，不因人类而独立存在。人与耕地的关系不是对立关系，而是生命共同体关系。

必须要转变农业产业结构和利用方式，扭转对耕地“只用不养”的观念，采取循环利用的种植结构，因地制宜地走产出高效、产品安全、资源节约、环境友好的现代农业发展道路。

同时，建立中国耕地健康监测预警机制，做到“早预防、早治疗”，指导优质健康的耕地优先划入永久基本农田，切实履行耕地数量、质量、生态“三位一体”的保护责任。

推动土地科技创新发展。针对不同类型的耕地健康障碍因素，采取相应的生物技术、工程措施等来提升耕地健康水平，例如研究新型肥料、实现作物平衡施肥、加快农业生物育种创新和推广应用，提高土壤的有机质含量和生物活性，增强耕地的“免疫力”和

"恢复力"。

2021年中央一号文件也指出要采取"长牙齿"的措施，落实最严格的耕地保护制度。建议借鉴国外相关的立法经验，修改和完善中国耕地保护的相关条款，增加有关耕地质量、耕地污染和退化等与耕地健康相关的内容，为耕地健康保护提供直接的法律依据。

敬畏耕地，不仅关乎我们人类的本性，而且关乎自然生命的本质。作为自然生命共同体的普通一员，我们不仅应该懂得关心自己的利益、关系人类的共同命运，还应该懂得敬畏耕地，应当尊重自然生态的生命共同体本质。对于耕地，我们不仅应该做到从先人手中把它完整地接过来，而且应该通过我们的努力，把它以一种更完美的状况交给后人。

（原载：《人民政协报》，2021年2月25日）

加快构建自然资源综合观测体系
——从耕地资源安全说起

耕地是粮食生产的基础资源，坚守耕地红线是确保粮食安全的重要基础，在全球防疫常态化的大背景下，深入思考如何把耕地资源管理构建在科学技术支撑体系之上，有更深一层的实际意义。而这，就不能不提自然资源综合观测。因为它重点解答自然资源管理的两个难点问题：一是资源安全保障水平如何？二是自然安定和谐状况怎样？从这个意义上说，自然资源综合观测是洞察自然系统与自然资源利用过程中担当两个安全的“哨兵”。通过实施自然资源综合观测，深刻理解山水林田湖草生命共同体理念、丰富和发展生命共同体的科学知识，为组织实施更好更严密的自然资源保护和利用提供解决方案。作为生命共同体不可或缺的“田”，耕地资源安全需要从更为宏观的科学认知层面探求保障路径。

笔者认为，“资源安全”要从国家和区域两个层面加以落实。一方面是国家资源安全。国家资源安全了，不等于区域资源安全。比如耕地资源在国家层面上是安全的，维持了国家粮食安全；但在区域层面，东北黑土地退化、华北“地下水漏斗”、南方农田土壤重金属污染等，存在资源安全风险。国家层面的资源安全，是一国自然资源自给水平的科学回答，是对于国情的重要判断，其重要意义不言而喻。另一方面是区域资源安全。区域资源安全了，也不等于国家资源安全。比如，黑龙江粮食安全了，国家层面的粮食安全就真的有保障了吗？显然不是。事实是，我国粮食生产供给保障格局，近40年来发生了深刻变化，从南粮北运转变为北粮南运，与水土资源禀赋优势逆向而行。这一过程应有科学数据的记录，相关管理决策也应当前移。再比如，西北干旱区荒漠化、西南地区石漠化、南方土壤酸化、滨海内陆部分地区农田盐碱化等，都是现实存在和不断发展变化的区域水平资源安全风险。区域层面的资源安全，同样是一个国家自然资源安全水平的重要指标，这不仅制约本地区经济社会发展的安全保障，还深刻影响国家自然资源安全保障的未来，必须紧紧盯住，并通过科学设计的综合观测和模拟推演做出准确的预判、施以必要的对策措施。

进入21世纪以来，世界各国政府和科学家对自然资源管理与区域可持续发展的关系更加重视，科学技术的发展也为深入探索这一复杂命题提供了工具。美国国家科学基金委员会设立了耦合人与自然系统的研究计划（CHANS），旨在从整体出发，用地球系统科学理论方法来重新认识陆地表层系统中的水、土、气、生、人之间的相互作用，以期对地球系统获得新的更加深入的理解。2007年，美国地质调查局提出了全球第一个流域科学研究计划（CRS），该计划将流域过程模拟与预测、环境以及河流恢复、沉积运移、地表水与地下水关系等列入调查优先领域，探索构建流域监测和数据集成的技术支撑体系。德国、丹麦、澳大利亚等国也开展了相关基础研究。我国科学家与这一科学创新发展动向齐头并进，国家自然科学基金委员会启动的“黑河流域生态—水文过程集成研究”重大计划已于2019年全面完成，资助项目200多个，取得了一大批高水平研究成果。

黑河计划是科学探索导向的开创性研究，注重全流域的整体性和系统性，实现了从点到面研究的突破。同时，突出水资源纽带作用研究，上至大气、冰川，下至草原、森林、绿洲、湖泊、沙漠，一水串联多个自然资源系统。此外，全链条攻关做到了精细解剖，建立了指标观测、指数计算、情景模拟、对策生成和集成示范的科学探索完整系列，使我国流域科学研究进入国际先进行列。在此基础上，黑河流域综合观测科学探索破解了五大难题：**一是**人类活动对流域复杂系统中水资源变化的影响规律；**二是**局部水资源开发利用对上一级系统（生态—水文）以及整个流域系统的耦合作用关系；**三是**多相多态水资源转化循环及其所引致的生态响应效果；**四是**如何基于现代技术构建流域级生态—水文观测新范式，搭建指标计算—情景分析—对策生成的模型集成平台；**五是**如何加强和改善对气候变化科学应对、对人类活动科学管控，提高流域自然资源优化配置能力、实现高质量发展的管理科学。

黑河流域综合观测的科学任务已经告一段落，而其服务于自然资源管理任务才刚刚开始。从自然资源管理需求出发，黑河流域综合观测成果的深度转化应用，应该是一个长期任务。从自然资源利用侧讲，黑河流域的农场、牧场、林场如何可持续发展？从自然生态保护侧看，黑河流域的绿洲、冰川、沙漠、草原、森林能否得到更好保护？解决这些问题任务十分艰巨。同时，黑河流域综合观测体系本身也是一个长期工程。黑河计划已经完成了，下一个黑河计划在哪里，如何继续保持流域科学探索的国际领先地位？建设生态文明、应对全球气候变化挑战、科学谋划和组织实施重大人类活动，迫切需要黑河流域综合观测成果的快速有效转化。

《自然资源科技创新发展规划纲要》谋划了“自然资源要素综合观测网络工程”，并将之列为 12 个重大科技工程之首。其核心目标任务是面向自然资源管理需求，布局全国范围和重点地区、重大项目的综合观测，研发有针对性的关键技术和工程模式，为自然资源的开发利用和保护提供支撑。2019 年末，这一重大科技工程正式启动，笔者相信，有国家需求引领，有国际经验借鉴，有黑河流域综合观测为基础，我国自然资源综合观测重大科技工程一定能够为保障我国资源安全、自然安定和谐贡献力量。

（原载：《中国自然资源报》，2020 年 6 月 11 日）

为什么落实耕地“三位一体”保护这么难？

《中共中央　国务院关于加强耕地保护和改进占补平衡的意见》（以下简称《意见》）已经出台两年半了，如何加强耕地数量、质量、生态“三位一体”保护？如何依法加强耕地占补平衡规范管理？从观察者的角度看，似乎难度还很大。

《意见》谋篇布局了自然资源统一管理新格局，新组建的自然资源部被赋予“两个统一”职能。这种安排，既是创新理论的落地，又是历史经验和实践探索的制度化。

《意见》对耕地保护更是做出了前所未有的新论断：“耕地是我国最为宝贵的资源，关系十几亿人吃饭大事，必须保护好，绝不能有闪失。”这个开篇，连续使用了两个最高级：“最宝贵”“绝不能”。《意见》要求，坚守耕地红线不突破，坚持最严格的耕地保护制度，像保护大熊猫一样保护耕地。《意见》明确，一要着力加强耕地数量、质量、生态“三位一体”保护；二要着力加强耕地管控、建设、激励多措并举保护；三要依法加强耕地占补平衡规范管理；四要落实藏粮于地、藏粮于技战略，提高粮食综合生产能力，保障国家粮食安全。

《意见》把加强耕地保护的目的确定为，“为实现两个‘一百年’奋斗目标、实现中华民族伟大复兴中国梦构筑坚实的资源基础”。这充分阐释了在中国特色社会主义进入新时代的大背景下，推动中国耕地保护事业的健康发展，不仅关乎粮食安全，而且关乎经济安全、社会稳定、生态文明的战略意义。

现在，我们再来审视一下，耕地质量是什么？耕地质量如何衡量？耕地质量管理如何落实？从各种信息来源看，依然存在多个截然不同的回答。那么，站在自然资源统一管理立场上的回答是什么呢？笔者认为，应该深入贯彻学习生态文明思想，从山水林田湖草生命共同体理论中找到耕地保护监督的立场、方向，确定目标、任务，厘清主体责任、监督责任，明确职责、分工，制定行动方案、保护措施。

现在的关键问题是：究竟谁是耕地保护的第一责任人？谁对全民所有耕地资源保护负最终责任？谁对所有耕地资源保护负最终责任？这些问题不解决，就解决不了耕地保多少、保在哪里，耕地资源开发利用如何管制，耕地保护规范或失范如何奖惩等关键问题。因此，必须有一个明确的耕地保护最终责任者。

习近平总书记多次强调，要加强和改进占补平衡管理。占补平衡不能玩虚的。不玩虚的，就要在空间管理上，不能搞占近补远，特别是不能大搞远距离占补平衡；就要在数量上，不能搞占而不补、占多补少；就要在质量上，实打实地实现质量相当、生态无损。

事实上，就耕地生产力来说，实现占补耕地产能相当，在工程技术上是完全可以实现的。但如果考虑到耕地资源的可持续利用，仅仅做到数量不少、产能不减是不够的，是不能实现耕地资源的生态占补平衡的。

应该承认，实现基于可持续利用理念、充分考虑生态损益的耕地占补平衡还有很长一段路要走。

一部分西方发达国家，在耕地健康保护方面已经走在前面。道法自然、天人合一是中华文明内在的生存理念。中国耕地保护事业，是这个内在生存理念能否继续下去的试金石。

（原载：《中国科学报》，2019 年 9 月 3 日）

我国粮食总产如何稳跨新台阶

据预测，到2020年，我国粮食需求量将达7亿吨。这是在目前我国粮食总产稳居在6亿吨之上的一个新台阶。我们能不能既让耕地休养生息，又稳步跨上7亿吨新台阶呢？笔者认为，耕地是国家粮食安全的根本，当前要进一步加强耕地资源保护和利用。

我国实行最严格的耕地保护制度，始终坚守18亿亩的耕地数量红线，但质量基础、生态状况不容乐观，54%的耕地资源还不具备灌溉条件，19.4%的耕地污染点位超标。因此，要实行耕地数量、质量、生态“三位一体”保护，也就是要从源头、过程、后果、治理的各个环节进行全程监管，从根本上解决不同部门各管一摊的难题，从全国耕地资源安全角度整体保护、系统修复、综合治理。与此同时，还要加强耕地资源的精细化管理。优质耕地的空间重心“漂移”控制、生产过程中的耕地质量影响、田块内部的耕地质量管理、耕地健康状况的诊断评估等，都是守护耕地红线应有的管理手段。一定要设定好这些“硬杠杠”，否则耕地质量的破坏将导致粮食生产能力的根本性破坏，耕地生态的消失将导致耕地资源的永久性消失。

工业化、城镇化占用了大量耕地，虽然依靠实施耕地占补平衡对耕地数量进行了补救，而占多补少、占优补劣、占近补远、占水田补旱地的情况普遍存在，已经事实上造成了耕地重心“北漂”，优质耕地尤其是经济发展地区的耕地流失，以及耕地质量水平总体降低的趋势。单从数量上讲，现有耕地后备资源数量少、分布散，光温水土资源配置差，已不适宜继续开发。同时，由于资源禀赋差异，新增耕地一般很难达到优质水平。因此，要坚决落实数质并举的耕地占补平衡，更要认识到耕地资源不是消耗品，优质耕地不仅是生产资源更是生存资源，在优质耕地利用的任何问题上都必须精打细算。

规模经营是现代农业发展的重要基础，分散的、粗放的农业经营方式难以实现现代农业，但是当前以小农户为主体的基本状况相当长时期还难以根本改变。耕地经营规模的合理确定取决于农村劳动力转移规模，取决于科技进步和生产手段，取决于农业社会化服务水平。因此，当前须尊重农民意愿和维护农民权益，不能片面追求规模经营的快和大，耕地资源利用必须与制度性安排相匹配，要走小农户与现代农业发展相结合的规模经营道路。

目前，我国粮食生产能力稳定在6亿吨以上，粮食安全虽然有保障，但粮食紧平衡状态没有根本改变，亟须构建稳健的全球粮食安全战略体系。全球每年粮食贸易量约为4亿吨，仅相当于我国粮食年消费量的2/3，即使把国际市场上的谷物全都买过来也还不够。只有立足粮食基本自给，才能掌握粮食安全主动权。笔者认为，我国可以进口粮食，让耕地资源休养生息、缓解耕地的生产压力和环境压力，但是始终要坚持以我为主、立足国内、确保产能、适度进口、科技支撑的国家粮食安全战略。我们还必须依靠原创性、颠覆性技术突破，实现绿色与高效兼顾的耕地资源利用方式。

（原载：《中国自然资源报》，2019年6月4日，合作者：汤怀志）

让生存资源之树常绿

——谈对自然资源可再生性的认知和管理

习近平生态文明思想是破解当代中国发展问题和当今全球治理难题的重大贡献，而国土综合整治和土地科技创新则是践行习近平生态文明思想的大舞台。当下，破解自然资源安全难题需要提升对自然资源可再生性的认知和管理。

众所周知，自然资源分为两类：可再生与不可再生。能源和矿产资源属于不可再生资源。这类自然资源，一旦作为生产资料进入生产过程被人类所使用，就失去了自身。而包括耕地、草地、森林等在内的山水林田湖草属于可再生自然资源。它们作为生产资料进入生产过程，只要利用是合理有序的，那么它们不仅不会灭失，还可以保值、增值。比如：土地资源在合理利用的前提下，是完全可以实现地力常新、越用越肥的。

大自然是慷慨的，它将自己所拥有的自然资源无私地馈赠于我们，满足我们生活和生存的需要。如果说不可再生的自然资源是生活资源，能够使我们的日常生活更加舒适，那么可再生的自然资源就是我们人类赖以存活的生存资源。离开了舒适生活，人类仍然可以生存；但若失去了生存资源，人类就只剩归途。

高质量发展的本质要义，是要超越人类中心主义、大自然中心主义，但是人类属于大自然的根本逻辑不会被颠覆。人类社会发展，必须尊重自然、顺应自然、保持自然修复力。有修复才能可再生，才能给我们人类提供源源不断的自然给养。

然而，放眼中外，对自然资源尤其是生存资源的重要性认识仍不够深刻，对绿色发展的认识和实践依然停留在先污染后治理的工业文明思维水平；所谓产业生态化、生态产业化，也还构建在治棕还绿的认识和实践水平，尚未完全提升到尊重自然、顺应自然的认知新水平，没有迈进整体保护自然、系统修复自然的实践新阶段。

毋庸置疑，工业文明促进了城市化，带来了更多财富，创造了更高效率。但是，工业生产方式不能也不应该否定农业生产方式，不能也不应该以不合理的利用方式榨光耗尽我们的生存资源。从这个意义上说，可再生自然资源与不可再生自然资源有着根本的不同，绝不能混为一谈，更不能偷换概念，就“资源”说资源。对于人类生存资源的利用，必须着眼可再生性、健康性、永续性。

融于自然，回归初心。让生存资源之树常绿，是人类社会共同的责任。山水林田湖草这一生命共同体对于人类存活、发展至关重要。重视大自然本色绿的保护和修复，是当代中国社会主义建设伟大进程的一项重要任务，是践行习近平生态文明思想，做大自然资本存量、提升自然资本质量、放大自然资本流量，提高自然资源生态服务保障水平，夯实中华民族伟大复兴中国梦自然资源物质基础的重要工作，不可替代、不能等待。

（原载：《中国自然资源报》，2019 年 5 月 21 日）

第二篇

耕地健康与生态保护修复

多给耕地生态系统一些尊重和敬畏

近日，回想起20年前在中文期刊发表关于耕地红线内涵的文章一事，颇有感慨，起初竟找不到愿意刊发的刊物。20载岁月变迁，如今耕地保护的形势发生了深刻的变化，耕地科学保护的春天已然到来：党中央明确要求实行耕地数量、质量、生态“三位一体”保护；业界对于耕地红线内涵的思考越来越深入，越来越细密；以耕地健康为本的理念也渐渐深入人心。

人的命脉在田，田的命脉在水，水的命脉在山，山的命脉在土，土的命脉在树……山水林田湖草沙这个生命共同体中，代表“田”的耕地，是我国最为宝贵的资源。保护耕地，就是保护我们的生命线。

生命共同体之用，依赖于养。健康、安定和安全，是耕地自然生态系统之本。人类利用耕地这个生命共同体资源必须知本，必须索取有度、节约为先，以不损害耕地自然生态系统的自我恢复力为基准。笔者以为，这不仅是我们今后努力的方向，也是当下最为紧迫的科学传播问题。

耕地数量、质量、生态“三位一体”保护，其对立面是资源开发、资产运用和资本运作。曾几何时，我们沉浸在对GDP数字的迷恋中，以至于忘记了中华文明的根本认知，视自然规律于不顾，杀鸡取卵的事情比比皆是。习近平总书记深刻指出：发展经济不能对资源和生态环境竭泽而渔，生态环境保护也不是舍弃经济发展而缘木求鱼。严守耕地红线，必须知本、护本、养本、治本。

但直到今天，还是有人认为耕地保护要以数量为核心。此种误解，亟待消除。试想，如果耕地质量归零了，耕地数量还有意义吗？耕地质量归零说到底就是耕地自然生态系统的崩溃。耕地生态系统一旦崩溃，想要重建其原真性，恢复其生产力，难于上青天。1 厘米黑土的生成，需要千百年的自然过程，50 厘米耕作层的生产力重建堪称是一个难以承担之重。如此来想，我们还有什么理由不尊重耕地生态系统呢？我们还有什么顾虑不把耕地生态保护修复放在最突出的位置呢？

当前，我们正万众一心、行走在共圆美丽中国梦的道路上。但对于什么是现代化、什么是现代化治理，须有清醒的认识。我们应是实践主义者，而不是实用主义者。那种丛林式的“竞争”模式、“增长”路子绝不是我们建设美丽中国所需要的。基于生命共同体理念的自然资源开发利用保护修复与治理的方法手段，肯定不是征服自然。我们要摒弃抓住点、不顾其余的思想理念，用好整体论、系统论、综合论，走好我们的生态文明建设之路。

这也时刻提醒我们：要守护好我们中国人的“饭碗田”，必须给予耕地生态系统足够的尊重和敬畏，把耕地生态保护修复放在突出位置，并将这种科学的耕地保护理念传播进行到底。

（原载：《中国自然资源报》，2022 年 1 月 25 日）

新时期耕地保护需要“生态良田工程”

耕地是我国最宝贵的资源，是粮食生产的命根子。长期以来，我国实行最严格的耕地保护制度维护了耕地资源数量，高标准农田建设等工程实施提升了耕地质量，有力支撑了粮食和重要农产品生产保障。然而，随着居民粮食消费的结构性变化，加之世纪疫情、气候变化、国际环境等带来的不稳定因素，我国粮食供求“紧平衡”态势持续加剧，耕地资源禀赋相对不足愈加凸显。

中国人的饭碗任何时候都要牢牢端在自己的手上，在耕地问题上，不能只算经济账，不算政治账，只算眼前账、不算长远账。2021 年中央经济工作会议要求“正确认识和把握初级产品供给保障”，中央农村工作会议明确“18 亿亩耕地必须实至名归，农田就是农田，而且必须是良田”。要化解新时期粮食安全新风险，必须运用新发展理念完善耕地保护制度，科学实施良田工程。

一、客观认识耕地保护面临的三大关键问题

（一）耕地资源禀赋不足，良田建设需要立足耕地生态系统

我国光温水土条件差异很大，过冷过热、过干旱，过多雨雪、岩石，过于崎岖、盐碱、污染或者少养分都会造成土地无法耕作。

据测算，我国宜耕土地仅占陆域国土面积的13%左右，“第三次全国国土调查主要数据公报”显示，我国目前有可能开发的“后备耕地”仅有3000多万亩，耕地后备资源基本开发殆尽。现有耕地的空间格局已经成为耕地保护事实上的数量底线，每一片耕地无论是在主产区还是在主销区都承担着粮食安全的责任。

自然基础决定我国不可避免地要利用一部分条件恶劣、生态脆弱的耕地。据统计，我国中低等地（耕地利用等别5～10等）占比高达68.76%，现有耕地中47.87%位于光温条件较差的一年一熟地区，50.33%为利用条件较差的旱地，9.35%位于地形条件较差的坡度为15°以上地区。可以说这部分耕地有相当比例属于“帮忙田”，难以改造建设成为高标准农田，却决定了我国耕地的质量底线，关乎我国耕地质量的整体成色，必须通过“生态良田工程”解决好制约短板纳入“良田”范畴。

（二）耕地结构性变化趋势明显，耕地保护需更加适应乡村振兴要求

耕地保护面临着耕地不同利用形态的新压力，呈现出非粮化、非农化、破碎化、逆生态化、边际化等五大结构性变化。第三次全国国土调查成果显示，自2009年到2019年耕地净减少1.13亿亩，主要流向了国土绿化和农业结构调整。一方面，我国优质耕地与城镇分布、生态空间高度重叠，因城镇和生态建设需要我国每年损失大量耕地且大部分为优质耕地。另一方面，随着城乡居民生活水平提高，食物需求结构向多样化、高价值及安全方向转变，蔬菜和水果、肉类等需求大幅增加，经济社会发展带来的需求变化是耕地资源发生结构性变化的重要驱动力。

然而，耕地利用效率和供给能力明显不足，种地成本上升带来的劳动生产率和土地生产率之间的差距逐步拉大。市场驱动下的“非农化”“非粮化”问题以及过度利用导致的生态功能退化问题突出，有学者预测，2050年净进口虚拟作物种植面积将占我国耕地的47%，为“中国碗主要装中国粮”带来极大隐患。耕地保护以及耕地“非农化”“非粮化”治理要保障农业生产者及农民利益，要得到农业生产者所接受，同时更加符合农业农村现代化的乡村振兴要求，才能实现耕地数量、质量、生态“三位一体”保护。

（三）耕地利用组织水平滞后，科技水平和基层组织是关键突破口

我国人均耕地数量远远低于全球人均水平且仍处在下降过程中，大国小农是我国农业发展的出发点，耕地资源利用比较效益低的问题一直未得到根本解决。小农经营如何实现农业现代化的前提是良田，出路在科技，关键在组织。一方面，需要明确各级总书记为“田长”，不仅中央高度重视、文件明确方向，更需要县委书记、县长拿出实施方案，让党政同责要真正见效。另一方面，农民种粮积极性是耕地保护好、利用好的核心，扩大耕地经营规模、壮大新型经营主体是实现途径，也是当前耕地保护面临的现实难题。需要千千万万合作社社长、农业科技创新推广联盟盟长的榜样示范作用，在这个过程中，如果有各地农业大学“科技小院”的支撑，将汇聚起更大的推进农业农村现代化的力量，推动农业科技下沉到田间地头。

二、厘清耕地保护和良田建设的三大战略逻辑

（一）优质良田是初级产品供给保障的“压舱石”

中央农村工作会议明确，保障好初级产品供给是一个重大战略性问题。初级产品是人们直接从自然界获得的、尚未加工过或仅经过简单加工的产品，处于社会生产的前端，为整个经济运行提供基础支撑。初级产品的特性决定了其生产和供给高度依赖于自然禀赋条件。而耕地是由林草、湿地等自然资源改造而来，人们会按照不同自然资源类型的初级生产力（NPP）和光温、水土匹配程度依次

开发，这一过程中开发利用成本随之不断上升，边际生产能力则逐步下降，而开发与否取决于人口增长和膳食结构变化带来的粮食需求压力以及稳产高产农田在耕地中的比重，比重越大则风险防范能力越强。可见，优质良田不仅是粮食安全的物质基础，更是经济安全的“压舱石”，维护优质耕地健康、激发耕地自然生产潜力是增强经济韧性与农业活力的逻辑起点。

（二）良田工程需要系统思维：稳定布局、提升质量、守住生态

耕地是半自然—半人工生态系统，人类的管护是耕地可持续利用的前提。我国耕地质量系统性退化、整体亚健康导致的耕地红线“褪色”问题并不是偶发性、周期性问题，而是社会发展到一定阶段后耕地资源长期保护不足、管理不当演化而来的系统性问题，传统以要素思维解剖耕地并进行要素匹配、要素优化的解决方案很难破局。要将耕地视为一个“活”的生命系统，用最严密的法制，从管理源头守住现有耕地数量不减少、优质耕地不流失、耕地格局不破碎；以工程技术为核心分类提升耕地质量，增加优、高等耕地比重；以生态系统稳定为前提恢复与修复耕地生态，构建集约可持续耕地利用模式。

（三）良田、良种、良法、良治应“四位一体”协同推进

良田、良种、良法和良治是建立现代农业生产体系、促进粮食增产增收的四个要素。良田建设水平是保障，良田建设不足会制约良种、良法增产效果的充分发挥，需要立足现代农业发展需求对农田进行改造和建设，有了良田保障，良法、良治才有施展的空间。黑土地“梨树模式”的成功可以说是“四良”配套的一个经典案例，形成了保护性耕作技术、技术推广联盟、免耕播种机具装备、良田建设的系统化创新。“梨树模式”的更大价值在于提供了一种耕地保护利用和生态可持续的双赢实现路径。应用良田、良种、良法、良治的耕地资源保护利用通用理论，能够立足地方资源禀赋，通过创新耕地保护技术、联合地方政府部门、科研院校和企业农户，形成构建千万种地方耕地保护利用新模式、新路径，破解耕地保护难题。

三、开展生态良田工程建设的五大建议

（一）构建适应性的良田工程技术体系

根据《全国高标准农田建设规划》，到 2022 年底我国将建成 10 亿亩以上高标准农田建设。一方面，对于 10 亿亩优质农田，应顺应农业现代化的发展要求，提升质量优化布局，化解小农经营与农业现代化之间的矛盾。另一方面，我国仍有约 10 亿亩中低产农田没有纳入高标准农田建设范畴，耕地利用障碍不尽相同，需围绕提升土壤基础地力、降低化肥和农药使用依赖构建适应性工程技术模式。其中还有 3 亿 ~5 亿亩生态脆弱、不宜长期耕作的边际耕地，需要通过土体重构、快速熟化和极端障碍消减技术提升宜耕土地的生产稳定性和灾害抗逆性。建议扩大良田建设范围，构建适应性的良田工程技术体系，分类实施“生态良田工程”。

（二）注重宜机化的农田改造和土壤改良

机械化是提高农业科技含量、保障种粮收益、实现智慧农田的重要途径。一方面，现有高标准农田尤其是丘陵区耕地受资金投入、地形条件限制，并未完全实现规模化经营和标准化生产。另一方面，宜机化不仅仅涉及道路建设、田块形态和农机通行，有效土层厚度、土壤耕性、平整程度都会对农机作业成本和效率有决定性影响，需要进一步加大资金投入，探索“宜机化”改土模式。

（三）构建生态化的耕地系统治理体系

耕地生态的恢复与治理是世界各国耕地保护利用的前沿性科技难题，需要打破学科和行业隔阂，将耕地视为山水林田湖草生命共同体的核心组成进行统一修复和综合治理，明确不同光温水土要素

限制下的耕地最大生产潜力，因地制宜构建生态沟渠、道路和塘堰湿地系统；厘清农田地上地下动植物、微生物与生态系统服务、物质能量循环的关系，将农田生物多样性保护作为全国生物多样性保护的重点；合理配置耕地利用结构，将耕地与城市、林草、河湖湿地视为相互关联的整体，改善农田生态环境，构建维持耕地可持续利用必要的生态缓冲区域，加强耕地生态系统的连续性和完整性。

（四）建立信息化的耕地监测监管体系

基于第三次全国国土调查中的耕地资源调查成果和即将开展的第三次全国土壤普查工作，查清耕地资源数量、质量和生态状况，明确耕地等级、健康状况、产能等，建立“定期基础调查、专题分析评价、动态日常监测、考核通报整改”的技术路线，通过调查、评价、监测发现存在的问题，建立可考核的耕地保护监测监管体系。同时，构建耕地数量、质量、生态评价指标体系，评价耕地资源基本状况与保护开发利用程度，评价耕地资源要素之间、人类生存发展与耕地资源之间、区域之间、经济社会与区域发展之间的协调关系，为耕地保护提供决策依据。

（五）加强良田工程专门人才队伍建设

依托农业院校土地整治工程等相关学科基础，培育生态良田工程专门人才，依靠专业队伍强化工程技术服务。加强科技创新力度，重点加强耕地精细利用、精准修复、智能管控等关键技术创新，注重原创性工程技术及其成套装备研制。对高校、科研院所以及一些生态保护修复科技企业的技术研发实施重点支持，积极开展农业生产经营主体培训，促进科技成果转化落地。同时，加强耕地保护和良田工程科普工作，全面提升耕地保护科学决策与科学管理水平。

（原载：《中国农业综合开发》，2022 年第 1 期，合作者：汤怀志）

黑龙江耕地生态保护修复情况调研

五常：注重生境维护，试点轮作休耕

黑龙江省五常市地处黑龙江省南部，地域呈“六山、一水、半草、二分半田”格局。当地耕地主要分布在平原，气候适宜，黑土肥沃，水源清洁，生境优越，为水稻种植提供了良好自然条件。

注重生境维护。在相关政策引导下，当地农户非常重视耕地生态保护，在水稻种植生产过程中基本做到“三不用”（不用化肥、不用农药、不用除草剂），优选稻种且以“鸭稻共生”等种植方式出产高品质大米。当地政府在永久基本农田保护和高标准农田建设过程中，注重对农田及其周围生境的维护，注意保护农田生物栖息地。优良的生态环境为农产品带来了更高附加值，也进一步提高了农户保护耕地生态的积极性。“五常大米”已形成种植、生产、加工、销售等“一条龙”产业，畅销海内外，有力促进了乡村振兴。

试点轮作休耕。五常市试点轮作（玉米、大豆）的耕地面积达13487.08 亩，由省级财政对每亩地补助150 元；试点休耕（全部为水田）的耕地面积为7338.67 亩，由省级财政对每亩地补助500 元。在耕地休耕轮作方面尚存在以下问题亟待改进：在水田休耕方面，由于五常大米价格明显高于其他地方，须制定更为合理的区域性休耕补偿标准，以调动农民休耕的积极性；对于轮作，当地农户种粮积极性受粮食市场价格影响比较明显，特别是米、豆轮作，大豆种植的比较效益远低于玉米，须给予更合理的补贴，使种植大豆和种植玉米的比较效益基本持平，才能进一步调动农民轮作积极性。

拜泉：加强沟坡综合治理，防止黑土地水土流失

拜泉县的水土流失面积一度高达525万亩，另有2.73万条侵蚀沟侵占了8万亩耕地。20世纪70年代末，拜泉耕地的黑土层厚度由1m锐减至20～30cm，土壤有机质含量由8%下降到3%～4%。地力下降导致粮食产量骤减，耕地亩产不足百斤，人均收入在百元以下。此外，侵蚀沟对农业生产的危害还表现在蚕食耕地、降低土地利用率、严重制约机械化效能、冲毁道路桥梁、威胁村屯安全等方面。

大力实施水土流失综合治理。自1986年起，拜泉县实施了一系列水土流失综合治理和侵蚀沟治理工程。经过30余年苦战，累计治理侵蚀沟1.94万条，占应治理数量的71.10%。仅2020年，拜泉县就投资7010万元治理侵蚀沟182条。其中，国家侵蚀沟治理专项投资1782万元，治理侵蚀沟41条；县政府整合资金5228万元，治理侵蚀沟141条。目前，当地仍有7900条侵蚀沟（平均长度在300～400m）尚未治理，治理任务仍很艰巨。

探索"围追堵截"沟坡综合治理模式。针对沟坡综合治理，拜泉县总结出从坡顶到沟底合理配置植物、工程、农业相结合的技术措施，设立三道防线"围追堵截"的综合治理模式。即：坡顶工程防护体系，主要是岗脊栽树"戴帽"，在林地边缘与耕地接壤处挖沟截流；田间工程防护体系，主要是在坡耕地等高垄修建梯田，建

造农田防护林，在荒坡造林植草；沟道工程防护体系，主要是在沟头修建跌水工程，在沟底修建谷坊和塘坝，在沟岸沟坡削坡造林、育林封沟、顺水保土。以该县上升乡永安村腰窝棚屯的侵蚀沟治理为例，该沟长约570m，面积25.5亩。在实施沟坡治理过程中，当地先后投入51万元，有效保护耕地536亩，增加经济效益9.86万元，使全屯170人年人均增收580元。同时，受财政收入等诸多因素制约，拜泉仍未全部完成水土流失治理目标，作为全国治理水土流失典型县，应适当加大政策和资金支持力度，并大力推广“拜泉经验”。

海伦：黑土层保育、培育、增肥、保肥

海伦市依托科技和政策支撑，针对不同土壤、地形和水土流失情况，抓住黑土地生态保护的主导性因素，因地制宜地对黑土层实施保育、培育、培肥、增肥、保肥等保护方式，黑土耕地保护面积达200万亩，项目实施区域内土壤有机质含量、耕地质量等级、耕层厚度均有不同程度升高，作物产量、水分利用率、肥料利用率也明显提高。

黑土层保育模式。针对表土有机质积累分解失衡、含量减少的情况，海伦市通过秸秆翻混还田、粉耙还田和松混还田，以及发展“玉米—大豆”和“玉米—玉米—大豆”轮作技术，达到黑土层扩容增碳的目的。连续6年的试验结果表明，该模式能使当地玉米平均增产10.20%，大豆平均增产12.30%，土壤有机质含量提高3.20g/kg，黑土层保护深度为30～35 cm，达到了《东北黑土地保护规划纲要》的要求。

黑土层培育模式。针对黑土层浅、薄的耕地，在保育基础上，海伦市对耕地增施有机肥，实施秸秆和有机肥同时翻混还田，弥补深翻后新土层肥力不足问题。示范结果显示，这种模式能使大豆增

产 11. 30% 以上，玉米增产 10. 50% 以上，有机质含量提高 2. 40g/kg，肥沃耕层达到 30cm 以上，大于 0. 25 mm 的大团聚体含量增加 8. 80% 以上。

障碍性土层消减快速培肥模式。针对白浆土的白浆层和黑钙土的钙化层，海伦市采用秸秆、有机肥、土壤调理剂，实现一次性深翻快速达到白浆层的改良效果。12 年的试验结果表明，这种模式能使大豆增产 15% 以上，玉米增产 12% 以上，耕层深度达到 30 ~ 35cm，表层有机质含量增加 3. 50g/kg，速效磷增加 4. 30mg/kg，土壤容重降低 19%，田间持水量增加 17%，水稳性大团聚体增加 27%。

坡耕地控蚀增肥模式。针对坡地水流落差大、能量高的特点，海伦市采用修建等高埂积水、工程降水消能，以及沟坡种植乔、灌、草等生物措施，对坡耕地实行深松，提高土壤蓄水能力，以覆盖、植物篱等措施减少面蚀，通过坡耕地蓄排水与控制面蚀、培肥土壤相结合的一体化系统工程保护坡耕地。示范效果显示，这种模式能使作物增产 13. 80%，蓄水能力提高 30. 10%，保水能力提高 20. 90%，速效养分增加 15%，径流量减少 95. 40%。

水稻田秸秆还田增碳保肥模式。针对水稻田秸秆“还田难”的问题，海伦市采用秸秆粉碎翻混还田、粉耙还田和次年春季打浆还田等方式，均匀混合秸秆与土壤，加快秸秆腐解速度，增加休耕季节秸秆降解量，减少生育期间秸秆降解量，实现了良好的秸秆还田和土壤储碳效果。

相关政策建议

作为国家粮仓战略基地，东北黑土地粮食生产的稳定性和可持续性是其“压舱石”地位的核心功能指标。这两个指标的变化，主要取决于能否破解两个主要矛盾：一是耕地资源利用强度和保护深度之间的矛盾；二是粮食生产国家目标和农户意愿之间的矛盾。保护“耕地中的大熊猫”，防治东北黑土地退化，在科学上有共识，即全面实施保护性耕作，多覆盖、少动土、合理轮作、适当休耕。根据调研情况，针对东北黑土地耕地生态保护修复，笔者提出以下10条对策建议。

一是高度重视秸秆处理。对秸秆实施覆盖还田，或者就地发展养殖业，对秸秆实行过腹还田或堆肥还田。

二是高度重视土壤侵蚀防治工作。防止耕地水蚀、风蚀与土壤培肥措施有效结合，黑土层少裸露、少动土。

三是高度重视农田排水工程。无论是水田、旱田，还是盐碱地治理，都必须搞好排水工程。

四是高度重视耕地土壤污染防治。对散落在田间地头的农药、除草剂包装物，必须及时收集、集中处理，如对主动回收瓶、盖、袋的可给予现金奖励等。

五是高度重视黑土地粮食生产碳增汇机制。防止粮食生产成为增加碳排放的源头。

六是高度重视新技术补贴运用。有针对性地将补贴及时发放到合作社和每家每户，切实保护其采用新技术的积极性。

七是高度重视耕地保护生态补偿机制。东北黑土区不管以何种方式提供商品粮，建议中央财政均给予每斤0.10元的耕地保护生态补偿，由调出商品粮的县据以建立耕地生态保护修复基金，加强和巩固高标准农田建设成果，不断提升黑土地粮食生产的稳定性和可持续性。

八是高度重视建立健全“田长制”。无缝衔接米袋子省长负责制、菜篮子市长负责制，明确耕地生态保护修复相关部门间相互制约和协同的责任清单，防止责任义务的无节制下放、基层不堪重负等问题。

九是高度重视科研成果转换后的规模化经营。全面打通以中科院黑土地专项、国家重点研发计划科学家领衔的战略科技创新成果转化为现实生产力的“最后一公里”问题，实现规模化经营和有效的技术推广。

十是高度重视黑土地科技支撑。首先，明确目标，厘清黑土质量、底数、边界，充分认识保护与利用、用地与养地的关系，明确土地利用强度、环境承载力和安全保护边界，验证现行技术的破坏性、修复性、保护性、保育性；其次，突出科技攻关重点，突出修复性、保护性技术创新，推广区块化粮豆轮作、定产定肥精准管理、农田景观结构改造、机耕道和管排水系统等基础设施建设技术；再次，针对区域异质性，创建整装成套的技术模式，发展具有区域特色的保护性耕作技术；最后，建立高效的核查监督体制，将田间农机作业过程和区域内与农事相关的大数据收集和应用结合起来。

（原载：《中国土地》，2021 年第 12 期，合作者：张成鹏、刘飞）

耕地质量优劣到底该如何评判？

前不久，由中国农业大学土地科学与技术学院教授张凤荣等人编著的《中国耕地》一书出版。在科学分析中国耕地资源的基本特征、中国耕地开发的史实后，张凤荣否定了以地形、土壤来定耕地质量高下的观点。

由于科学发展史和管理实践认识的局限性，时至今日还有很多人没有搞清楚“万物生长靠太阳”的基本科学道理，盲目相信看土壤颜色来判断耕地质量优劣。

地形对土地利用有着重要的影响，不同的地貌类型，其土地利用类型与结构有着明显差异。

第一阶梯，青藏高原，平均海拔在4000米以上，只能种植耐寒的青稞，耕地面积很少、生产力低下。

第二阶梯，海拔大都在1000～2000米。西北地区因干旱少雨，只能依靠冰雪融水发展绿洲农业；黄土高原主要是旱地、雨养农业；难得的是四川盆地，得益于都江堰水利工程，获得了“天府之国”的美誉。

第三阶梯，海拔大多在500米以下，分布有东北平原、黄淮海平原、长江中下游平原，自古以来就是我国的重要粮仓。如前所述，我国东部自南向北，积温下降，熟制从岭南、长江中下游的一年三熟逐步变成黄淮海平原的一年两熟、东北平原的一年一熟，同等耕地面积的情况下，其粮食生产能力是截然不同的。

南方的高标准农田可以轻松实现每亩超吨粮，东北黑土地是难以做到每亩吨粮的，而西北地区没有灌溉工程的种植业不可能高产稳产，更不可能旱涝保收。这就是中国耕地南北方、东西部的本质差异。

那么，在耕地质量与管理中如何看待土壤性质的地位及其影响作用？首先，土层厚度关系到植物的扎根条件。深厚的土层不但为植物扎根提供了良好的立地条件，而且对植物所需养分和水分的保蓄能力强；相反，薄层土壤对深根植物的生长就有限制。平原区的耕地一般相对于土层薄的山区耕地来说，质量和产能也较高。所以，耕地保护的重点应该尽可能保护平原区的耕地。

其次，土壤质地关系到土壤的物理性质和工程性质以及蓄水保肥能力。沙性土、轻质地的土壤耕作容易，耕作投入能量少；黏质土壤湿时粘犁、干时坚硬，耕作需要较大的能量投入。沙土容易漏水漏肥。

再次，土壤有机质不但是植物养分供应的源泉之一，而且也能保持土壤良好的物理性质。所以，土壤有机质含量的高低可作为土壤综合肥力的一项重要标志。温带地区的耕地，有机质含量在4%～6%范围内即为上好耕地；暖温带地区的耕地，有机质含量在2%～3%范围内即为上等；而热带地区的耕地，土壤有机质含量达2%就是上等耕地了。

最后，无机物污染物也是土壤性质的考量因素。如砷、镉、铅等，大多数是区域地质先天就有的，过去人们没有认识到它们的危害，迫于温饱开垦了这些区域的土地。对于这些耕地，能够治理的，要治理后才能继续耕种用于作物种植；治理不了的，应该退耕转变种植非食用性作物或者其他植物。

（原载：《中国自然资源报》，2021年10月22日）

关于加强优质水田资源保护的思考

我国幅员辽阔，不同地区、不同类型耕地资源的粮食生产能力差异较为显著。而真正实现“藏粮于地、藏粮于技”战略目标，靠的是优质的耕地资源。9月1日开始施行的新《土地管理法实施条例》明确规定，县级以上地方人民政府应当采取措施保护黑土地等优质耕地。这项法律规定的核心在于，专门强调了对优质耕地的保护要求。从土壤条件来看，黑土地有机质含量高、土壤肥沃、生产能力较高，是优质耕地的排头兵；而从土地利用类型来看，水田作为生产潜力最大的耕地资源，已成为优质耕地的重要组成部分。

对优质水田资源进行特殊保护意义重大

优质水田具有多种综合性功能。水田生态系统不仅是保障粮食安全的重要支柱，而且对于维系区域生态安全、促进生态文明建设具有十分重要的作用。然而，从水田的特点看，由于构造特殊、演化形成时间长，水田的可再生性功能较差。因此，对水田尤应予以特殊保护。

水田是我国重要的优质耕地资源。水田稳定性强，自然禀赋条件好，质量水平高。我国水田面积约占全国耕地总面积的1/4，中国植稻有7000多年历史，长期水耕熟化形成的优质水稻土具有高质量、高产稳产等特点，目前全国稻谷产量约占粮食总产量的1/3左右。从分布来看，除东三省和河南外，我国水田主要集中分布在长江流域以南的湖南、安徽、四川、江苏、湖北、江西、广东、广西、浙江、云南、贵州、福建、重庆13个省（自治区、直辖市），这部分水田占全国水田面积的80%以上。在亚热带、热带气候条件下，作物可满足一年两熟或三熟制。由于降水和热量丰富、灌溉水源充足，水田水稻单产高，对于缓解人口对土地的压力、满足其对粮食的需求、保障国家粮食安全都发挥着至关重要的作用。

水田也是我国重要的优质湿地资源。水田既是优质的耕地资源，具有较高的生产功能，也属于湿地资源的重要组成部分，具有较高的生态系统服务能力。稻田是地球上最大的人工湿地生态系统，我国不少远海地区的含水面积主要是稻田，而不是江河、湖泊和非耕种的湿地。水田中的作物、微生物和土壤具有吸收、转化和吸附养分的作用，可处理消纳生活污水和人畜粪尿等有机肥，具有“地球之肾”的功能，在净化环境、调节气候、涵养水源、保持土壤、维护生物多样性、体现景观文化等方面发挥着重要的生态功能，其生态系统服务价值明显高于旱地和水浇地。

水田土壤的碳汇作用明显高于旱地土壤。优质水田的主要土壤类型是水稻土，在农田土壤固碳潜力中明显占较高的份额，是陆地土壤碳循环的重要一环。通常旱地土壤有机碳含量较低，而相邻水稻田土壤却具有突出的固碳效率、固碳能力、碳密度和碳储量。有研究显示，水稻田土壤有机碳固持效率比邻近旱地土壤高39%~127%，且在温暖气候（比寒冷气候）下差异更大。旱地转化为水田，是土壤碳汇作用典型的土地利用转化方式之一。有研究显示，水稻土水耕熟化过程中有机碳的积累是普遍趋势，即使耕种上千年的水田土壤仍具有碳汇效应，而旱地土壤迄今还没有发现这种特性。在我国将“双碳”战略纳入生态文明建设整体布局的背景下，保护现有优质水田格局、强化对优质水田的质量建设与保护力度，将有利于提升耕地的碳汇能力，也有利于发挥湿地土壤的固碳作用，提升生态系统的碳汇增量。

水田复合利用可助力乡村振兴和生态保护修复。水田不仅可以用以种植，还可以充分利用其水面资源发展种养共生产业，提高农民收入，助力乡村振兴。水田综合种养遵循自然规律，创造稻鱼共生共育的生态环境，达到保护和修复生态的目的，是农业供给侧结构性改革的成功范例。如：在稻田里养殖鱼（虾、蟹、鳅、鳖、鸭等），将水稻种植与水产养殖有机结合，是实现“一水两用、一田双收、粮渔共赢”的一种生态种养模式，农民收入可达到单纯种稻纯收入的 3 倍以上。

损坏水田会对区域农业生产与生态安全造成威胁。水田构造特殊，演化形成时间长，可再生性差。一是水田对田面平整度和灌溉保证率要求都很高，由于耕作层较薄，在利用过程中会自然形成一个保水保肥的天然犁底层，而良好犁底层的形成需要数百年时间，损坏后不易恢复，必须予以特殊保护。二是稻田属人工湿地生态系统，在长期水耕熟化作用下形成的水稻土是一种特殊的人为湿地土壤，属《中国土壤系统分类》中独特的水耕人为土亚纲，是国际上公认的中国特色土壤。与旱地土壤相比，水稻土土壤储存着大量的有机质，而且随着种植年限的延长，其有机质的腐殖化程度就越高，有机碳也就越加稳定，固碳潜力也更强。因此，新占补的水田土壤，其生产能力、碳汇能力等往往远不及水稻土。三是水田资源的大量损坏，不仅会危害农业生产、威胁国家粮食安全，而且可能会影响区域蓄洪抗旱能力，从而加大洪涝、干旱、泥石流等自然灾害风险，造成气候恶化，从而导致区域出现系统性生态危机。因此，稳定的水田生态系统是实现区域生态系统健康可持续发展的必要条件。

当前我国水田资源保护面临的问题

“非农化”后为“补地”而盲目垦造，影响水田可持续利用。一是南方沿海、平原地区的优质水田往往因处于城镇化进程快速发展地区，容易被建设占用，受到“非农化”潜在威胁较大。近年来，建设占用已成为造成我国水田大面积减少的重要原因之一。二是尽管我国耕地占补平衡制度明确规定必须“占优补优，占水田补水田”，但由于在工程设计、施工、监督、验收等环节缺少必要的强制性约束与管控措施，部分地区为了兑现占补平衡承诺，大规模盲目垦造的补充水田往往存在自然禀赋条件差、区位条件较差、田块规模较小、连片程度较低、水源持续保障能力不足等问题，其质量远不及经祖祖辈辈垦殖流传下来的优质水田。另外，补充水田的可持续利用能力也较差，不能有效“补位”占用的优质水田。有研究显示，过去30年间，中国水稻种植北界呈显著向高纬度、高海拔地区迁移的趋势。三是有的地区旱改水工程施工过程中，出现了为增加客土工程量人为建造超厚压实犁底层、为构建犁底层人为换土或铺设塑料布构造不透水层等破坏耕地资源等不良行为，以致产生了“三聚氰胺”型旱改水“优质”工程，对耕地水田垦造、对耕地土壤的生态循环系统乃至区域生态环境都造成了较为恶劣的影响。

“非粮化”等利用不当行为，影响水田可持续利用。一是在乡村振兴、国土绿化、农业结构调整背景下，各地“非粮化”利用现象突出，大量水田变为种植速生林木或经济林果（园）等。近年来，水田流失为林地、园地等，成为造成我国水田大面积减少的主要原因。二是水田旱作或因人为管理不当造成地力下降、污染或有害生物入侵等，容易造成水田质量与生态状况受损或发生种植条件难以恢复性破坏。如：随着大量工商业资本进入农用地流转市场，承包经营主体在比较收益驱使下，普遍利用水田种植柑橘、茶树等多年生旱生作物，为了满足旱生作物生长所需的排水条件，出现了利用工程机械手段挖损破坏水田原有耕作层（犁底层）等保水条件的现象，大量水田在旱作利用的同时，其原有种植条件遭受了不可逆性破坏；在南方水源充足条件下，有的因人为管理不善可能会导致福寿螺入侵，影响水稻种植；华南地区土壤环境背景值较高，有的在稻田利用过程中，因投入化肥农药、饲料、消毒剂等不规范或堆放固体污染物，加剧土壤重金属污染和农业面源污染；在发展稻田养殖时，出现因养殖沟、外埂、进出水路超标建设而侵占耕地面积，以及为便于生产而破坏原有沟渠路电等农业基础设施、影响水稻种植等现象。此外，有的水田长期高负荷耕种或不合理施肥等，带来地力透支、土壤质量和农产品品质下降、生物性状和健康功能衰退等问题，威胁水田资源健康可持续利用。三是梯状水田受自然条件或人为因素影响，利用不当容易引发耕地损毁。如：位于丘陵山区的梯状水田容易受水土流失等灾害威胁，或受洪水、泥石流、地震等自然灾害影响，引发耕地损毁；有的地区出现梯田“非粮化”旱作利用或撂荒，由于水田抽干水后会出现干裂，再灌水容易引发田埂垮塌或梯田损毁；有的地区梯状水田养殖小龙虾、螃蟹等“打洞”高手，也容易引发田埂垮塌。

稻田温室气体排放状况，影响水田未来生存发展前景。水田浸水种植过程中，土壤有机质和新投入的有机肥等，容易释放甲烷气体，加速气候变暖。如：水稻在淹水的条件下种植，稻田土壤中残存的腐烂植物体等有机物会被产甲烷细菌分解，产生大量甲烷，并经液相扩散、气泡和植株传输这三种途径释放到大气中。由于采用浸水种植，水稻的甲烷排放在诸多作物中十分突出，达到 25.6 百万吨/年。相比之下，玉米和小麦等旱地作物种植的甲烷排放几乎可以忽略不计。中国是世界水稻的第一生产消费国，种植面积占全球总体 1/3 以上，西方国家因此对我国研究高产水稻一直大加指责，对我国农业绿色发展也持怀疑态度。实际上，有研究表明，如果使用浅灌方式代替间歇性淹水种植，有望将水稻种植对气候变暖的影响降低六成。而如果能更进一步，将浅灌与氮和有机质管理精心结合起来，甚至可使一些农场的温室气体净排放降低九成。还有研究表明，通过种质资源改良优化和控水增氧耕作等创新性、保护性耕作措施，稻田温室气体排放能够明显下降（其中甲烷减排尤为显著），未来水田实现由高产高排转为高产低排的协同战略目标成为可能。为了发展绿色、高质量稻田，减缓气候变化，改善生态环境，保障粮食安全，稻田甲烷减排势在必行，改良种质资源、探索水稻绿色低碳生产模式成为关键问题。

强化水田资源保护的相关建议

党中央、国务院提出的加强耕地数量、质量、生态“三位一体”保护，是对新时代生态文明建设背景下耕地保护与管理工作提出的新要求。采取长牙齿的硬措施保护水田等优质耕地，是法律法规赋予的责任和义务，也是保障国家粮食安全、建设生态文明的重要抓手。进一步采取有效措施强化水田资源数量、质量、生态“三位一体”保护，十分必要。对此，笔者建议：

一是针对现有优质水田资源制定特殊保护政策措施。加快《耕地保护法》立法进程，明确有关条款，形成法律约束。建议将优质水田全部划入永久基本农田予以特殊保护，稳定现有优质水田资源，坚决防止水田“非农化”“非粮化”等现象。

二是在严格落实占补平衡政策保障水田数量的同时，更加关注补充水田的质量、生态及其利用的可持续性。做好水田垦造可行性评估与监测监管，坚持山水林田湖草生命共同体理念，从自然地理格局、土壤条件、水源条件等角度全面评估论证拟垦造水田地块的可行性，尤其注意坚持“以水定地”原则，因地制宜垦造水田，确保水田生产所需的充足水源条件，杜绝盲目、不可持续地大规模垦造水田，套取占补平衡指标，进而引发生态失衡问题。

三是分类制定差异化水田质量保护措施，尤其要加强水田耕作层、犁底层保护和山区梯状水田田埂保护。建立水田质量精细化监测评价与预警机制，定期开展水田质量“体检”，强化遥感等现代信息技术在水田质量监测监管中的作用，及时发现并遏制水田“非粮化”以及撂荒等现象，防止水田耕作层、犁底层和田埂等重要种植条件发生破坏，及时对水田“非粮化”地块进行恢复性土地整治，保证良田种粮属性，确保优质水田数量不减少、质量不退化、生态可持续；制定水稻土等优质土壤保护措施，对于确因特殊原因不能避免占用水田资源的，严格按照新修订的《土地管理法实施条例》有关规定，落实建设占用耕地耕作层剥离利用措施，将适宜继续用于农业生产的水田水稻土剥离并优先用于新开垦水田或旱改水工程，保证水稻土持续发挥固碳增汇功能；通过高标准农田建设和全域土地综合整治等工程措施，提升水田生产和生态功能稳定性，加快低产水田提质改造，稳步提高优质水田数量、质量和生态水平；制定水田质量破坏鉴定标准，明确破坏水田犁底层、耕作层、土壤肥力、生态环境等的惩处政策和处理意见。

四是运用高科技手段，最大程度发挥水田碳汇作用。加强高产低排种质科技攻关，探索并推广水田绿色施肥、秸秆还田和保护性耕作等绿色低碳生产模式等。

五是践行“两山”理念，建立水田生态补偿机制。增加承包经营主体的“种稻”比较收益，使其成为水田保护的主体；防止“非粮化”、撂荒或管理不当对水田保护造成的威胁，确保优质水田持续发挥经济价值和生态价值。

（原载：《中国土地》，2021 年第 9 期，合作者：李超、程锋）

夯实土壤生物多样性的科学基础

今年 10 月，联合国《生物多样性公约》缔约方大会第十五次会议（简称 COP15）将在中国昆明召开，会议将审议通过“2020 年后全球生物多样性框架”，在全球、区域和国家范围内采取紧急政策行动以转变经济社会发展方式、创新金融支持模式，使生物多样性丧失加剧的趋势到 2030 年趋于稳定，让自然生态系统在今后 20 年得到恢复，到 2050 年实现净改善。

2002 年，COP6 会议提出了“保护和可持续利用土壤生物多样性”的国际倡议。此后，联合国粮农组织持续致力于推动这项倡议的落实。2020 年，联合国粮农组织发布了一份关于全球土壤生物多样性状况的报告。

联合国粮农组织总干事屈冬玉先生在报告前言中指出，人类社会的福祉和生计高度依赖于生物多样性及其提供的生态系统服务；人们日益关注生物多样性对粮食安全和营养的重要性，但是对我们脚下的土壤微生物多样性关注较少，而正是土壤生物丰富的多样性推动了食物的生产、土壤和水的净化；土壤生物多样性的丧失是世界上许多地区的主要全球威胁之一，土壤微生物多样性及其提供的生态系统服务，对于“联合国生态系统恢复十年”行动计划（2021—2030）和即将到来的“2020 年后全球生物多样性框架”至关重要。

所谓土壤生物多样性，即地下生物多样性，是指由基因和物种所形成的生态复合体，既包括土壤生物主体，也包括土壤生物生活其中的土壤微生境和景观。土壤生物多样性所提供的服务，对人类健康和环境、社会经济发展具有强烈影响。陆地生态系统中，超过40%的生物体在其生命过程中，直接与土壤相关。

土壤生物是食物链中不可或缺的重要一环，维持和提供能量、营养的生物循环。土壤生物是高质量农业现代化的重要支撑，是降低化肥依赖、降低农业生产成本的一个重要路径。土壤生物多样性对碳循环至关重要，农业生产系统减排是应对全球气候变化的一个重要领域。土壤生物多样性是许多新药物的来源，健康土壤不仅是健康作物生长的必要条件，更是人类健康的基础条件。科学研究证明，亲土活动有助于预防人类慢性疾病。土壤生物还是防治土地退化和土壤污染的重要工具，生物增强或生物刺激有助于土壤污染物的降解和钝化。

当下的突出问题，是不当的人类活动威胁土壤生物多样性。一方面，森林砍伐、农业集约化、土壤养分不平衡、土壤酸化、灌溉不当、农业化工品过量使用、农田作业机械压实、城市化、地表封闭、火灾、水土流失、土壤有机质下降、农田基础设施配置不合理、外来物种入侵等问题严重威胁农用地土壤生物多样性。另一方面，土壤生物多样性科学研究不足，导致难以确定土壤生物多样性调查监测指标，难以检测测量土壤生物多样性程度，难以利用高新技术分析土壤生物多样性水平及其动态并做出预测预警，难以制定有效管理政策措施以实施有效监督监管，难以组织国家级、洲级、全球级的联合行动以扭转土壤生物多样性丧失加速趋势的严重威胁。

第三次全国国土调查耕地资源质量分类对耕地土壤生物多样性开展了采样、分析，这是贯彻落实党中央关于加强耕地数量、质量、生态“三位一体”保护与管理的重要行动，后续成果更值得期待。

（原载：《中国自然资源报》，2021 年 7 月 23 日）

关于保护修复耕地建设生态型农业的思考

耕地科学安全利用是农业农村发展的根本性问题，维护耕地系统健康是当前我国面临的“卡脖子”难题。《乡村振兴促进法》从法律上明确规定“国家建立农用地分类管理制度，严格保护耕地”“建设并保护高标准农田”“推进农村土地整理和农用地科学安全利用”“实施重要生态系统保护和修复工程”“推动种养结合、农业资源综合开发，优先发展生态循环农业”“实施国土综合整治和生态修复”“实行耕地养护、修复、休耕和草原森林河流湖泊休养生息制度”等，把耕地保护修复放到了突出位置。在生态文明建设背景下，保护修复耕地、建设生态型农业是实现乡村振兴的重要基础。

我国耕地资源利用存在的主要生态问题

耕层变薄、有机质含量持续性下降问题严重。根据全国耕地质量等级调查与评定成果，全国耕地分为优等地、高等地、中等地和低等地，其中，优等地面积占全国耕地评定总面积的2.9%，高等地面积占全国耕地评定总面积的26.5%，耕地质量本底较差。同时，由于片面追求产量产值、长期积累性的过度开发与利用，在农业连续增产的同时耕地质量下降显著，我国粮食主产区耕地普遍存在不同程度耕层变浅、容重增加、养分效率低等问题，东北地区黑土层厚度已由开发初期的80～100厘米下降到20～30厘米，部分地区耕地土壤有机质平均含量由原来的3%～6%减少到现在的2%～3%；华北平原耕层厚度低于适宜耕种厚度3～7厘米；西北5省区盐碱耕地面积超过4000万亩，一半以上属于中重度盐碱。

耕地有机肥施用量不足。我国自古以来就强调种养结合，这既能提高农业废弃物的资源利用率，又提升土壤肥力，实现生态良性循环。然而，近几十年来规模化、集约化养殖模式普遍导致种植业和养殖业分离，畜禽废弃物利用率低，农田普遍使用化学合成肥料，长期"重化肥、轻有机肥"，我国有机肥施用占肥料施用总量的比例从1949年的99.9%到1990年的37.4%，2000年降至30.6%，目前该比重已经降至8%～10%。

环境污染严重。当前，我国对化肥和农药的使用量已经远远超过世界各国的平均用量，国际上公认的化肥施用安全上限是每公顷225千克，但2017年我国农用化肥单位面积平均施用量达到每公顷434.3千克，是国际安全上限的1.93倍，在不少地区施用量已超过国际标准上限的3.3倍。据调查，我国集约化农区每年每亩平均施纯氮30～40千克，磷20～30千克，实际利用率不到40%；农药年投放量20多万吨，仅有20%～30%起作用，过量未被利用的养分通过固定、淋溶和挥发等进入环境，造成土壤板结酸化，重金属超标，水体污染等，加速了生态的恶化。

耕地生态建设滞后。耕地是典型的半人工半自然生态系统，提供了粮食生产基本功能以及气候调节、空气净化、水文调节、维持生物多样性等多种生态功能，这些功能依赖耕地本体健康及其与周边生态系统的连通互作。但我们对耕地生态功能关注度并不高，耕地生态系统认知理念滞后，缺乏半自然农田生态环境营造与维护，耕地生态系统稳定性、抗逆性大幅下降。对耕地功能认识的单一也造成耕地常常成为生态建设、城市美化的牺牲品，同时，耕地上的产品价格也不能反映耕地经济产出外的其他非市场价值，对耕地保护和可持续利用也带来了负面影响。

耕地生态领域技术支撑不足。在耕地生态建设领域存在投入分散、科技整体创新度与产业关联度弱等问题。农民没有足够的理论知识和经验对复杂的农业生态系统进行科学设计，在实践中也缺乏对新技术应用的探索，缺少耕地生态保护的激励约束机制与政策。在耕地生态功能多元化开发与利用、区域尺度面源污染治理、农田半自然生境设计与管护、种养结合布局与技术标准等方面科技创新支撑力依然不足，特别是适应和支撑未来发展的“卡脖子”理论、关键核心技术以及产品装备研发还未完全突破，大部分成果还没有完全熟化落地。

我国耕地生态建设的认知探索与发展实践

从传统农耕文明到现代生态型农业，我国对耕地生态建设的认识逐渐深入，《乡村振兴促进法》中产业发展、生态保护章节对现代生态型农业进行了具体描绘。自然生态安全的农业是今后的目标和方向，也是实现乡村振兴战略的重要基础。

我国在长期的农业生产实践中形成了丰富的农业经营与技术手段，具有显著的科学性。如《齐民要术》中记载了轮作、种植绿肥以及施用粪肥等提高土壤肥力的方法；《沈氏农书》记载了明清时期在太湖地区推行的“农牧桑蚕鱼系统”，通过种养结合来维持农田生态系统功能的多样性和复杂性。我国目前保留下来的农业文化遗产中很多都是高效利用土地空间种养相结合的生态复合农（渔、牧）业系统，这些农业系统观念和技术至今依然具有广泛的适用性，对提高农村水土效用、保护修复耕地、维护农业生态平衡、维持生物多样性等具有重要的启示意义。

近年来认识发展的三个阶段：

一是生态理念宣贯阶段。在全球环境污染、生态失衡以及巨大的人口压力等复杂背景下，在传统生态型农业理论与实践的基础上，受国内外循环经济思想与方法的启发，人们认识到需发展循环型生态型农业来保护耕地，推动农业可持续发展。20 世纪 80 年代我国开始实施生态农业工程，组织了生态农业试点县建设，宣传推广生态循环理念，通过因地制宜、政府扶持、农民响应，在我国南方形成了“猪—沼—果”等模式，北方形成了“大棚—养猪—厕所—沼气”等模式。在立体循环模式中畜禽粪便进入沼气池产生沼肥，为农作物提供了高效有机肥，为土壤补充了有机质，减少了污染物的排放，提高了资源利用率，改善了生态环境。

二是问题导向的“修补”阶段。2003 年《土地开发整理若干意见》发布，以保护耕地为目标，以保护和改善生态环境为基本原则，明确了土地开发整理的内容，包括归并零散地块、修筑梯田、整治养殖水面；建设农田配套工程和防护设施；治理沙化地、盐碱地、污染土地，改良土壤，恢复植被。2006 年确定了 116 个国家级基本农田保护示范区，将基本农田建设作为主要内容。此阶段的耕地保护以解决问题为导向，主要是为了改善农业生产条件、提高粮食生产能力，针对耕地利用中存在的障碍因子采取工程、生物等措施，来增加耕地面积、提高耕地质量、改善生态环境。

三是国土整治与生态修复阶段。“十二五”“十三五”时期发布了两轮全国土地整治规划，统筹推进田、水、路、林、村综合整治，坚持土地整治与生态保护相统一，在积极补充耕地数量的同时，更加注重提高耕地质量和改善农业生态环境。在农用地整理中要求推进农田防护与生态环境建设，开展重要农业文化遗产保护与建设，加强退化土地修复和耕地修复养护，发挥农田景观和生态功能作用。充分认识到山水林田湖草是生命共同体，考虑国土空间的系统性和整体性，通过国土综合整治来实现优化空间格局、提高资源利用效率、改善生态环境质量、提升国土空间品质。将农村的生产、生活、生态空间进行整体优化，按照系统治理的要求，统筹农用地整理、建设用地整理和乡村生态保护修复各项活动，从而实现耕地的保护修复，推动农业绿色发展。

自然生态安全的农业是实现乡村振兴战略的重要保障。进入生态文明阶段之后，良好的生态环境已成为最公平的公共产品和最普惠的民生福祉，人们对耕地的需求已不再满足于提供农产品，还包括基于农民就业与生存保障、农耕传统文化、农田独特的生态景观、生物栖息的场所、空气与地下水的净化等丰富的社会生态需求。乡村振兴的基础在农业，推动耕地数量、质量、生态“三位一体”保护，增加优质、安全、特色的农产品供给，建设自然、生态、安全型农业，推行乡村绿色发展方式有助于优化农业生产力布局；有助于发展优势产业，开发农业多功能属性；有助于不断推进农业科技进步，提高农业综合生产能力和竞争力，实现农业可持续发展。

保护修复耕地，建设生态型农业的实施路径

“坚持因地制宜、规划先行”“坚持人与自然和谐共生，统筹山水林田湖草沙系统治理”，《乡村振兴促进法》将此作为基本原则，对建设生态型农业、促进乡村发展指明了具体的实施路径。

依据国土空间规划，优化农业发展格局。落实国土空间规划确定的主体功能分区，优化农业布局，以粮食生产功能区和重要农产品保护区为重点，科学确定不同区域农业发展重点，形成优势突出和特色鲜明的产业带，发展生态循环农业，促进农业资源的永续利用。制定农产品主产区、城市化地区和生态功能区的农业发展策略，农产品主产区建设集中连片、设施配套、高产稳产、生态良好、抗灾能力强的高标准农田；城市化地区发挥农田的景观、绿隔功能，将耕地作为绿心、绿带的重要组成部分，促进现代化都市农

业和休闲农业发展；生态功能区建设集水土保持、生态涵养、特色农产品生产于一体，与山区丘陵环境相适应的生态型农田，针对三大空间的农地及生态管护提出针对性政策和方法。同时，科学布局农业生态配套设施，在产粮大县、畜牧大县统筹布局农业产业和沼气工程、沼液配送、有机肥加工、农业废弃物收集处理等配套服务设施，构建生态循环农业产业体系。

建立科学的国土空间用途管制制度，制定管控规则。科学的国土空间用途管制制度是实现国土空间治理、加强自然资源利用与管理的主要措施，2019 年《关于在国土空间规划中统筹划定落实三条控制线的指导意见》明确了三线划定的原则、方法以及冲突协调和保障措施，《关于建立国土空间规划体系并监督实施的若干意见》明确了国家层面对国土空间用途管制的总体原则。应以“三区三线”与国土空间规划分区作为空间约束，坚持底线思维，落实最严格的耕地保护制度，遵循空间主体功能定位，依据耕地在不同空间的特点，进行差异化的利用强度及方式管控，形成差异化的管控机制。针对农业和生态资源较为丰富的地区，应着重探索区域混合功能用地的管控规则。

贯彻山水林田湖草生命共同体理念，推进全域土地综合整治。以科学合理规划为前提，以乡镇为基本实施单元，整体推进农用地整理、建设用地整理和乡村生态保护修复，打造集聚高效的生产空间、宜居适度的生活空间、山清水秀的生态空间。坚持系统思维，着眼于从资源利用、要素配置、空间安全的角度统筹各类空间行为，实施山水林田湖草一体化生态保护和修复，对生态、城乡、产业、设施等格局做出统筹安排，重构田、塘、梗、丘、园、林、路等生态要素，修复退化、污染的耕地生态系统，科学布局种植业、养殖业以及绿色农产品加工产业，打造种养结合、生态循环、环境优美的田园生态系统，形成绿色农产品产业链。将耕地保护置于社会经济系统和自然生态系统中进行考虑，统筹格局优化、质量提升、面源污染防治、生物多样性保护等多种功能。

加强科学管理，探索新型种养结合模式。种养循环是一个复杂系统，若出现养殖废弃物过多则容易产生农业面源污染等环境问题，而养殖废弃物过少则有机肥源不足。因此，科学合理规划种植业与养殖业的布局，匹配好种植、养殖规模，实现种植、养殖废弃物的最大化利用是发展生态循环农业的重要条件。我国耕地主要集中在华北、东北、长江中下游等平原地区，小麦、大豆、玉米等谷物产量丰富，盛产蔬菜和水果等经济作物，可布局生猪、肉鸡和蛋鸡等养殖密集型和需粮大的畜禽产业，缩短饲料运输距离，就近将畜禽废弃物还田，实现农业废弃物的资源化利用，从畜牧业和种植业的整体产业布局上促进种养结合循环农业系统的有效运行。

突出示范效应，打造耕地生态建设的平台与抓手。充分发挥示范县典型示范和引领带动作用，在全国开展生态良田示范县建设。对于高标准农田建设成效显著的示范县，被列入全球重要农业文化遗产的地区，具有较强的农田景观和绿隔功能的大城市近郊区县以及重要生态功能区县，可开展全国生态良田示范县建设，保护修复耕地资源，充分发挥耕地的生态效应。设置国家级和省级山水林田湖草综合整治重大工程，使重大工程成为以点带面的示范样板，成为确保耕地生态保护修复目标落地的重要抓手。通过重大工程和示范建设，将实践经验上升为国家制度，实现政府、市场与社会三元共治的良性互动。

在土地利用中加强科技创新与推广应用

《乡村振兴促进法》明确，“国家采取措施加强农业科技创新”“国家加强农业技术推广体系建设”“国家鼓励农业机械生产研发和推广应用”，科技创新是耕地保护与修复的重要技术保障，新技术只有经过推广应用才能实现真正的落地。

开展绿色生产与生态修复技术研究。对于适应和支撑未来发展的“卡脖子”核心技术以及产品装备进行研发，遵循生态系统整体性、生物多样性规律，开展田园生态基础设施建设与管护技术研发，恢复田间生物群落和生态链，如植物篱、生态沟渠、生态廊道、生态岛屿、防护林网等；开发农业景观变化临界点预警工具，制定半自然生境设计与管护地方标准；根据区域土壤特性和作物养分需求，研发以种定养的资源循环利用技术，实现作物绿色优质生产与畜禽养殖密度、粪污循环利用的高效匹配；研发农业多功能性综合开发利用、农业资源的高效安全利用和绿色生产技术体系；研究耕地质量提升技术、面源污染治理技术、高产高效农机农艺结合技术、绿色种养一体化集成技术等。

加强有关政策保障。贯彻国家有关耕地保护、生态修复、绿色生产等一系列法律、法规。开展耕地生态评价，建立耕地数量、质量、生态监测监管体系；理顺耕地生态产品价值实现机制，制定相应政策探索政府购买、生态补偿、以市场为主导的产权交易、绿色金融等方式。在认识多种经营主体对农业绿色生产行为采纳规律及其影响因素的基础上，形成针对不同经营主体的激励政策。在重点领域、重点环节出台投资、价格、金融、税收等方面的推广支持政策，指导各机关、团体、企业、社会组织发展生态型农业。

加大生态型技术推广应用。完备的技术推广体系是广泛推行生态型农业、建设生态友好型乡村的有效实现途径。不断开发不同地域条件下耕地利用及生态修复、管护技术，形成相应的规范标准进行推广。对高校、科研院所以及一些生态保护修复科技企业的技术研发进行重点支持，对各种农业生产经营主体开设对应的培训班组织培训学习，促进各种科技成果的落地以及规模化实现。

（原载：《农村工作通讯》，2021 年第 24 期，合作者：梁梦茵、汤怀志）

“十四五”国土整治与生态修复展望

习近平生态文明思想强调生态环境问题归根到底是资源过度开发、粗放利用、奢侈消费造成的，根本是资源利用和保护问题。要落实粮食安全、水资源安全和能源安全三大安全，“十四五”需要通过国土整治与生态修复，实现国土空间规划优化，大幅提高水土资源配置的效率，主要污染物排放总量持续减少，实现生态屏障的稳固，城乡人居环境明显改善。要实现这些目标，我提出以下三点建议。

要深刻认识大变局。一是全面建成小康社会后人们对生态产品的要求更高；二是后疫情时代人们对自然生态系统的健康更加关注；三是世界政经格局变化对参与全球治理提出更多要求；四是全球气候变化进一步加剧生态安全危机爆发风险。随着中国综合国力持续增强，可用于生态修复的财力物力日益增多，公众对生态环境要求越来越高，参与治理的意愿进一步增强，统一行使所有国土空间生态保护修复职责的迅速落位，人口增量渐少和区域分布的结构性变化，以及新型城镇化加快推进等，为加强生态修复提供了有利契机。

要科学谋划底层架构。一是坚持生态保护优先，自然恢复为主。牢固树立和践行绿水青山就是金山银山理念，尊重自然、顺应自然、保护自然；遵循自然生态系统演替规律，坚持自然恢复为主、人工修复为辅，充分发挥大自然的自我修复能力，协调生态保护与经济社会发展关系。二是坚持科学治理，分区分类施策。科学分析区域生态环境本底和自然资源禀赋，系统梳理区域生态问题隐患与风险，针对主要生态问题类型，遵循生态系统内在机理，围绕提升生态质量和应对生态风险，合理运用保护和修复、自然和人工、生物和工程等措施，推进一体化生态保护和修复。三是坚持统筹兼顾，突出重点难点。切实落实主体功能区战略，充分考虑生态系统的系统性完整性，统筹陆地海洋、不同区域生态修复工作；不断加大重点区域生态修复力度。四是坚持改革创新，完善体制机制。坚持依法推进生态修复，深化生态修复领域改革，释放生态修复政策红利，拓宽投融资渠道，创新多元化投入和建管模式，完善生态保护补偿机制，建立健全政府主导、多元主体参与的生态修复长效机制，加强生态修复社会协同和公众参与。

要分类统筹“十四五”攻坚。国土空间整治与生态修复需要整体保护、系统修复、综合治理，通过国家需求引领科技创新、制度创新，建议把目标导向和问题导向结合起来。

一是着重治理突出生态环境问题。加强防沙治沙与荒漠化综合治理，开展天然草原保护修复，实施草原“三化”治理，推进江河源区沙化土地综合治理，加大防护林体系建设力度。加强水土流失与石漠化综合治理，有序实施退耕还林还草，在水土流失严重区域开展以小流域为单元的山水田林路综合治理，加强坡耕地、侵蚀沟及崩岗的综合整治，实施石漠化综合整治工程。开展水生态修复，因地制宜推进退耕还河还湖还湿，防治水污染，加强天然湿地保护修复。

二是稳妥推进农业空间生态修复。加强乡镇国土空间规划管控，开展乡村全域土地综合整治，整体推进田水路林村综合治理，稳步实施美丽宜居乡村建设，持续开展农村人居环境治理，保护自然人文景观及生态环境，传承乡村文化景观特色。结合农用地整理和生态保护修复工程，针对性消除农田土壤障碍因素，开展农田半自然生境和生物多样性保护修复，加强农田生态基础设施建设；实施农田污染防治，综合运用调整种植结构、生物移除等措施，加强土壤污染治理与修复；在资源环境承载力弱、耕地高强度利用地区，建立耕地休耕轮作制度，降低土地利用强度。

三是大力开展城镇空间生态修复。根据城镇山体受损情况，因地制宜采取工程措施消除安全隐患，恢复自然形态。落实海绵城市建设理念，开展江河、湖泊、湿地等水体生态修复。综合运用多种适宜技术改良废弃场地土壤，消除安全隐患，重建自然生态。推进绿廊、绿环、绿楔、绿心等绿地建设，构建完整连贯的城乡绿地系统，完善蓝绿交织、亲近自然的生态网络，促进水利工程、市政工程生态化。加强地质灾害综合防治，实施城市地质安全防治工程，开展地面沉降、地面塌陷和地裂缝治理，提升城市韧性。保持城镇特色风貌，腾退、低效、留白空间优先用于生态修复。

四是有序推进矿区生态修复。开展矿山地质环境恢复和综合治理，加强历史遗留矿山综合整治，推进工矿废弃地复垦利用，强化矿山废污水和固体废弃物污染治理，合理开展矿山生态重建，促进矿区生态系统功能逐步恢复和增强。进一步完善分地区分行业绿色矿山建设标准体系，全面推进绿色矿山建设，在资源相对富集、矿山分布相对集中的地区，加快建成一批布局合理、集约高效、生态优良、矿地和谐的绿色矿业发展示范区，引领矿业转型升级，实现资源开发利用、经济社会发展与生态文明建设相协调。

五是积极实施海洋生态修复。实施海岸线整治修复，开展滨海湿地生态修复，推进退围还海还滩、堤坝拆除，加强候鸟迁徙重要栖息地保护恢复，加强外来入侵物种防治，恢复退化盐沼湿地。实施河口整治修复，恢复流域—河口水文连通性，保障河口生态需水，改善和恢复河口生境条件。实施海湾综合整治修复，改善海湾生境，加强海洋珍稀濒危动物栖息地的保护修复，加强赤潮、绿潮等生态灾害防治。实施海岛整治修复，开展重点权益海岛的岛体地貌稳定性修复。加强红树林和珊瑚礁生态系统保护修复。

（原载：《南京农业大学中国资政智库》，2021 年 1 月 11 日）

可持续发展要从资源源头抓起

在可持续发展的理念到行动之间，还需要工程技术阶段。除了标准、技术、投资等后端要求，还需要深入到自然资源开发的源头，也叫生态产品价值实现机制研究。银行也出现了有资金可以支持可持续发展，却没有合适的项目的困境。

可持续的土地与海洋是未来工程师最难应对的挑战之一。中国工程师普遍认为，可持续的土地和海洋是未来 25 年最大的挑战。绿色发展对自然资源的维持和拓展非常重要。习近平总书记提出 2060 年实现碳中和，为实现目标，土地利用问题要引起重视。中国亟须解决拥挤条件下的发展与生态文明问题。中国正在朝着联合国可持续发展目标前进。其中人类活动引起的土地利用变化是十分重要的问题，所以要实现碳中和除了能源以外，关键就是要管控土地利用。

中国对绿色发展有自己的理解，创立了“三明治式”生态文明管理新体制。自然资源部是源头管理的部门，生态环境部是最后的“闸门”，各地区各部门属于中间的一层。其中，源头管理十分重要，希望能有更多绿色金融投向自然资源。国家现有的投资如果没有绿色金融大板块的支撑，目标很难实现。

可持续问题根本上来讲是资源的合理开发利用问题，还有消费问题，所以要从资源源头抓起。中国需要关注生态财富，但目前中国对自然资源管理还不够，比如土地方面，仅有土地利用类型的转化，但是土地的性质的恶化，土地诸要素之间联系弱化并没有纳入管理。如果管控不住土地利用变化，遏制土地退化是不可能的。

维持和做大自然资本是突出的任务。如何把中国的重点项目设计好，同时把资金筹措好，目前还在探索阶段，中国的绿色金融与自然资本还没有很好地结合起来。从科学角度来看，目前对绿色发展的过程、要素和结果已经有了很好的技术去实现它，希望这个技术能够帮助我们更好地理解绿色发展。

（原载：《全球绿色发展微信公众号》，2020 年 11 月 22 日）

国土空间治理视角下的土地整治与生态修复研究

国土空间是人类生存与发展的物质载体，既满足了经济社会发展需要，又为人类生存提供了环境基础。如何在极其有限的国土空间前提下实现自然安定和谐与资源供给安全是我国自然资源管理的最大挑战。在此背景下，大幅提升国土空间治理水平、优化自然资源结构与布局成为必然选择。传统以资源利用为核心的土地整治及单一以生态安全为目标的恢复治理均不足以全面解决此问题，因此有必要围绕新时代自然资源管理的需求，以国土空间治理演化视角审视土地整治与生态修复发展的历史脉络和未来方向，按照统一逻辑塑造理论清晰、现实可行的目标任务体系，以解决当前生态修复过程中面临的基础性和战略性问题。

1 生态修复是自然资源管理时代的紧迫需求

优质生态产品的不足已成为自然资源管理的最大短板，生态修复是实现自然资源供给与需求再平衡的关键。一方面，人地矛盾突出、资源极度稀缺是我国的基本国情，而工业化、城镇化和现代化的高速发展严重侵占自然资源，自然资源快速退化、修复不及时导致资源承载力快速逼近极限。人们赖以生存的耕地资源中有19.4%的污染耕地、17.8%的低等耕地和8000多万亩的不稳定耕地；城乡生态空间总量不足，气候调节、污染净化、固碳释氧和水源涵养等生态服务功能退化问题突出；中度和重度退化草原面积占1/3以上，水生态空间被侵占，部分湿地萎缩、河湖干涸；濒危和受威胁物种总数居高不下，生物多样性保护形势严峻。另一方面，全国低水平、无序、粗放的开发利用现象十分普遍，珍稀的土地、水、能源等自然资源被大量消耗，资源过度开发、粗放利用及奢侈浪费造成的生态环境问题甚至超出了资源问题本身，导致资源开发利用的关键约束从数量供给、空间保障约束迅速转向质量安全、生态安全约束。尽快遏制经济发展和自然资源基础之间不断加剧的突出矛盾，大幅提升国土空间综合治理能力及系统修复能力，加快自然资源结构布局的转型升级，已经成为超越资源本身的更为紧迫的重大任务。

生态修复是在资源有效供给基础上对自然资源“源头管理”的进一步完善。党的十九届四中全会中共中央在“最严格的土地管理制度”“最严格的耕地保护制度”“最严格的节约用地制度”基础上，明确提出完善“最严格的生态环境保护制度”。这既是科学认知资源对实现“两个一百年”奋斗目标的基础性作用，又充分体现了解决自然资源生态压力与生态环境问题的紧迫性和严峻性。当前，我国已经构建形成了由空间规划、用途管制、自然资源资产离任审计和差异化绩效考核等构成的空间治理体系，形成了“源头严防、过程严管、后果严惩”的制度体系。生态修复既是空间规划、用途管制从上至下的管控性落实手段，又是地方吏治离任审计、绩效考核中自下而上的根源性解决方案。

2　从加快土地整治到生态修复的转型升级

土地整治与生态修复均是国土空间治理体系的重要组成部分，本质上都是从源头上解决我国不同发展阶段最为紧迫的资源瓶颈问题。两者一脉相承，生态修复更加注重自然资源保障经济发展与维护生态环境的平衡关系，是从理念上对以资源高效利用和有效供给为核心的土地整治进行升级；土地整治则从法律依据、规划管控、实施抓手等多个方面为生态修复融入自然资源管理提供了基础平台和工作接口。

2.1　以法律为依据引领生态修复

3 个中央文件、1 部《中华人民共和国土地管理法》（以下简称《土地管理法》）明确了我国土地整治在不同时期的关键问题与核心目标：①1986 年我国耕地资源持续减少，中央提出“十分珍惜和合理利用每寸土地、切实保护耕地”，同年《土地管理法》将“合理利用土地，切实保护耕地”作为主要目标，各地陆续开展了不同模式的土地整治实践探索。②1997 年《中共中央、国务院关于进一步加强土地管理切实保护耕地的通知》（中发〔1997〕11 号）及 1998 年《土地管理法》明确“国家鼓励土地整理”，2008 年党的十七届三中全会要求“大规模实施土地整治”，在耕地资源保护提升的基础上部署开展了建设用地整理工作，以解决当时土地资源紧缺、发展用地空间不足等问题。③2017 年《中共中央 国务院关于加强耕地保护和改进占补平衡的意见》（中发〔2017〕4 号）提出“数量、质量、生态”三位一体的保护理念，引领土地整治朝绿色方向发展，城镇低效用地整治、村庄整理等在优化国土空间布局、支撑国家脱贫攻坚方面发挥了巨大作用。2020 年新修订的《土地管理法》继续明确“国家鼓励土地整理”，为土地整治向着生态修复方向持续发展奠定了法律基础。

2.2 发展和完善专项规划管控体系

我国共编制实施了3轮土地整治专项规划，逐步树立了资源保护、资源节约和生态优先的目标任务体系，建立了层级分明的“全国—省—市—县”四级规划体系及“土地整治分区—重点区域—重大工程（项目）”的管控体系。以规划为主线回顾其发展历程可以发现，土地整治坚持目标导向与问题导向相结合，始终将资源有效保障和可持续利用作为主要目标，形成了与国土空间规划体系协调统一的专项规划管控体系，将国家意志与地方意图协调统一，上下结合化解国土空间矛盾冲突。当前经济发展压力及其与自然资源、生态保护的冲突依然较大，长期以来地方“重发展、轻保护”导致的积累性生态环境问题不断凸显，需正确处理人与自然的关系，将生态修复放在更加突出的位置。

2020年经中央全面深化改革委员会第十三次会议审议通过，国家发展和改革委员会、自然资源部联合颁布实施了《全国重要生态系统保护和修复重大工程总体规划（2021—2035年）》。作为生态保护修复领域的首个综合性规划，该文件对全国生态修复工作具有重要引领作用：一方面继承了传统土地整治以问题为导向的“重点区域—重大工程—保障机制”主线条，发展了以目标为导向的国土空间优化、生态服务提升等重点任务；另一方面明确了土地综合整治的基础作用，在陆域范围内的全部重大工程中均将土地综合整治作为主攻方向。正在编制的国土空间生态修复规划应将规划体系建设作为落实生态修复的重要一环，依托现有的土地整治规划体系，构建形成自上而下、统一衔接、功能互补及全域覆盖的规划传导机制。

2.3 坚持工程建设和制度创新“双轮驱动”

我国土地整治的快速发展为生态修复发展提供了实施经验。一是始终以土地整治工程项目为根本，形成了以土地整治重点区域、工程类型引导的国家级、省级土地整治重大工程，区域性的土地整治示范省—生态良田示范区—高标准农田示范县的工程建设体系，成为确保国家目标落地的支撑主体和各类不同区域以点带面的示范样板，同时不断完善土地整治的规划设计、工程技术、项目管理、资金管理和实施考核等标准规范，将《高标准农田建设通则》等多项标准上升为国家标准。二是激发地方创新活力，围绕自然资源管理的现实问题，通过土地整治实践探索和试点，将高标准农田建设、城乡建设用地增减挂钩、城镇低效用地整治、低丘缓坡未利用地开发和工矿建设用地整治等土地整治经验上升为国家制度，实现了政府、市场与社会三元共治的良性互动，整合财政资金、吸引市场资本投入、带动社会公众参与，为土地整治持续发展提供了基础。此外，在人才队伍建设方面，2015 年土地整治工程技术人员进入了《国家职业大典》，2017 年土地整治进入了国民经济行业，2018 年国家创建了土地整治工程本科专业，均为生态修复中职业化队伍建设和人才培养提供了坚实基础。

2.4　向人工注入自然性，向自然输入现代性

长期以来，土地整治欠缺生态修复理论基础指导和方法技术支撑，多部门统筹缺乏协调机制等问题更是成为其发展掣肘，不仅影响了各地用好、用足现有土地整治工具，还会将土地整治“隔离”在生态修复框架外，因此迫切需要加快推进土地整治与生态修复融合发展。一是传统以土地资源保护和高效利用为目标的土地整治需要融入更多绿色理念，不能将必要的工程措施变成国土空间挪移和土壤表层“大搬家”，而是要用制度手段将人为活动对自然的改变量限制在最低程度。二是应更加突出土地整治在资源供给保障方面不可取代的本质功能，强化生产、生活和生态空间的全域优化，同时充分发挥生态修复框架下统筹兼顾、整体协同的优势，解决好统一目标、统筹部门等问题，以同等的国土空间满足更多的发展需求，提供更多的生态系统服务。三是将土地整治的规划体系、工程技术体系和制度政策体系作为生态修复的发展根基，充分运用土地

整治已有的资金渠道、标准体系、信息化平台和人员队伍，结合新目标、新对象和新问题，贯彻尊重自然、顺应自然及保护自然的理念，将土地资源扩展到自然资源，为区域可持续发展多种目标的协同实现提供保障。

3 基于可持续发展目标开展生态修复

3.1 发展定位：形成全球生态修复解决方案

可持续发展即以公平的方式满足人类的基本需要，而不损害地球上其他的生命系统，在保护可为未来人类提供福祉的地球生命维持系统的同时，满足当代需求的发展。2015 年联合国大会正式通过全球可持续发展目标（Sustainable Development Goals，SDGs），标志着国际社会对世界发展转型的基本共识，即在日趋严峻的地球资源和环境约束条件下，必须构建新的全球治理体系，推动传统工业化发展模式向可持续发展模式转型，以实现人类共同发展。

我国已成为全球生态文明建设的重要参与者、贡献者和引领者，必须深度参与新的全球治理构建，增强我国在全球治理体系中的话语权和影响力，积极引导国际秩序变革方向。在全球 SDGs 的 17 个可持续目标和 169 个具体目标中，目标 15——“保护、恢复和促进可持续利用陆地生态系统，可持续管理森林，防治荒漠化，制止和扭转土地退化，遏制生物多样性的丧失”与生态修复直接相关，目标 2、6、11、12、14 等也与生态修复存在较强关联。同时，联合国制定实施了多项国际协定，包括《联合国防治荒漠化公约》《生物多样性公约》《联合国气候变化框架公约》等。它们共同塑造了国际上生态修复的基本框架，既为指导全球生态修复提供了政策性纲领，也为我国生态修复提供了一个系统全面的目标体系。我国应在此基础上结合客观国情加以修正和充实，形成面向世界可持续发展的生态修复解决方案。

3.2　理论基础：从资源高效利用向“社会—生态系统”多目标修复升级

“社会—生态系统”（Social - ecological System，SES）是在生态危机频发的大背景下提出的，它将人类社会和生态系统交互过程中涉及的所有资源要素关联在一起，形成一个多维耦合、动态变化的复杂系统，避免了单一的生态系统或单一的经济社会系统视角，为解决生态系统治理问题提供了新的范式。

自然资源禀赋和开发利用现状决定了我国并不存在生态环境的“无人区”，单纯的国土空间再配置或是单纯的生态保护恢复都不是我国所需的国土空间生态修复，合理处理资源开发利用与生态系统的关系、实现人与自然和谐共生是具有中国特色的生态修复的核心要义。在资源总量有限的前提下，资源利用方式决定了资源供给能力；人为干扰强度与自然恢复弹性决定了生态环境问题的严重程度；生态容量的“天花板”和资源供给的“保障线”共同决定了人类活动有限的合理空间。土地整治是对国土空间格局和土地利用方式的优化，生态修复是对自然生态系统恢复力的提升，本质上均是科学开发和合理利用自然资源的调控手段，具有理论基础的一致性。生态修复应坚持以节约优先、保护优先和自然恢复为主，通过对各类自然、半自然和人工生态系统的整体修复，重塑节约资源和保护环境的生产、生活与生态国土空间，在资源供给满足发展需要的同时还自然以宁静、和谐、美丽。

3.3　实践创新：加快生态修复平台建设

随着国务院机构改革的深化与落地，2018 年自然资源部职能中明确“负责统筹国土空间生态修复”并明确了生态修复的四大抓手：“山水林田湖草”系统治理、土地综合整治、矿山生态修复和蓝色海湾综合整治。从实践角度来看，“山水林田湖草”系统治理启动较晚，自 2016 年起财政部、自然资源部和生态环境部分三批安排 25 个“山水林田湖草”生态保护修复工程试点，基本涵盖了

“两屏三带”生态功能区块，截至2019年底累计下达重点生态保护修复治理资金360亿元；在矿山生态修复方面，2001—2015年中央财政通过设立矿山地质环境治理专项投入资金318亿元，地质环境得到明显改善，但近年来因缺乏中央财政资金带动，治理面积呈下降趋势；海域、海岛、海岸带整治则主要集中在我国沿海局部省份，截至2018年底累计修复岸线约1000km、滨海湿地9600hm^2、海岛20个。与上述3个方面相比，我国自20世纪80年代开始探索农田、村庄、城镇工矿和未利用地等各类用地开发整理复垦，由点及面发展成为覆盖全国的区域性多目标整治，不断发展壮大形成了完整的技术、人才、标准和政策体系，2010—2015年各地累计投入资金超过5500亿元，同时通过城乡建设用地增减挂钩投入农村建设资金超过6000亿元，整体发展势头良好。可见，生态修复不是从零开始，也不应从零开始，应将土地整治经验输入到其他3个方面的整治修复中共同落实生态修复的重要部署，这是国家意志传导落地的关键一环。

3.4 协同机制：要素分类—目标统筹—部门协作

生态修复是面向可持续发展目标的多区域、跨部门协作工作，是一个典型的复杂巨系统。由于政治、社会、经济和生态环境等多因素影响的级联效应，单区域、单部门方案都可能会对其他区域带来负面影响，为避免这种潜在风险，需构建综合系统框架整体推进目标实现。基于2020年傅博杰院士针对全球SDGs整体实现提出的“分类（Classification）—统筹（Coordination）—协作（Collaboration）”3C系统方案，我国生态修复可以遵循“要素分类—目标统筹—部门协作”的协同推进思路，将自然资源要素的修复治理作为生态修复的基础，通过规划管控、工程管理和制度建设等自上而下的管理方式，把分散的组分或子系统整合起来，发挥生态修复系统治理的整体功能，同时基于不同区域、不同部门在生态修复职能职责、技术能力等方面的差异，加强跨区域生态修复协作，以实现国家生态修复的总体目标。

4 新时期国土空间生态修复的重点方向

4.1 构建“自然安定和谐—资源供给安全”导向的目标任务体系

自然资源管理的核心是资源保障并维护其可持续性，生态修复应建立服务“自然安定和谐—资源供给安全”的核心目标。转变以要素为主、部门条块分割和分散投入的治理模式，推动生态系统完整、地理单元连续及经济社会关联的区域性生态修复；重点是降低资源利用过程中的人为干扰，着眼解决一系列突出的生态系统退化问题，显著提升自然生态系统的稳定性和生态服务功能，全面修复国家生态安全屏障，同时改善城乡人居环境，为人民提供更多优质生态产品，全面建立生态保护修复制度和政策体系。

4.2 落实“三区四带一园”总体布局

按照《全国重要生态系统保护和修复重大工程总体规划(2021—2035年)》的安排，从国家整体层面落实规划明确的森林、草原、荒漠、河湖、湿地、海洋等生态系统修复的数量、质量、生态和效用指标；以国家生态安全战略格局为基础，以生态系统受损严重、修复最迫切的区域为重点，加快青藏高原生态屏障区、黄河重点生态区（含黄土高原生态屏障）和长江重点生态区（含川滇生态屏障）等国家重点生态功能区的修复治理；以国家重点生态功能区为支撑，以重要生态廊道和生物多样性保护网络为脉络，解决一批重点区域的核心生态问题，促进东北森林带、北方防沙带、南方丘陵山地带和海岸带区域生态系统的生态功能整体提升；高质量建设国家公园，构建重要的原生生态系统整体保护网络。

4.3 建立层级清晰、统筹协同的管控体系

强化国土空间规划管控和引领，深入实施主体功能区战略，应

在国家、省或流域层面编制国土空间生态修复专项规划，在市县、乡镇层面以地方国土空间问题为牵引，将整治修复作为同级国土空间规划的重要组成部分，逐级编制工程、项目实施方案，形成“1 + N”的上下级规划体系，构建国家、省（流域）、工程、项目的自上而下、统一衔接及全域覆盖的纵向传导机制。

按照“源头管控、过程管理、末端治理”的空间治理框架明晰国土空间生态修复相关部门的责任，加强横向跨领域、跨部门协调，明确参与主体的责任与义务，探索生态修复过程中的监测监管及目标考核机制，建立目标明确、权责清晰的横向协同机制。

4.4 探索多样化的生态修复工程模式

基于“自然安定和谐—资源供给安全”目标，综合考虑已有工作基础，充分对接联合国《2030年可持续发展议程》（SDGs）目标指标，建议针对空间特征开展不同模式的整治修复：①生态空间。重点解决自然生态系统萎缩、退化、破碎、污染及生物多样性降低等问题，采取以自然恢复为主、与人工修复相结合的方式，恢复自然生态系统，防止自然生态系统退化，持续提升自然生态系统的完整性与稳定性。②农业空间。重点针对土地资源粗放无序利用、农业生态系统退化、景观格局破碎和农村人居环境恶化等问题，从农业生态系统的整体性和区域自然环境的差异性出发，稳定优质农田格局，修复受损的国土空间，提高资源利用效率和持续性。③城镇空间。重点针对绿色空间不足、与自然生态空间连通性差及与其他空间冲突严重等问题，以优化城镇内部格局、增强空间复合利用、扩大生态空间范围并改善其连通性为手段，恢复城市生态系统的自我调节功能，同时要以符合科学规律的自然演替取代高投入的后期维护与人为管理，避免“伪绿色”“真破坏”。

4.5 建立健全长效保障机制

由于生态环境的公共性，生态修复的责任主体难以明确，地方政府和社会参与生态修复的内生动力不足，更存在生态修复资金严重不足的问题。作为关系国家生态文明建设的战略性、长期性、基础性工作，生态保护修复任务难度大、投入成本高，必须充分发挥中央财政资金的引导作用，建立多元化资金筹措机制：一是严格按照2020年《自然资源领域中央与地方财政事权和支出责任划分改革方案》中的生态保护修复事权划分，稳定财政专项经费支出，整合乡村振兴、产业发展和环境治理等资金，拓宽资金渠道；二是释放政策红利，多途径增加项目投资回报，综合采用挂钩交易、奖补政策和政府购买等方式激发市场活力，支持社会资本投入实施；三是完善与主体功能区战略实施相配套的生态保护补偿制度；四是建立生态状况统一调查监测评价机制和监督考核机制。

5　夯实生态文明时代生态修复工作的科技基础

5.1　科学认知自然系统的运行规律

生态修复工作能够遵循自然生态系统演替规律的基本前提是能够科学认知自然，并形成自然资源知识体系。我国自然资源类型多样、空间差异性大及要素匹配性差，长期过度开发、高强度利用和空间极端冲突带来的大规模、结构性生态退化问题是世界上其他国家从未面临的，是已有的科学认知和理论方法难以解决的。理论基础欠缺正是我国自然资源管理和生态修复最为薄弱的环节，必须面向实践需求加快科技创新，通过科技专项组织土地、水、林草和海洋等自然资源相关领域科学家团队集体攻关，解决我国自然资源难题，突破国土空间“天花板”限制，为民族复兴、大国崛起提供物质保障。

5.2　全面获取自然资源要素数据

掌握生态修复本底状况、诊断生态问题、模拟工程生态环境效应、监测工程实施进展和开展生态修复监督考核均需要建立在全面、动态的自然资源要素数据基础上。为提升生态修复的精细化水平，必须面向自然资源管理建立“空天体”一体化的自然资源要素观测监测体系，不断获取立体多元、连续稳定的基础数据，推动自然资源认识能力、分析预判能力和监测监管能力的持续提升。

5.3 研制绿色、实用、经济的生态修复工程技术

2020 年发布的《全球工程师调查》认为“可持续的土地和海洋”已经成为全球新三大安全挑战之一。生态修复是未来工程技术创新的重点领域，其主要挑战在于缺乏与自然恢复机制相近似的人工干预修复技术，缺乏面向不同类型、不同问题的生态修复工程技术及大型成套装备，缺乏适应未来生产、生活、生态多功能需要的国土空间生态修复技术，以及缺乏长期稳定的生态修复专业化队伍。因此，有必要设立专业机构和专门平台，研发整体提升国家重要生态屏障区、生态脆弱区、重点湿地、海岸带和海岛等基础性生态空间的生态功能的技术，构建受损土地与退化土地的生态修复技术体系，建立工程技术规范、标准体系，提升生态修复工程的技术含量。

6 结语

生态环境问题归根到底是资源过度开发、粗放利用和奢侈消费造成的。国土空间生态修复要放在自然资源开发利用的大格局中进行系统认知，将维护自然安定和谐和资源供给安全作为新时期国土空间生态修复顶层设计的逻辑起点，以受损、受破坏、不合理利用国土空间的修复治理为主线，整合现有土地整治及各类要素生态修复的措施和手段，自主构建基于源头治理的目标统筹、要素分类及部门协作的国土空间生态修复框架，建立任务明确、布局合理、层级清晰、模式多样及保障健全的实施体系，同时注重发挥科技创新在维持和提升自然生态系统服务方面的基础作用，解决

当前生态修复在系统认知、数据获取和工程技术等方面的紧迫难题，加快实现我国自然资源开发利用与生态系统之间的平衡稳定和可持续发展。

（原载：《规划师》，2020 年第 17 期，合作者：汤怀志、孔凡婕、林倩、汪嫦红）

从源头发力保护生物多样性

近日，《全球生物多样性展望》（第五版）由联合国生物多样性公约秘书处公布。该报告对联合国《2011—2020 年生物多样性战略计划》和实现情况进行了评估，报告认为按照目前的轨迹，生物多样性及其服务将继续减少，危及可持续发展目标的实现。

该报告反映的情况不容乐观：全球层面 20 个“爱知生物多样性目标”仅有 6 个部分实现；“爱知生物多样性目标”所定义的 60 个要素仅有 7 个实现，另有 38 个有部分进展。该报告呼吁全球范围各个层面的联合行动，加强生态系统的保护和恢复，以减缓气候变化；同时呼吁采取行动，解决污染、外来物种入侵和过度开发。笔者认为，从自然资源管理端发力建设生态文明，是保护生物多样性的根本之策，是推进美丽中国建设的战略突破口。

根据最新《全球生物多样性展望》内容，预计 2050 年后，由于不可持续的生产和消费模式、人口增长和技术进步的驱动，土地和海洋利用变化、过度开发、气候变化、污染和外来入侵物种五大压力因素的影响会越来越大。该报告建议在土地和森林、淡水、渔业和海洋、农业、粮食系统、城市和基础设施、气候行动、生态系统和居民 8 个关键领域推动转型，以减少生物多样性的丧失和退化。

该报告传达出一些最重要的关键信息：一是大自然本身及其功能和服务正在全世界范围内恶化；二是导致变化的直接和间接驱动力在过去的50年里不断加快；三是沿当前轨迹继续下去，无法实现保护和可持续利用大自然、实现可持续性目标，2030年目标和2050年愿景是唯有通过囊括经济、社会、政治和技术诸因素在内的根本性变革才有可能实现；四是紧急行动起来，促进变革型改变，实现对大自然的保护和恢复，实行自然资源的可持续利用，进而实现和达成其他全球社会发展目标。回溯2010年第三版《全球生物多样性展望》和2014年第四版《全球生物多样性展望》提出的警示：如果不采取有效措施来解决导致生物多样性丧失的压力根源问题，地球生态系统将持续退化并接近一系列门槛或临界点，比如原始森林、内陆水域、珊瑚礁等；虽然多数“爱知生物多样性目标”显示有进展，但2020年的预期目标不足以能够实现。为此，笔者认为，当前必须对中国自然资源及其开发利用现实、对建设美丽中国所面临的巨大挑战要清醒研判。

目前，土地和海洋资源的可持续利用已经被我国列为一大重要挑战。笔者认为，在自然资源知识图谱中必须区别两类自然资源，一类是支持人类生存的资源，主要是农用地资源和水资源，其中耕地资源是最为宝贵的资源。这一判断，不仅适用于中国，也适用于全世界。另一类是支撑经济社会发展建设的资源，主要是能源、矿产，而目前人类可以开发利用的能源、矿产资源又都是有限的，这又要求我们必须关注能源、矿产资源的接续性、替代性和经济性，清洁能源和矿产的绿色开发是生态文明建设、实现可持续发展的应有之义。

应该清醒地看到，耕地资源利用不当仍然是全球生物多样性丧失的主要驱动因素之一，而这一“爱知生物多样性目标”没有实现，且是高置信度判断。在过去的10年中，全球大多数区域的农药、氮肥使用率比上一个10年提高了14%和12%，耕地面积增加了5%，农业温室气体排放总量增加了7%。根据2019年联合国粮农组织《世界粮食和农业生物多样性状况》报告得出的结论：在遗传、物种和生态系统层面，生物多样性的很多关键组成部分都在减少。各国报告显示，农业、林业和水产养殖业系统中的生物多样性，有33%是减少趋势、15%是稳定趋势、19%是增加趋势，还有33%情况不明。这些数据的背后，是全球生物多样性及其服务正在逐渐减少的严峻现实，而全球范围内加强生态系统保护和恢复必须持续推进落实。

联合国已经宣布，2021—2030年是“联合国生态系统恢复十年”，下一届联合国生物多样性大会将于明年在中国召开，这也许意味着2021年将成为扭转全球生物多样性丧失曲线的大拐点。期待未来中国方案和中国实践能够创造出提振全球保护生物多样性信心的强大新动能。

（原载：《中国自然资源报》，2020年10月21日）

“藏粮于地”不能重用轻养

我国东北黑土区粮食总产量和商品粮分别占全国总产量的1/4和1/3，在我国农业发展，特别是粮食生产中具有举足轻重的地位。然而，从开垦至今，东北地区黑土地的土壤水蚀风蚀加剧、土壤有机质含量下降、耕作层板结硬化、生态功能退化等问题日益凸显。农业现代化技术体系应用还存在重农业生产效率、轻耕地资源保育等问题。

对此，笔者认为，在我国现实农业生产经营条件下，做到“藏粮于技”相对容易一些，但若耕地出了问题，就无地可以施技。从这个角度来讲，“藏粮于地”是“藏粮于技”的前提和基础。东北黑土地保护性耕作既要“藏粮于地”，又要科学施技，最终形成“既施技又养地”的良性循环。

由于长期不合理的耕作和高强度开发，如铧式犁翻耕产生的犁底层变厚、变硬、上移、水土流失等，黑土耕层的有机质含量下降了50%～60%，土层平均厚度由50～60厘米下降到30厘米左右，土壤潜在生产力降低了20%以上，而且仍在以年均5‰的速率下降。同时，由于长期以来“重用轻养”，庄稼收获后，大量秸秆被焚烧或者挪出农田，土壤有机质大幅度下降，变得越来越“瘦”。如果继续这样下去，再过几十年，东北粮食主产区作物生产的优质土地资源将不复存在，要想取得现阶段的粮食产量或要保持一定的增产，将会需要更多的灌溉水与肥料资源的投入，这将引起更严重的区域资源与环境问题，东北地区农业现代化与乡村振兴的资源与环境基础就失去了基础保障。

世界各地丰富的案例和科学数据表明，免耕少耕、多样性轮作、农作物覆盖等保护性耕作能够取得突出成效，回应了“有机农业养活不了世界”的质疑，肯定了发展保护性农业可以实现多赢的前景。我国对保护性耕作技术20多年的研究也表明，这项技术能够实现作物稳产高产与生态环境保护双赢，具有防治农田扬尘和水土流失、蓄水保墒、培肥地力、节本增效、减少秸秆焚烧和温室气体排放等作用。

因此，在东北黑土地保护这件事上，资源生态安全保护是根本，资源保护性利用是手段，实施保护性耕作势在必行。东北黑土地保护性耕作不仅需要科学理论的突破，还需要机具、农艺技术甚至农业生产经营服务体系的创新发展。保护性耕作推广应该循序渐进，先试验、示范，再培训、推广，切勿盲目冒进。

不容否认，我国的耕地资源保护面临着巨大挑战，耕地过度开发利用与粗放利用并存。东北农区黑土地退化等问题的解决，需要我们对耕地资源实行源头严保、过程严控、后果严惩，落实最严格的耕地保护制度。

（原载：《中国自然资源报》，2020年5月15日）

耕地保护的实质：维持农业生产系统的自然生态稳定

耕地是用于农作物种植的土地，是人类赖以生存的基本资源和条件。以耕地为核心的农田生产生态系统，除了包括具有肥沃土壤的耕地地块之外，还包括进入农田的道路，田块周边的生态防护林、灌排沟渠，以及电力设施、物联网等监控设施，甚至包括进入农田耕种的农业机械和喷洒农药的无人机等。当然，土壤是耕地的核心，土壤本身同样也是一个微观的生态系统，除了矿物质颗粒之外，还包括有机质、空气、水，以及重要的植物、细菌、真菌、昆虫、蚯蚓等生物。

宝贵的耕地资源

土地资源是人类生命系统的基础，为一切人类活动提供土壤、能量、水和机会。土壤是岩石经过上百年风化等作用形成的。如果考虑到土壤侵蚀，地球表面形成1cm 厚的土壤，约需要300 年或更长时间。耕地的土壤耕作层是指由长期耕作形成的土壤表层。

我国耕地的耕作层厚度一般仅有 15 ~ 200cm，并且有些地区已经出现了耕作层变薄的趋势。优质的土壤支撑高质量的耕地，高质量的耕地为人类提供食物、纤维等生产功能，还具有涵养水源、改善空气等生态功能，甚至为我们提供休闲度假的好去处。习近平总书记说：保障国家粮食安全的根本在耕地，耕地是粮食安全的命根子，也是我国最为宝贵的资源。

我国耕地资源的基本国情

我国耕地总面积达 20 亿亩，耕地面积总量位列世界第三。但我国人口众多超过 14 亿，人均耕地面积仅为 1.5 亩左右，不到世界人均水平的一半。这就意味着，我国用全球 9 % 的耕地，养活了全球 19% 的人口。

我国耕地质量总体不高，且主要分布在东部地区，这些区域地势平坦、人口稠密，也是我国经济发展快速、城市扩张迅猛的地区，耕地“占补”矛盾突出。虽然我国基本实现了建设占用耕地的占补平衡，但占近补远、占优补劣、占水田补旱地的问题客观存在，或者说比较普遍。而且我国耕地后备资源严重不足，上海、天津、海南、北京可供开垦的未利用土地接近枯竭，江苏、安徽、浙江、贵州等省也都很有限，建设占用耕地的补充难度很大。

自然资源部全国耕地质量等别调查评价数据显示，截至 2015 年末，全国耕地质量等别调查与评定面积为 13462.40 万公顷(20.19 亿亩)。全国耕地评定为 15 个等别，1 等耕地质量最好，15 等最差。全国耕地平均质量等别为 9.96 等。耕地质量总体偏低，中、低等耕地面积占全国耕地评定面积的 70.6% 。

随着城镇化的发展，我国耕地健康状况也面临巨大挑战。以侵占湿地、水土严重流失和严重超采地下水为代价换取产能的行为严重影响了我国的耕地健康，破坏了农田生态系统。如黑龙江省三江平原是我国最大的平原沼泽区，1975—1990 年期间，沼泽面积占平原面积的比重下降了 26% ；由于长期无节制地开采地下水，以保定、衡水、沧州等地区为中心的华北平原区形成多个漏斗群，对土壤厚度及土体构型造成严重破坏，衍生出一系列次生灾害和环境地质问题；目前我国尚有6500万亩陡坡耕地、4000多万亩严重沙化耕地在耕作，造成严重水土流失。此外，农业生产中化肥、农药等现代投入品的使用量世界第一，也造成严重的土壤污染。例如因为使用地膜保温保墒，新疆已成为我国白色污染最严重的区域。

我国土地资源总量多、人均耕地少、耕地质量总体不高，部分区域生态环境问题突出是我国的基本国情。随着社会经济的不断发展，工业建设和居住用地等需求不断加大，人地矛盾日益突出，耕地保护形势仍然十分严峻。因此，坚持我国最严格的耕地保护制度和最严格的节约用地制度，像保护大熊猫一样保护耕地，着力加强耕地数量、质量、生态“三位一体”保护，着力加强耕地管控、建设、激励多措并举保护，采取更加有力措施，依法加强耕地占补平衡规范管理。

生态文明背景下的耕地保护

树立以耕地为核心的自然生态系统整体观

山水林田湖草是一个生命共同体，人的命脉在田，田的命脉在水，水的命脉在山，山的命脉在土，土的命脉在树。所以在耕地保护过程中，要以系统观和整体观，从自然生态系统整体角度开展耕地保护。探索以耕地为核心的生命共同体自然生态系统与社会需求时空匹配特征，厘清自然生态系统的“要素—结构—功能—效应”协同机制，关注自然系统开发利用与生态响应机制，以耕地为核心的生命共同体自然生态系统在人类活动强度范围不断扩展的态势下，注重多要素时空格局快速变化、相互作用的基本规律。

数量、质量、生态“三位一体”耕地保护

耕地数量、质量、生态“三位一体”保护全力推进。在耕地数量方面，坚守耕地红线不放松，18 亿亩耕地红线是保障国家粮食安全的底线，必须毫不动摇地坚持和坚守。在质量方面，需要实现耕地质量的保护，以高标准形态开展基本农田建设，改造中、低产田建设形势，提升中、低产田的产能，实现耕地的有效保护。在生态方面，充分利用生态文明背景下的发展机遇，休养耕地资源，提升生态安全。发展绿色农业，实现农业的低碳转型。同时，加大对土壤的动态监测力度以及土壤污染的修复力度，综合多种污染形式的防治措施，实现对生态环境的有效保护。

耕地保护是构筑中华民族的生命线，因此，目前我国在建立数量、质量、生态“三位一体”的耕地保护方面，需要国家各部门之间建立协调联动机制。自然资源部侧重保护耕地数量，而农业农村部侧重耕地质量，生态环境部侧重耕地的生态环境。

建立以生态价值为取向的耕地保护政策

借鉴德国等发达国家做法，对于涉及占用耕地或补充耕地的行为，制定评估其所造成的生态价值损失以及生态补偿政策。同时，对于坚持保护并提升耕地生态价值的行为主体予以经济奖励，形成激励机制。进一步开展耕地保护生态补偿机制的立法工作，以法律法规的形式，明确耕地保护生态补偿的主体、范围、资金来源、补偿标准等事宜，并加强监督。

（原载：《地球》，2021 年第 3 期，合作者：张超）

耕地退化敲响粮食安全警钟

土地退化是一个全球性问题。土地是生存之本、发展之源，是人类文明的基本组成部分。由于自然力或人类不合理开发利用导致的土地质量下降、生产力衰退等土地退化过程，随着我们目前的生产、城市化和环境退化的形势愈加严峻，在很多地方被公认为是威胁人类安全的重要因素之一。人口快速增长，消费水平不断提高，导致对基于土地的自然资本需求日益增加。全球土地资源承受的压力比人类历史上任何时候都要大。种种迹象给我们敲响警钟，遏制和扭转土地退化迫在眉睫。

土地退化是一个复杂的现象，通常是指生产力、土壤、生物量、生物多样性、生态系统服务和环境恢复力的某些或全部损失。联合国粮农组织、联合国环境规划署等国际组织及学者对土地退化类型均做过划分，主要集中在水土流失、土地沙化和荒漠化、盐碱化、土壤污染、土地肥力下降等几个方面。作为土地重要组成部分土壤的物理、化学和生物等几方面的退化是损害粮食安全的关键因素。

这些退化受不同方式的自然和人为的直接驱动因素影响。据估计，从 1998 年到 2013 年，地球上大约 20% 植被覆盖的土地生产力呈现持续下降的趋势，其中 20% 的农田退化明显。过去 300 年来，全球有87%的湿地损失，仅1900年以来就有54%的湿地损失。种种证据表明，全球部分土地正在以惊人的速度退化，且分布在除南极洲以外的各大洲。根据联合国防治荒漠化公约的资料，亚洲总共有七成以上的干旱土地开始退化，35%的耕地受到荒漠化的影响，中国是亚洲受影响最严重的国家。欧洲由于机械化的农业耕作及酸雨的侵蚀，17%的表土已经开始退化。据估计，经过200年的大规模农业耕作，美国各地已失去35%~75%的表土。土地退化带来了巨大的经济损失与不可估量的生态损失。2018年，《全球土地退化现状与恢复评估》报告表明，预计到2050年，土地退化和气候变化将共同导致全球农作物产量平均下降10%，某些地区的降幅将高达50%。可能迫使5000万至7亿人迁移，威胁全球至少32亿人的生计。2015年的一项研究报告指出，土地退化在全球范围的损失成本约为10.6万亿美元，占全球每年生产总值的10%~17%。土地退化降低了环境压力下的恢复力，可能会加剧对稀缺自然资源的竞争，不仅带来经济和环境的损失，同时也给人类身心健康带来威胁。

我国的耕地退化问题十分严峻。随着我国工业化、城镇化的快速发展，农业资源连续多年的高强度利用，耕地土壤污染的突出问题，我国巨大的人口压力和水土资源分配不均的现状，导致耕地资源的压力愈加严峻。目前，我国耕地退化面积占耕地总面积的40%以上，水土流失、土地沙化和荒漠化、盐碱化、土壤污染、土地肥力下降等问题，在局部地区表现明显。

伴随着耕地长期的高负荷生产，农田土壤肥力出现严重下降。相关调查研究显示，全国耕地土壤有机质含量为2.08%，比20世纪90年代初低0.07个百分点。其中，黑土区土壤有机质每年以1/1000的速度减少。黑土表层以平均每年0.3~1.0厘米厚的速度流失，原本30~100厘米厚的黑土层只剩下20~30厘米，有的地方甚至已露出黄土母质，基本丧失了生产能力。流失速度在加剧，流失面积也在逐年扩大。东北典型黑土区水土流失面积 4.47 万平方公里，约占典型黑土区总面积的 26.3%。与第二次土壤普查时期相比，全国耕地土壤 pH 值平均下降约 0.8 个单位，酸性土、盐碱土面积占耕地总面积的 60% 以上，盐渍化土壤面积约占总耕地面积的 25%。我国是世界上荒漠化面积最大、受风沙危害严重的国家。荒漠化土地占国土面积的 27.2%，约 261.16 万平方公里；沙化土地 172.12 万平方公里，占国土面积的 17.9%。

水土资源的不合理利用，导致地下水漏斗现象愈加严重。中科院利用美国 GRACE 卫星监测华北平原，得出一个令人吃惊的结论：华北平原地下水超采严重，每年有 60 亿 ~ 80 亿吨地下水亏损，并且处于长期持续亏损的状态，已成为世界最大的地下水“漏斗区”！所有水资源利用中，农业用水占全部用水量的 60%，而且效率低下。华北平原最大的淡水湖白洋淀湖区面积已由历史上的 1000 多平方公里、20 世纪 50 年代的 561 平方公里，缩小到目前的 366 平方公里。据官方数据通报显示，华北平原地下水超采量达 1200 亿立方米，相当于 200 个白洋淀的水量。

生态环境的破坏，直接影响粮食安全与食品安全。由于固体废物、污水灌溉等多种原因，耕地重金属等污染问题加重，导致土壤理化性状变差，降低了耕地生态功能和生产能力，严重威胁了农产品质量和生态环境安全。根据调查，全国土壤重金属点位超标率达 19.4%，其中中度和重度污染点位比例分别为 1.8% 和 1.1%。具体到耕地，受污染的耕地约有 1.5 亿亩，其中 333 万公顷耕地因遭受污染而不宜耕种。2017 年中国水稻、玉米、小麦三大粮食作物化肥利用率为 37.8%，农药利用率为 38.8%，远低于发达国家利用效率，造成资源浪费的同时带来了土壤污染。另外，每年约有 50 万吨农膜残留在耕地土壤中，对耕地质量构成了巨大的威胁。与此同时，土壤修复技术进展缓慢，修复成本高昂。

在耕地开发利用过程中，不可避免地会有耕地与林地、草地空间冲突以及侵蚀湿地的现象，一边是对粮食、水和能源等商品和服务的需求，另一边是保护其他调节和支持地球上所有生命的生态系统服务的需要，两者之间的竞争日益激烈，导致生态系统整体性的破坏，使得整个生态系统逐渐脆弱，恢复能力降低。人们对粮食生产与生态空间的权衡，间接地增加了土地压力和耕地退化的趋势，且仍在继续增长。湿地是地球上水陆相互作用形成的独特生态系统，是重要的生存环境和自然界最富生物多样性的景观之一，在抵御洪水、调节径流、补充地下水、改善气候、控制污染、美化环境和维护区域生态平衡等方面有着其他系统所不能替代的作用，也是目前受威胁最大的生态系统，近 10 年来我国湿地面积以每年约 500 万亩的速度在减少。

因此，必须合理权衡耕地与林草用地，在保障粮食安全的前提下，最大限度地保护生态系统的完整性，提升生态系统的生物多样性和功能，提高生态系统的弹性与恢复力。

（原载：《中国科学报》，2019 年 12 月 3 日，合作者：马瑞明）

耕地资源利用须平衡生产和生态

建设生态文明，关系人民福祉，关乎民族未来。耕地资源是人类赖以生存的重要资源，有着其他资源无法替代的作用。保护耕地资源、合理利用耕地资源是贯彻落实生态文明建设、绿色发展等重大战略部署的重要举措和抓手。

长期以来，人们过分关注耕地资源的生产功能，而忽视了耕地的其他功能。笔者认为，耕地资源兼具生产、生态和社会三种功能。其中，生产功能是指耕地资源可以为人类提供食物、纤维、燃料等。生态功能是指耕地资源可以为人类提供气候调节、水源涵养、土壤形成与保护、生物多样性保护等生态系统服务。社会功能是指耕地资源可以提供文化传承、休闲娱乐等空间。耕地资源的生态安全受自然、经济、社会等复合因素的影响。自然因素对耕地资源的影响体现在耕地所处的位置和范围存在空间差异性，从而导致耕地资源的自然条件和禀赋差异。经济因素的影响主要体现在不同的经济发展阶段、发展模式决定了不同的自然资源利用模式，从而对耕地资源产生不同的影响。社会因素的影响比较多元化，例如，人口的快速增长需要更多的粮食和空间，从而对耕地资源造成巨大压力；化肥和农药等的使用一方面提高了粮食产量，另一方面因其过度使用也导致了一系列环境污染问题。因此，合理利用耕地资源必须平衡好生产和生态“两个支撑”，综合考虑自然、经济和社会等因素，努力构建优质农田生态系统。

首先，要优化国土空间布局。优化国土空间布局，要综合考虑自然资源条件、环境承载力、发展潜力等，综合考虑经济、社会、生态效益，科学合理地确定农业空间、城镇空间、工业空间和生态空间等，保障耕地资源的空间优势。同时，要坚持主体功能区战略，坚持底线思维，科学划定生态保护红线、永久基本农田和城镇开发边界三条控制线，为耕地资源提供生态安全屏障。

其次，要探索以生态优先、绿色发展为导向的高质量发展道路。生态兴则文明兴，生态衰则文明衰。在资源约束趋紧、环境污染严重、生态系统退化的形势下，探索以生态优先、绿色发展为导向的高质量发展道路是必然趋势。坚持绿色发展，归根结底是要解决好人与自然和谐共生的问题，推动形成绿色发展方式和生活方式。要彻底改变经济发展方式，摒弃过去以破坏生态环境为代价的发展模式，加快构建资源消耗低、环境污染少的产业结构，建立绿色循环低碳发展的产业体系。要倡导推广绿色生活方式，强化公民的生态保护意识，推动形成节约适度、绿色低碳、文明健康的生活方式。绿色发展方式和生活方式的形成，能够减轻资源环境压力，为打造优质农田生态系统提供良好的经济和社会环境。

最后，要多措并举，打造优质农田生态系统。在已有优势空间、良好经济和社会环境的基础上，打造优质农田生态系统。

一要合理布局农田生态系统内部结构，建立多级生产、稳定高效的复合循环生态体系。综合考虑农田生态系统的时间结构和空间结构，考虑农田生物群的季节分布特点，按人类需求实行复种、套作或轮作；水平方向上，考虑温度、湿度等自然条件和经济、社会条件的差异，实行间作、套种；垂直方向上，考虑农田自然环境的垂直变化，实行高矮相间的立体种植或深浅结合的立体养殖，以及种养结合的立体种养方式。

二要坚持绿色生产。2015 年，原农业部提出通过“一控、两减、三基本”促进农业可持续发展。其中，“一控”是水量和水质的控制，“两减”是化肥减量和农药减量，“三基本”就是畜禽粪污、农作物秸秆和农膜基本循环利用。坚持“一控、两减、三基本”，有利于加强农田污染防治，推动形成绿色、可持续、可循环的生产模式。实现农田绿色生产，关键要依靠科技创新，积极开展以农田绿色生产为重点的技术攻关，围绕高效用水、化肥农药减量增效等开展技术创新研究，并加强成果转化应用。

三要强化农田生态系统休养生息。2016 年，国家发展改革委、财政部、原国土资源部等八部委联合印发《耕地草原河湖休养生息规划（2016—2030 年）》，对耕地休养生息、草原生态保护与恢复、河湖生态系统保护与修复进行了具体规划。其中，关于耕地休养生息，指出要因地制宜，采取“养”“退”“休”“轮”“控”综合措施，试点先行，探索耕地保护与利用协调发展之路，稳步实现从片面追求产出向“用养结合、永续利用”转变，实现“藏粮于地”“藏粮于技”，夯实国家粮食安全基础。农田生态系统的高产、优质、高效，需要有计划地休养生息，需要各级政府和农业管理技术部门及时指导农民科学种植和适度规模经营，把用田和养田结合起来，帮助农民建立农田轮作休耕制度。

合理利用耕地资源，平衡好生产和生态“两个支撑”，是贯彻落实生态文明建设的重要举措，要打造优质农田生态系统，建立耕地生产布局、生产方式与资源环境相匹配的可持续发展模式，促进资源高效利用、生态系统良性循环、经济资源双赢双利。

（原载：《中国科学报》，2019 年 9 月 24 日，合作者：任佳）

创新运用“政府+市场”模式实现生态产品价值——以哥斯达黎加为例

哥斯达黎加国土面积仅占世界陆地面积的0.03%，但拥有全球近4%的物种，是世界上生物物种最丰富的国家之一。其26%的国土面积为国家公园或自然保护区，全国森林覆盖率达52%。历史上，哥斯达黎加森林面积占国土的80%以上，然而随着经济发展，毁林现象严重，林地占比曾一度下降到21%。1979年开始，哥斯达黎加主要通过外援项目和采取森林生态补偿等措施的实施，逐步恢复森林。经过多年努力，哥斯达黎加从初期用外援资金和政府投入，转向逐渐探索建立“政府+市场”的生态产品价值实现之路。

政府主导，完善生态产品价值实现机制

完善法律法规制度体系。哥斯达黎加的生态补偿机制探索始于1969年，颁布了首部《森林法》，鼓励新造林和更新造林。之后，该国多次修订该法，逐步完善生态补偿机制：1986年修订的《森林法》规定，通过补偿造林成本，鼓励中小型企业和农场主造林；1990年再次修订《森林法》规定，将以财政激励和直接支持方式

鼓励再造林扩大到适用于大、中、小型林业企业”：1996 年修订的《森林法》对生态补偿制度进行了完整的规定，包括生态服务的内涵、生态补偿的管理机构、补偿对象、补偿资金来源、补偿合同、森林保护激励措施等。此外，哥斯达黎加还制定了《公共服务监管法》《环境法》《土地保护法》和《生物多样性法》等法律，这些法律中都对生态补偿制度做出了相关规定。同时，负责生态补偿的管理机构还针对生态补偿的规则、补偿合同、监督措施等内容制定了一系列的实施细则，构建了完善的法律法规制度体系。

明确管理机构及其职责。为了保障生态补偿机制的正常运行，哥斯达黎加明确了生态补偿管理机构及职责，设立了国家森林基金，管理国内的生态补偿项目，并对基金的组成、职能、与职务活动相关的合同或采购、禁止行为等进行了规定。在实践中，国家森林基金负责管理与生态补偿相关的一切活动，包括筹集资金、制定有关规则、与生态服务的支付方进行谈判并确定支付额度、与生态服务提供方签订生态补偿合同并支付补偿费等。

实施多样化生态补偿项目。在生态补偿制度实施初期，林地所有者或使用者只要拥有 1 公顷以上的林地并愿意用于造林或以其他有利于森林保护和管理的方式加以利用，即可与国家森林基金签订合同，加入生态补偿项目，并获得相应的森林生态服务补偿。随着实践的发展，生态补偿项目类型逐渐多样化，包括再造林项目、可持续森林管理项目、森林保护项目、人工林栽植项目、农用林业项目、有林业生产潜力地区的重建更新项目和牧场自然更新项目”。林地所有者或使用者可自主选择是否参加项目，并根据林地条件选择项目。林地所有者可以向国家森林基金提交申请，国家森林基金根据法律规定受理申请，并与符合条件的林地所有者签订生态补偿合同。国家森林基金在合同约定的支付期限内，按照约定的金额支付环境服务费用，而林地所有者则应当按照约定，在其所有土地上履行造林、森林保护、森林管理等义务。

多渠道筹措资金。生态补偿资金来源包括税收、国内外组织的赠款或贷款、与私有企业签订的生态有偿服务协议、金融工具及其他渠道等。在实践中，哥斯达黎加的生态补偿资金主要包括以下几种：一是税收。主要包括化石燃料税和水税两部分。根据1996年《森林法》的规定，化石燃料税收中的1/3将被用于国家森林基金。但在实践中并未全额拨付过。此后，《税收简化效率法》对此规定进行了修改，规定化石燃料税的3.5%用于国家森林基金国，这笔资金不通过财政部直接分配给国家森林基金。2005年，哥斯达黎加通过修改水税扩大了水资源补偿的使用范围，所有的水资源使用者，包括水力发电、农业用水和饮用水的用户，都必须为其所在区域森林提供的水资源服务付费。二是国际援助。国家森林基金自成立之初就通过与国际组织和银行的谈判，获取生态补偿资金，其中包括：世界银行贷款、国际环境组织补助金和一些国外援助机构的援助款。三是其他来源。国家森林基金负责与私有企业（电力公司、饮料生产企业等）商议，签订生态服务付费合同，由此所得资金用于生态补偿项目。除此之外，私人购买环境服务证书也是生态补偿项目的资金来源。

运用市场手段，实现生态产品价值

开展碳汇市场交易。国家森林基金创立了可交易碳信用（CTO），是全球碳市场早期的进入者之一。政府与从事固碳经营的林业经营者签订碳汇买卖合同，获得碳汇产权后，政府将其集中，并在国际市场寻找买家，出售所得作为生态补偿资金。哥斯达黎加于1997年以200万美元的价格向挪威售卖2亿吨碳当量，还每年售卖5.4万吨碳当量给世界银行生物碳基金。此外，哥斯达黎加还在非《京都议定书》规制市场积极寻找潜在买家。

构建绿色金融支撑体系。哥斯达黎加运用金融市场工具，如特定的债券和票据等，为生态产品价值实现提供绿色金融支撑。例如：哥斯达黎加发行碳债券以及贸易抵消证明给外国投资厂商，有效保证期为 20 年，国外投资者可用此凭证抵免其在本国减少的二氧化碳量。

实行生态产业化经营。哥斯达黎加保护森林，也依靠森林创造经济效益，生态旅游是其主要开发项目。20 世纪 80 年代末，哥斯达黎加因自然资源的高质量和多样性，吸引了大量科研人员来此研究，旅游服务业应运而生。20 世纪 90 年代，哥斯达黎加坚持可持续发展战略，凭借其丰富的自然资源优势和文化特色，开始发展特色生态旅游业。哥斯达黎加实行“旅游 + 环境教育”的模式，为游客介绍风土人情和相关自然知识，并提供亲身实践的机会，通过诸如丛林探险、热带音乐类等活动，使游客切身感受到当地自然和文化特色。目前，哥斯达黎加的生态旅游业已具有世界影响，以其生态资源的知名度、“旅游 + 环境教育”式的组织措施吸引了大量生物学家、生态学家致力于生态旅游可持续发展的研究与实践。

对我国的启示

生态产品价值的实现，要积极探索“政府 + 市场”的运作模式，应借鉴国际经验，探索出一条“政府有为、市场有效”的生态产品价值实现路径。

建立健全法律法规体系。建立健全生态产品价值实现法律法规，对生态产品的概念内涵、生态产品价值核算机制、生态产品价值实现途径等主要内容进行规定；明确生态产品价值实现管理部门及其职责，制定生态产品价值实现的实施细则；结合生态产品价值实现的实践需求，修改完善配套法律法规和相关政策。

发挥政府主导作用。按照“谁受益、谁补偿”的原则，明确生态保护者与受益者的权利义务，结合生态保护修复，设计类型多样的生态保护补偿项目，多渠道筹措资金，加大生态保护补偿力度。大力推进传统产业绿色化改造，综合运用环保、安全及技术标准等多种政策手段，对高污染、高能耗和产能过剩的传统产业进行绿色化改造。

吸引社会各界参与。因地制宜，立足各地自然生态禀赋，引导各地发展特色和优势生态产业；探索建立政府和社会资本合作模式，推行环境污染第三方治理，培育综合性环境服务企业，引导社会资本进入生态市场；加大国际交流合作，吸引国际资本参与。

培育市场运作体系。开展生态权属交易，探索建立碳排放权、排污权、取水权、用能权等生态权属交易机制；探索运用绿色金融市场工具，建立绿色信贷服务体系，成立绿色发展基金，鼓励金融机构发行绿色债券、创新绿色保险产品；构建生态产业体系，探索“生态+”产业发展模式，推动科技、文化与生态等要素有效融合。

促进生态产品价值永续发展。坚持可持续发展战略，在生态产品价值实现过程中，把生态保护放在首位，尊重自然、保护自然，加大生态环境保护教育，强化生态保护意识，使人们在发展经济的同时更加注重生态环境保护，实现生态产品价值的永续发展。

（原载：《中国土地》，2019 年第 9 期，合作者：任佳、王军）

基于“三生融合”视角的城市绿色发展路径研究

习近平总书记指出，要像保护眼睛一样保护生态环境，要像对待生命一样对待生态环境，生态环境问题，归根到底是资源过度开发、粗放利用、奢侈消费造成的。资源过度开发、粗放利用是生产方式问题，奢侈消费是生活方式问题，因此生态环境问题与人们的生产方式和生活方式密切相关。当前大城市病问题如此之多，从环境污染、食安危机，到垃圾围城，都说明目前的生产生活系统远不及自然生态系统高效，需要遵循自然规律对生产生活方式不断进行生态化改造，倡导生态建设就在我们的生产生活中，就在我们身边的理念。

1　亟须扭转不集约不持续的生产生活方式

1.1　薄利多销的生产理念导致了社会经济低水平徘徊

薄利多销模式下，厂商大幅压缩品质，没有底线的压缩劳动成本，只能赚点辛苦钱，无力推进科研、技改，已累及经济社会可持续发展。快递企业良莠不齐，联合、跨界、吸金和圈地现象频现，快递业务量的增加，并不意味着快递行业的利润率也随之上升。中国钢铁行业长期以数量累计为先，水泥行业产能利用率低至65%，部分企业已经开始进入“看谁赔得起”“看谁挺得住”的大比拼状态。薄利多销是经济粗放增长方式下的产物。中国经济长期走“跑量”路线，“薄利多销”为王。在中国即将进入人均GDP一万美元的阶段，整个社会经济发展已从粗放增长的模式换挡到微利模式，微利模式下比拼的是产品质量、售后服务等，需要走高质量发展的道路。

1.2　一本万利的经营理念助长了不劳而获的思想

当前段传销开始借助资本运作、网络直销的马甲上演变形记。一些直销企业趁机大肆收编传销组织为己所用，由此产生了极具欺骗性和隐蔽性的“伪直销”模式，成为传销新变种。电信诈骗，仅仅通过电话、短信、网络不用见面接触，就把人骗得团团转，紧跟国情家事，让人防不胜防。电信诈骗犯罪已经产业化，团伙职业化特征明显，出现了“公司型”结构。一本万利行为，助长不劳而获，导致一些畸形行业，如医闹、号贩子、碰瓷等。有人说，现在是一个“傻子太多，骗子不够用”的时代，各种骗局层出不穷，不管你是什么身份，总有一款骗局适合你。如果总是骗字当头，那么和谐宜居的城市只会离我们越来越远。

1.3　和面式的城市建设导致了城乡结合部问题

为了应对城乡结合部优质耕地损失过快的问题，国土部门采取了少征地的政策措施。每一宗地都是按照“少征地”的原则征收，但是一个时期内一个区域被征收的耕地总量并无法减少，而发生征地的次数却增多了，而且因规划用途的不同，征地价格往往大不相同，甚至差异较大，导致农民上访和群体性事件屡有发生。用多少，征多少，尽量少征的办法，好似是严格的耕地保护措施，但却导致了耕地边界与城市扩张边界呈线性正面冲突的状态。由于城市建设用地与农村集体土地在收益水平上的巨大差异，导致在城乡结合部农民自发的贴边建设与城市建设并行，并最终导致城市建设要为农民盲目地建楼买单。尽量少征地从眼前看很经济，但是从长远看其实是最不经济的。

2　亟须调整高低错位的生态建设模式

2.1　城市核心区绿地等级高而生物多样性低

在城市生态文明建设的过程中，既有认识的问题，也有具体的措施问题。首先是把绿色等同于生态，把建绿增绿当作生态建设的问题，表现在城区绿地生物多样性差、蓄雨泄洪能力弱、休闲娱乐价值缺失等方面。城区的许多公园和绿地全部靠财政输血维持，建设投资和养护费用十分高，这一特点决定了这些公园很难做深层次的开发利用，发展潜力不足。国际经验表明，完全依赖公共财政来实现绿地的建设和养护是不可行的，行政命令式、一刀切地规划、建设和保护绿地，往往是弊大于利，难以持续。

2.2　郊野公园土地利用数量高而社会效益低

城市郊野公园以生态建设和生态用地的名义，粗暴地挤占生产用地的问题，表现在利用近郊耕地建设城市森林、利用山区耕地园地发展森林公园等方面。在某些郊野公园内甚至出现了农户放羊的现象和无人看管的马自由取食的现象。动辄数千亩的空间，与城市建设用地每平方公里 7700 人的就业水平比较，简直就是在浪费资源。郊野公园地处城乡结合部，是建设田园综合体的最佳空间。田园综合体是生产、生活、生态及生命的综合体，让人们从中感知生命的过程，感受生命的意义，并从中感悟生命的价值，分享生命的喜悦。

2.3　城市造林占优质耕地比重高而生态服务价值低

平原城市不惜占用优质耕地资源大搞平原造林，这是一种土豪式的生态环境建设，而有些科学家以增加碳汇和制氧机等诱人的科学语言为此摇旗呐喊。欧洲一些国家已经进入了后工业化时代，空气中的 PM2.5 含量只有十几或几十，我们只有在晴朗、有风的天气条件下才能勉强达到这种水平。当市区 PM2.5 爆表时，因为林地净化空气功能降低几个或十几个 PM2.5 含量无济于事，反而会削弱了风的作用，导致雾霾持续的时间更长，危害更严重。在中国治理雾霾基本靠风的大环境下，以损失优质耕地为代价，机械地向欧洲一些国家学习建造城市森林的经验并不符合我们的国情。

3 生产、生活、生态“三生融合”的理论思考和路径设计

3.1 生产、生活、生态“三生融合”的理论思考

当前的很多生态建设工程，并没有很好地把生态文明建设融入各项建设的全过程中，生态与生产、生活是一种相对割裂的粗放竞争的关系。为了建设郊野公园和国家森林公园，拆迁村庄，调整各种农用地为公园用地，使这些土地彻底丧失了生产功能和大部分的生活功能。在生态建设一定是好事情的思维定势下，经济建设中生产用地为生活用地让路，生产和生活用地为生态用地让路成为一种常态。

当前最需要果园、菜园、花园多园合一的生态公园。相关专家研究成果表明，在城市生态环境的建设和保护中，耕地的作用日益突出，据测算水稻生态价值为经济价值的 3 倍。在城市群范围内理论上不存在完全独立的所谓的纯生态用地。生态建设的问题，贯穿在整个生产和生活中，需要根据经济的发展状况逐步调整，增加生产用地和生活用地的生态性，比如倡导光盘行动、实施农药化肥零增长行动等，并逐步建设到一个人地和谐、生态文明的新状态。

3.2　对无生态功能的城市基础设施进行生态化改造的路径设计

把绿地和水面等作为生态基础设施进行建设，但是这种模式在城市核心区作用有限。需要打破常规，对无生态功能的城市设施进行生态化改造，如采用水泥森林披绿的方式进行生态建设。通过实施垂直绿化突破城市中的土地面积限制，增强生态建设的效果。"中学种麦子绿化校园让学生感知成长"的新闻报道正好是教育用地与农业生产复合利用的成功案例。日本六本木新城（垂直花园模式），以占整个地块5.4%的土地面积创造出50%的建筑面积，实现了空间、时间、功能、安全和环境"五项倍增"目标。

3.3　以生态功能为基础挖掘生产、生活功能的路径设计

城市绿地、公园绿地的价值应该包括直接使用价值、间接使用价值和非使用价值多个方面的价值。城市森林公园，满眼绿地，但是生态性比较差。封山育林不是封起来不管，而是应该对树种和草种进行定向的培育，应该借鉴森林生态农业（也称为食物森林）的思路进行建设。通过食物森建设对多年生与一年生的作物进行多层次、多物种的生态设计，可以最大化地利用阳光、实现水和养分的循环。施肥作物、矿工作物、蜜源植物相互协作，与系统中的其他动植物一起可以形成完整、多样的食物链。

3.4　以生产、生活功能为基础挖掘生态功能的路径设计

城市近郊的开心农场实现了生产、生活和生态的有机结合。发展开心农场认养耕地的办法，实现了精耕细作同规模效率的结合，经营一分地，人工翻地、人工除草、手工捉虫，典型的精耕细作。在经济上实现了农民增收的目的，满足了城市居民吃放心菜和休闲娱乐的双重需求。发展开心农场可以形成开阔空间消散雾霾，切实发挥了耕地在气候调节、水源涵养等方面的生态效益。引导和规范建设开心农场，开心农场认养耕地模式实现了"地养人"到"人养地"的转换。借助庞大的市民群体破解城乡结合部耕地撂荒、外

地人租种等问题，创新性地实现了城与乡的衔接，能够促进富丽农村和宜居城市建设。

4 促进生产、生活、生态“三生融合”助推城市绿色发展的建议

4.1 优化城市群的空间布局促进城乡协调发展

优化城镇布局是解决交通拥堵，减少污染物集中排放，防治污染物“串门”的战略性举措。一是建立城市间安全距离，合理优化城市形态，控制城市规模。二是永久基本农田驻城，建设生态和谐的现代都市区，在都市保留一片动植物栖息的农田和绿野，以发挥农业作为自然的看守者和管理者的功能。三是实施区段征收，构建衔接城乡的现代农业区，多征少用，发展国有农场，消除小产权房的生存空间，将城乡结合部从自然状态全面地调整为规划状态，率先实现农业现代化。四是在城乡结合部引导规范开心农场推广认养耕地模式，国土、农业、环保和市政交通等部门要尽快规范和引导开心农场的建设，为市民种菜创造有利条件。

4.2 调整经济增长方式实现经济高质量发展

在城市疏解中，简单粗暴地拆迁市场，但是外来人口不一定会全部离开。因为城市提供了就业机会，虽然这些就业岗位往往是工作环境差、不稳定，但是还是能够提供足够的维持生活的收入。应该鼓励诚实劳动和工匠精神，实现经济的高质量发展。一是将本土就业和完全就业作为区域经济健康发展的重要考核指标，从微观上和企业用人制度上着手，要评价企业用工的构成，要逐步限制本土就业比率和稳定就业比率偏低企业的数量和规模。二是强化以水定人、以业控人、以房管人、以证管人的工作目标。三是要加强诚信管理和纳税管理。四是要对部分与城市绿色发展南辕北辙的颠覆式创新保持警惕，尤其是一些只保证了少部分人的利益，而对社会经

济的负面影响全部外部化了的“商业模式”。

4.3 开发和利用城市土壤建设海绵城市

城市土壤零星地分布于城市的各个角落，长期以来由于城市土壤面积狭小、利用经济效益微薄等原因，城市土壤一直处于被城市管理者和学术界遗忘的状态。小雨成灾，大雨看海真切的反映了城市土壤粗放利用的现状，加强城市土壤的开发利用，加速海绵城市建设生态意义重大。一是沿行道树等条带状城市土壤挖掘蓄水暗沟，为行道树生长储蓄雨洪。二是将路边绿隔、街心花园、单位内部花圃等成片的绿地改造成下挖式绿地，起到滞蓄雨洪作用。三是基于雨洪高效利用原则，改直排式为溢排式，优化城市排水系统。四是增加民众参与意识向家庭推广生态用地认养制度，调动市民爱护和建设绿地的积极性，认养家庭会采取深松、除石和培肥等各种措施改善绿地质量。五是借鉴表土剥离再利用经验建立城市土壤存储和供需的规划，并按照市场规则向需土方提供，可以实现城市土壤资源的经济价值。

4.4 推广城市垂直绿化防治空气污染减缓热岛效应

爬山虎等攀援植物繁殖能力强，占用空间小，耐寒耐旱耐阴耐瘠薄，能够降低空气中氯气和二氧化硫等有害气体的浓度，可以消减噪音、吸滞粉尘、削弱热岛效应。在构建人与自然和谐城市的进程中，在钢筋水泥丛林为了实现通过绿化有效降低空气中污染物浓度的目的，建议在城市群中推广种植爬山虎等攀援植物，实施立体绿化。一是利用学校、公园、党政机关、企事业单位和宾馆饭店的楼房和围墙实施立体空间绿化。二是在高层楼房的建设中，为爬山虎设计和建造“驻足点”，同时利用厨房产生的废水浇灌，实现高层楼房少窗面的分层垂直绿化。三是实施城市屋顶绿化，爬山虎抗逆性强，满足主根浅、抗干旱、耐高温、耐严寒、少修剪等要求。四是实施高速公路、铁路护坡和高架桥、高速路线下水泥立柱绿化。五是在园林式单位评比中，增加垂直绿化的考核指标与内容，鼓励相关单位推广垂直绿化。

4.5 建设城市核心区生态岛加速生物多样性重建

挖掘城市核心区绿地的多元价值，建设一批生态岛，可以成为市民身边的科普教育基地、休闲娱乐场所，同时可以增加城市的生物多样性。一是以鸣虫为主开展生态岛建设，如蝈蝈、蝉、蟋蟀等。二是以反映城市土壤健康程度的各种昆虫（或土壤动物）为主进行生态岛建设，如蟋蟀、蚂蚱、蚯蚓、蝉、蝴蝶、萤火虫等。三是围绕松鼠、鸽子、青蛙等小动物进行生态岛建设。四是将生态岛建设成节水植物品种培育、驯化和展示基地，专门立项进行乡土种的园林绿化引驯研究，挖掘、培育植物的节水潜质。五是促进相关科研工作的开展和本土 4050 无业人员的绿岗就业。

4.6 挖掘城市森林公园生产功能发展食物森林

充分利用现有森林公园和其他适宜的山地资源培育食物森林。一是要对食物森林的植物多样性进行乔灌草、攀援植物和地被植物的分层设计和重建，多栽种可食花、食叶或食果的植物。二是在恢复植物多样性的基础上，逐步重建动物的多样性，培育蟋蟀、蝉等昆虫，放养野兔、野鸡、松鼠等各种小型动物。三是维持好食物森林的健康发展，定向培育多种施肥作物，如各种固氮树种、固氮灌木和固氮草本植物等。四是建立山长制，做好各项定向培育工作，提高食物森林建设的质量和管护水平。五是在土质肥沃、向阳的地块种植各种不同蔬菜和农作物，发展绿色有机农产品。

（原载：《中国发展》，2019 年第 4 期，合作者：王洪波、汤怀志）

中国耕地健康问题及防治对策

粮食安全事关国家稳定，耕地作为国土资源的精华，是保障中国粮食安全最为重要的战略性资源。党的十九大报告中明确指出：要严格保护耕地，确保国家粮食安全，“把中国人的饭碗牢牢端在自己手中”。目前，中国粮食产量连续四年稳定在 1.3 万亿斤以上的水平，粮食的有效供给逐步增加。在实现耕地高产稳产的同时，人们的需求由“吃得饱”逐渐转向“吃得好”，耕地是否健康成为粮食安全的关键。一般认为健康的耕地包括以下几方面：一是耕地本体健康，即土壤能够维持良好的肥力和自净能力；二是耕地作为作物生长的母体能支持作物全生命周期健康生长，保证农产品质量安全；三是耕地作为受体，能够抵抗外界水、肥、药、沉降物等的侵害；四是耕地作为系统，在物质能量循环过程中不会产生对自然环境有害的物质。耕地健康是人类健康的根本保证，对耕地进行健康诊断，识别导致耕地不健康的诱因，“对症下药”，才能从源头上解决耕地不健康的问题，提升耕地健康的活力，构建新时代的“天下粮仓”。

1 中国耕地不健康类型诊断

1.1 耕地本底质量低

中国耕地地力偏低，平均质量等别为9.96等，其中，优等地的面积还不到全国耕地总面积的3%，中低产田面积则达到70%，大部分耕地的肥力状况不容乐观。土壤有机质含量是土壤养分供应能力和肥力的重要指标之一，中国的有机质含量低于世界土壤有机质含量平均水平的43%。东北地区的黑土层在逐年变薄，有机质含量与开垦之初相比下降了4%～7%。此外中国耕地土壤结构性问题突出，主要表现为耕层变浅，土壤板结。全国有65.5%的监测点耕层厚度较浅，上海、江苏、广东等省（市）耕层平均厚度低于18厘米，而适宜作物生长的耕层厚度在20厘米以上。有25.9%的监测点土壤容重大于适宜作物生长的标准，土壤孔隙少、孔隙度小，板结现象较为严重，其中北京、天津、河北、河南、山东等省（市）土壤容重较高，容易导致土壤板结现象。

1.2 耕地退化

1.2.1 土壤酸化

大部分的农作物适宜生长在pH值为中性或者微酸性的土壤中，土壤中的钾、钙、镁等碱性盐基离子的大量流失会使土壤呈强酸性或极强酸性。土壤酸化会加重土壤板结、使作物根系发育不良，肥料利用率降低，作物长势差、免疫力降低。土壤酸化还会导致某些有害微生物在酸性条件下大量繁殖，病虫害频发，造成作物产量下降、品质差。目前，中国种植水稻、玉米、小麦的耕地有70%出现土壤酸化，据21世纪初调查，中国亚热带地区粮食作物种植土壤的平均pH值已由20世纪80年代的5.37下降至5.14，尤其是中国南方热带和亚热带地区土壤酸化速度较快。

1.2.2 土壤盐碱化

土壤含盐量超过3%时会造成土壤盐碱化，盐碱化的土壤会使作物出现生理干旱，严重时会导致作物脱水，土壤中的碱性盐过多，会降低铁、锰、锌等营养元素的有效性，同时影响作物根系的呼吸和养分的吸收，抑制土壤微生物活性。中国耕地有5%为盐碱耕地，主要分布在华北平原、东北平原、西北内陆地区及滨海地区。

1.2.3 水土流失

耕地水土流失一般多发生在坡耕地，在降水集中的季节，容易汇成小型径流，又由于坡耕地的地势陡峭、坡面长，会加大降水径流的速度，侵蚀土壤，破坏土壤耕作层。中国长江、黄河中上游地区长期以来毁林开荒、在陡坡进行不合理耕作，已成为世界上水土流失最严重的区域。水土流失和沙化的加剧，造成耕地的生产力严重衰退。

1.3 耕地污染

1.3.1 耕地无机污染

土壤中的无机污染物主要指镉、汞、砷、铜、铅、铬、锌、镍8种元素，中国耕地重金属点位超标率增加至21.49%，五大粮食主产区的耕地重金属元素污染问题也在逐年加剧。其中镉污染比重增加趋势最为显著，点位超标率由1.32%增至17.39%，20多年间增加了16.07%。土壤重金属具有不易降解而易于积累的特性，其浓度一旦超出土壤的缓冲过滤的能力，就会转化为其他有害化合物，进入到地下水和农作物中，通过食物链和水供给以有害浓度在人体内蓄积，危害人体健康。

1.3.2 耕地有机污染

耕地中的有机污染物包括六六六、滴滴涕、多环芳烃等，中国耕地土壤中这3类有机污染物点位超标率分别为0.5%、1.9%、1.4%。耕地中的抗生素超标也是耕地有机污染的一个重要方面。

有机污染物主要来源于有机类农药、工业“三废”以及不合格的有机肥，污染物进入土壤后，会破坏土壤的净化功能，残留在土壤中，影响作物的生长发育，危及土壤微生物的生存。土壤有机污染物可直接或间接地进入人体，影响人体的新陈代谢，甚至诱发癌症等疾病。

中国的地膜覆盖栽培技术在近 30 年来发展迅速，但由于管理措施不严，残膜回收率低，造成了具有中国特色的耕地“白色污染”，成为一种新型的有机污染物。新疆目前成为中国白色污染最严重区域，有近一半的农膜残留在土壤中。白色污染会降低土壤的通透性，破坏土壤结构、抑制作物对水分和养分的吸收，造成农作物减产。

2 耕地不健康诱因

2.1 自然灾害频繁发生严重威胁耕地健康

中国是一个自然灾害频发的国家，平均每 3.0 ~ 3.5 年出现一次严重的自然灾害，干旱、洪涝、地震、水土流失、病虫害等不仅造成农作物产量下降，还会导致耕地流失，质量下降。目前中国灾害种类、危害程度和受损面积在逐年增大。例如汶川地震期间局部地区伴生了泥石流、山体滑坡等次生灾害，导致耕地绝对量有所减少，此次地震造成 50.46 万亩耕地遭到破坏，受灾耕地面积占 2007 年四川省耕地面积的 0.49%，受损土壤含水量和土壤孔隙度降低，土壤氮素、磷素、速效钾和有机质含量明显低于未受损的土壤，并且在短期内很难重新恢复。

2.2 工业化、城镇化发展与耕地健康矛盾加剧

中国正处于工业化、城镇化快速推进时期，城镇化率从 17.92% 提高到 58.52%；工业化方面也成为世界制造大国，工业增加值年均增长率达 14.6%。在社会经济增长的过程中所产生的有

害物质也大量进入耕地生态系统，造成耕地不健康。硫氧化物、氮氧化物等废气会快速散布到大气中，与水蒸汽结合形成酸雨，酸雨使土壤酸化，还会促使土壤中的钾、钙、钠、铝等元素释放出来随雨水淋溶流失，使土壤日渐贫瘠，肥力降低。建筑垃圾、装修垃圾、工矿排放的固体废弃物等通常经过粗糙分拣被焚烧或填埋到土壤中。废水会污染河流水系，中国 70% 的江河水系都受到了污染，每年大约 3800 亿立方米的农业灌溉用水中，很大一部分都来自被污染的江河湖泊，因污水灌溉而遭受污染的耕地已达 3250 万亩。此外，废旧电池、废弃的电子产品等一些“高科技”产品在降解过程中会释放出大量重金属和放射性物质。如何权衡工业化、城镇化发展与耕地健康可持续是中国面临的巨大挑战。

2.3　利用方式不当损害耕地健康

黑龙江三江平原从 1975 年到 1990 年期间，沼泽面积占平原面积下降了 26%。新中国成立初期部分地区开始毁林开荒造地，随后又启动退耕还林工程，但目前中国还有 6500 万亩陡坡耕地、4000 多万亩严重沙化耕地在耕作，地表植被破坏，造成严重水土流失，土壤中的有机质、养分元素等也随之流失，地力下降。由于长期无节制地开采地下水，以保定、衡水、沧州等地区为中心的华北平原区形成多个漏斗群，对土壤厚度及土体构型造成严重破坏，衍生出一系列次生灾害和环境地质问题。中国农业生产过分依赖农药、化肥、除草剂等，造成土壤有机肥减少。中国每公顷耕地的化肥用量是世界平均用量的 4 倍，而农药用量每年高达 180 万吨，其中高毒农药占 70%，而有 2/3 的农药残留在土壤中，化肥农药的利用率低，造成土壤板结和污染，还会导致病虫害产生抗药性。

2.4　制度不健全难以保障耕地健康

中国实行最严格的耕地保护制度，多次提出严守 18 亿亩耕地保护的红线，但长期以来主要侧重对耕地数量的保护，忽视了维持耕地健康可持续发展，有关耕地质量和耕地健康的管护相对薄弱，缺乏对影响耕地质量和耕地健康核心指标的调查监测与评价体系，难以掌握耕地健康状况的动态变化趋势以及不健康隐患。没有建立和完善耕地健康保护的约束激励机制和责任追究制度，一些地方政府单纯追求当地经济发展，疏于对耕地的监管，耕地健康保护难以落到实处。

3 耕地健康诊断案例分析

目前正在开展的《全国耕地健康产能试点与技术体系完善》项目已经初步构建了基于土壤污染调查指标集和耕地健康评价补充指标集的耕地健康评价指标体系，并已经在中国标准耕作制度二级区中选取了沿江平原区、松嫩平原区、燕山太行山山前平原区进行了试点研究，评价了各试点耕地的健康状况。

沿江平原区某市是中国重要的稻米产区，由于其产业结构的影响，化工厂、陶瓷厂、琉璃瓦厂等数量多，导致该地区的土壤污染问题严重，主要是土壤中的重金属含量超标，耕地恢复力下降，尤其是太湖沿岸地区。通过评价分析可知，该地土壤重金属超标的主要元素是镉元素，耕地污染会使绝大多数的农产品品质下降，例如生产出“镉稻米”，土壤污染也严重威胁了当地居民的身体健康，据相关研究表示当地稻米中含有120多种致癌物质。松嫩平原区某市耕地健康主要存在的问题有两个方面：一是由于化肥农药过度施用、农膜残留等造成的土壤污染；二是耕地出现了退化现象，土壤中有机质含量偏低，此外盐碱地面积在不断增加，其中旱地大约65%是沙化、碱化、盐化的中低产田，而水田一般在盐碱化草甸土上开发。

燕山太行山山前平原区选取了两个试点。试点一是国家重要粮食主产区，总体来看，该地区大部分耕地健康状况良好。南部一些地区土壤本身质地差，养分含量低，微生物活性不高。还有一些零星地块由于轻微的重金属污染、白色污染、农药残留导致了耕地不健康。试点二的耕地整体来看也都较为健康，没有污染、农药残留等问题，在西部和南部地区，土壤本身质地多为砂质，有机质含量偏低，导致耕地的蓄水保肥能力差。

4 耕地“疾病”防治对策

4.1 转变农业产业结构和利用方式

传统农业发展方式浪费和损害了大量的耕地，农业产业结构和利用方式亟待升级，要扭转对耕地“只用不养”的观念，采取循环利用的种植结构，因地制宜地走产出高效、产品安全、资源节约、环境友好的现代农业发展道路。减少化肥、农药的用量，提高利用效率，逐步实现农药、化肥用量零增长。积极开展耕地质量和健康提升的整治工作，注重综合治理，进行土壤修复改良、污染超标治理，改善土壤环境，完善田间基础设施，有效控制耕地酸化、盐碱化、水土流失、污染等问题。对永久基本农田实施用途管制，优先保护高等级、无污染的永久基本农田；对中低等级、有轻度污染存在的永久基本农田，要实行安全利用，同时要加强在安全利用过程中的自然恢复和耕地健康建设，例如增加有效土层厚度、提升土壤有机质含量、完善农田健康防护体系，减少农业生产过程中对耕地健康的损耗，逐步提高耕地健康水平；对有中重度污染的永久基本农田要严格管控，直至退出农业生产。集中力量推进土地平整、土壤肥沃、集中连片、设施完善、农电配套、生态良好、抗灾能力强，与现代农业生产和经营方式相适应的旱涝保收、持续高产稳产的高标准农田建设，为发展优质农产品提供健康的耕地资源基础。

4.2 建立中国耕地健康监测预警机制

目前中国正在开展第三次全国土地调查工作，在对国土资源利用类型和权属调查的基础上，应增加对土壤质量属性、健康水平方面的调查，例如将土壤微生物、农产品品质、土壤恢复力等指标，探索耕地健康调查和评价的技术方法，对典型区域进行试点研究，集成全国耕地健康评价指标评价技术体系，制定相关标准和技术规程。建立全国范围内的耕地健康监测网络和预警机制，尤其是在粮食生产功能区和重要农产品生产保护区这“两区”，充实监测网点，保持对耕地质量、健康动态变化的常年有效监控，定期对耕地做“体检”，发布全国耕地质量和健康水平变化的信息，开展自上而下的耕地健康年度监测成果更新与评价，做到“早预防、早治疗”，指导优质健康的耕地优先划入永久基本农田，切实履行耕地数量、质量、生态“三位一体”的保护责任。

4.3　推动土地科技创新发展

中国农业科技在近年来有了很大的提高，通过测土配方施肥、旱作节水、病虫害防治等技术，促进了农业的高产稳产，科技创新成为农业可持续发展的关键。呵护耕地健康、投资自然资本是关系中华民族生存发展的战略科技创新工程。目前中国农业科技贡献率与发达国家相比还有很大的差距，因此应加大对农业科技创新的投入和补偿力度，建设专业的科研队伍，加强国际交流与合作。出台禁止和鼓励措施，针对不同类型的耕地健康障碍因素，采取相应的生物技术、工程措施等来提升耕地健康水平，例如研究新型肥料、实现作物平衡施肥、加快农业生物育种创新和推广应用，提高土壤的有机质含量和生物活性，提升耕地的“免疫力”和“恢复力”。

4.4　加强建立耕地健康保护的法律制度

借鉴国外相关的立法经验，修改和完善中国耕地保护的相关条款，增加有关耕地质量、耕地污染和退化等与耕地健康相关的内容，为耕地健康保护提供直接的法律依据。建立完善的耕地健康保护绩效评价体系和责任追究制度，上下联动，逐级落实耕地健康保护责任。目前中国已经开始实施《中华人民共和国土壤污染防治法》，国务院统一领导自然资源部、农业农村部等部门，每十年至少组织开展一次全国土壤污染状况普查，这也将成为中国耕地健康保护的重要法律依据。

（原载：《中国发展》，2019 年第 4 期，合作者：吴克宁、张小丹）

保护生物多样性就是保护耕地的源头活水

伴随着经济社会的发展进步，我们对耕地的认识在不断变化，而耕地保护的理念也在实践探索中不断丰富和完善。保护耕地，不仅关乎我们的粮食安全、人的生死存亡，更关乎生物的繁衍。不论是利用、管理土地还是治理、改造土地，我们都必须把科学认知土地当作逻辑起点。

土地资源，从根本上讲是土壤资源与国土空间资源的合称。其中，土壤资源将植物光合作用产生的太阳能固定并转化为生物能，为人类提供了生存与发展的最宝贵的物质基础；国土空间资源，是中华民族生存与发展的自然生态、物质基础和山水屏障，包括每一片“山水林田湖草”。可以说，土壤资源是构成国土空间资源的基础要素，其健康状况决定了“山水林田湖草”的可持续生产能力。

从科学角度来看，我们说土地是一个复杂系统，不仅因为土地是人地复合系统，人为作用、自然演化都会对土地系统造成强烈的甚至不可逆的影响，还因为土地资源与土地系统的自然性质也是极其复杂的，比如耕地资源系统本身就是一个多圈互馈、多元共生、多相共体、多层互通、多生级联的复杂体系。其中，多圈互馈是指大气圈、水圈、岩石圈、生物圈、智慧圈的互馈关系；多元共生是指山水林田湖草海生命共同体；多相共体是指耕作土壤的固相、液相、气相“三位一体”，与作物生长不同阶段的匹配程度；多层互通是指构成耕作土壤的 A 层（腐殖质层）、B 层（淀积层）、C 层（母质层）；多生级联是指生产者（耕种作物及杂草）、消费者（农田系统动物）、分解者（土壤微生物和细菌、酶）。一个良好的耕地资源系统，就是以上诸要素因缘和合而成的。

已故土壤学家侯光炯院士、土壤生态学家辛德惠院士，均曾反复强调过土壤资源的准生命特征。笔者认为，先贤所强调的这一根本特征，旨在告诉我们要顺应和尊重自然的生命机制，特别是要充分认识、理解和尊重生物多样性。

“生物圈就像是一块自行再生的圆饼，而保护它则是我们人类要做的事情，这样我们才有饼吃。只要这块饼还有几口没有吃掉，而且在吃其余部分时留有余地，那么这块饼就会自行再生，我们就可以接着再吃。”联合国教科文组织曾经这样形容。科学家通过比对研究自然系统和人工系统的农田、林地、草地发现，自然系统的多样性丰富而稳定，而人工系统则相对单一和敏感，病虫害易于发生，抵御自然灾害的能力更弱，这也意味着土地提供并保障人类生存必需农产品的安全性下降。从这一科学认知出发，当代中国突出强调要实施最严格的土地管理制度和最严格的生态环境保护制度，其最深刻的科学依据，深入理解把握中华民族传统文化积淀、深刻认识把握人类社会向着生态文明新阶段发展的结晶。

从一定意义上来说，生物多样性是区分土地资源优劣好坏的根本依据。在现代工程技术体系支撑下，农产品生产可以突破自然资源的限制，荷兰、以色列等国家在这方面早已领跑。但是，在人类没有拥有摆脱地球以求生存之前，土地资源对于人类生存的根本意义依然是毋庸置疑的。事实上，土地资源保障我们人类生存的，还不仅仅是粮食、蔬菜、衣料，还有清洁的空气、水、土壤，还有关乎人类健康的重金属、有机化合物等。

百谷草木丽乎土。百年前，美国土壤学家富兰克林·H. 金用所著的《四千年农夫》一书告诉我们“尊重自然的传统农业生产有利于保持土壤肥力”。百年后的今天，科学研究再次印证了保护生物多样性就是保护耕地的可持续生产能力。让我们更加珍惜土地、更加尊重生物多样性，把从《四千年农夫》手中接管的土地用得更好、改得更优，把实现中华民族伟大复兴中国梦的家园保护建设得更加美丽。

（原载：《中国自然资源报》，2021 年 6 月 25 日）

呵护耕地健康 维系自然生态

多年以来，我国粮食总产都稳居6亿吨的高位丰产水平，可见我国关于最严格的耕地保护的管理目标较有成效。目前，随着新形势要求，耕地保护的管理方向正由对耕地数量和耕地产能的监管转向对耕地资源稳产、高效、健康、可持续发展进行质量改进监管。

关于耕地健康及其相关实践的基本认识

何为耕地健康？耕地健康，是健康的耕作土壤、可持续的耕地利用以及稳定的耕地资源利用生态系统。耕地健康的本质内涵至少包括以下几个方面：其一，耕地本体健康，土壤肥力和土壤自净能力得以维持。其二，耕地母体健康，即耕地在作物播种期足以支持作物全生命周期健康生长，在作物收获期保证农产品质量安全。其三，耕地受体健康，在农业耕作过程中要保证进入耕地的水、肥、药沉降物不使耕地被污染、被损伤。其四，耕地系统健康，耕地作为一个自然生态系统所排放的物质不致对自然环境造成危害，对于系统性的能量残余能够完全消化分解。

耕地健康，是基于当代人和子孙后代公平考虑的国家粮食安全生命线。耕地作为一种自然资本具有不可替代性，其健康也具有不可逆性。自然资本是指能从中导出有利于生计的资源流和服务的自然资源存量，包括自然水体、耕地、森林、草原、沼泽等生态系统及生物多样性。自然资本概念最发人深省之处，是其明确揭示了有一类可再生的自然资源是在人类生命支持系统中为“人造资本”所不可替代，和超过退化“阈值”不可逆转的那一部分。研究表明，以设施农业为代表的现代农业生产技术体系虽然已经取得了巨大成功，但这种人造资本存量的增长，并不能完全取代以大田生产为基础的农业技术体系，并不能完全替代自然资本存量（耕地）的基础性作用。相反，人造资本存量的增长，是需要以自然资本存量的维持、质量的改进为基本前提的。耕地资源的不可替代性、耕地健康的不可逆性、耕地资源保护与开发利用的整体性、系统性、复杂性日益成为人类社会的基本常识。

目前，一些发达国家的自然资本存量已经处于稳定回升并长期维持良好保育的新阶段。发达国家的农用地利用，不仅很好保障了当代人的需要，还为子孙后代保存了丰厚的自然资本存量，为全球气候变化做出了正贡献。而一些发展中国家依然处在损耗自然资本，以维持基本生存需要的阶段。

耕地健康是基于国际土壤科学研究前沿比较而凝练出来的新概念，是传统土壤质量概念与可持续发展理念的中国式结合。土壤质量一般是指土壤适合支持作物生长而不损害环境的能力。美国自然资源保护局已经把土壤质量与土壤健康画了等号，将其定义为土壤作为维持植物、动物和人类的重要生命生态系统的持续能力。美国康奈尔土壤健康团队建立了康奈尔土壤健康评价系统。欧盟启动了《土壤环境评价健康项目》。加拿大启动了“土壤健康”项目。德国莱布尼兹农业景观研究中心提出了土壤质量评估方案，用于调查监测评价德国土壤质量和健康状况。

我国从 21 世纪开始就已经稳步推进耕地健康相关工作。在整合全国耕地分等定级、全国土地地球化学调查两项技术工作时，就提出了评价耕地“绿色产能”的设想，并进行了试点。随后，持续安排相关研究，组织开展全国范围的调查监测和评价。2012 年，致公党中央副主席、全国人大常委杨邦杰研究员指出，“只有健康的耕地才能确保农产品生产基础的健康，只有农产品生产基础健康和农产品生产、加工环节健康，才能确保从地头到餐桌的安全。”如今，坚持山水林田湖草是生命共同体这一生态思想给耕地健康提出了新的要求。我们要认识到，用途管制和生态修复必须遵循自然规律，对山水林田湖进行统一保护、统一修复是十分必要的。

从生态视角看待耕地健康恢复与建设

面对新形势、新要求，我们要把管理逻辑和技术逻辑统一起来，整体保护、系统修复、综合治理耕地健康。

从管理逻辑上说，必须做好顶层设计，切实组织实施好永久基本农田划定与管理，拓展高标准农田建设内容，深化全国耕地资源调查监测评价等工作。一方面，对永久基本农田采取分类管理，实施用途管制。对于高等级、无污染的永久基本农田实施优先保护；对中低等级、有轻度污染存在的永久基本农田，要安全利用，同时要加强在此过程中的自然恢复和耕地健康建设，使有效耕作层变厚、使土壤有机质增加、使农田健康防护体系完善，减少农业生产过程中对耕地健康的损耗，逐步提高耕地健康水平；对有中重度污染的永久基本农田要严格管控，直至退出农业生产。另一方面，对农田生态系统和农田系统生物多样性应给予更多关注。欧盟农地管护已经从农业生产基础设施建设，转向农田生态基础设施建设，对农田生态系统和农田系统生物多样性给予了充分的考虑，而我国农田在生态建设和评价方面还亟待加强。此外，要深化全国耕地资源调查监测评价。下一阶段，应对耕地的质量属性、健康水平开展全面调查设计。

土地科技也是一个必须解决的问题。对此，要坚持两个重要的科技工作创新方向：一是中央重大决策部署和国家科技发展战略要求的科技创新；二是我们履行好工作职责所需要的科技创新和技术支撑。

（原载：《中国自然资源报》，2021 年 5 月 23 日）

粮食安全的生命线在于耕地健康

国家安全是安邦定国的重要基石，粮食安全是新时期总体国家安全观的重要组成部分。有土兹有粮，耕地健康是国际公认的国家粮食安全生命线。自然资源部是对耕地保护监督负有重要职责的国务院组成部门，是组织开展并引领国内关于耕地质量、耕地产能、耕地健康的政府机关。

我们认为，耕地健康的本质内涵至少包括以下四个方面：一是耕地本体健康，土壤肥力和土壤自净能力得以维持；二是耕地母体健康，即耕地在作物播种期足以支持作物全生命周期健康生长，在作物收获期保证农产品质量安全；三是耕地受体健康，在农业耕作过程中要保证进入耕地的水、肥、药沉降物不使耕地被污染、被损伤；四是耕地系统健康，耕地作为一个自然生态系统所排放的物质不致对自然环境造成危害，对于系统性的能量残余能够完全消化分解。简言之，耕地健康，是健康的耕作土壤、可持续的耕地利用以及稳定的耕地资源利用生态系统。

目前我国耕地健康存在的主要问题包括：

城市化快速发展严重挑战耕地健康管理。我国目前正处于城镇化过半阶段，城镇化率从 17.92% 提高到 58.52%；工业化方面也成为世界的制造大国，工业增加值年均增长率达 14.6%。必须承认，我国城市化处在粗放扩张向绿色发展转型阶段，产业结构同样处在向生态环境友好的高端产业转型阶段，城市、工业系统向耕地系统输送大量有害健康的物质，而且短期内还会进一步增加，耕地健康状况面临巨大挑战。

自然灾害频繁发生严重威胁耕地健康。近年来，自然灾害在农业方面的发生率逐年递增，灾害种类、危害程度和受损面积也逐年增大。汶川地震期间局部地区伴生了泥石流、山体滑坡等次生灾害，导致耕地绝对量有所减少。此次地震造成50.46万亩耕地遭到破坏，受灾耕地面积占2007年四川省耕地面积的0.49%，受损土壤含水量和土壤孔隙度降低，土壤氮素、磷素、速效钾和有机质含量明显低于未受损的土壤，并且在短期内很难重新恢复。

不良耕地利用严重损害耕地健康。黑龙江三江平原从1975年到1990年期间，沼泽面积占平原面积下降了26%。新中国成立初期部分地区开始毁林开荒造地，随后又启动退耕还林工程，但目前我国还有6500万亩陡坡耕地、4000多万亩严重沙化耕地在耕作，造成严重水土流失。由于长期无节制地开采地下水，以保定、衡水、沧州等地区为中心的华北平原区形成多个漏斗群，对土壤厚度及土体构型造成严重破坏，衍生出一系列次生灾害和环境地质问题。我国化肥、农药等现代投入品的施用量已跃居世界第一位，在有效利用率方面投入品大约70%渗透至土壤造成土壤污染。为了保障农产品非季节供应，新疆目前成为我国白色污染最严重区域，残留地膜回收率低，有近一半的农膜残留在土壤中，造成“白色污染”。耕地退化、耕地板结、耕地污染等区域性生态问题日益显现。

制度不健全难挽土壤退化趋势。我国实行最严格的耕地保护制度，但核心制度设计依然是数量管理，耕地质量和耕地健康管理制度设计很不严密。耕地质量和耕地健康保护、利用、建设的约束激励机制基本没有建立，缺乏对影响耕地质量、耕地健康的关键核心指标的调查监测与评价。耕地质量、耕地健康法律不健全，奖惩制度缺乏立法保障，责任主体、管理职责边界等缺乏制度安排和组织建设。

习近平生态文明思想的一个重要组成部分，是坚持山水林田湖草是生命共同体的整体系统观。完善最严格的耕地保护制度，必须重视耕地质量和耕地健康保护，切实扭转只重视开发利用田（耕地）的生产功能，而不重视呵护田作为生命共同体核心的整体功能的旧观念。

笔者认为，耕地健康是系统健康，需要整体保护、系统修复、综合治理。

一是加强永久基本农田划定与管理。自 1986 年实施以来，我国基本农田制度已经有了 30 多年的历史。党的十七届三中全会，更是把基本农田冠以“永久”，表明了中国呵护饭碗田、捍卫生命线的坚定意志和坚强决心。优先对永久基本农田采取分类管理，实施用途管制是十分必要的。对于高等级、无污染的永久基本农田实施优先保护；对中低等级、有轻度污染存在的永久基本农田，要安全利用，同时要加强在安全利用过程中的自然恢复和耕地健康建设，使有效耕作层变厚、使土壤有机质增加、使农田健康防护体系完善，减少农业生产过程中对耕地健康的损耗，逐步提高耕地健康水平；对有中重度污染的永久基本农田要严格管控，直至退出农业生产。

二是拓展高标准农田建设内容。进入新世纪以来，我国连续实施三个《全国土地整治规划》，实施《全国高标准农田建设规划纲要》，目标是到 2020 年建成 10 亿亩高标准农田。但是，必须承认我国的高标准农田建设依然是建设低标准、内容不完善。日本建设国家水稻田，设计寿命是 40 年，由于管理先进，实际使用寿命达到 60～80 年，而我国《高标准农田建设通则》所确定的设计寿命是 10 年。欧盟农地管护，已经从农业生产基础设施建设，转向农田生态基础设施建设，对农田生态系统和农田系统生物多样性给予了充分的考虑，而我国高标准农田建设和评价国家标准还缺乏这些内容的规定。

三是深化全国耕地资源调查监测评价。改革开放以来，我国先后完成了两轮全国范围的土地调查，目前正在开展第三轮国土调查。调查的核心内容包括耕地资源调查，遗憾的是，这项调查目前还是以国土资源利用类型和权属调查为主，对于自然资源的质量属性、健康水平还缺乏全面调查设计。这个缺口必须填上、短板必须补齐。

四是推动土地科技创新。中国耕地长期持续高强度利用的严酷现实是其他国家所没有的，先进国家也不可能为我们研发这项关键核心技术，中国土地资源安全与管控的关键核心技术只能依靠中国科学家来完成。呵护耕地健康、投资自然资本是关系中华民族生存发展的战略科技创新工程，必须做好顶层设计，切实组织实施好。

（原载：《中国科学报》，2019 年 4 月 23 日）

你知道5G通信，但你知道5G耕作吗？

中国科学院大学张甘霖教授领衔翻译的华盛顿大学戴维·蒙哥马利教授新作《耕作革命：让土壤焕发生机》一书，已经由上海科学技术出版社于2019年元月隆重推出。研读三通，我完全认同来自英国爱希克斯大学朱尔斯·普雷蒂教授推荐：“一本充满智慧而又有理有据的书！修复土壤才是解决之道”。

一、所谓耕作革命

作者是这样划分耕作革命之升级换代的：

1G技术是栽培和随之而来的犁耕、畜力使用，其结果是孤立存在的村庄，开始合并并发展成为城邦、帝国。

2G技术是作物轮作、豆类作物种植、作物间作套种和施用厩肥，东亚农民领跑了这种以土壤管理为核心的耕作革命，耕地历4000年而不衰。

3G技术是农业机械化和工业化，欧美工业化先行国家领导了这次革命，化学肥料替代了富含有机质的矿质土壤肥力，大马力农业机械减轻了耕作劳动强度、提升了作业效率，促进了农业劳动生产率的大幅提高，推动了大型农场的发展，加速了城市化进程。

4G 是被称之为“绿色革命”的技术包，种子、化肥、农药、高价值贸易农产品是这次革命的标志，印度、东南亚、拉美、非洲等地是这次革命的主力军，而在这些地方，农业机械化遭遇了严重障碍。

作者论证的所谓 5G 技术，是指以土壤健康为中心的耕作革命，是依赖于有机质构建肥沃土壤，而不是依赖化肥、农药、除草剂的新农业生产体系。作者赞成这样的观点：土壤有机质含量低于 1%，土壤就会发生巨变；土壤有机质含量高于 8%，就不需要施用氮肥；在 5G 耕作技术下，土壤有机质每年提升 0.4% 是可能的。

二、5G 耕作技术体系的核心要义

作者认同联合国粮农组织和世界银行的建议，即保护性农业的三要素：

一是免耕或少耕，尽可能减少对土壤的扰动；

二是合理安排地面覆盖和作物留茬还田，尽可能增加还田植物以构建丰富的土壤微生物环境，压制田间杂草；

三是多样性作物种植和合理轮作，尽可能减少作物重茬带来的病虫害。

综合书中实践案例和国内学者针对当代中国耕地资源的改良意见，5G 耕作技术体系似可适当调整，表述为：深松少耕、突出微生、多样轮作、农牧结合。

突出微生物对土壤健康恢复和维持的根本性作用，包括作物留茬还田、种植饲料作物和豆科作物、合理安排作物茬口衔接覆盖等，还包括微生物菌接种、堆肥技术、生物炭技术等。

这些要求比我们历史上种植绿肥、秸秆还田要丰富得多。

三、5G 耕作革命的成功实践遍及全球

作者不仅在美国、加拿大走访有几十年免耕历史的农场，还访问了巴西、加纳、哥斯达黎加等地，钻研了100 多年来积累的科学试验文献，得出了自己的结论：唯有健康的土壤，才有健康的植物、健康的动物、健康的人们、健康的人类未来生存环境。

而健康土壤的源头，是与大自然合作，用有机的办法提高土壤有机质，喂养土壤微生物，让生命回归土地，让自然之子使自然之母恢复健康。这个道路走得通，肯定是可以获得成功的。

作者指出，80 年前，美国科学家威廉·阿尔布雷特提出“维持土壤有机质的含量是国家的责任”，而“我们现在生活在一个需要更新阿尔布雷特智慧以承担全球发展责任的时代。

“我们需要把土壤碳看作一个社会投资账户——人类的现世储备金（养老金）。如果我们现在开始恢复土壤，我们的后代就可以获得永久的红利。”

四、5G 耕作制度是可以实现双赢的

成功的农业模式，是百年大计、千年大计、根本大计。

检验农业模式成功与否的标准，不仅有作物亩产，还包括经济回报、能源消耗、温室气体排放和土壤本底健康。

作者不仅回应了有机农业养活不了世界的质疑，而且用走访案例和丰富的科学数据，肯定了发展保护性农业可以实现双赢、多赢的光明前景。

美国华盛顿州的斯旺森农场、丹佛的贝克农场、波特的克罗宁农场、宾夕法尼亚的罗代尔农场、北达科他的布朗农场、俄亥俄的勃兰特农场、加拿大的丹尼斯农场、巴西的巴茨农场、加纳的博阿

农场、哥斯达黎加的埃切维里亚等都取得了非凡的成功。

俄亥俄州、马里兰州、威斯康星、明尼苏达、爱荷华州和加利福尼亚大学戴维斯分校等大学的研究表明，有机生产在经济上被证明具有可行性，并改善了土壤质量，增加了土壤碳捕获量，杂草害虫抑制更好。

五、问题在哪里？

作者通过走访发现，保护性农业得到了农民们的积极评价，同时农民们也指出，是政府机构运作机制妨碍了保护性农业技术的推广和发展。

如果美国不给大量使用化肥、农药、除草剂、农业机械的大农场发放补贴，这些农场一定会走上保护性农业的革命性道路。

当然，作者也指出，2012 年以来，美国已经行动起来，美国自然资源保护局已经启动了一个全国性土壤健康项目，普及推广免耕、种植覆盖作物、促进多样性轮作和增加土壤碳、提升土壤微生物活性的知识。

这才是更高收益和更高产量的物质基础。

这才是美国农业的真正变革。

习近平总书记指出，耕地是粮食生产的命根子。在我看来，耕地质量、耕地健康是这个命根子的关键部件——心脏。如果到今天还有人不理解划定耕地红线的意义，不认同耕地红线既是数量红线，又是质量红线的话，我劝他好好读读《耕作革命》这本书，如果他还愿意多花点时间，再读作者的另外一本书《泥土：文明的侵蚀》的话，相信他的收获会更大。

（原载：《农民日报》新闻客户端，2019 年 4 月 1 日）

耕地保护监督，更要读懂达尔文、巴斯德

说到耕地红线，当下中国不知道的人估计不多。但如果往深处问，这块地为什么可以是耕地？为什么有的耕地连年高产，依然越种越肥；有的耕地收获不多，却越种越差了呢？估计能答上来的就不多了。

然而，即使能够回答这两个问题，你也没有站在科学前沿。做好今天的耕地保护监督，不仅要懂李比希，更要懂达尔文、巴斯德。耕地保护监督的科学前沿支撑，是农田里的动物和微生物。

在巴斯德（1822—1895）之前，人类认识中只有植物和动物。巴斯德等证实了微生物参加生命循环，创立了有机物质发酵学说，启示人们用微生物观点研究土壤中的物质变化过程。

微生物对有机物质的分解作用，不仅取决于微生物的性质，还决定于有机质分解过程中的环境条件。在有氧好氧条件下，碳水化合物可完全分解成二氧化碳；在嫌气厌氧条件下，碳水化合物进行不完全分解，形成醇类、有机酸和某些气体，如氢、甲烷和二氧化碳。微生物对尿素和其他含氮物质的分解，是土壤与堆肥中的植物及动物残余物腐烂时的重要过程。

同时，学界公认土壤动物研究始于达尔文。达尔文 1840 年发表“关于土壤的形成”，1881 年发表《蚯蚓对耕作土壤形成的作用》。达尔文指出，每年每公顷有 14 吨泥土通过蚯蚓消化道排出。1956 年，科尔曼斯伯格在喀麦隆调查后指出，蚯蚓年公顷搬运量为几吨到 30 吨，最高为 1200 吨。我国科学家张与真指出，蚯蚓活动产生的粪冢团聚体，无论是农田、林地、草地或菜园，含氮量均比原土壤显著增加，速效钾提高 2 ~ 3 倍（最高 20 倍）、速效钾提高 40%（最高 1.2 倍）。

俄罗斯土壤学家古塔夫松在“关于农业微生物基础”（1890）指出：土壤是活的体系，低等生物在这个体系的特性中起着巨大的作用。创立土壤发生理论学说的达库恰耶夫，更是将生物作用列为五大成土因素之一。美国科学家瓦克斯曼在《土壤微生物学原理》（1927）、《土壤微生物学》（1952）确立了从土壤有机物质转化开始来分析养分转化的理论逻辑，强调了土壤有机物质的转化，专章系统论述“微生物和土壤肥力”。我国科学家、中科院院士侯光炯先生在《农业土壤概论》中明确指出，“土壤是具有明显生理功能的类生物体，具有呼吸作用、具有消化作用、具有循环系统。”

科学研究业已证实，土壤肥力的基础是土壤有机质、土壤无机—有机复合体的含量和土壤的生物活性。土壤微生物不仅作用于有机质的分解过程，还参与了腐殖质的形成过程。土壤微生物在生物圈的维持中，发挥着中枢作用，是地球生物化学循环的主要推动者。土壤微生物是土壤中物质转化的动力因素，如固氮作用、硝化作用、反硝化作用、纤维素分解作用、腐殖质分解和合成作用，磷、硫、铁以及其他元素的转化等。相同的微生物种群可以行使不同的土壤功能，相同的土壤过程也可以由不同微生物种群来完成。

近 200 年来的科学研究发现证明，耕作土壤不仅是生命的摇篮，而生命也参与了耕作土壤的建构。把耕作土壤仅看作是水、肥、气、热的物理存在、化学存在是不够的，耕地资源是一个地地道道的生命存在。搞好耕地保护，完善最严格的耕地保护制度，必须在关注耕地中的矿物组成及其有效性的同时，关注生物及其多样性。

土壤中生物化学反应几乎都是由酶驱动的，在碳、氮、硫、磷等元素的生物循环中都有酶的作用。土壤酶是土壤新陈代谢的重要因素，与微生物细胞一起推动物质转化。陈恩凤先生指出，"土壤酶是指来自微生物、植物和动物的具有高度催化作用的蛋白质。它能在近常温、常压和适宜的 pH 的条件下，大大加快土壤中的许多主要的生物化学过程，包括腐殖物质的合成和分解、各类有机物质的分解与转化，以及有机物质与某些无机物质的氧化和还原等。"

科学研究也证实了，土壤微生物活动状况受土壤营养状况、pH、质地、温度、水分和通气性等的影响，利用方式（耕作、免耕、连作、肥料、农药、除草剂）、土壤污染、环境变化、管理差异等是导致土壤微生物多样性及其生态功能变化的重要因素。土壤中微生物的种类很多、数量也很大，一克土壤中就有几亿到几百亿个。大部分土壤微生物对作物生长发育是有益的，它们对土壤的形成发育、物质循环和肥力演变等均有重大影响，当然也有那么些不被人喜欢的致病微生物。

因此，正是有了土壤微生物的默默耕耘，大地才会有春华秋实的生生不息。我们关注米袋子、菜篮子、农产品质量，必须从关注土壤质量、耕地健康，从关注土壤微生物、土壤动物做起。

我们应该、也必须关注和确切地知道土壤生物的生存状态，土壤生物生活得好不好，直接关乎我们人类的生存质量和可持续性。当代中国的高质量发展，离不开完善最严格耕地保护的土壤生物视角。

事实上，人类关于土壤生物学的知识仍然极其贫乏，远没有我们对浩瀚宇宙、苍茫海洋、地球深部懂得多。茅台酒好喝，是碰巧抓住了"茅台菌"，美好生活需要我们继续捕捉存在与名特优农产品生长土壤中的“有益微生物”“友好动物”。新西兰人毛拉曾经感叹：“人们很少静下心来，庆幸拥有如此美丽而神奇的土壤。像其他自然体一样，分布于世界各地的土壤中，很多有趣的秘密需要耐心的观察者去揭示啊！”

（原载：《农民日报》新闻客户端，2019 年 3 月 18 日）

调查评价耕地质量确保粮食安全

今年《政府工作报告》再一次强调，抓好2019年政府工作必须“抓好农业特别是粮食生产。”粮食生产，耕地为本。耕地是粮食生产的命根子，也是我国最为宝贵的资源。耕地红线既包括数量，也包括质量和生态；既包括粮食总产不降低，也包括耕地产能合理利用和健康产能科学保育。确保粮食安全先要保障耕地资源安全，在坚守耕地数量红线的同时，对全国耕地质量进行调查评价。

当前，我们拥有天空地一体化调查技术，与全国耕地数量调查相比，全国耕地质量调查评价并不存在不可逾越的科技难题。笔者认为，耕地质量评价要建立全国统一可比的质量尺度，抓主要矛盾与关键影响因素，实现耕地资源资产全国统一核算。

抓主要矛盾：耕地质量高低表现为产能大小

人类如果不尊重耕地、不顺应耕地，过度开发、粗放利用耕地，耕地也会报复人类。耕地退化、地力枯竭、耕地污染、河水超标、食物短缺……我们应当警惕耕地这种“质”变，必须将其纳入耕地保护监督的比选项。

耕地质量的高低，最突出的表现是耕地生产能力的大小，用周年农产品产量表达耕地质量，内涵清晰、直观，操作简便、易行，结果可比较、可验证。高标准农田建设要提高耕地质量，可用提高一个等（即亩产提高100公斤）来表示，得到了最广泛的支持和认同。

《全国高标准农田建设总体规划》以及“十二五”“十三五”《全国土地整治规划》《高标准农田建设通则》《高标准农田建设评价规范》都有一条明确要求：通过建设高标准农田，把耕地质量提高一个等。应该说，这一技术指标既是一个硬杠杠，又是一个得到广泛认同的耕地质量衡量尺度。实际上，在现行土地管理制度体系中，这一尺度及其基于这一尺度所形成的全国耕地分等成果，已经在土地利用总体规划编制、占补平衡考核、永久基本农田划定等领域得到了很好的应用。

抓关键影响因素：良田良种良法“三结合”

耕地生产能力的高低，取决于一系列因素，但主要因素并不多，从全国范围来说，抓住十几个主要因素，建立估产经验公式也就可以实现了。这些主要影响因素大体分三类：一类是光、温、雨水，阳光雨露是制约作物生长的基础因素；另一类是土层厚度、土壤质地、有机质含量水平、田间工程（灌溉、排水、道路、林网、供电等），土壤资源禀赋和农田建设条件是制约作物生产力发挥的核心要素；还有一类是种子、化肥、农艺、农机等农业技术投入，良种良法是制约作物生产力的关键因素。

袁隆平院士认为，提升农业生产能力的关键是良田良种良法三结合，良田是基础、良种是核心、良法是关键。可见，耕地之所以是最宝贵的资源，更重要的是，如果人类能够合理利用耕地，坚持用养结合，就可能做到地力常新、永续利用。耕地不像其他消耗性自然资源，一旦投入生产过程使用，就永远消失了。而使用耕地进行作物生产的废弃物，恰恰是耕地维持地力常新最重要的物质，土壤有机质的主要来源。

抓耕地精细化管理：建立全国统一可比的质量尺度

耕地资源资产核算必须用一把尺子。有人认为，不同区域的耕地质量无法比较，这实际上是否定了耕地资源资产全国统一核算的客观现实性。如果不建立全国统一可比的尺度，东北黑土地分为一到十等，南方红土地也分为一到十等，如此这般，全国各地都可以评价出自己的一到十等地。但是，全国统一核算耕地资源，把这样的一等地加起来的结果，又是什么意义？这样的耕地资源核算，是彻头彻尾的糊涂账。

村民最熟悉本村的耕地质量，自然分得出全村耕地质量的上中下，把每一个村分出上中下的逻辑推广到全国，就不是全国平均周年单产上下浮动 20%，把全国耕地分为上中下三等的事儿了（上等耕地，大于全国平均数及 20% 上浮；下等耕地，小于全国平均数及 20% 的下浮；中等耕地介于两者之间）。按照这个分法，不管耕地生产能力怎样提高，中低产田占比永远是 2/3，但距离精细化耕地资源管理甚远。

现实当中，耕地生产力水平的差异幅度很大，最低周年亩产小于 100 公斤、最高周年亩产大于 1500 公斤的耕地都有相当数量，介于其间的耕地生产能力差异是十几个 100 公斤。我们要建立全国可比的、统一的质量尺度，就必须设计出合理的等间距。由于耕地生产能力是潜在单产，与现实单产密切相关，各地在评价实践中，实地抽验一批耕地图斑样点的耕地产能指数与现实单产，就很容易对评价误差做出估计。当然，我们必须认识到，即使用耕地生产能力标准，建立了全国统一的质量尺度，其实也并没有把耕地质量的丰富内涵说清楚。

（原载：《中国自然资源报》，2019 年 3 月 7 日）

尽快补上耕地产能评价考核这一课

2月19日，2019年中央一号文件发布，提出了坚持农业农村优先发展的总方针，并谋划了今明两年“三农”工作，明确提出稳定粮食产量，巩固和提高粮食生产能力，到2020年确保建成8亿亩高标准农田等一系列目标。

“洪范八政，食为政首。”习近平总书记指出，保障粮食安全始终是我们国计民生的头等大事。要研究和完善粮食安全政策，必须把产能建设作为根本，实现藏粮于地、藏粮于技。

巩固和提高粮食产能，耕地数量是基础，耕地质量是关键。耕地红线是粮食安全的大坝，没有耕地，就没有口粮。这点毋庸置疑。只有先保证了耕地的面积与数量，才能再谈如何利用耕地、提高粮食产量。与国际产粮先进国家相比，我国耕地资源的利用效率还比较低，依靠科技创新大力挖掘耕地质量潜力的空间还很大。因此，接下来需要我们继续综合采取工程、生物、农艺等措施，开展退化耕地综合治理、污染耕地阻控修复，有效提高耕地产能。

然而，面积可以量算、四至可以定位，耕地产能到底有无提高，这绝非三言两语就能下定论。按等划线、按等建设、按等补充、按等补贴，迫切需要一个科学合理、简便易行、全国可比的客观尺度。这是国家科技创新需要，堪称世界难题、中国之最，同时也是改革开放40年来三代土地科技工作者矢志不移、不屈不挠、屡败屡战的不改初心。我国历史上就已经有了三等九级的耕地产能水平表达体系，但耕地单产变幅不大，最高单产不过300公斤，评价范围不广，东北、西北、西南、高寒地区的耕地生产也不普遍，东北大粮仓更是一片荒原。

而现在，吨粮田处处可见，粮食生产范围北到黑龙江，西到伊犁河，高到拉萨河谷，构建表达粮食产能水平差异的尺度，不仅要考虑变幅问题，而且还要考虑刻度问题。换句话说，在变幅控制上，不妨把历史上以单产50公斤为最低点、400公斤为最高点的三等九级划分体系，转化为单产100公斤为最低点、1500公斤为最高点的新划分体系；在刻度上，把等间距从50公斤，加大到100公斤。这是一个比较合理的、不粗也不细的方案选择。近20年来的耕地产能评价实践证明，这样的设置是比较稳妥的。

接下来的一项迫切工作，就是进一步完善评价指标体系和评价方法，定期对全国耕地质量和耕地产能水平进行全面评价并发布评价结果，进一步完善耕地质量监测网络，开展耕地质量年度监测成果更新；积极开展对东北黑土地区、华北平原地下水漏斗区、土壤重金属和有机污染区、耕地退化区，包括水土流失、盐碱化、荒漠化、石漠化重点地区的重点监测和评价。

耕地产能几何，关系粮食安全，关乎民众健康。粮菜肉奶蛋的味道、美丽宁静和谐的大自然、人民群众福祉、全球气候变化，都与耕地资源合理开发利用密切相关。提高粮食产能，关键是统筹推进耕地休养生息，抓住退耕、休耕、轮作、厚植，坚决堵住以不健康产能替代健康产能的漏洞。

中国人的饭碗任何时候都要牢牢端在自己的手上，既是重要指示，更是行动号令。《中共中央　国务院关于加强耕地保护和改进占补平衡的意见》已下发两年，加强和改进的一大关键，就是建立科学的产能核算标准与方法，确保耕地产能不降低。当前，构建新体制的机构改革已经基本完成、部署到位，期待耕地产能科学评价考核这一课能尽快补上！

（原载：《中国自然资源报》，2019 年 2 月 26 日）

从基本农田到智慧农田

是时代的召唤，也是命运的安排，我与“农田”打了近40年的交道。

1979年，我被录取到武汉水利电力学院农业水利工程专业。父亲为我考上了一所重点大学而高兴，但也很疑惑：农田水利还需要读大学？我读大学期间，父亲的问题是：“你学农田水利，都学了什么？”我参加工作后，父亲的问题变成了：“你学了农田水利，现在干的是什么？”父亲的问题，其实不好回答。大学四年，农田水利工程专业有40多门课程，数学、力学、结构、建筑物等课程学了一大堆，我也没能理出个头绪。直到最后一个学期，临时兼任我们班主任的沈佩君老师，用一句话让我明白了这些课程之间的关联：40多门课程再加上选修、课程设计、实习经历等，就是让学生具备两个能力——农田水利规划能力和农田水利工程建筑物设计能力。

从1983年大学毕业后来京工作，至今已经整整35年了，我的工作总离不开农田。不变是相对的，变化是绝对的。从农田水利，到农田基本建设、吨粮田、基本农田、永久基本农田、高标准基本农田、高标准农田、生态良田、智慧农田等，在我看来，真正构成关于“农田”核心理念内涵发展进步的是基本农田、高标准农田、生态良田和智慧农田 4 个阶段。

进入基本农田阶段

从农田基本建设到基本农田建设的理念转换，关键是基本农田概念诞生并得到确认。

我参加工作后，被分配在原农业部直属的中国农业工程研究设计院土地利用工程研究室。我参与承担的第一个项目是黄河三角洲荒地资源调查评价，目的是开发利用这一大片土地资源，重点是搞清楚在这里开展大规模农田基本建设的可行性。分配给我的任务很简单，主要是判读航片、量算面积。当时，把三县面积用日本进口的先进求积仪量算完毕，整整用了半年时间。而今天，完成这项工作只在分秒之间。

从农田基本建设到基本农田建设，是我亲历的第一个理念转换。其中的关键是基本农田概念的横空出世。

改革开放后，一项重大制度创新是国家恢复对土地资源利用的行政管理。1979 年，原农业部恢复设立土地利用局，其核心业务是以行政审批控制耕地改变用途、遏制耕地快速减少。1986 年 3 月 21 日，中央 7 号文件下发，同年 6 月 25 日《土地管理法》颁布，同年 8 月 1 日原国家土地管理局挂牌成立。1988 年 3 月，湖北省荆州地区土地管理局、监利县人民政府批准，在监利县周老嘴镇划定了 3 个保护区块、105 个保护片共计 37792 亩“基本农田”，这是我国第一个划定基本农田保护区的基层实践。1989 年，原国家土地管理局和原农业部联合在湖北荆州召开了全国基本农田保护区现场会，要求推广划定基本农田保护区经验、完善做法。1992 年，国务院批转原国家土地管理局、原农业部“关于在全国开展基本农田保护工作批示的通知”，确认了基本农田概念。1994 年，国务院颁布《基本农田保护条例》，在法制层面确立了基本农田保护制度。

党的十七届三中全会提出了“永久基本农田”概念，有专家解读为“基本农田，永久保护”，也有专家解读为“需实施更加严格保护的、居于更加重要意义的基本农田。”我认为，各地区划定的基本农田数量占本区域耕地的80%以上，其中有优质耕地也有中低产田，在保护政策上应该有所区别。

进入高标准农田阶段

规划统一了各部门的同类建设活动，明确到2020年建成旱涝保收高标准农田8亿亩。

1997年，中央11号文件下发，要求加强土地建设；1998年，修订后的《土地管理法》颁布、原国土资源部组建，土地整理成为一项国家事业。2001年，第一批国家投资土地整理项目计划付诸实施。浙江省创新性提出“标准农田”建设，明确了农田整理项目建设的一些硬杠杠，提出了土地整理的标准化问题。2003年3月，原国土资源部发布《全国土地开发整理规划（2001—2010年）》，提出优先开展基本农田整理，以建设促保护，按照现代农业发展要求，全面提升基本农田的生产能力。

2005年，我们建议设立300个基本农田建设示范县，集中力量打造国家级基本农田保护标兵，对耕地资源相对集中的县实施差别化建设政策。2006年，原国土资源部发文，正式确定116个国家基本农田保护示范区，提出了“基本农田标准化、基础工作规范化、保护责任社会化、监督管理信息化”的“四化”目标，使之成为各省（区、市）基本农田保护和建设的样板。

牵头组织编制新一轮《全国土地整治规划（2011—2015年）》是我的份内职责，也是我的职业生涯中感觉比较开心的事情之一。对此，我有几个没想到：一是没想到这个规划列入国务院审批的为数不多的国家级专项规划；二是没想到这个规划预告了国家建设8

亿至10亿亩高标准农田的战略决心；三是没想到这个规划不仅要求继续实施116个国家基本农田保护示范区建设，而且明确提出建设500个高标准农田示范县的任务；四是没想到“规划期内，新建5000处万亩连片的旱涝保收高标准基本农田保护示范区，统一命名，统一永久性保护标识，统一集中监管”的建议能够最终留在规划中。不过，这个规划也有遗憾，就是土地生态环境整治示范工程的具体内容没有落实在最终文本中。

为了有效地实施这个规划，原国土资源部在湖北武汉召开的全国土地日纪念大会上专门安排了一个重要议程，郑重启动全国500个基本农田示范县建设；随后，又在湖北咸宁召开“贯彻实施全国土地整治规划加快建设高标准基本农田现场会”，明确了高标准基本农田建设要坚持“划得准、调得开、建得好、保得住”的原则要求。

《全国土地整治规划（2011—2015年）》经国务院批准发布后的2013年12月，国家发改委牵头编制《全国高标准农田建设总体规划》发布。该规划用高标准农田统一了各部门的同类建设活动，明确了到2020年，建成旱涝保收高标准农田8亿亩，亩均粮食综合生产能力提高100公斤以上的国家战略目标。在标准化方面做了进一步提炼，要求“高标准农田集中连片，田块平整，配套水、电、路设施改善，耕地质量和地力等级提高，科技服务能力得到加强，生态修复能力得到提升”。该规划要求，原国土资源部、原农业部会同有关部门制定《高标准农田建设通则》和《高标准农田建设评价规范》，这两项国标已经发布实施。

进入生态良田阶段

农田生态状况堪忧，把“生态良田”写进“十三五”《全国土地整治规划》。

改革开放旗帜下的中国发展，一直有可持续发展的目标追求，40 年来，时强时弱，但总体上是强化趋势。经济社会发展与人口资源环境之间的关系，始终是顶层设计的一个重要内容。“十二五”《全国土地整治规划》尽管没有把土地生态环境建设作为一个重要目标和内容，但在编制规划过程中，比较系统地梳理和总结了国际趋势和中国经验，宣传了“生态型土地整治”的理念、工程技术和案例。2011 年 8 月，《中国土地科学》发表了“土地整治生态景观建设理论、方法和技术”专刊，这是深化土地生态建设的探索指向。

与此同时，我们在实践中也认识到，仅仅谈“高标准建设”“高标准利用”和“高标准管护”三统一还是不够的，还必须重点考虑高标准农田建设成果与良种、良法三结合。在参加中国工程院院士汪懋华支持的国家科技中长期发展战略研究项目过程中，我们建议用 30 年左右的时间，把我国全部耕地按规划建设一轮，并命名为“良田工程”。2010 年，我们明确提出了“良田工程”的概念，建议将“良田工程”纳入国家“十二五”规划。将良田良种良法并列起来的思想，得到了中国工程院众多院士的肯定。“良田是基础、良种是核心、良法是关键”的表述已经成为一个广泛共识。

完成以上两个认识方向的对接，是每年一度原国土资源部农用地质量与监控重点实验室春季报告会深度交流的结果。我们认为，农田生态状况堪忧，农田景观建设和农田生物多样性，不仅是一个国际趋势，更是我国农田建设的一个突出短板，而长期单一追求“粮食总产”连连增，深化了这一严峻形势。因此，把“生态良田”写进《“十三五”全国土地整治规划》成为我们团队的一个重要目标。

尽管在最终的“十三五”《全国土地整治规划》文本中，“生态良田”是被弱弱地镶嵌进去的，但这也已令我十分开心。生态良田是生态农产品生产基地，是健康产能的物质基础。我国粮食总产持续攀升，一方面标志着由良田良种良法良治所构成的粮食综合生产能力的稳步攀升；另一方面，有些地方不顾资源条件、不问环境状况，盲目追求粮食总产连连增，致使新增粮食总产的获得与耕地资源可靠保障、合理利用之间的矛盾越来越尖锐。有相当一部分粮食总产，是毁林耕种、毁草耕种、毁湿耕种，退化耕地生产、污染耕地生产带来的，这与土地资源永续利用的科学规律背道而驰。作为一个耕地保护科技工作者，不能不勇敢地站出来并发出警告。

进入智慧农田阶段

精准农业、无人农机装备、机器学习、原位连续监测、智能农田决策、基因工程等都将是未来生态良田高效利用的现实。

进入信息化时代，面向农业现代化、严峻的耕地资源及其利用国情，面向国际农业生产经营体系的新发展新动向，在关注生态良田的同时，必须关注智慧农业的快速发展。精准农业、无人农机装备、机器学习、原位连续监测、智能农田决策、基因工程等都将是未来生态良田高效利用的现实。农业资源包括水、土壤、光热、微生物等等的科学保护与利用，无不被人工智慧环绕、拥抱。

2016 年，在第二届智慧农业国际研讨会上，我作了一个主题演讲《让农田开口说话》。与会者反响强烈，汪懋华院士肯定地说，这个梦能够实现。农田开口说话，不仅会根据自己的健康需要、生育需要，指挥各渠道及时提供营养，且能拒绝各种各样的不健康投入、建设活动，还能切实从耕地资源健康角度实施精准保护、精细利用。

如果说，我大学读书时，是学习了关于农田加后缀的科学知识，即农田 + 水利、农田 + 道路、农田 + 防护林等；那么，我的近 40 年职业生涯就是给农田加前缀了，即基本 + 农田、高标准 + 基本农田、生态＋高标准基本农田、智慧＋生态高标准基本农田。

关于父亲在我上大学前后的问题，我思考了近40年，似乎越来越接近答案。借用《泥土》一书中的一句话“我们对待土地的方式，都将影响到我们自身”，与大家共勉。

（原载：《中国自然资源报》，2018年12月13日）

耕地健康及其管理问题探讨

近几年，国家自然资源管理和生态环境保护建设工作不断推进，逐步向建设耕地数量、质量、生态“三位一体”保护新格局的目标迈进。不过，客观分析当前我国在耕地保护方面，着实还面临许多新问题，如耕地退化、板结、污染等，严重威胁着耕地的健康和农业可持续发展。因此，探讨耕地健康问题，探索科学管理耕地、保持耕地健康的方法与措施，很有必要。

耕地需要“健康”

世界范围的耕地质量与环境保护最早起源于20世纪40、50年代。1941年美国生态学家首先界定了“土地健康”的内涵，这成为耕地健康研究的开端。到了20世纪80年代，耕地健康研究成为前沿和热点。早期，有关耕地健康的概念有三类观点：一是生态学家提出的观点，核心是从生态学角度强调耕地健康是生态系统免受发生失调综合症和满足持续生产农产品的能力；二是资源管理机构（如联合国粮农组织、加拿大农业部等）所提出的观点，认为土壤作为一个生命系统具有维持其功能的能力，土壤健康在农业方面被定义为土壤适合支持作物生长而不降解或损害环境；三是一些专业研究人员和非政府机构提出的，强调系统活力、恢复力、组织结构、功能维持、对外界投入的依赖性、对人类管理的要求、对相邻系统的危害和对人类健康的影响等多个方面，以期实现耕地健康的多功能性。

分析土地健康、土壤健康、生态系统健康方面的相关研究不难发现，他们主要从土壤自身的功能、结构、产品品质、持续性方面对土壤和耕地的健康进行了研究，实质是在其土壤学、生态学和有机化学的框架下，对土地、土壤和生态系统状态进行的一种诊断。而笔者认为，应定义一个大尺度、宽范围、广视角的系统——耕地健康。耕地健康包括 4 个健康：首先是耕地本体健康，土壤肥力和土壤自净能力得以维持。其次是耕地母体健康，是耕地在作物播种期足以支持作物全生命周期健康生长，在作物收获期保证农产品质量安全。再次是耕地受体健康，在农业耕作过程中要保证进入耕地的水、肥、药沉降物不致耕地被污染、被损伤。最后是耕地系统健康，耕地作为一个自然生态系统所排放的物质不致对自然环境造成危害，对于系统性的能量残余能够完全消化分解。

耕地健康存在的问题

随着城镇化的发展，我国城镇化率从 17.92% 提高到 58.52%，工业增加值年均增长率达 14.6%。持续的结构变迁与用地走向变革带来了经济发展新常态，但耕地健康状况却面临巨大挑战。我国的基本国情是人多地少，再加上耕地资源先天不足，人均耕地面积相对较低，耕地退化、板结、污染等区域性生态问题日益显现。另外，有关耕地健康的法律法规不健全，激励和奖惩缺乏立法保障，各级管理部门业务交叉、责任主体难以明确以及自然灾害频发，使耕地地力下降导致耕地健康受到威胁。如汶川地震造成 50.46 万亩耕地遭到破坏，并且受损耕地在短期内很难重新恢复。以侵占湿地、水土严重流失和严重超采地下水为代价换取产能的行为也在严重影响我国的耕地健康，如黑龙江省三江平原是我国最大的平原沼泽区，1975—1990 年期间沼泽面积占平原面积下降了 26%；由于长期无节制地开采地下水，以保定、衡水、沧州等地区为中心的华北平原区形成多个漏斗群，对土壤厚度及土体构型造成严重破坏，衍生出一系列次生灾害和环境地质问题；目前我国尚有 6500 万亩陡坡耕地、4000 多万亩严重沙化耕地在耕作，造成严重水土流失。此外，农业生产中化肥、农药等现代投入品的使用量世界第一，也造成严重的土壤污染。如因使用地膜保温保墒，新疆已成为我国白色污染最严重的区域。

深层分析现状背后的原因，主要问题还是出在管理模式上，包括耕地健康状况的监测、治理、创新等一系列机制尚未健全。耕地作为最宝贵的资源，对其健康的保护是国家可持续性发展的必要条件，应成为当前工作的重中之重。

耕地健康发展态势分析

构建耕地数量、质量、生态“三位一体”的耕地保护新格局，耕地本体健康状况将呈明显好转趋势。通过划定永久基本农田、规范高标准农田建设和土地复垦管理等重要举措，耕地保护工作制度化、科学化和信息化管理水平明显提升。“三位一体”为保障国家粮食安全、生态安全以及耕地本体朝健康方向发展起到了不可替代的重要作用。

拟制定化肥、农药等产品质量及使用标准，从根源上降低了耕地系统健康的面源污染残留物进一步扩散趋势。近年来由于化肥农药的不合理使用对农业生产周边环境造成了严重的破坏，土壤酸化及土地板结问题十分严峻，规范农药化肥使用势在必行。十二届全国人大常委会会议草案指出，解决农业面源污染问题建议将防治要求延伸到化肥、农药质量标准和使用标准的制定环节。该草案对畜禽养殖业和养殖小区的污染防治做出了规定，这一举措将大大降低耕地系统排放物对自然环境造成的危害，从源头上控制系统性能量残余体量。

以往耕地占补平衡制度的一些弊端，会导致全国耕地健康状况呈下降趋势。耕地占补平衡制度是保护耕地的一项基本制度，它按照"占多少、补多少"的原则补充数量和质量相当的耕地，以确保耕地数量不减少、质量不降低。耕地占补平衡制度自1998年实施以来，由于补充耕地数量和质量认定的滞后性、资金渠道形式的单一性等原因，其初衷逐渐被偏离。再加上一定程度的监管不到位，使得耕地向"占好地、补差地"倾斜，低等地可能存在土壤基质差、岩层走向等不合理情况，使耕地母体健康状况堪忧。

加强耕地健康管理的建议

科学立法，建立红线。2016年，国务院发布了《关于印发土壤污染防治行动计划的通知》，提出以保障农产品质量和人居环境安全为出发点，坚持预防为主、保护优先、风险管控，突出重点区域、行业和污染物，实施分类别、分用途、分阶段治理，严控新增污染、逐步减少存量，促进土壤资源永续利用。这开启了耕地健康保障的新里程。笔者认为，要保证我国耕地健康，首先要在土壤污染防治行动计划的基础上，结合原国土资源部制定的农用地分等定级、地球化学调查评价、农业部发布的耕地地力调查评价结果以及环境保护部门下发的农用地土壤环境质量标准，进一步完善耕地健康相关法律法规。其次，在细化法律法规的同时要开展耕地价值评估、确定耕地健康红线划定方法和标准，在18亿亩耕地红线的基础上划定耕地健康红线。

立足大局，整体监测。土地利用动态监测是对土地利用的动态变化进行全面系统地反映分析方法，第三次全国国土调查将对土地利用状况“洗牌”，利用遥感、计算机、检测仪等科学的方法手段，有利于在全国尺度上对土地的监测、监管和监控。主要应监测土壤土体构型，监管进入耕地的水、肥、气含量；实时严控耕地系统的性能状况。我国国土调查间隔时间长以及基于经济快速发展的国情，要求今后对耕地的保护应与土地利用动态监测更密切结合，并且加大监测力度与范围。

精准诊断，量身治理。尽管我国对土地整治工程十分重视，并且颁布了一系列政策规定，但是对于耕地健康确定的技术方法还没有明确的标准。当前应该从耕地本体目标、耕地母体目标、耕地受体目标和耕地系统目标四个诊断体系，遵循差别化的原则对耕地健康程度进行判别，从而制订最优治理方案，系统总结区域特色，探索出具有地域性的分区治理方式，从而推动地区性工作的开展及耕地保护。

扎根耕地，着眼创新。各级自然资源管理部门应在“新”上下功夫，自上而下形成创新工程技术、创新协调能力以及落实政策的新思维。创新工程技术依靠新材料、新技术、新装备、智能管控等工程技术的进步和创新；创新协调能力是指各级管理部门转变沟通固化模式，进一步提高管理效率；落实政策的新思维是指地方政府在实施过程中要体现地域性、特色性、科学性。

（原载：《中国土地》，2018 年第 12 期，合作者：高涵、陈伟强）

把自然资源支撑生态产品生产摆到更突出的位置

习近平总书记强调："让良好生态环境成为人民生活的增长点、成为经济社会持续健康发展的支撑点、成为展现我国良好形象的发力点，让中华大地天更蓝、山更绿、水更清、环境更优美。"党的十九大报告提出，我们要建设的现代化是人与自然和谐共生的现代化，既要创造更多的物质财富和精神财富以满足人民日益增长的美好生活需要，也要提供更多的优质生态产品以满足人民日益增长的优美生态环境需要。

由此可见，中国追求的高质量发展，不仅仅是 GDP（国内生产总值）的增长，更是 GEP（生态系统生产总值）的提高。中国高质量发展要创造的是"三种财富"的均衡增长和"三类产品"的协同丰富。

需要注意的是，改革开放后的中国发展底子薄、起点低、科技含量不高。改革开放 40 年来，我国创造经济社会发展奇迹的背后，是自然资源支撑"三种财富"和"三类产品"生产供给的错配，是自然资源的过度开发、粗放利用和奢侈消费。

当前，从党中央的决策部署来看，加快提升自然资源开发利用效率，加快形成与人民群众需求相适应的优质生态产品供给保障能力，已经成为各地区各部门的一项艰巨任务。问题是，什么是生态产品？生态产品如何生产，如何定价，其价值如何实现？这些都是亟待厘清的问题。

有专家提出，"生态产品是生态系统的一个对人类生存支持水平与质量的有效输出，是生物自然生产和人类经营生产两种方式共同作业的结果，包括原料供应、物质生产、人居环境、精神文化服务、生态系统维持等。生态产品的生产供给以耕地、草地、森林、湿地、海洋等自然资源的适度开发为前提，以对自然资源的合理利用为条件，以不造成不可逆转的生态环境危害为准则。"在这个定义中，强调了自然资源对生态产品生产的重要支撑作用。

随着我国经济社会快速发展，人民群众对生态产品的需求日益增长。而生态产品的生产，不仅是一个自然资源的开发问题，更是一个生态环境的管控难题。国内外的研究表明，生态产品的定量化、货币化、可交易性等，都是至今尚未解决的科技难题。最普通的例子是农产品优质优价实现难：消费者既想买到高品质的农产品，但又不愿意支付合理的高价。结果是，农产品的质量分级体系、质量保障体系、质量检测体系等，因为缺乏合理的价格体系支撑而难以健全运行。最特殊的例子则是，清新空气、清澈河水、清洁土壤等生态产品（或生态产品的生产基础），因为定价难、认识水平有限等原因，一直被排斥在定价体系之外，人们可以无偿享用、无限消费而不需要付出任何代价。

早在多年前，联合国就提出编制绿色核算体系，但各国的实践并没有跟上。我国在生态文明建设的路线图中，部署了编制自然资源资产负债表的具体要求，并组织了一定范围的试点。其间，自然资源（生态产品）定量难、定价更难的问题凸显了出来。自然资源主要分两类：一类不可再生，一类可再生。前者进入生产过程，作为消耗容易定量、定价；后者参与生产过程，但并未灭失，保育得好，还可以改善自身，价值更高，问题是即使采用机会成本法，也难对其进行准确估价。因此，加强这一领域科技创新，破解世界级科技难题，是国家交给当代自然资源科技工作者的一个硬任务。

国务院副总理刘鹤同志曾经说过，生态的差距成为我国与发达国家最大的差距。坦率地讲，如何将经济发展与生态环境保护更好地结合起来，实现这种共赢的局面，是摆在我们面前的新课题。

在中华民族伟大复兴的路上，我们必须破解生态产品价值实现这个难题，赢得这场决胜战役。当前需要注意的是，即使解决了认识问题、理论问题、科技问题，也并不等于解决了所有实践问题。只有全社会都能够达成共识，并积极主动地参与到生态产品的价值实现之中，我们才能够说，人民福祉的增长点、经济发展的支撑点和伟大复兴的发力点的理论力量，已经切切实实地转化成了实现中华民族伟大复兴中国梦的物质力量！

（原载：《中国自然资源报》，2018 年 11 月 13 日）

从生态文明视角看我国土地利用的变化及影响

改革开放以来我国土地利用类型的变化

1978 年，党的十一届三中全会做出了把党和国家工作中心转移到经济建设上来的历史性抉择，开启了中国改革开放的新纪元。40 年来，我国经济社会发生了翻天覆地的变化，取得了巨大成就。我国人多、地少、耕地后备资源不足且生态环境脆弱，这是我国的一个重要国情。改革开放 40 年来，伴随着我国城市化、工业化的快速推进，土地利用需求呈现多样性、层次性。我国各级政府相继出台了一系列法律、法规等来保护土地。尽管这些政策的实施使得土地利用状况有所好转，但是土地利用状况的总体形势依然严峻，生态环境问题突出。以下从耕地、建设用地、林地、草地、湿地等土地利用类型，分别介绍我国各土地利用类型的变化趋势。

耕地

耕地为人类提供了粮食，同时有改善空气、净化环境、涵养水源等功能。改革开放初期，我国国民经济迅猛发展，但是人们保护耕地的意识尚浅，耕地数量质量下降的速度和我国经济、农业及乡镇企业的快速发展同步。1999 年 11 月，原国土资源部、国家统计局联合发布第一次全国土地调查（以下简称“一调”）报告，其中显示，截至 1996 年 10 月底，我国耕地面积为 19.51 亿亩，人均耕地 1.59 亩，之后耕地面积持续减少。2013 年第二次全国土地调查（以下简称“二调”）成果显示，截至 2009 年底全国耕地面积 20.31 亿亩，耕地数量有所增加，主要是受调查标准、技术方法的改进和农村税费政策调整等影响，人均耕地为 1.52 亩，较一调有所下降，不到世界人均水平的一半。2014 年 12 月 17 日，原国土资源部公布的《关于发布全国耕地质量等别调查与评定主要数据成果的公告》显示，耕地质量情况不容乐观，全国耕地平均质量等别仅为 9.96 等，等别总体偏低，中、低等耕地面积占耕地评定面积的 70.6%。2016 年度全国土地变更调查主要数据显示，截至 2016 年底，全国耕地面积 20.24 亿亩，与 2015 年底耕地面积净减少 115.3 万亩。党的十八大以来，中央大力推进生态文明建设，在进一步切实保护耕地的基础上，2017 年中发〔2017〕4 号文件提出完善最严格的耕地保护制度。目前，全国耕地面积基本稳定，质量有所提升，实施耕地数量、质量、生态“三位一体”保护的成效初步显现。

建设用地

改革开放以来，我国建设用地在数量、人均面积上均呈现持续增长和快速扩张的趋势。根据《中国城市建设统计年鉴（2014 年）》，我国设市城市建设用地面积在 1981—2014 年中净增长 0.64 亿亩，增长了 6.44 倍，年均增长率达 6.27%；人均城市建设用地面积也逐步增长，建设用地扩张速度明显高于人口增长速度。在工业化、城市化早期阶段，建设用地扩张速度加速，人均占地已超过有关用地标准，而且我国城市建设用地主要集中在地形平坦、经济较发达、人口稠密的黄淮海平原、长江三角洲、珠江三角洲和四川盆地等地区。用于居住、工业、道路、广场等的新增建设用地主要来自于对耕地的占用。截至 2016 年底，全国新增建设用地面积 809.0 万亩，与 2015 年相比增幅 4.4%。其中，公路、铁路等基础设施项目用地面积增加突出，增幅分别达 30.7% 和 102.8%，且主要集中在西部地区。近几年，我国新增城镇用地增幅持续放缓，城镇发展布局趋于合理。

林地

林地作为陆地上最大的生态系统，在陆地生态维护和生态环境建设中发挥着重要作用。40 年来，我国林地经历了先减少后增加的变化过程。改革开放初期，我国部分地方受利益的驱动，乱砍滥伐现象抬头，出现了“一把锄头造林、百把斧头砍树”的现象；农耕区扩张也大量占用林地，我国东北等重点林区有林地树木大量减少。同时，我国经历了 1978—1983 年大力植树造林、1984—1991 年加强森林保护、1992—1997 年可持续林业阶段后，林业生态建设的地位得到全面提升。第五次全国森林资源清查时，我国人工林面积居世界首位，与第四次清查相比，森林面积净增 2.05 亿亩，森林覆盖率净增 1.43%，进入林地增加阶段。随后，我国全面实施六大林业重点工程建设、实现林业的五大转变、实施应对气候变化国家方案等措施，我国林地面积基本稳定。第八次森林资源清查结果显示，我国森林资源变化呈现森林总量持续增长，森林质量不断提高的特征。虽然我国的森林现状出现变好趋势，但是，森林资源所面临的形势依然严峻。人均占有量小，资源分布不均衡，生态退化依然严重，自然生态系统依然十分脆弱，土壤侵蚀总面积占普查范围总面积的 31.1%。此外，林业科技与生产技术依然有待提高，林区发展落后、林农收入低问题突出。

草地

草地作为全国面积最大的陆地生态系统和生态安全屏障，由于受到人口的日益增长和社会经济发展需求的影响，我国草地面积持续减少。东北、华北和西北地区的草地资源被开垦为耕地，南方地区转化为林地，同时由于过度放牧，加剧了草地的沙漠化趋势。根据《2000年中国环境状况公报》，全国90%的草地不同程度地出现退化，其中中度退化以上的草地面积已占半数，西部天然草地退化、沙化和盐碱化面积已经占到75%~95%。二调结果显示，截至2009年底，我国草地面积43.09亿亩，虽然比第一次全国土地调查的39.91亿亩有所增加，但主要是调查技术水平提高带来的。在退牧（耕）还草、草畜平衡、生态移民、划区放牧等生态保护和建设工程，以及草原生态保护补偿激励机制实施下，草地面积减少速度得到控制，一定程度上缓解了草地退化进程。截至2016年底，我国牧草地面积32.9亿亩，但是草地生产功能与生态功能之间的矛盾尚未根本解决。要充分认识加强草原保护与建设的重要性和紧迫性，稳定和提高草原生产能力，转变草原畜牧业经营方式，推进草原保护与建设科技进步。

湿地

湿地作为"地球之肾"和"气候稳定器"，具有保护生物多样性、提升环境容量、促进区域经济可持续发展及维护淡水资源安全等重要作用。政策缺失、城镇化进程提速、气候变化和人类活动的影响，使得我国湿地面积减少、功能退化，2014年第二次全国湿地资源调查结果显示，我国湿地总面积8.04亿亩，湿地率为5.58%，与2003年的第一次调查相比，湿地总面积减少率为8.82%，减少的面积中自然湿地占99%以上。我国湿地面积虽然位居世界第四，但是远低于加拿大、美国、俄罗斯，同时湿地率也低于世界6%的平均水平。在《土地利用现状分类》（GB/T 21010—2017）标准中，增加了湿地归类，并已全面应用于第三次全国土地调查，将湿地与耕地、林地、草地等并列作为一级地类进行调查，突出生态文明建设和生态用地保护需求，加强对湿地的保护力度。

党的十八大明确提出扩大“湿地面积”的要求，要全面认识和了解我国湿地生态系统保护中存在的主要问题，稳步推进“蓝色海湾”“生态岛礁”等生态修复项目，整治岸线、修复滨海湿地，构建与现代科技相适应的湿地保护新格局。

我国土地开发利用为促进经济社会发展发挥了重要的保障作用

保障了国家粮食安全

改革开放以来，我国通过土地整治等方式，使耕地面积基本稳定，为我国粮食安全提供了资源保障，推动了我国农业生产取得巨大成就，粮食产量不断迈上新台阶。1978 年中国粮食总产量为 3048 亿千克，1984 年达到 4073 亿千克，六年间平均递增 4.9%，我国已经基本解决温饱问题。20 世纪 90 年代，粮食供给实现了由长期短缺转变为总量平衡、丰年有余的历史性跨越；近年来，粮食产量保持了连年丰收、供应充足、市场稳定的局面。2015 年全国粮食总产量 6214.3 亿千克，成就粮食生产史上难得的“十二连增”，我国粮食生产水平稳步跨上 6000 亿千克新台阶；粮食人均占有量不断提高，2015 年人均粮食占有量达到 453 千克，比世界平均水平高 53 千克。现在，我国以仅占世界 9% 的可耕地面积养育了世界 19% 的人口，稳定解决了十几亿人的温饱问题。

支持了经济增长

我国建设用地面积不断增长，为工矿业发展、交通运输、水利设施等提供了基本保障，支撑了我国经济结构大幅度调整和经济持续增长。1978—2017 年我国 GDP 年均增长为 9.5%，远超同期世界经济 2.9% 的年均增速，成为全球第二大经济体。人均 GDP 不断提高，成功由低收入国家跨入中等偏上收入国家行列。就业规模不断扩大。2017 年末，我国城乡就业人员比 1978 年增长 93%，城镇就业人员比 1978 年增长 346%，就业结构不断优化，稳定性逐步增强，工资收入快速增长。在国际经济动荡的情况下，我国政府发挥宏观调控的作用，物价总水平基本稳定。我国积极把握全球化机遇，贸易规模稳步扩张，结构调整优化，积极参与和推动经济全球化，国际收支“总体平稳、稳中有进、稳中向好”，全球经济治理话语权提升。

促进了社会进步

我国城市面积显著增加，城市规模扩大，开发区、工业园、新城和新区等不断设立，建设面积显著扩张，促进了社会全面进步，加快了城市化进程。到 2017 年末，城镇常住人口已经达到 8.1 亿人，年均增加 1644 万人。工业实力显著增强，制造业总量连续多年稳居世界第一，2017 年我国国内生产总值占世界的比重达 15%，主要产品的生产能力实现了由短缺到丰富充裕的巨大转变，产品国际竞争力显著提升。农业综合生产能力不断提高，近年来，我国谷物、肉类、花生、茶叶产量稳居世界第一，油菜籽产量稳居世界第二，甘蔗产量稳居世界第三。我国交通网络日益完善，运输能力增强，运输效率明显提高，“四纵四横”的高铁网基本形成；邮电通信业规模扩大，网络基础设施增强，信息化水平明显提高，建成了全球最大的移动宽带网；能源生产能力增强，水电、风电、太阳能发电装机和核电在建规模稳居世界第一，建有西气东输、西电东送等能源运输大动脉，基础设施发生跨越式发展。

我国土地开发利用累积的生态环境问题

改革开放以来，随着我国工业化、城镇化、农业现代化发展迅速，人们的物质需求也不断增长，经济增长迅速，但多是依赖土地资源过度消耗、土地利用方式粗放、高能耗高排放的发展模式，造成了生态系统退化、自然资源数量减少，质量下降，环境污染问题突出。

开发强度高，传统的用地方式和建造模式耗能费地。我国人均城镇工矿建设用地面积为149平方米，人均农村居民点用地面积为300平方米，远远超过国家标准上限，侵占优质耕地，冲击耕地保护红线，危及生态安全。此外，工业固体废物、生活垃圾等处理能力不足，侵占土地资源，污染土壤环境。

耕作强度高，农药化肥使用过量，土壤修复能力降低，农业生态系统退化非常严重。全国的耕地质量总体不高，部分耕地存在严重的水土流失、沙化、盐渍化问题，区域生物多样性低。全国土壤环境状况总体不容乐观，部分地区土壤污染情况较重，耕地土壤环境质量问题突出，土壤总的点位超标率为16.1%，耕地土壤点位超标率为19.4%。2018年10月24日，检查《中华人民共和国农产品质量安全法》实施情况的报告中指出，我国各地对农产品生产环境安全把关不严，农产品产地重金属污染问题突出，部分地区污染速度仍在加快。

自然资源消耗大，自然生态系统十分脆弱。我国国土面积的60%以上为生态脆弱地区，沙漠化荒漠化严重，水土流失未得到根本扭转。2015年，森林覆盖率21.63%，远低于全世界森林覆盖率（30.3%），排在世界第139位，人均森林面积和蓄积量不足世界的1/4和1/7。在耕地方面，美国（1985年）、欧盟（1992年）、日本（1971年）等发达国家和地区早就开始实践轮作休耕制度，来改善水质、提高土壤生产力，我国轮作休耕制度尚处于初级探索阶段。

生态文明建设背景下的土地开发利用和环境保护

土地是陆地表层的区域，是各种陆地生态系统的载体，也是人类赖以生存和发展的基础资源与环境条件。改革开放40年间，我国耕地、林地、草地及湿地等土地利用类型数量减少，质量下降，面对资源约束趋紧、环境污染严重、生态系统退化的严峻形势，必须树立尊重自然、顺应自然、保护自然的生态文明理念，走可持续发展道路。2018 年通过的宪法修正案，将生态文明写入宪法，标志着我国开启了生态文明的新时代。在当前生态文明建设的背景下，我国必须加强土地生态系统修复、防治污染，调整国土空间布局和利用结构、控制土地开发强度，形成科学、有序、均衡的开发利用格局。

从源头抓起，防治土壤污染

生态环境既是发展问题，又是民生问题，与人民群众的幸福指数息息相关，关系到全面建成小康社会的成效。改善土地利用是碳减排的重要杠杆，是兑现中国政府关于全球气候变化承诺的重要支撑。我国的生态环境问题主要来源于土地的过度开发和粗放利用，我国生态环境的问题主要来源于土地的过度开发利用，为此，要强化源头管控，深化质量管理，大力开展污染防治。针对我国当前的土地污染问题，要坚持“抓重点、分层次、整体推进”，从重点区域、重点行业和重点污染物抓起，以点带面，全面推进污染治理。要贯彻预防重于修复，修复重于治理的成本最低原则。调整优化产业结构、能源结构、运输结构、用地结构，开展大规模国土绿化行动，预防环境污染。强化土壤污染防治的科普宣传，向公众做好全面、系统、科学的解读，形成“政府统领、企业施治、市场驱动、公众参与”的污染防治新机制，推动形成绿色发展方式和生活方式。

充分发挥生态红线在土地开发利用中的管控作用

习近平同志指出：“生态环境问题，归根到底是资源过度开发、粗放利用、奢侈消费造成的”，点出了生态文明建设的关键和要害，为土地资源管理指明了方向、明确了重点，更是要求各地区、各行业根据自身的发展实际，严守资源消耗上限、环境质量底线、生态保护红线，强化资源环境生态红线指标约束，在资源开发和利用方面做到节约优先、合理利用、绿色发展。一要根据不同区域的资源环境承载能力、现有开发密度和发展潜力，认真落实主体功能区规划；二要编制好国土空间规划，划定生产、生活、生态开发管制边界，落实用途管制；三要制定好自然资源用途管制规则，实行资源有偿使用制度和生态补偿制度；四要强化自然资源资产核算和审计，切实聚焦到土地资源、森林资源等重点领域；五要严格落实各地区各行业自然资源管理和生态环境保护责任制，落实党政同责。

有针对性地开展“四区一带”系统修复

国土是生态文明建设的空间载体，按照山水林田湖草海系统治理的要求，深入推进国土江河综合整治，优化国土空间开发格局，是生态文明建设、美丽中国的重要举措和必要路径。《全国国土规划纲要（2016—2030年）》中，首次提出“四区一带”国土综合整治格局。有针对性地推动城市低效用地再开发，加强城市生态环境综合防治；推动农村田水路林村综合整治，加强高标准农田建设；推动重点生态功能区重建恢复，加强控制生态恶化态势；推动工矿废弃地复垦利用，加强绿色矿业发展；推动海岸带修复治理，加强海岛保护整治。开展“四区一带”系统修复，有效节约集约利用国土空间资源，加强国土生态系统自然修复与保护，提升环境质量和生态价值，分区域加快推进国土综合整治，促进生产空间集约高效、生活空间宜居适度、生态空间山清水秀。

重点抓好“两屏三带”综合治理

土地是自然资源的主要载体。在监管好自然资源的过程中，自然资源的生态安全作为国家安全的重要组成部分，是一个国家赖以持续生存和健康发展的基本前提。建设生态安全屏障是维护国家生态安全的战略举措，是推进区域协调可持续发展的必然选择。“十三五”规划大力构筑以“两屏三带”为主体的生态安全战略格局，强化自然生态保护，严守生态保护红线。切实保护青藏高原生态系统、黄土高原—川滇天然植被，加强东北森林资源和生物多样性保护、北方防护林和草原建设、南方丘陵山地植被修复等工作，涵养大江大河水源，巩固水土流失防治，防风固沙，维护生物多样性，尊重自然、顺应自然、保护自然，筑牢国家生态安全屏障，推动形成人与自然和谐发展现代化建设新格局，还自然以宁静、和谐、美丽。

加速土地科技与制度创新

近年来，包括国土在内的各行各业均在资源家底清算、资源合理配置、资源成本节约利用、环境污染源头及过程治理等方面做出了积极努力，生态文明建设成效初显。同时也应看到，我国的生态环境仍然面临诸多问题和挑战，生态环境保护工作仍然任重道远。一定要以习近平生态文明思想为指引，牢固树立“绿水青山就是金山银山”的理念，坚持人与自然和谐共生，加大土地制度创新力度，坚决贯彻“五位一体”总体布局。建立健全土地科技体系，生态环境修复质量要重视现代工程技术应用。我国幅员辽阔，亟须把握区域性特征，因地制宜发展生态修复绿色技术。我国生态自然修复起步较晚，目前学界有的强调免耕，有的强调深耕，有的强调休耕，有的强调浅松。这些观点都有一定的道理，但是尚未形成统一的认识，亟须科学认识生态系统交互过程与机理，把握生命共同体的整体性。

大力发展土地认知与信息技术、土地利用与生态技术、土地经济与管理技术，突破基础性理论与核心关键技术研究，注重与战略性新兴高技术融合，研发重大关键装备，建立土地资源大数据平台，保证土地资源的安全利用，以创新驱动提升山水林田湖草系统治理能力。到第二个一百年，实现绿色富国、绿色惠民，建成富强民主文明和谐美丽的社会主义现代化强国，引领全世界生态文明新理念，共建人类命运共同体。

（原载：《环境保护》，2018 年第 20 期，合作者：高璐璐、张超、吕雅慧）

第三篇

土地利用实践与乡村振兴

开源引活水　复耕壮粮仓

——聚焦北京市大兴区耕地保护及土地整治工作

作为北京市耕地保护任务最重、耕地占补平衡难度最大的区，大兴区将落实耕地保护空间作为规划和自然资源领域专项治理的重要内容，以国土空间规划为引领，以全域土地综合整治为抓手，统筹优化空间布局。该区不仅严防违法占用耕地，坚决遏制耕地“非农化”、防止耕地“非粮化”，还全面开源引活水，开展了“二调”非耕地、“三调”非耕地、分区规划非建设用地等“三非”地块和老旧废弃果园的复垦工作，将耕地数量、质量、生态“三位一体”保护落到实处。

发展建设需求强劲与耕地保护形势严峻并存

大兴区是北京“一城一主一副、两轴多点一区”城市空间结构中的多点之一，同时又是全市 9 个基本农田集中分布区之一，是耕地和永久基本农田保护的重点区域，发展建设需求强劲与耕地资源保护形势严峻并存。

大兴区耕地保护目标为 28.60 万亩。根据“三调”数据统计，全区现状耕地总量约 26.17 万亩，其中与规划建设用地及非稳定利用耕地等因素重叠约 3.77 万亩。与耕地保护目标比较，耕地资源存在约 6.2 万亩的缺口，耕地保护任务较重。

在落实城市发展功能定位的过程中，大兴区耕地保护及占补平衡压力巨大。大兴区是面向京津冀的协同发展区、科技创新引领区、首都国际交往新门户以及城乡发展深化改革先行区，在城市建设过程中既承担了大兴国际机场 5 年专项整治补充耕地任务，又要满足建设北京市南部高质量发展地区重点项目耕地占补平衡的需求。

因此，大兴区自今年 7 月着手开展“二调”非耕地、“三调”非耕地、分区规划非建设用地等“三非”地块和老旧废弃果园的复垦工作。

着力解决划定耕地保护空间等关键问题

面对艰巨任务，大兴区先后研究解决了新增耕地潜力区与耕地保护空间划定、资金来源与保障机制、政策指导与实施路径等问题。

该区坚持以规划为引领，统筹永久基本农田、生态保护红线、城镇开发边界三条控制线，厘清了建设用地与非建设用地、耕地与园地、林地之间的关系。在此基础上，该区对近期拟实施重点建设项目进行避让，结合农业发展规划，本着地块可落图、能落地、可利用、好管理的原则，合理确定了复耕空间。该区以镇域为单位，统筹划定三条控制线，特别是在非建设空间集中区域，优化调整永久基本农田，构建大田大林的空间格局，逐步实现“田成方、林成网、田林交融”的景象。截至目前，大兴区共划定耕地保护空间 33.92 万亩，其中耕地保有量 28.60 万亩，包括永久基本农田 25.81 万亩，永久基本农田储备区 2.79 万亩，耕地保有量储备区 5.32 万亩；划定新增耕地潜力区 10.77 万亩。按照全市 2021 年、

2022年分别落实永久基本农田、永久基本农田储备区全部为耕地的任务要求，大兴区需落实复耕任务总量9.09万亩，其中永久基本农田需要复耕6.78万亩。截至11月18日，大兴区已全部完成永久基本农田复耕任务，并加紧推进永久基本农田储备区复耕工作。

为了满足复耕资金需求，大兴区争取市、区两级财政支持，获得了69亿元的新机场专项整治项目资金和老旧果园等复耕项目资金。与此同时，开展新增耕地指标交易，实现区级财政收入约20亿元，在途项目可实现财政收入约28亿元。指标交易的财政收入优先用于新增耕地复垦复耕工作，有效解决了耕地保护空间复垦资金的需求。为了加强资金管理，该区参照土地整治项目的流程，明确了“三非”空间复耕的工作程序和资金保障。各镇还结合实际情况，细化制定了复耕实施具体流程和资金支持，由市级部门全过程指导项目实施，确保复耕工作顺利开展。

在此基础上，大兴区完善配套政策措施，分类制定了土地整治项目及老旧果园等复耕办法，全口径明确了新增耕地的实施路径。参照土地整治项目管理流程，该区明确了老旧果园等复耕的工作程序，指导复耕工作高效、有序开展。复耕后的土地既可以选择履行原来的承包合同，交由农民自行种植农作物，也可以选择流转给镇政府，由专业公司代为管理。据悉，为了防止耕地再次“非粮化”，镇政府后续会统筹管理，进一步与专业公司合作，科学利用复耕土地资源发展农业，提升耕地的产粮能力。

为了确保这些问题顺利解决，大兴区成立了以书记、区长为组长的耕地保护及复耕工作领导小组，发挥统筹指挥作用，建立周报和定期调度制度，有序推进耕地保护各项任务。大兴区还调动镇政府的主观能动性，理顺耕地保护复耕的利益分配机制。一方面，以镇政府为主体，开展耕地保护空间划定、土地整治项目及老旧果园等复耕工作，明确新增耕地的保护责任。另一方面，保障项目开展中镇政府的主体利益，以落实耕地保护责任目标为首要任务，压实各镇政府责任，倒排工期，确保按时、保量、保质地落实复耕任务。

将实行"一张底图"管控，落实新增耕地补贴，加强动态台账管理

下一步，大兴区将采取多部门联合的方式，共同开展新增耕地的年度变更调查认定，将已复耕地块纳入变更调查现状耕地中，实行现状耕地与规划耕地保护空间"一张底图"管控，严禁耕地"非农化""非粮化"。同时，根据耕地保护空间划定成果，大兴区将逐地块落位矢量坐标，定界立桩，分镇、村编制耕地保护管控图则。图则作为耕地保护责任书的重要组成部分，与保护责任书同步下发并确认签字，明确永久基本农田及耕地的管控要求，细化每个地块的位置、面积、四至、责任人等基本信息。

为了实现耕地高效利用，大兴区将落实新增耕地补贴机制，研究制定新增耕地种植粮食、蔬菜等作物的补助标准，给予1500元/亩/年的资金补助，利用经济激励机制调动地方政府保护耕地及永久基本农田的积极性。同时，鼓励各镇政府对撂荒耕地进行统一管理，通过资金、技术等方面的支持，避免现有耕地人为撂荒的情况，实现"应种尽种"。

此外，大兴区还将落实田长制工作要求，建立健全耕地保护空间动态巡查制度。通过规范和完善耕地数据库更新标准和规范，实现耕地动态台账管理，并充分利用土地资源全天候遥感监测、土地执法动态巡查等手段实行动态监管，及时发现并处理违法违规占用耕地的行为。

（原载：《中国自然资源报》，2021年11月30日）

执法有法度　也要有温度

——从基层卫片执法二三事说开来

只要动工，就难逃“卫片”火眼金睛。一直以来，卫片执法都是发现土地违法行为的一项有力举措，为实施最严格的耕地保护制度提供了保障。但笔者从实践中了解到，部分地方在开展卫片执法的过程中出现了一些值得商榷的问题，需要进一步深度探究。

比如，“在册”耕地年久被遗忘，一朝使用被判定违法。笔者了解到，华中某山区的一条沟里，不知是哪一年曾经耕种过的一窄条土地，被标注为耕地。由于年代久远，村民早已忘记这一窄条土地是耕地，更不知道其是“在册”耕地。在一二三产融合发展、乡村振兴的大背景下，几户农民联合决定兴办一个养猪场，就占用了这一窄条土地。不久，卫片执法来了，说违法占用耕地，必须恢复原状。

又如，田头沟边的农耕文化元素点缀，是否就一定要铲除？华东某发达地区的一个高科技园区，为了保住一片农耕绿，早先实施了村域土地综合整治，形成了田成方、树成行、路相通、沟渠相连的格局。同时，将附近近万亩耕地划为永久基本农田，可谓用心良苦。近期，为了适应市民体验农耕需要，利用田头、路边、渠沟边、树下进行了一些具有农田文旅风格的点缀。市民开心、农民乐意，本来是一件好事。可卫片执法来了，说必须铲除。

还有这么一桩事儿。某乡贤承包了华北某山区一山坡用于种树、养鸡。在不改变山坡面貌的前提下，在与有关方面反复沟通得到支持的背景下，乡贤准备打造一个文创基地，以继续造福桑梓。因文创规划设计需要，乡贤开挖了一方浅池，以营造山清水秀之美。但该乡贤并不知道山坡是耕地，因为他只见过零星点种的一窝窝、一丛丛玉米，而且是种时少、不种时多。乡贤承包后，就再也没有点种过玉米。卫片执法来了，说这方浅池所在地属于耕地，必须马上恢复原状。

发现违法行为并督促地方整改查处是土地卫片执法的主要职责之一。就程序而言，首先是核实疑似，然后据实情妥善处置。当然，绝大多数情况是能够得到妥善解决的。但针对上述几种情况，简单地铲除或者勒令其恢复原状是不是最佳选项？笔者以为，有待商榷。

我们必须承认，在山区丘陵地带，很多耕地虽记录“在册”，但由于位置偏远、耕作条件不利，已多年未有人耕种，甚至很多农民自己都不知道其是耕地。针对此类情况，在合理有序、不破坏其原有机理的前提下，对这些地块进行一些美化环境、助农增收的改造，也未尝不可。

南宋户部尚书、理学家真德秀曾经说过：“夫法令之必本人情，犹政事之必因风俗也。为政而不因风俗，不足言善政；为法而不本人情，不可谓良法。”执法也需要体察人情，需要具体问题具体分析，而不是简单粗暴地一刀切。把依法依规用地的道理说明白，帮用地的老百姓切实解决好用地问题，才能让我们的执法兼具法度与温度，赢得百姓的理解与支持。

（原载：《中国自然资源报》，2021 年 10 月 19 日）

致公党中央调研黑龙江黑土地保护

9月14—18日，致公党中央调研组在黑龙江省就加强东北黑土地保护、实现粮食安全与固碳增汇协同发展开展调研。自然资源部、生态环境部、国家粮食和物资储备局、中国科学院等部门和单位相关负责人参加调研。

调研组紧扣种子、耕地两个要害问题，深入三江平原腹地桦川县、富锦市和建三江的农场、村庄，走进田间地头，走访农机合作社、种子公司、科技示范园区，与基层干部群众座谈交流，获得了大量宝贵的第一手意见和建议。

9月15日，调研组在佳木斯市召开加强东北黑土地保护实现粮食安全与固碳增汇协同发展座谈会，与该市有关领导、相关单位负责人、农业领域专家，就当地在黑土耕地保护等方面的具体实践经验和不足进行了交流。

据介绍，三江平原是国家重要粮仓之一。佳木斯市拥有耕地近3000万亩，占三江平原的一半，粮食产能常年保持在250亿斤，其中90%是商品粮。在加强黑土地保护方面，佳木斯坚持量质并重、用养结合、种养结合，严守耕地红线，加快制度创新和科技创新，通过开展植树造林和水土流失防治，全面推行“一翻两免”秸秆还田新技术，全面加强种养结合、推进畜禽粪污无害化处理再循环利用等措施，逐步构建起了黑土地耕地数量、质量、生态“三位一体”保护格局。

作为我国的“北大仓”，调研组充分肯定了佳木斯市对我国粮食安全和黑土地保护做出的贡献。同时指出，东北黑土地保护工作还存在耕地固碳增汇科技支撑不足，水稻田、玉米地固碳增汇科学机理和管理技术模式严重匮乏等问题，迫切需要加强科技创新投入。

（原载：《中国自然资源报》，2021 年 9 月 23 日）

乡村振兴的多目标协同与多模式实现

乡村振兴是服务于农业农村现代化建设和城乡一体化发展的全面振兴，本质是实现乡村地域系统生产、生活、生态和文化等多功能目标的协同可持续，充分挖掘乡村价值。因此，乡村选择振兴策略的思路应是：辨析多功能内涵—评价多功能性—确定振兴发展模式—提出提升路径与建议。

乡村地域的多功能辨析

受区位条件、资源禀赋和历史文化等因素的影响，中国的乡村分化出了不同的地域发展类型和定位，并伴随有各具特色的乡村地域多功能性。

生产功能是乡村地域多功能性的关键和保障，是指乡村基于土地等生产要素进行社会生产活动而产出各种产品和服务的功能。一方面可满足乡村自身发展需要，另一方面可促进城市地域的发展。生产功能主要包括农业生产功能和非农业生产功能，前者是乡村特有的初始功能之一，保障国家粮食安全；后者主要包括以工业、服务业为主的生产经营活动。随着产业融合的拓展与加深，乡村出现了休闲农业等新产业、新业态，生产功能的内涵和种类得以不断发展。

生活功能是指乡村地域为居民提供的一系列用于促进社会稳定、保障生存发展权利的载体、场所或机会，包括基础设施、公共服务和社会保障等方面，兼顾衣、食、住、行的基本需求以及医疗、就业、卫生、教育、安全、养老和保险等公共需求。近年来，生活功能的内涵得到显著拓展：一方面，社会经济发展使乡村居民的追求逐步从“吃饱穿暖”转变为高品质生活；另一方面，城乡一体化进程使乡村成为城市居民休闲旅游、消费娱乐的重要场所。

生态功能是乡村地域多功能性的基石，是指乡村基于生态系统要素、结构与过程保障生态安全、调节生态环境、供给生态产品与服务的功能。要素一是通过防治污染来维持和改善自然环境质量，保证生态绿色安全；要素二是通过绿色—高效开发以及利用自然资源和能源，供给更高的生态服务价值，包括涵养水源、调节气候、保护土壤、净化环境和维持生物多样性等；要素三是利用优美、多样、完整的田园景观，挖掘精品产品和特色产品，助力生态旅游、特色农业和文化产业的发展。

文化功能是乡村振兴的灵魂与黏合剂，是指乡村保护、传承、重塑和发展传统文化、农耕文明和现代文化，并对不同人群产生教化、凝聚、愉悦和导向等作用的功能。教化在于文化记忆、思想观念和知识技能的与时俱进；凝聚在于文化基因与精神乡愁的一脉相承；愉悦在于调节身心，提高幸福指数；导向在于以意识形态助力制度完善和社会经济发展。近年来，乡村文化的经济价值得到重视和挖掘，成为发展特色产业和优质品牌的源泉，更拓展出研学、休闲和审美等功能。

乡村地域多功能性的评价标准

开展乡村地域多功能评价是明确乡村发展定位、类型、特色、现状、规律及趋势的必要手段，也是制定乡村振兴策略的前提。生产有竞争力、生活有保障力、生态有服务力、文化有吸引力是乡村振兴多功能目标的主要内容。

生产必须有竞争力 以乡村生产功能内涵为核心，以质量兴农、绿色兴农、品牌强农战略为导向，确定从农业生产和经济发展两个维度刻画乡村生产竞争力。农业生产水平重点关注生产基础、方式、现代化、产出情况和产品品质五个方面：生产基础是生产资料的供给、投入和利用情况，包括自然资源、化学投入品、劳动力和农业资金等；生产方式关注生产过程是否绿色生态、资源是否循环利用；生产现代化体现为机械化、科技化、规模化和组织化等方面；产出情况主要关注农产品的产量产值等；产品品质体现在农产品安全和质量两方面，关注产地环境质量、产品营养价值等。经济发展水平重点关注产业结构、劳动力就业结构、产业链延伸、融合水平、组织化程度和现代化水平六个方面：产业结构主要考虑经济总产值及各产比重；就业结构主要关注外出就业比例和“三产”就业贡献率等；产业链延伸主要考虑农产品精深加工的主体数量、比例和产值等；融合水平包括产业融合和城乡融合，前者重点关注服务业和新兴产业的主体与产值，后者关注城乡差异和城镇化水平；组织化程度主要考虑集体经济组织和龙头企业的带动作用等；现代化水平主要关注产业经营的集约化程度。

生活必须有保障力 高品质的乡村生活涉及人口承载、基本生活水平和社会福利水平三个维度。人口承载要求乡村在快速城镇化的背景下，拥有合理的人口规模和密度、可持续的人口增长和流动；基本生活水平体现为居民日常需求的物质、财富满足情况，重点关注恩格尔系数、居民收入、贫困分布、财政支撑、居住条件、信息渠道、消费能力和生活便捷等方面；社会福利水平体现为基础设施和公共服务等满足公共需求的能力，包括教育文化福利、医疗卫生福利、健康养老福利和就业社保福利等。

生态必须有服务力 围绕人居生态和自然生态，从居住环境质量、生态安全以及生态产品和服务三个维度刻画乡村生态服务力。居住环境主要考虑生活垃圾和污染防治情况；生态安全受自然环境质量和自然灾害状况影响，关注土壤质量、地表水质、空气质量、固体废弃物利用率、环境综合整治达标率、自然灾害发生率、地形地貌和突出生态问题等方面；生态产品和服务与土地覆被、土地利用密切相关，重点关注自然—半自然景观和生物资源在气候调节、水土保持、环境净化等方面的环保服务价值，以及它们在产品生产、产业发展和文化娱乐等方面的衍生服务价值。

文化必须有吸引力体现在乡风文明、形式丰富、体验立体、产业化及品牌化、现代科技感、特色民俗、先进理念七个维度。乡风文明主要关注乡村居民的素质基础、精神风貌及乡村文化可传播性等方面；形式丰富重点考虑区域文化表达形态的多样性、开发模式的灵活性、景观的具象性和符号化—舞台化的生动性等；体验立体主要针对难以物化的非物质文化遗产，通过体验的方式降低与乡村文化的距离感，体会魅力，感悟内涵；产业化和品牌化是相异相关的两部分，前者在于挖掘文化资源，结合区位条件、景观质量和旅游需求，采用实践与体验相结合的方式发展乡村旅游等新产业，后者在于拓展文化产品的深度广度，围绕历史文脉等相关主题，形成地方特色品牌；现代科技感强调乡村传统文化与现代文明的有机结合，互融发展，并通过现代科技推广传播；特色民俗关注乡村原生态文化、风俗景观保留的完整性等；先进理念要求乡村居民形成健康、环保、有机和生态的生活理念。

乡村振兴的发展模式

制定乡村振兴策略的关键是，综合分析乡村多功能评价结果，以多目标协同为导向，因地制宜，扬长避短，为不同乡村地域发展类型制定保持特色、适于现状、符合规律和顺应趋势的振兴模式，探索相应的目标整合与提升路径，引导乡村要素流动、重组及再配置，实现特色鲜明的乡村振兴，这也是《乡村振兴战略规划(2018—2022年)》的基本要求。根据主导功能类型及组合的不同，振兴策略主要分专业模式、融合模式和多元化模式三种。

专业模式是多功能分离、单功能主导的乡村发展策略，以生产功能主导发展型最为常见，如现代化农业生产基地和高效农业示范园等，乡村的生产功能较强、农业资源较丰富、发展水平较高，振兴路径是完善产业政策，鼓励多种形式的就业创业，挖掘地方优势资源和特色产业，优化产业结构，提升农业科技投入与水平，加强服务平台建设，拓宽线上线下销售渠道，延长产业链。以湖北十堰郧阳区的“香菇小镇”为例，其乡村产业特色及优势明显，振兴路径是充分利用区域资源与环境，在降低生产成本的同时践行有机、生态、健康和环保的农业经营理念，发展农业观光旅游，解决农业剩余劳动力，调整产业结构，延伸产业链。又如国家从2016年起推动的双创（创新、创业）产业基地，乡村受能人乡贤和龙头企业带动，形成人才—产业集群和基地—农民集群，创建风险共担、盈利共享的一体化经营模式，振兴路径是基于产业融合和双创驱动，发展新产业、新业态，实现经济增长点的链式效应。

融合模式是多功能组合、多功能协同的乡村发展策略，有七个典型模式：

一是生态—生产功能协同发展型，如城乡绿色农业示范区等，以绿色生态和增产提质为导向，联结城市—城郊—乡村三域全产业链，振兴路径是健全制度供给，打破城乡二元体系，助力创新要素在城乡间双向自由流动，融合重组产业资源，延伸产业链；又如高效生态产业区等，强调乡村创业与生态可持续的协同，振兴路径是健全人才政策，提升乡村就业，着重培养信息技术、新能源和健康产业等高新技术产业，引导绿色产业集聚。

二是生产—生活功能协同发展型，如城郊农业示范及宜居社区，在生活水平较高的城市周边发挥城乡联动作用，振兴路径是积极开展人居环境综合整治，推进市政基础服务设施向农村地区延伸，提升城乡居民公共服务均等化水平。

三是生活—文化功能协同发展型，如搬迁新型社区等，以易地扶贫为背景，注重安置区与景区和谐统一，兼顾景观环境与社区居民互动，振兴路径是改善社区环境，完善基础设施和公共服务，挖掘、保留带有地方特色和民族文化的生活方式。

四是生态—生产—生活功能综合发展型，如社区支持生态农业农场，将城市社区居民对新鲜安全农产品的消费需求与农民从事无公害生产的资金需求联结协同，形成农产品生产与消费共同体，振兴路径是拓宽供需信息渠道，健全生产体系、经营体系和产品质检体系。

五是生态—生产—文化功能综合发展型，如立体生态休闲农业游览区，是乡村产业与生态高质量融合的结果，振兴路径是推动农业生产景观化，将农业生产、观光休闲和文化体验有机结合，开展农家乐等服务业，创建特色品牌，促进农村经济结构优化升级，改变传统农业生产方式和就业方式。

六是生产—生活—文化功能综合发展型，如特色小镇、乡村康养家园、民俗体验基地等，振兴路径是坚持绿色环保前提，健全政府扶持政策，培养高素质专业复合型人才，共享农业、旅游资源，挖掘文化资源的经济、教育、审美、娱乐价值，融入休闲、体验、康养、运动、扶贫和文化遗产等元素，打造农旅精品，构建特色产业链，发挥品牌效应。

七是生态—生产—生活—文化多功能驱动发展型，适用于经济潜力巨大但各项功能均不突出的农业乡村，振兴路径是完善基础设施，采用优惠政策吸引外来投资和企业入驻，承接周边发达地区产业转移，加大农业科技投入，推动产业融合，完善销售渠道，加强乡村文化和精神文明建设，推进生态环境和村容村貌治理，多维度谋篇布局，探索优势功能。

多元化模式主要指基于农业农村要素跨界配置、产业有机融合、双创驱动等，发展各类新产业、新业态。振兴路径建议围绕农作物多功能开发利用、农业双创深化拓展等开展。如基于农作物多功能和创意农业的新业态发展型，一方面催生设施农业、景观农业、都市农业等“五养五创”新业态，将农业生产与现代科技、人文要素等结合，研发高附加值农业产品，促进传统农业向现代高效农业转变；另一方面提高农业资源的利用效率，实现“变废为宝”，保护环境，促进现代农业向绿色化和生态化方向转变。

对乡村振兴工作的建议

计算农业效率　农业是乡村振兴的根基，精准把控农业效率和综合水平，是实现农业强、农民富、农村美的首要任务。根据生态文明建设和绿色发展理念的要求，农业效率应是生产、生态兼顾的农业生态效率，要求以最小的资源投入和最低的污染物排放获得最大的期望产出，涉及资源投入、期望产出和非期望产出三个维度。资源投入需从生产效率、经营服务效率两方面刻画。生产效率关注本地水土资源、外部投入品、农业机械、基础设施、农业高新技术等要素的供给、利用情况；经营服务效率关注技术、市场、管理、网络、物流和仓储等产业公地要素的规模化、集约化、现代化、社会化水平。期望产出对应的是农业生产总值和农产品质量安全；非期望产出是指农业生产的副产品，主要体现为化学投入品残留造成的环境污染。在构建指标体系实现上述三维度测算的基础上，利用耦合度和耦合协调度模型等判定各维度间相互协调作用程度，实现农业生态效率的综合评价。

打造乡村活力　根本思路是遵循协同发展理论，重构乡村社会经济文化空间格局，促进乡村地域多功能系统发展。在社会格局重构时，一方面要以优秀传统文化和特色文化为引领，构建自治—德治—法治相结合的乡村治理体系，激活农民主体意识和村组活力；另一方面要发挥政策引领，重塑乡村人口和劳动力结构，从数量和素质两方面激活发展本源。经济格局重构，要坚持农业基础地位不动摇，通过发展新型经营主体、创新多元化经营方式和构建现代化生产经营体系等，实现农业产业的横向发展及纵向延伸，充分利用现代科技，融合康养旅游、休闲娱乐和教育体验等发展新业态，打造农业全产业链，激活农村市场和经济活力。文化格局重构，重在人才、物资、政策和制度等硬软件的支持配套，强化乡村主流价值认同和文化信仰，重塑乡愁情感与凝聚力，实施文化设施供给侧改革，促进优秀传统文化、地方特色和现代文化协同发展，激活精神文明和文化产业价值。空间格局重构，坚持城乡一体化策略，统筹构建城市—城镇—乡村地域格局，促进发展要素平等交换、城乡空间优化及功能协同互补，推动生产空间的规模化—集约化—高效化，生活空间的便捷化—集中化—有序化，和生态空间的绿色化—文明化—特色化，激活存量资源资产。

提升生态价值 要从资源和环境两个维度着手。坚持以生态学原理及规律为指导，坚持人与自然和谐统一、因地制宜和特色优先等原则，综合利用各类资源要素，发展集群式、立体型的生态循环产业。通过构建清洁生产体系，采用节水灌溉和保护性耕作，实施化学投入品减量政策，落实生产经营全过程标准化把控，实现环保和节约集约的目的，显化和提升生态价值。

营造功能细胞 重点在于打破城乡二元格局，推动城乡一体化发展，实现资源要素的优化配合和重整提升，激发乡村活力，形成城乡协同发展的区域宏观格局。难点在于打造乡村地域多目标协同的功能单元：协同的主体是包括外来资本、本土企业和本土中坚农民在内的多元新型经营主体，协同的动力是主体因共享红利形成的利益联结体，协同的引擎是双创和绿色发展，协同的保障是政策、制度等顶层设计，协同的基础是产业公地的创建与发展。

（原载：《人与生物圈》，2021 年第 Z1 期，合作者：吕雅慧）

耕地破坏鉴定向何处发力

河南、湖北两省分别出台的耕地破坏鉴定技术规范被媒体报道后，一段时间以来，“耕地破坏如何鉴定”“耕地破坏问题如何破解和防范”等话题引起广泛关注。事实上，司法部已有《耕地和林地破坏司法鉴定技术规范》；自然资源部和农业农村部也在依据职责分工，研究制定相关行业规范。在多年来参与耕地破坏案例现场勘查和分析研究的实践中，笔者萌生了以下几点原则性思考：

耕地破坏是对耕地资源的实质性伤害，导致耕地功能永久性或难以逆转的损失。从耕地破坏性质上划分，耕地破坏可以区分为物理性破坏、化学性破坏和生物性破坏三类。因此，在耕地破坏鉴定实践中，就要分类细化并制定耕地破坏程度分级标准。如，司法部颁布的技术规范就明确了“严重破坏”和“破坏”两个尺度。湖北的技术规范将耕地破坏明确为“一般破坏”和“严重破坏”两级。河南的技术规范则明确为“一级”“二级”和“三级”，其中三级为严重破坏。这些技术规范对耕地破坏的鉴定，都采取了关键因子法，尽可能地使用量化了耕地破坏程度的区分，具有可操作性，也一定程度上缩小了规范使用者的自由裁量权。从耕地资源管理角度出发，重点关切的应是耕地破坏导致耕地灭失或耕地功能（包括自然生态功能）难以逆转的恶化。从已经出台的几份技术规范来看，这一问题还没有得到充分的解决。

耕地破坏会造成耕地利用的严重障碍，导致耕地生产能力的永久性丧失或难以恢复的丧失。目前，我们对耕地生产能力的关心依然集中在单产的高低上，并没有很好地顾及因耕地破坏引发的农产品品质、风味变化。随着我国高质量发展的深化，消费者更加注重农产品的品质和风味，耕地破坏鉴定必然更多关注到耕地破坏问题中，那些对农产品品质有决定性作用的方面，如耕地土壤微生物的变化。而这方面的科学研究和司法鉴定实践还是很不足的。近20年来，全世界的科学家都已经注意到耕地土壤健康的关键变量是生物多样性，认为耕地活力的根本源泉正在于此。因此，对于耕地破坏鉴定，仅仅关注物理学、化学指标的重大变化是不够的，需要将更多目光放到对土壤生物多样性及其对农产品品质的影响上来。

耕地破坏造成了耕地系统生态环境的根本性恶化，超出了耕地资源和耕地利用环境自然恢复或人工辅助恢复的阈值。耕地污染是耕地破坏的一个重要类型，工矿废弃物和生活垃圾的堆放、填埋不当是比较普遍的一种耕地破坏行为。而灌溉水质、农药化肥除草剂使用不当，也会逐步积累耕地环境问题。从已经颁布的几个技术规范来看，这方面的规定还比较简单、薄弱，亟待充实完善。相信随着三大污染攻坚战的深入，一些地方相对比较严重的耕地水土环境问题一定能够得到解决。而这个过程应该置于严格的科学观测监督之下进行。

耕地破坏入罪入刑是为了惩恶扬善、止纷定争，我国生态文明建设迫切需要大力弘扬耕地保护领域的法律正义。《刑法》第三百四十二条“非法占用农用地罪”是开展耕地破坏鉴定工作的法律基础。《关于国土资源行政主管部门移送涉嫌国土资源犯罪案件的若干意见》（国土资发〔2008〕03号）第二条第三款规定，耕地破坏鉴定主体为“市（地）级或者省级国土资源行政主管部门”。从现行法规和标准来看，并没有规定可以接受委托承担耕地破坏鉴定的机构及其资质，也没有规定具备什么样资格的自然人可以接受委托成为耕地破坏鉴定专家组的成员。这是导致耕地破坏鉴定实践受阻的一个重要原因，亟须加以完善。

最严格的耕地保护制度，只有建立在最严密的法治体系上，才能落在实处。承担耕地保护监督第一责任的自然资源部门责无旁贷，应该加紧总结各地实践经验，加快完善耕地破坏鉴定技术保障基础工作，助力耕地破坏司法鉴定尽快成为耕地保护的一把利剑。

（原载：《中国自然资源报》，2021 年 4 月 1 日）

“占水田补水浇地”不可行

我国实行最严格的耕地保护制度，其中耕地占补平衡是一条硬措施。耕地占补平衡制度要求：占一补一、占优补优、占水田补水田。目前，最难做到的是占水田补水田。南方一些省份纷纷出台措施，加大水田垦造和旱改水力度。有的地方提出了占水田补水浇地的政策诉求。

在实践中，由于水田在利用过程中会自然形成一个保水保肥的犁底层，水田垦造和旱改水在犁底层构建上动足了脑筋。有的地方采取换土（30～40 厘米厚）构造犁底层，有的甚至直接铺设一层塑料布。这样人工构造的“犁底层”实质上是对耕地资源的一种破坏，因其割断了耕作层与其下基质层的联系，成了一个名副其实的大盆景。因此，很有必要对此做一些科学分析。

水田是指在降雨和热量较丰富、灌溉水源较充足的地区，筑有田埂可经常蓄水的耕地。水田以种植水生作物为主，一般种植水稻，兼有水旱轮作方式。因气候条件不同，我国水田利用形成了不同的熟制。一是湛江以南、雷州半岛、台湾省和云南省南部地区，属热带气候，水稻可一年三熟；二是北纬 34°以南，即秦岭、淮河以南地区，属亚热带气候，水稻可一年两熟，冬季可种油菜和麦类等；三是北纬 40°和长城以南，西到新疆南部地区，属暖温带气候，可一年二熟或二年三熟，多为单季稻加冬小麦或两季旱作物；四是暖温带以北到黑龙江北纬50°以南，内蒙古、甘肃北部、新疆的北疆大部分地区，属中温带和寒温带气候，作物一年一熟，只能栽培单季稻。

水稻种植有以下特点：一是劳动密集、强度大，需要精耕细作；二是单产高，种水稻可以缓解人口对土地的压力和对粮食的需求；三是水热条件要有充足保证，一般分布在水源充足的大河中下游平原或丘陵区，由于季风区水旱灾害频繁，对水稻的生产威胁很大，灌溉是水稻的生产基础，一家一户无力建设运营水利工程，需要政府投资和社会组织维持运营。在东南亚国家和我国南方地区，在耕地利用强度不高的条件下，没有灌溉设施保证，也可以发展水稻生产，在耕地分类上就是“望天田”。现行土地利用现状分类，取消了这一耕地类型。

水浇地是指在干旱时有灌溉保障的种植业生产模式，遍布世界各地、大江大河两岸，如北美洲的密西西比河、南美洲的亚马孙河、亚洲的长江、非洲的尼罗河流域，都发展了灌溉农业。我国灌溉农业自古以来就很发达，战国初期兴修的都江堰水利工程，使成都平原的大片农田得到灌溉，至今仍在发挥效益。另外，在我国西北地区，因降雨量极少，依靠地下水、河流水等水源，发展了一种特殊方式的水浇地，即绿洲农业，绿洲农业的作物生长完全依靠灌溉。

旱地，即旱作农业，国际上又称雨养农业或雨育农业。旱作农业分布在干旱、半干旱和半湿润易旱地区，这里没有灌溉条件，完全依靠天然降水和采取一系列的旱作农业技术措施，以发展旱生或抗旱、耐旱的农作物为主。

应该说，灌溉是水田、水浇地的基础。没有灌溉保证的“望天田”和依靠肩挑手提浇地抗旱的“水浇地”是比较罕见的。进一步讲，水田对田面平整度要求高，要有一个好的犁底层，既能保水又不能积累有害物质。水浇地对耕作层的厚度有更高要求，旱作物一般根系发达，作物通过根系获得水分、养分的能力优于水稻。

就占水田补水浇地是否可行的问题，笔者较大范围地咨询了农业气象、农田水利、土壤、作物栽培等方面的专家教授。多数专家教授认为，简单地规定占水田可以补水浇地是不合适的。

我国水田从南到北都有分布，秦岭以南地区，由于人地矛盾突出，能开辟为水田的耕地资源都已经开垦为水田，有较好灌溉设施保证的水浇地很少，旱地基本上都是坡耕地，即使实行旱改水，也只能建造梯田，灌溉设施难以得到保证，而现存水田基本上都是有重要农田水利工程予以保障的。占水田能否补水浇地主要是区域差异的问题，南方能灌溉的多为水田，北方旱作区发展水浇地，二者并不在一起。

在土壤保育方面，水田与水浇地也有不同。水稻与旱作的作物需水规律、作物根系发达状况不同，相对来说，水田的灌溉保证率要求高、耕作层薄，而水浇地的灌溉保证率可以稍低、耕作层必须深厚。在这样的耕地利用过程中，逐步形成的长期稳定的耕地生产能力也是不相同的。

耕地资源的碳汇作用因地类不同而有显著差异。水稻根系浅小，耕作层不到 20 厘米厚；旱作根系发达，水浇地、旱地的耕作层深厚，一般厚达 40 ~ 50 厘米，好的小麦、玉米根系更是在 100 厘米以上。耕地资源处于碳源或碳汇的临界点上，管理不善就是碳源，管理得当就是碳汇。有科研团队估计，过去 20 年间，我国耕地整体上发挥了碳汇作用，吸收了同期二氧化碳的 2%。科学家认为，未来 30 ~ 50 年，耕地资源的碳汇作用还可以提高。需要注意的是，作为碳汇，水浇地与水田有显著不同。作物秸秆处理是决定耕地究竟是碳源，还是碳汇的关键变量，秸秆还田是碳汇作用，秸秆燃烧则是碳源作用。

总体来说，占水田补水浇地不可行。南北方水田、水浇地的差异很大，需要进一步厘清差异，进一步扩大调查研究范围，慎重做出结论。笔者认为，很有必要安排一些试点进行观察，特别是耕地资源作为碳汇的科学机理和实践作用方面，需要深入探索。要对新垦造水田工程、旱改水工程进行严格论证，重点审查水源保证、犁底层构建、田块大小和建设规模。至于缺乏水源保证、小于120亩规模的水田垦造和旱改水项目，不得立项。

（原载：《中国科学报》，2021年3月23日）

提高水土资源配置效率

落实粮食安全、水资源安全和能源安全三大安全，“十四五”需要通过国土整治与生态修复，实现国土空间规划优化，大幅提高水土资源配置的效率，主要污染物排放总量持续减少，实现生态屏障的稳固，城乡人居环境明显改善。要实现这些目标，提出以下三点建议。

要深刻认识大变局。当前人们对生态产品的要求更高；后疫情时代人们对自然生态系统的健康更加关注；世界政经格局变化对参与全球治理提出更多要求；全球气候变化进一步加剧生态安全危机爆发风险。随着中国综合国力持续增强，可用于生态修复的财力物力日益增多，公众对生态环境要求越来越高，参与治理的意愿进一步增强，为加强生态修复提供了有利契机。

要科学谋划顶层架构。一是坚持生态保护优先，自然恢复为主，协调生态保护与经济社会发展关系。二是坚持科学治理，分区分类施策，推进一体化生态保护和修复。三是坚持统筹兼顾，突出重点难点，不断加大重点区域生态修复力度。四是坚持改革创新，完善体制机制，加强生态修复社会协同和公众参与。

要分类统筹“十四五”攻坚。国土空间整治与生态修复需要整体保护、系统修复、综合治理，通过国家需求引领科技创新、制度创新，建议把目标导向和问题导向结合起来。一是着重治理突出生态环境问题。加强防沙治沙与荒漠化综合治理，推进水土流失与石漠化综合治理，开展水生态修复，因地制宜推进退耕还河还湖还湿。二是稳妥推进农业空间生态修复。加强乡镇国土空间规划管控，开展乡村全域土地综合整治，整体推进田水路林村综合治理，稳步实施美丽宜居乡村建设。三是大力开展城镇空间生态修复。落实海绵城市建设理念，开展江河、湖泊、湿地等水体生态修复。四是有序推进矿区生态修复，促进矿区生态系统功能逐步恢复和增强。五是积极实施海洋生态修复。

（原载：《新华日报》，2021 年 1 月 12 日）

突破水土资源认知束缚
助力贫困地区创新发展

引言

部分贫困地区的群众和地方政府过度依赖现有生产方式，过度依赖扶贫资金支持，脱贫的内生动力不足。贫困地区往往依赖项目带动、售卖特色农产品来脱贫，脱贫的路径依赖导致少数能人脱贫致富而大多数人在低收入水平长期徘徊。一些地方给干旱缺水地区大量经费用于土地开发，反而导致了区域水土资源的进一步恶化。俗话说，一方水土养一方人，靠山吃山靠水吃水。贫困地区往往存在水土资源制约，导致了生产生活长期停滞不前，需要借助外部条件脱贫，更需要通过内部挖潜实现高质量发展，闯出一条发挥后发优势实现弯道超车的新路。

习近平总书记多次提到的“绿水青山就是金山银山”的“两山”理论，以人与自然和谐发展为基础，将绿色发展定为主基调，最终目标是实现绿水青山的价值追求，让人民吃无污染的粮食、喝干净的水、呼吸新鲜的空气、还人民大众一片蓝天白云。习近平总书记提出的“五个一批”的精准脱贫措施，阐明了发展生产是脱贫的重要路径。发展生产的前提是提升水土资源保障能力，从穷山恶水，到绿水青山，再到金山银山，是一个突破水土资源利用认识束缚，逐步克服资源瓶颈，实现经济增长、环境保护与社会民生相协调的高质量发展过程。

1 水土资源利用领域认知束缚现象突出

近年参加党派安排的一些脱贫脱低工作，发现部分贫困地区存在着巨大的水土资源潜力。贫困地区需要辩证地认识资源，要科学认识和挖掘水土资源潜力，把煤、石油和铁矿石挖出来卖钱，只能算初级的资源利用问题，关键是要把贫困地区有很多、当地觉得没有什么价值，但是通过各种措施能够实现和获得经济价值和生态效益，这才是目前亟须考虑的资源利用问题，也是走出传统认知束缚实现高质量发展的问题。

1.1 西北荒漠地区植树造林的认知束缚

中国科学治沙的成就举世瞩目，已有研究结果表明，20 年来北方地区约有 10% 的沙漠化土地得到治理，12% 的沙漠化土地有所改善，局部地区出现“人进沙退”的新局面。传统的草方格法在固定移动沙丘方面被证明十分有效，但是无法改善沙漠表层的水分状况。最新的植树方法，通过加大树苗埋深等手段，提高了成活率，但是这些植物大多成了抽水机，对提高表层沙土的水分含量没有什么促进作用，对保护、恢复与重建荒漠生态系统的作用，值得深入探讨。

1.2 东北资源枯竭城市难以转型的认知束缚

全国 69 个资源枯竭型城市，一半以上与煤炭资源枯竭有关。资源枯竭型城市面临四个困境：一是资源环境基础出现危机，耕地退化、水资源紧缺；二是主要分布在山区区位条件较差；三是第三产业发展落后；四是企业办社会企业不堪重负。进行经济转型需要解决三个问题：一是破解开采深度越来越大，品质与品位越来越低，成本越来越高，收益越来越低的难题；二是需要盘活大量的设备、钻井、洞室等沉淀成本；三是调整产业结构，加大第一产业和第三产业的比重。按照现有发展模式，煤炭采空区找不到出路。发展第一产业，缺水少土没有物质基础；发展第二产业，有悖环境与生态保护目标缺少政策支撑；发展第三产业，人气不足，交通不便。煤炭采空区去产业化和纯生态化，是一种无奈之举，是一个有待破解的难题。

1.3　山区脱贫等同绿化的认知束缚

由于简单机械的封山育林，很多山坡基本上已经成了荆条的天下，虽然更绿了，但是植物的多样性更差了。当前的山区生态建设有许多值得反思的地方，封山育林不是封起来不管，而是应该对树种和草种进行定向的培育。造成当前“平原杨家将、山区松柏坡”的现象，既有认识上的问题，也有具体的措施问题。首先是把绿色等同于生态，把建绿增绿当作生态建设；其次是生态用地粗暴挤占生产用地的问题。另外，将退耕还林同脱贫攻坚结合起来是一件好事，但是部分地区退耕还生态林比例大，效益低，成果巩固难度高。生态林虽然有较好的生态效益，但是经济效益来得慢，群众直接收益小，尤其是到了补贴的后期，其带来的增收更低。随着农林产品价格上涨，经济林效益更好，退耕群众想将生态林转为经济林的愿望日渐强烈。

2　突破认知束缚，聚焦科学挖潜，实现创新发展

在脱贫攻坚领域需要啃的硬骨头非常多。西北荒漠地区，因为水资源严重匮乏，导致土地生产力极低，拼命地栽树，而地表依旧裸露，生态环境得不到根本扭转。资源枯竭城市煤炭采空区几乎成

了废弃土地，大多被动地搞一些地灾治理工程，靠财政补贴维持发展，经济增长乏力，只有破解了水资源枯竭和耕地退化问题，才能避免消亡命运实现再次振兴发展。广大的贫困山区要么封山育林，要么退耕还林，依靠各种补贴搞生态建设，过度关注养眼而忽视食物安全的现象突出。面对各种艰难的脱贫任务，只有精准定位，分类施策，才能更好突破水土资源瓶颈。跳出现有认知的束缚，反弹琵琶，创新脱贫路径，才能更好地完成脱贫攻坚任务。

2.1 西北荒漠地区生态建设的关键是表层聚水

荒漠地区生态系统基本崩溃，农业生产能力几乎为零。在极度干旱的沙漠地区，稀缺的不是土地面积，而是具有一定生产能力和生态价值的土地面积。荒漠地区的次生沙漠只是一种“皮肤病”，通过科技创新，采用颠覆性技术治理沙漠，已经成为很多专家的共识。水是西北干旱区沙漠治理的关键，相关监测结果表明，沙漠中在1.50米土层，甚至到2.0米土层都存在一定量的水。沙漠深层的水分通过蒸发的方式向空气扩散，这种水分运移由于没有植物的参与，不能产生任何的生物量。通过地表遮蔽，阻断沙土中水分直接向大气扩散，实现表层聚水，在地表水气扩散的过程中增加地表植被的参与，发挥植物的表聚作用和土壤的自肥作用，改善表层土壤结构和养分状况，成为沙漠治理的关键。

2.2 东北资源枯竭城市转型关键是地下空间

煤炭资源枯竭型城市需要反弹琵琶创新发展，需要解构人们对资源枯竭城市的传统认知。煤炭开采留下了大量的工业遗产和工业遗存，造成了大量的采空区和矿洞，着眼地下空间的开发利用，盘活各种固定资产是煤炭资源枯竭型城市转型发展的关键。如果能够反弹琵琶，按照吃干榨净的原则，采空区反而会成为促进经济发展的一块资源。

2.3 贫困山区脱贫攻坚的关键是综合产能

山区生态建设应该借鉴食物森林（也称为森林生态农业）的思

路进行。通过食物森林建设对多年生与一年生的作物进行多层次、多物种的生态设计，可以最大化地利用阳光、实现水和养分的循环，施肥作物、矿工作物、蜜源植物相互协作，与系统中的其他动植物一起可以形成完整、多样的食物链。随着食物森林系统的成熟，产量将会越来越高，而最终所需要的人力投入主要就是收获这些果实。

3　西北荒漠地区表层聚水加速生态建设

3.1　多种现象表明遮蔽可以实现水分向表层聚集

中国西北沙漠地区存在的多种现象充分证明了通过遮蔽，可以在沙漠表面形成湿润土层，从而促进植被恢复。一是戈壁一般都有覆盖度在5%左右的植被，而相邻沙漠中流动沙丘的植被基本为零，说明沙土粒度大不是问题，但是需要砾石遮蔽保土保墒。二是宁夏中卫种植硒砂瓜的农业实践，宁夏中卫市的硒砂瓜又称为“石头缝里长出的西瓜”，当地年均降雨量不足200毫米，当地农民将大量碎沙石覆盖在山地表层，利用砾石对地表所具有的节水、增温、保墒效果生产西瓜。三是荒漠地区光伏太阳能电池板下生草的现象，由于太阳能电池板的遮蔽作用，加上太阳能电池板夜间冷凝作用形成的水的滋润，太阳能电池板下原来寸草不生的沙地可以生长各种杂草。

3.2　通过压沙种草促进沙漠的土壤化

推广压沙种瓜的经验，进行压沙种草，应该具有很大的可行性。通过压沙遮蔽，实现了原地聚水，可以在沙漠表面形成湿润土层。通过湿润土层的干湿变化和剧烈的冻融交替，沙粒的成土过程会加快。同时由于遮蔽作用，新形成的较细土粒会得以保存。较细土粒的出现，可以提高沙漠表层吸收和保蓄水分的能力，同时也可以增加沙漠表层土壤的结持性，提升土壤内聚力、附着力和可塑性，为形成较好的土壤创造条件。按照废物利用和就近取材的原则，建筑固体废弃物中的砖头、瓦块、水泥板等建筑垃圾和戈壁碎石都是遮蔽体来源。碎砖瓦、废旧混凝土和戈壁碎石等来源于岩石和土壤，最终归还到土壤，符合地质大循环的规律。

3.3 促进沙漠中特殊动植物资源的恢复和资源化利用

多年生的沙生植物根系十分强大，梭梭等没叶片的植物靠绿色枝条进行光合作用。碱蓬等植物体内含有高浓度盐分来抑制水分蒸腾。沙漠中的鼠类等动物非常耐旱，某些蛇类还能用皮肤吸收夜间空气中的水汽以补充水分。沙漠中的很多野生动植物，具有独特经济价值和高度的抗性，构成了极端生境下的种质基因库。通过压沙种草实现沙漠地区生物多样性的重建，可以达到沙漠农业化利用的目标。

4 资源枯竭城市地下空间开发利用促进经济发展

4.1 典型煤炭采空区经济发展现状

北京西山煤炭资源分布范围达1000多平方公里，经过800多年的开采，在地下深部形成了多层次的采空区。禁煤以后，地下水下沉，地面塌陷，孩子到外边上学去了，年轻人到城里就业了，有经济条件的老人到医疗条件更好的城里居住了，整个村子迅速衰落。目前采空区村庄没有什么产业，主要靠补贴吃政策饭。近年黑龙江鹤岗市房子“白菜价”的事情引起了网民的热议。2019年3月黑龙江鹤岗市房价平均值只有1240元/平方米，320平方米的复式高层只要15万元，如此低的房价，引起了网民的热议。“白菜价”楼盘是资源枯竭城市人口萎缩的后遗症。

4.2 煤炭采空区地下空间开发利用的可行性

开发利用资源枯竭型城市的煤炭采空区具有较大的资源可行性和经济可行性。较大的资源可行性体现在三个方面：一是不与现有产业争夺土地资源，在空间上是一种错位发展；二是一种变废为宝的战略性举措，将废弃采空区变为能够创造更多经济价值的建设用地；三是不破坏地表形态，腾挪出大部分的地表空间进行生态建设，生态效益良好。较大的经济可行性体现在三个方面：一是可以拉动内需，消耗钢铁、水泥等过剩产能，摆脱铁公基拉动依赖，跳出投资什么、什么过剩的怪圈；二是可以充分利用采空区这一资源优势，免去了大量的土方挖掘工程，节省巨量建设成本；三是可以盘活巨量的固定资产投产。从远期看，利用煤炭采空区建设地下城具有巨大的发展潜力，同时具有军事、国防、战备、躲避核污染等不可替代的战略意义。

4.3　煤炭资源枯竭型城市反弹琵琶创新发展

充分利用煤炭资源枯竭型城市巨大的采空区和气候资源特征，可以实现资源枯竭城市快速地转型发展，将穷山恶水变成绿水青山，最终变成金山银山。利用浅层采空区分期分批地规划建设地下城，可以充分盘活现有的巨量固定资产投资。地下城冬暖夏凉，节约能源，正好解决冬季人们不好到处活动的问题。地下城建设需要投资，但是建成后可以创造更大的利润，可以分期分批地规划建设地下城，滚动发展，逐步形成内生动力。利用深层采空区规划建设地下水库。采空区沉降的地下水大都会积存在深层的采空区内，深层采空区正好构成了天然的地下水库。

发展地下食用菌和蔬菜工厂。煤炭采空区大力发展林业、食用菌产业可以实现林业废弃物资源化，同时具有不与人争粮、不与粮争地、不与地争肥的特点。利用东北地区夏季气候冷凉特点，依托地下城，正好为南方炎热地区的游客量身定做夏季避暑的生态旅游产品。利用矿区的山地地形和冬季寒冷多雪的特点，发展冰雪旅游，促进滑雪专用服装、器具的冰雪产业发展，可以形成经济增长点。

5 贫困山区建设食物森林，提升综合产能

5.1 推广食物森林建设的思路和方法

中国自古就有“万物土中生”的朴素理论，建设食物森林正是这种思想的具体体现。按照中共中央、国务院在加快推进生态文明建设的意见中提出的转变经济发展方式，把生态文明建设融入各项建设全过程的精神要求，生态建设应该是生产和生活方式的生态化，需要逐步加强生产用地和生活用地的生态性，比如实施农药化肥零增长行动等，并逐步建设成一个人地和谐、生态文明的新状态，而不是轰轰烈烈地搞所谓的生态建设。调整当前山区生态建设的重点和方向，利用现有的森林公园和其他适宜的山地资源着力建设和培育食物森林。

5.2 恢复贫困山区的生物多样性

对食物森林的植物多样性进行分层设计和重建，乔木层可以栽植板栗、山杏、酸枣、核桃、榆树、洋槐、柿子、香椿等；灌木层可以种植花椒、无花果、桑树、山楂、菊芋（鬼子姜）等；攀援层种植山葡萄、枸杞、草本金银花、瓜蒌等；地被层可以种植野韭菜、野葱、野蒜、黄花菜、甘露子（宝塔菜）、蘑菇和草药等多年生蔬果。通过食物森林建设，逐步恢复贫困山区的植物多样性和动物多样性。通过飞播草种和植树等方法加快山区植被多样性的恢复与重建进程，维持好食物森林的健康发展，定向培育多种施肥作物，如各种固氮树种、固氮灌木和固氮草本植物等，具体可包括紫花苜蓿、二月兰、三叶草、野豌豆等。在恢复植物多样性的基础上，逐步重建动物的多样性。培育蟋蟀、蝈蝈、蝉、蚯蚓等各种昆虫，放养野兔、野鸡、刺猬、松鼠和狐狸等各种小型动物，少量放养猪、鹿、狍子等大型动物。在土质肥沃、向阳的地块种植各种蔬菜和农作物，发展绿色有机农产品，增加山区群众收入。

5.3　做好食物森林建设的综合保障

建立山长制，做好各项定向培育工作，提高食物森林建设的质量和管护水平。当地政府要组织相关职能部门为食物森林建设提供支撑。国土部门要为食物森林建设提供规划和用地等方面的保障，土地整治等项目应向食物森林建设倾斜，切实发挥土地整治在山区脱贫中的作用；农业与水利部门要在节水、节肥和节药等措施上给予技术支持，在节水技术、农资供应、无公害监管等方面提供服务；环保部门要对食物森林进行土地污染情况的调查评价与监测，以避免出现食品安全问题；道路建设部门要适应食物森林建设的需要，因地制宜规划和建设各种道路，解决山区群众经营食物森林的交通需要。

6　突破认知束缚，助力贫困地区高质量发展

在贫困地区水土资源利用的过程中，受传统认知束缚的例子还有很多，比如西南岩溶地区降雨量很大而旱坡地经常出现季节性缺水，对于进入落水洞和地下河的水资源很少进行开发利用；比如内陆盐碱地区往往重视盐碱地的工程治理，而不把盐碱地作为一种稀缺资源，因地制宜生产保健价值更加突出的碱性食品；比如黄土丘陵地区与其忍受着水土流失的影响不断扩大耕地面积、广种薄收，倒不如利用水土流失在汇水聚土区域建设高质量耕地，让水土流失削高填低造福人类。没有不合理的土地资源，只有不合理的土地利用。贫困地区脱贫针对导致贫困的水土资源关键因素，做好精准定位，然后分类施策，挖掘水土资源的内生动力，充分发挥后发优势，能够弯道超车稳定脱贫，甚至逐步实现高质量发展。

（原载：《中国发展》，2021 年第 6 期，合作者：王洪波）

耕地管控与开发要讲科学

耕地是具有重要生态功能的资源要素，是保障粮食安全和生态安全的根基。随着不断增长的人口需求，耕地资源的压力不断增加，退化趋势不断加剧。而我国耕地资源类型多样，必须根据实际实施数量、质量、生态“三位一体”管控，从根本上保护珍贵的耕地资源，遏制退化趋势。

数量上，严防死守18亿亩耕地红线，把饭碗牢牢端在自己手上。节约集约用地，做到尽量“不占少占”，占补平衡保证“占优补优”“占水田补水田”，保持现有耕地面积与质量的稳定。“十分珍惜和合理利用土地、切实保护耕地”是我国法定的基本国策，保护耕地是我们的生命线，要把保护耕地放在中华民族生存与发展第一需求的位置上，珍惜和合理利用每寸土地。要把耕地从“供给”的位置转换到“需求”的位置上来。坚持最严格的耕地保护制度，保护好、利用好每一寸耕地。

质量上，大力推进高标准农田建设，提高水土资源利用效率。截至2018年底，我国已经建设土地平整、集中连片、设施完善、农电配套、土壤肥沃、生态良好、抗灾能力强，与现代农业生产和经营方式相适应的旱涝保收、高产稳产的高标准农田6.4亿亩。建成的高标准农田亩均粮食产量提高100公斤左右，亩均节水

24.3%，不仅亩产大幅提高，化肥、农药的施用量分别减少了13.8%和19.1%。我国计划到2022年建成10亿亩高标准农田，保证旱能浇、涝能排，"藏粮于地"，确保每年5亿吨粮食产能，保障国家粮食安全。

生态上，合理利用土地资源，提高耕地稳定性。对自然禀赋不好的不稳定耕地的利用，要兼顾经济、生态和社会效益，以明确的指标为评价、土地综合整治为手段，统筹协调，趋利避害。要坚持生态优先、绿色发展，山水林田湖草综合治理，查清限制条件，充分评价不稳定耕地的适宜性，宜农则农、宜林则林、宜草则草，合理利用坡耕地，减少对环境的破坏，建设环境友好型的生态良田。由于长期的人口与粮食压力，旱坡地被大量开垦，虽然短时间内增加了一定的粮食产量，但同时带来了严重的水土流失，从而导致农作物产量低而不稳定。因此，我国10亿亩旱坡地的合理利用至关重要。大力发展旱作农业、节水灌溉，提高水资源利用效率；在不宜耕作的坡地造林种草，增加坡地植被覆盖度，减少水土流失，以达到改山治水恢复植被、建立良好的农业生态环境、合理利用土地资源、充分发挥旱坡地增产潜力、提高人民生活水平的目的。

由于我国耕地后备资源有限，土地扩张越来越多地在更贫瘠的土地上进行。在持续的高资源需求下，我国耕地利用不可避免地有数量压力，不可避免地要利用部分"相对脆弱、相对质量差"地区的边际耕地资源。这些耕地主要集中在土地退化较明显的生态脆弱的农林复合区和农牧交错区，以及几乎没有开发的自然保护区。

农林复合区是传统种植业的边际地带，生物多样性丰富，同时也是生态环境脆弱地带。农林复合土地利用系统具有多样性、系统性、复杂性、集约性、稳定性和高效性。农林复合土地利用系统在水土保持、土壤肥力、防风、净化二氧化碳及保护生物多样性等方面发挥着重要作用。这些区域也是退耕的重点区域，同时耕地撂荒问题也较严重。

为了促进农林复合区耕地的可持续利用，我们必须优化土地利用结构，提高节约集约用地水平，统筹推进农田整治、城乡建设用地增减挂钩、工矿废弃地复垦、低丘缓坡荒滩开发等工作。加大土地整治力度，同时不断丰富土地整治内涵，与当地实际需求、区域发展战略等相结合，提升土地整治品质，扩大土地整治综合效果。

农牧交错带主要分布在我国东部农耕区与西部草原牧区相连接的半干旱生态过渡带，系农业生产边际地带，是生态脆弱带。人类在管理自然、利用资源的同时，过度的干扰和掠夺使得农牧交错带的生态环境遭到严重破坏。我们应充分认识农牧交错带自然生态系统的环境承载能力，农业的生产活动必须与自然环境的承载力相适应，提高有限水资源的利用效率，构建符合区域生态环境建设的科技支撑体系。

自然保护地是最重要的生态空间之一。我们应秉持山水林田湖草是一个生命共同体的理念，创新自然保护地管理体制机制，实施自然保护地统一设置、分级管理、分区管控，把具有国家代表性的重要自然生态系统纳入国家公园体系，实行严格保护，形成以国家公园为主体、自然保护区为基础、各类自然公园为补充的自然保护地管理体系。自然保护区保留了一定面积的各种类型的生态系统，可以为子孙后代留下天然的“本底”。科学划定“三区三线”，合理界定自然保护地范围，科学布局生产、生活和生态空间，明确国家公园及自然保护地发展目标与空间布局。立足全要素保护，确保耕地资源的可持续利用。

长期以来，我国以世界上9%的耕地养活世界上19%的人口。持续土地利用直接关系到我国社会经济和资源环境的可持续发展。因此，我们有必要弄清楚我国耕地资源的利用状况、质量、资源潜力、承载力及其利用效益等重要信息，总结各种影响因素对耕地资源的作用规律，建立完善的耕地资源评价体系，为耕地管理和其他研究工作提供现实性、准确性高的科学资料与辅助决策依据。在此基础之上，通过科学的探讨与实践，寻求一条既尊重自然规律，又充分利用和保护环境的途径，从而实现人与环境和谐互动、社会经济与生态建设同步发展的目标。

（原载：《中国科学报》，2019 年 12 月 17 日）

高度城镇化地区全域土地综合整治的实践与思考

近年来，经济社会发展走在全国前列的长三角地区率先探索实践了全域土地综合整治的模式。与传统土地整治模式相比，全域土地综合整治将整治对象从过去单一的土地（农田），转向进行“田水路林村矿”综合整治；在操作手段上，从原来单一、零散项目操作为主，向依托土地整治平台、统筹各方资源、政策集成转变。全域土地综合整治是土地整治领域迭代改进的一个重要标志，是土地整治进入城乡统筹发展和生态文明建设时代的“4.0 版”。

长三角地区的全域土地综合整治实践

大城市近郊区的城郊融合型全域土地综合整治。大城市近郊区、城乡交错区，往往用地布局缺少规划、景观杂乱，同时还存在大量低效用地和污染工业用地，其实践常包含两个方面：一是优化用地布局，提高用地效率，以全域土地综合整治为抓手，重新调整用地空间布局，提高低效用地的利用效率。如：2016 年，杭州湖区针对双浦镇、三墩镇的农村产业用地低效散乱、环境污染严重等问题，开始全域土地综合整治，清理堆场、堆积物，拆除甲鱼塘，复垦土地，将细碎化的农村生产、生活、生态空间连片集中，并结合美丽乡村建设，改造提升了13个村的村容村貌。二是开发农田复合功能，提高农民收入，营造田园风光。如：上海金山区廊下镇通过高标准农田建设和整合归并零散宅基地，提高了农田的规模化和集约化水平，并提升项目区的景观生态功能、旅游接待功能，成为上海市民喜闻乐见的后花园。

农村地域的小城镇建设型全域土地综合整治。对于农村地域，全域土地综合整治主要通过新居民点建设和小城镇建设，实现人口集聚和改善村庄面貌，发展现代农业，增加农民收入。如：浙江省建德市的大洋镇，交通区位较差，平地少、山地多，经济发展水平低。列为全域土地整治试点后，通过整治建成7个安置新村，安置农户1700余户、6000余人，实现了人口集聚。2015年以来，大洋镇村级实施惠民工程总数在100个以上，总投资额达1.8亿元，大大提高了村级基础设施建设水平。同时，利用新增耕地流转土地指标收益10亿元，相继建成了黄桃林采摘园等田园综合体，新增就业岗位3000余个，改变了本地农户以务农为主的收入模式。

偏远村庄的特色传承型全域土地综合整治。对于那些有文化、景观特色的偏远村庄，全域土地综合整治并没有“一拆了之”，而是通过改造升级让其特色更加鲜明。如：浙江桐庐县横村镇白云村，常住人口不足总人口的20%，大片耕地、山林、老屋被闲置，2017年村集体负债550万元，是典型的“缺钱、少田、人稀、景美”的经济薄弱村。2018年，通过实施全域土地综合整治，白云村的基础设施和村容村貌得到大幅改观。白云村的郑城自然村，以18元/平方米的租金、租期20年的方式，将自然村内35户房屋整体出租给民宿投资商，由投资者整体打造村落景观。同时，还与项目业主签订“资源入股”协议，凡是来白云村投资高端民宿和现代农业的项目，该村都以“美丽资源”入股，占股10%。目前，已有5个项目实现“资源入股”，租期40年，项目分红收益可达1000万元。

突出生态修复功能的全域土地综合整治。经济粗放发展阶段，长三角地区曾经“村村点火、户户冒烟”，遗留下大量采煤塌陷地、废弃矿山。当前，长三角地区已经由高速发展转向高质量发展阶段，进入有条件不破坏、有能力修复生态的窗口期，突出生态修复功能的全域土地综合整治项目应运而生。如：江苏徐州贾汪区潘安湖土地综合整治项目，是一个包含基本农田整理、采煤塌陷地复垦、生态环境修复等多项工程内容的综合性项目。该项目从修复因矿产资源开采而受损生命共同体的生态功能出发，同步推进山体、水体、农田、道路、林地和城乡居民点、工矿用地等多种类型的综合整治。

高度城镇化对土地整治的新需求

提高战略定位，融入区域协调发展。全域土地综合整治作为一种基础政策工具，应自觉融入区域发展格局。全域土地综合整治在生态文明和乡村振兴的背景下应运而生，以绿色发展等新理念为引领，应深入挖掘乡村的生态涵养、休闲观光、健康养老等多种功能，推动乡村资源全域化整合、多元化增值，进而带动经济发展方式转型升级；同时打破行政边界、项目边界、资金掣肘，基于地域相邻、禀赋相近等原则，将几个村或镇划归为一个“全域整治单元”，使分散的土地整治项目发挥乘数效应，促进城乡融合发展。

注重生态优先，将城市发展融入自然。进入高度城镇化阶段后，解决突出生态环境问题、提高生态服务功能应成为全域土地综合整治的优先领域。如：上海市针对市域生态空间与农用地高度重合的特点，立足全域国土空间，通过全域土地综合整治大力推进郊野公园建设，在重要生态节点规划了30座郊野公园，面积达600

平方公里，正逐步形成与现代化国际大都市相匹配的生态空间体系。

提升复合属性，引导产业功能布局。全域土地整治不仅有工程属性，还有社会治理和经济调节的复合属性，应通过优化土地资源配置，淘汰低端产能，吸引高端产业，培育经济增长新动能。如：随着全域土地综合整治项目的完工，以前不被资本青睐的郊野地区成为新产业的热土，上海青西郊野公园所在的金泽镇吸引了包括华为移动终端研发中心在内的高新技术产业，成为推动跨越式发展的重要引擎。

促进要素流动，激发乡村文化传承。全域土地综合整治通过对乡村的“硬件改造”，促进城乡要素流动，为乡村地区注入活力，让乡村的文化“软实力”逐步发挥作用，同时重视传统文化发掘，注重外来文化引进，探索传统村落的可持续发展之路。如：上海在青西郊野公园开展生物多样性保护试点，吸引公众亲近自然，传播生态保护理念；在金山廊下郊野公园区内开展半程马拉松等活动，探索了郊野地区的绿色发展之路。

（原载：《中国土地》，2021 年第 11 期，合作者：杨磊、李晨）

发展适水农业是必由之路

我国有20多亿亩耕地，雨养农业和灌溉农业各占半壁江山。新中国成立时，我国有灌溉面积2.39亿亩；改革开放初期，1980年灌溉面积发展到7.33亿亩，这种状况一直维持到21世纪初期。截至目前，我国实有灌溉面积10.05亿亩。

但是，我国灌溉用水综合利用系数、主要粮食作物水分生产效率与国际先进水平还有不小的差距。笔者认为，我国应该继续坚持发展节水农业，走灌溉农业高质量发展的道路。这个观点也是近日参加全国农业节水与农村供水技术高端论坛的专家学者们的基本共识。

在这次论坛上，国际灌排委员会荣誉主席、大禹节水集团首席科学家、中国水利水电科学研究院原总工程师高占义呼吁对现有灌区进行现代化改造，因地制宜，从水资源保障、灌排工程设施配套、水量测控、灌溉退水管理、灌区管理信息化和排水面源污染等多方面综合施策，改革灌区管理体制机制，以适应灌区高质量发展需要。

中国工程院院士、中国农业大学教授康绍忠在发表主旨演讲时提出，必须转变农业用水观，核心要义是农业适水发展。康绍忠说，在我国北方地区，一方面发展节水农业，取得了显著成就，但另一方面，盲目追求高产、总产，出现了节水量跑不赢耗水量的严重问题。经测算，华北地区每年超采地下水50亿~60亿立方米，年节水潜力为30亿立方米，导致每年缺水20亿~30亿立方米。华北地区本应该发展适水农业，走节水限采的道路，去产能、压面积、限单产，但实际情况却是在节水的同时，增产能、增面积、增单产。这导致华北地区地下水漏斗日益下降。我国西北内陆干旱区，这样的情况也很普遍。有人指出，在我国西北内陆干旱区，节水后反而地种多了，农田耗水不是减少而是增多了，根本就不该发展节水农业。

《科学》杂志也在今年8月24日发表文章，提出了“灌溉效率悖论”，认为世界各国采取提高灌溉效率的政策往往事与愿违，面临着提高灌溉效率却极少能降低耗水量的节水困境。

康绍忠认为，华北平原灌溉节水技术研究推广30多年，并没有改变地下水资源继续恶化的现状，其主要原因是种植制度一直向高耗水结构发展，节水技术效应明显低于用水强度效应。该地区出现的“越节水越缺水”怪象，是缺乏适水发展理念所造成的。

把盲目开垦、不适水发展的罪过算在农业节水的头上，是扣错了帽子。农业节水量跑不赢农业耗水量，不是农业节水政策的错，而是农业用水观出了问题。换句话说，即使放弃农业节水政策，如果农业用水观不改变，农业耗水量依然会大幅提高。因此，必须走农业适水发展的新路子。

所谓适水发展，就是以水定规模、以水定产量、以水定发展，通过地表水、地下水的优化配置和开发、利用、节约、保护，解决城市、工业、生活、农业的用水需求，使不利的环境影响降到最低。

康绍忠提出，农业适水发展要特别注意做到“四个转变”“四个完善”和“一个加强”。

“四个转变”，就是由单一节水灌溉技术向与农艺节水技术相结合转变、由单一高效节水向节水节肥节药一体化转变、由单一节水高产向节水提质高效转变、由重视节水面积数量向重视高产质量和效益转变。

“四个完善”，是指完善节水科技推广与技术服务体系、完善农业节水试验与用水监测网络、完善农业节水补偿机制、完善节水产品市场准入机制。

“一个加强”，就是加强变化环境下农业节水科学研究工作，科技是第一生产力，工程科技是现实生产力。

水土资源，尤其是淡水资源和耕地资源是保障人类生存的基本要素。我国水资源占全世界的6%、耕地资源占全世界的9%，而我国人口占全世界的22%，科学用水、科学用耕地是建设世界强国、实现中华民族伟大复兴的一道必答题。

我们必须承认差距，直面水资源、耕地资源禀赋问题，在科技创新上下功夫，用中国科学家的智慧破解中国难题。用中国举国体制的优势，科学实施严格的水资源保护制度和严格的耕地保护制度，加快山水林田湖草生命共同体科学知识体系的构建和运用，加快水资源、土地资源科技创新，特别是要重视现代农水工程技术、现代农地工程技术创新，加快农业水土工程、土地整治工程专业人才的培养和学科建设，科学组织实施“山水林田湖草生态保护修复试点工程”，让中华大地变得更绿、更美。

（原载：《中国科学报》，2019 年 11 月 5 日）

山区农村发展观察的“土地视角”

阅读中国农业大学土地科学与技术学院教授张凤荣新著《土地的视角：山区农村的起源、现状和未来》，心情沉甸甸的，久久不能平静。

张凤荣在该书“后记”中总结道：“囿于土地资源禀赋和区位条件差，山区农村是最难振兴的，大多数是振兴不了的。”“山区的耕地既是经济边际土地，也是生态脆弱的土地。随着城市化过程中农村人口的流失，山区，特别是那些深山区的耕地必然荒芜而生态恢复。在山区不顾客观条件大搞新农村建设，既不符合社会发展规律，也与建设生态文明社会的新时代战略背道而驰。”

在该书开篇中，张凤荣抛出了一连串问题：山区农村，特别是那些贫困的山区农村，已经表现出明显的人口减少、老龄化、耕地荒芜等衰落特征。那么，对于这样的农村，要不要搞新农村建设？要不要搞“村村通”公路？执行耕地占补平衡政策是否还在这里开垦未利用地？要不要在这里执行建设用地增减挂钩政策，将拆迁的农村居民点或废弃的宅基地复垦为耕地？什么样的山区农村可以建设成美丽乡村？在山区地域搞乡村振兴，振兴什么？在哪里振兴？

带着这些问题，张凤荣带着研究生在西北黄土丘陵区的陕西米脂、宁夏原州，西南山区的重庆酉阳、云南寻甸，东南山区的山东沂水、福建德化深入调研，数度到日本考察山区农村发展，从山东沂水的历史档案中寻找唐宋以来的农村居民点变迁数据，确证了沂水县农村居民点从平原到丘陵，再到山地的历史演进格局，而耕地的质量则是从平原之优，向丘陵之次优，再向山地之劣次第转移。这是人口压力下土地资源开发利用和经济社会发展的一条客观规律。

在西北、西南、东南山区，张凤荣观察到我国改革开放以来，工业化、城市化进程给山区农民生产、生活态度带来的新的、不可逆的变化。

黄土丘陵区地形破碎、千沟万壑。这里旱灾经常发生，粮食生产极不稳定，农民担心粮荒而采取广种薄收的方式，使得该区域土地垦殖系数很大，开垦了丘陵上坡度很大的土地，造成了严重的水土流失，成为中国乃至世界上土壤侵蚀模数最大的地区。

目前，这里的农民走出山沟，进城谋取更好的生活，是农民作为理性经济人的必然选择。黄土丘陵区人口流失和老龄化，以及由此带来部分耕种不便的耕地撂荒是必然趋势。正是，“八十年代造梯田，今天荒草盖田面。问你为何不种地，外出打工更赚钱”。

西南山区山高沟深，土壤浅薄，许多地方石漠化现象严重。随着我国社会主义经济建设的快速发展，农民走出大山进入城市，发现“外面的世界很精彩”，穷乡僻壤不再是他们留恋的地方，那些“草帽田”“碗碗田”的撂荒不可避免。

东南山区人口稠密、经济发达，非农就业机会很好。这里的年轻人也鲜有从事农业生产的，山区土地利用结构中林草地比例增加，成为城市的“后花园”。东南山区的农村消亡将不会像西北、西南山区那么多，会有较多的“美丽乡村”，成为城市富裕人口休闲度假的去处。

日本在20世纪50年代后期开始进入经济高速发展阶段，人口、产业持续向城市集聚，造成农村人口“过疏化”和劳动力减少、土地撂荒等问题。1970 年后，日本开始对农村实施“振兴”和“再生”计划，但只有少数山区农村出现了少数人口回流和经济恢复。日本山区农村演变的主旋律仍然是耕地撂荒、农业萎缩、人口外流、经济衰退等。

日本“农村再生”的好例子是德岛县上胜町的200 多户“彩农户”。这些村民采摘各种树叶，空运到东京、大阪等城市，作为“日本料理”的装饰，占日本市场的80%。这些“彩农户”户均年收入100 万日元，而东京最低月工资是20 万元。上胜町的做法是，建租赁房、头五年每年发100 万日元补贴招募外来人口定居，可来者寥寥无几。张凤荣认为：“日本是一个高福利国家，农村已经实现了村村户户通水、电、气，而且医疗保障制度完善，都没有解决农村人口流失的难题。这充分说明，在城市化进程中，农村人口流失，特别是贫困山区人口流失是不可阻挡的历史潮流。”

张凤荣研究认为，山区农村衰落，城市化是外部诱因，山区土地资源和区位条件是内部动因，是关键。一是耕地质量差，产出低；二是耕地畸零狭小，难以规模经营，边际成本高；三是土地资源已经超载，过度开垦，水土流失严重，生态超载，种田收入微薄；四是区位条件差，非农就业机会少，城市设施下乡不经济，不可持续。

因此，张凤荣呼吁：“任何土地管理政策的出台，都必须建立在认清土地资源禀赋和区位条件的基础上。”这就是山区农村发展观察的“土地视角”。

（原载：《中国科学报》，2019 年8 月9 日）

多种创新手段促进土地开发高质量发展

——对河南省资源统筹开发的调查分析

创设复垦券，破解“死循环”

2016 年，原国土资源部下发《关于用好用活增减挂钩政策 积极支持扶贫开发及易地扶贫搬迁工作的通知》，规定集中连片特困地区、国家扶贫开发工作重点县和开展易地扶贫搬迁的贫困老区，可将增减挂钩节余指标在省域范围内流转使用。依据该文件，河南省创造性地构建并推出宅基地复垦券制度。

宅基地复垦券，是指符合国家规定条件的集中连片特困地区、国家扶贫开发工作重点县、贫困老区等县和黄河滩区居民迁建县的农村集体建设用地（指可拆旧复垦为耕地的建设用地），扣除自身安置用地后节余的农村建设用地指标（即城乡建设用地增减挂钩节余指标）。

通过创设复垦券制度，实行城乡建设用地增减挂钩节余指标省域内调剂使用，为河南省脱贫攻坚、易地扶贫搬迁和黄河滩区居民迁建开辟了筹资渠道。根据拆旧对象的不同，河南省将复垦券分为两种类型：A 类复垦券，是由易地扶贫搬迁贫困户和同步搬迁户所使用的农村宅基地及相应的其他农村集体建设用地，对其拆旧复垦所产生的复垦券；B 类复垦券，是对其他农村宅基地及农村建设用地拆旧复垦所产生的复垦券。目前已筹集了 230. 58 亿元，其中 A 类复垦券分别为河南省 4 个国家级深度贫困县筹资：台前县 5. 98 亿元、卢氏县 5. 85 亿元、淅川县 3. 99 亿元、嵩县 3. 96 亿元，有效助推了深度贫困县脱贫攻坚工作。

但实践中发现，由于 B 类复垦券开发前期需要大量资金投入，用以开展土地整治的平整、复垦、道路、水利配套及农业设施建设。在复垦券未实现交易之前，贫困地区政府很难通过自身财力实现有效投入。没有资金投入产生指标，便不能交易。而没有交易，便没有资金，也不能投资产生指标。2016 年，原河南省国土资源厅联合河南省发展和改革委员会、河南省财政厅、河南省扶贫开发办公室下发通知，规定对于暂时无法交易的 B 类复垦券，可由国土开发中心预收储。这项规定是宅基地复垦券制度的再创新，破解了 B 类复垦券生产、交易的“死循环”。

具体操作上，是原河南省国土资源厅与河南省农业发展银行、河南省国土资源开发投资管理中心签署三方协议，由原河南省国土资源厅搭建政策平台、河南省农业发展银行提供信贷支持、河南省国土资源开发投资管理中心作为自然资源专业投融资机构连接政府与社会资本，通过项目合作开发、指标收储等形式，具体运作实施城乡建设用地拆旧复垦项目。金融机构的介入、国土资源开发投资平台的运作，有效破解了宅基地复垦券制度的实践难题，为自然资源部门以资源政策手段支持脱贫攻坚探索了一条新路。

统一算总账，做好大平衡

2017 年，原国土资源部下发《关于改进管理方式切实落实耕地占补平衡的通知》，鼓励各地要统筹使用好各部门资金，充分发挥引导和杠杆作用，积极创新实施方式，吸引社会资本、金融资本等参与土地整治和高标准农田建设，鼓励农村集体经济组织和农户投工投劳，加大补充耕地资金和人力投入获得的合理的土地收益。

原河南省国土资源厅在2016年就曾下发过通知、意见，要求有效发挥省国土资源开发投资管理中心投融资作用，对于地方有意愿的，可由省国土资源开发投资管理中心统一组织开展耕地资源整治开发工作；对于部分急需指标收益的地方，可由省国土资源开发投资管理中心负责收储，并将收益提前返还指标来源地。

为此，河南省国土资源开发投资管理中心积极与市县政府联系，进行补充耕地指标的合作开发和收储业务，投资带动当地指标资源的有效开发，确保省级以上交通、水利、能源等基础设施和教育、医疗等民生工程建设项目以及省委、省政府关注的郑州市重点发展区域用地得到及时保障。经过近几年的有效投资带动，河南省已由以前的新增耕地指标紧缺，发展到现在省厅储备库里储备指标规模达到90多万亩，完善了耕地占补平衡管理，为实现先补后占、占优补优提供了制度保障。

全省统一收储交易，“两项指标”政策成效显著

截至2019年4月，河南省国土资源开发投资管理中心共投资增减挂钩、占补平衡“两项指标”66.81亿元，建设规模67.85万亩，新增“两项指标”23.92万亩，可支配“两项指标”13.68万亩。

一是占补平衡合作开发项目，共投资13.15亿元，建设规模51.67万亩，新增补充耕地指标12.75万亩，可支配补充耕地指标4.82万亩；二是占补平衡收储项目，共投资27.16亿元，建设规模8.07万亩，新增补充耕地指标6.13万亩，可支配新增耕地指标4.87万亩；三是复垦券收储项目，共投资15.44亿元，建设规模

2.28万亩，新增复垦券指标2.28万亩，可支配复垦券指标1.7万亩；四是增减挂钩合作开发项目，共投资11.07亿元，建设规模5.83万亩，新增复垦券指标2.77万亩，可支配复垦券指标2.29万亩。

实行复垦券制度以来，河南省A、B券交易总量已达230.58亿元。其中，淮滨县交易量10183亩，交易额18.34亿元；固始县交易量8763亩，交易额16.19亿元。这不仅开发复垦出了大量宝贵的耕地资源，而且为脱贫攻坚以及地方发展筹措了大量资金。

创设省级自然资源开发资金运用平台，必要且可行

我国地域辽阔，自然资源禀赋条件差异很大，经济社会发展不平衡，各地实行自然资源差别化管理的要求很迫切。在全国一盘棋的政策指导下，充分发挥地方积极性，由各地根据自身特点和可能，审慎创设自然资源开发资金政策，一直是自然资源领域深化改革的重要工作。创设全省统一的自然资源开发资金运用平台，搞活“两项指标”的投融资制度创新和管理创新，不仅在河南是必要的、可行的，其他地区也是可以借鉴的。河南省的探索有以下3个方面的特点：

一是创新思路引领。党的十八大以来，原河南省国土资源厅持续深化土地利用改革工作，逐步形成了创新土地规划、开发、供应、利用方式，完善土地资源配置机制，发挥政府和市场两种作用，激活土地资源要素活力，提升土地资产资本价值，促进生产、生活、生态用地结构和布局不断优化的总体思路。在这一总体思路的引导下，通过运用行政、经济、市场相结合的手段，合理运用政策引导，充分发挥投融资优势，深入挖掘资源潜力，持续开展宅基地复垦券开发收储，并将这一制度创新成果扩大到新增补充耕地指标交易市场，以制度创新破解资源保障难题，有效破解了农村土地

开发模式与资金运用的短板问题。

二是财政资金引导。从河南省“两项指标”市场化运作的具体情况来看，把自然资源管理政策与社会资本、金融资本有效对接起来是有广阔发展空间的，实践上也是可行的。“两项指标”本身不是商品，也不是投资品，但是具有投资价值、有市场交易价值，一定条件下是能够获得市场认可和投资者青睐的。然而，要达到这个目的，必须构建平台，注入引导资金，增加市场信息、提高透明度、防范风险。新体制下，自然资源开发工作，更注重国土空间生态保护修复，这样的项目普遍具有任务艰巨、情况复杂、资金需求大、盈利少等特点，财政引导资金更是必备条件。

国土空间生态保护修复项目，一是缺乏充足的项目盈利空间，甚至大部分属于没有盈利的公益性项目，难以吸引金融、社会资本参与。二是运作平台的政策性、经营性目标冲突大，即使是拥有政府背景、追求保本微利的省级运作平台，在选择项目的时候也必须考虑新增耕地率、指标等级等核心要素，如果整体利润不能覆盖管理成本、发生亏损，就更需要绝大多数项目能够达到不低的盈利标准。三是项目策划难，河南省国土资源开发投资管理中心以中央财政联合“两权价款”形成的中央地勘基金，是投资矿业开发类的回报较高领域，也开始面临新增资金与新增项目无法匹配的状况，而国土空间生态保护修复类项目，基本上是微利甚至无利的项目，必须走财政资金引导，在实践中不断探索创新回报资金流形成，超越保本点、赢利点问题。

三是专业平台领航。河南省“两项指标”市场化运作的中枢是河南省国土资源开发投资管理中心。该中心是由河南省人民政府授权成立，由河南省自然资源厅、河南省财政厅共同监管，具有整合资源、储备资源、开发资源、融通资金等重要职能的省级专业自然资源投融资机构。中心于2010年成立，副厅级规格，事业单位法人，实行企业化管理，专业从事土地、矿产及相关金融类项目投资。土地投资类项目涉及河南省全域国土综合整治、土地指标开发和收储、土地信托、一级开发、工矿废弃地整治等。

河南省国土资源开发投资管理中心今年开展的“两项指标”业务，主要通过发挥省级专业自然资源投融资平台的引领作用，撬动金融资本，助力市县政府合理规划，实现土地资源价值最大化。“两项指标”的生产周期有两种模式：一是备案开发，河南省自然资源厅对项目备案后，河南省国土资源开发投资管理中心按照协定收储价格，预先支付指标价款给指标开发者（指标开发县市政府），补充指标开发成本，待指标交易后实现资金回收。二是合作开发，由县市政府提出“两项指标”项目，经过立项审批后，由河南省国土资源开发投资管理中心提供开发资金，当地政府提供资源，合作开发产生的“两项指标”经省自然资源厅备案，并在统一平台交易后实现资金回收。

目前，河南省国土资源开发投资管理中心正在改制组建河南省自然资源开发投资集团。该集团将继续发挥3个作用：一是自然资源投融资专业机构作用，不仅可以组织全省范围的业务，还可以与市县相关机构合作，发挥倍增效应；二是土地资源利用改革的支点作用，改革探索涉及土地资源、能源矿产资源，为深入挖掘自然资源部门职能作用、落实供给侧结构性改革部署、强化节约集约用地机制，探索新路；三是有效实现自然资源供给保障、保护修复，实现可持续利用的主力军作用。自然资源的可靠保障、科学保护和有效治理，离不开制度创新。自然资源有效供给缺口、退化修复资金保障，仅依靠财政资金是不够的，必须探索新的机制。

启示与建议

因地制宜。我国自然资源区域性强，经济社会发展不平衡，各地保护利用自然资源的情况差异悬殊，探索市场机制促进农村土地开发高质量发展，要因地制宜，不能搞一刀切。特别是要给予扶贫攻坚地区和国家级深度贫困县深化改革探索的特殊政策，助力贫困地区脱贫及巩固扶贫成果，加快绿水青山向金山银山的转变进程。

多元融资。一是争取更多的财政资金用于国土空间生态修复；二是优化财政资金使用结构，充分发挥财政资金杠杆作用；三是制定政策吸引企业投资自然资源保护修复整治事业；四是创设自然资源保护修复基金，整合政策资源、财政资金资源、专业机构治理资源，有效实现问题导向与目标导向的对接。

投贷联动。根据自然资源生态保护修复的国家需要和现实可能出发，建立投贷联动的生态保护修复基金是必要的。一是利用自然资源部政策优势，与银行贷款政策相结合，解决项目的债权融资、股权融资，即解决项目贷款主体、第一还款来源和第二还款来源；二是采取 PPP 或企业自营项目模式，有效避免政府隐性债务的发生；三是部省联动，既有利于发挥国家基金的引导和增信作用，又可以调动地方参与积极性，还能够较好地解决金融机构不愿意为生态保护修复项目融资的难题。

专业运营。国土空间生态保护修复涉及的资金体量巨大、专业性强、种类繁杂，建立省级统一运作平台，实行专业管理十分必要。陕西、河南的自然资源投资探索经验可供借鉴。国家层面，也可以考虑建立“国家自然资源保护修复基金”，采用“母子基金”形式，既可以直接投资重大项目，也可以投资省级或市县级自然资源开发平台。

综合挖潜。投资是为了盈利，这是市场经济的基本规律。国土空间生态保护修复的公益性，必须和自然资源管理中紧俏指标的盈利性挂钩。“两项指标”可交易，广受市场欢迎，其他自然资源开发利用，同样可以设置可交易许可、特许经营、配额交易管理。合理组合自然资源投资品，进一步发挥市场机制配置自然资源的决定性作用。

试点先行。山水林田湖草项目、国土综合整治项目、矿山环境治理项目、蓝色海湾项目，目前多是中央及地方财政资金支持项目。应该加大社会资本参与政策设计，责成有条件的地方加大探索力度，缩短政策成熟迭代周期，加快浙江、陕西、河南、重庆、成都等地成功实践经验的总结和推广。

（原载：《中国土地》，2019 年第 7 期，合作者：靳全斌、杨新民）

让先进理念传遍中国乡村

30 年前，或许没有多少人真正理解土地整治与村庄革新协同发展的深刻内涵。30 年后的今天，我们可以说，上述理念已深入人心。这其中，山东省青州市的南张楼村中德合作项目功不可没。作为中国土地整治事业发展投下的第一枚棋子，其实践具有里程碑式的意义。

作为中国土地整治领域的第一个国际合作项目，30 年来，在德方专家的精心指导下，以土地整治为抓手，我们对南张楼村全域土地进行科学规划，调整和优化土地利用结构，开展人才培养，带动了南张楼村经济社会全面发展，探索了一条土地整治促进乡村振兴的路子，成为中德两国土地整治领域合作的成功范例。笔者认为，回望南张楼，对标当前中国政府大力推进乡村振兴战略、助力脱贫攻坚的需要，对于继续深入推进土地整治国际交流合作具有重大意义。

一是如何理解公众参与？土地整治是为农业农村发展服务的，必须紧紧依靠项目区群众的广泛参与，必须充分尊重和发挥农村集体经济组织的主体地位，扩大群众的知情权、参与权、决策权。如此，才能把土地整治项目规划设计、工程建设和土地利用有机结合起来，才能有效发挥土地整治服务现代农业发展的需要。当前，土地整治公众参与理念已深入人心，并体现在土地整治制度和管理政策中。

二是如何把握、掌控城乡等值化？实现城乡生活等值是各国政府服务民生、推进社会有效治理的重要内容。南张楼中德合作项目实施引入“城乡等值化”理念，完善农村基础设施和公共服务设施，改善了农村生产条件、生活环境和村容村貌，让村民基本享受到像城市居民一样的生活水平。如今，这一理念成为中国土地整治项目基础设施和公共服务设施延伸到村庄的重要支撑，拓展了土地整治的范围和内涵。

三是如何创造乡村活力？随着工业化城镇化的快速发展，农村人口逐步向城镇转移，部分农村地区必然出现“空心村”和村庄凋敝问题。当前德国、日本、澳大利亚等国家都对乡村发展出现的“甜甜圈”现象进行深入研究，开展了乡村活力评价，加强乡村文化保护，提高土地资源利用效率。当前中国的乡村也处于维持、振兴与收缩并存的状态，亟须对乡村发展现状进行科学评价，有序推进乡村振兴和退出，为国土空间优化布局提供科学依据。

四是如何再造乡村景观？随着经济社会的不断发展和人民对美好生活环境的追求，有的土地整治项目区的自然景观价值已经高于耕地的生产价值，带来乡村旅游等新业态的发展。德国土地整治高度重视生态景观保护和价值发掘，这一理念与我国生态文明建设总体要求和建设美丽中国目标相一致，将成为我国开展国土综合整治的重要指导原则。

五是如何破解三农难题？当下，农业生产方式正逐步向现代农业转型发展，土地整治要服务现代农业规模化经营和智慧化监测监管需要。要让农民享有像城市一样的基础设施和公共服务设施，土地整治要着力推进乡村全域整治，提高农民生活质量。同时，农村自然和社会环境必须加强文化保护，发挥传统文化和生态景观价值助力乡村振兴，土地整治应注重人与自然和谐发展。

一株蒲公英，借助风的力量可以美化整个山坡。当南张楼带来的土地整治的先进理念传遍中国乡村地区，美丽中国的蓝图就将指日可待。

（原载：《中国自然资源报》，2019 年 7 月 9 日）

“非法占用耕地罪”的法释辨析

“非法占用耕地罪”于1997年3月14日修订的《刑法》（第342条）中首次提出，但该罪的入刑定罪标准并未做出具体量化规定。司法机关在诉讼审判中一般是按照当地人均耕地占有量实施自由裁量权来判定，常常出现执法过严或过宽问题。2000年6月22日开始施行的《最高人民法院关于审理破坏土地资源刑事案件具体应用法律若干问题的解释》（以下简称“法释〔2000〕14号文”）第3条，首次规定了该罪认定的具体面积，明确了罪与非罪的界限。该罪的入刑标准设定为“基本农田5亩以上或者基本农田以外的耕地10亩以上”。2001年8月31日《刑法》修正案（二）第342条将刑法保护耕地的对象扩大到农用地（包括耕地、林地等农用地），修订为“非法占用农用地罪”。截至目前，新的法释文件没有修订出台，现行的法律解释仍是参照“法释〔2000〕14号文”第3条的规定。纵观国土资源管理部门多年来执法查处的非法占用耕地案件，对违法责任人真正科以刑罚的很少。其主要原因就是在运用刑法手段时，“法释〔2000〕14号文”第3条规定中存在不周延、不完善及可操作性不强等诸多问题。

现行法释条文中存在的问题

逻辑关系不清晰。根据“法释〔2000〕14 号文”第 3 条规定，“违反土地管理法规、非法占用耕地改作他用、数量较大、造成耕地大量毁坏的，依照《刑法》第 342 条的规定，以非法占用耕地罪定罪处罚：（一）非法占用耕地“数量较大”，是指非法占用基本农田 5 亩以上或者非法占用基本农田以外的耕地 10 亩以上。（二）非法占用耕地“造成耕地大量毁坏”，是指行为人非法占用耕地建窑、建坟、建房、挖沙、采石、采矿、取土、堆放固体废弃物或者进行其他非农业建设，造成基本农田 5 亩以上或者基本农田以外的耕地 10 亩以上种植条件严重毁坏或者严重污染。”按此规定分析，“非法占用耕地罪”实际上包涵了“非法占地行为”和“破坏耕地行为”两种情形。“法释〔2000〕4 号文”第 3 条中没有明确规定这两种情形的逻辑关系，导致司法机关在司法实践中，对这两种情形到底是并列关系还是递进关系产生歧义，对非法占用耕地行为人的罪与非罪、罪轻罪重的判定产生截然不同结果。如：李某建设食品加工厂，非法占用一般耕地 12 亩，经实地测量其建设厂房及硬化地面造成耕地毁坏的面积为 8.9 亩，法院最终以一般耕地破坏面积小于 10 亩为依据，认为李某没有构成非法占用耕地罪。此案例就是把上述两种情形理解为递进关系，而不是并列关系。笔者认为，“非法占用耕地罪”不等同于“破坏耕地罪”，“法释〔2000〕4 号文”第 3 条包含的两种情形应为并列关系，而不是递进关系。李某建厂非法占用耕地面积 12 亩已经触犯“法释〔2000〕14 号文”第 3 条第 1 款的规定，应负刑事责任。

耕地毁坏概念界定不完整。具体地说，“造成耕地大量毁坏”的概念界定存在如下问题：一是耕地毁坏的主因仅仅认定为非法占用耕地，即行为人的生产建设活动，而没有考虑行为人的不当行为；如人为在耕地上排放液体污染物等，虽未改变土地用途，但是造成了耕地破坏。二是耕地毁坏的行为只规定了9种情形，不能全部涵盖目前存在的多种形式的破坏耕地行为。三是以耕地毁坏的结果为标准界定种植条件毁坏程度是不科学的，如在土壤层深厚区域取土，虽然毁坏了耕地，但取土后并不影响耕种，耕地毁坏程度的认定难度很大；四是毁坏面积界定为“基本农田5亩以上或者基本农田以外的耕地10亩以上”，仅仅只界定了耕地毁坏的数量，缺少对耕地毁坏质量的界定。

入刑指标设定不科学。如果说，“非法占地行为”考量的是耕地面积，尚可用“数量”指标来表现，而“破坏耕地行为”考量的则是数量与质量的统一，仅用“行为 + 数量”指标，缺少了对耕地损毁程度界定，在出具耕地破坏鉴定意见和司法判定实践中不能很好地体现公平正义。

入刑门槛偏高。“法释〔2000〕14号文”规定的“非法占地行为”和“破坏耕地行为”入刑指标值一样，均为“基本农田5亩以上或者基本农田以外的耕地10亩以上”。多年来，在土地执法监管过程中发现，该法释条文规定的入刑门槛偏高，大量的低于该标准的违法占用耕地行为得不到刑事处罚，违背了立法的初衷，也导致当行为人非法占用耕地能产生巨大收益时，就会肆无忌惮地侵占耕地。因此，该罪的法释条文在修订入刑标准时要结合非法占用耕地行为带来的收益和付出的代价成本来进行。

法释条文滞后。目前，实践中常常运用“法释〔2000〕14号文”第3条解释2001年《中华人民共和国刑法修正案（二）》第342条“非法占用农用地罪”，这必然面临旧司法解释能否适用新法的问题。滞后的法律规定不仅无法起到为经济社会发展保驾护航的作用，甚至会对经济社会的发展形成阻碍。

对策建议

明确规定“两种情形”的逻辑关系。在司法实践中，必须明确“非法占用耕地罪”中的“非法占地行为”和“破坏耕地行为”两者的主次关系，不能让司法机关对两者的逻辑关系产生歧义。笔者认为，在修订法律解释规定时，两者之间的关系应明确规定为并列关系，而不是递进关系，“非法占地行为”和“破坏耕地行为”都是“非法占用耕地罪”的红线，都是刚性的，两种行为中的任何一种触碰“非法占用耕地罪”的入刑标准，就将承担刑事责任。

重新界定耕地毁坏的概念。鉴于“法释〔2000〕14 号文”第 3 条第 2 款对“耕地大量毁坏”概念认定中存在的问题，应根据耕地破坏的客观规律和耕地损毁的机理，结合我国耕地保护极端重要性的国情、对非法占用耕地的执法监管及司法实践现状，科学合理地界定耕地毁坏的概念。本文建议耕地毁坏的概念应界定为：指违反法律法规规定，未经具有批准权限的部门批准，因生产建设活动或不当行为，造成耕地挖损、塌陷、压占和污染，致使耕地原地表形态、土壤结构、地表生物等直接或间接损毁，导致耕地原有功能部分或完全丧失。这种界定阐明了耕地毁坏的主因、类型、要素和结果，涵盖了所有耕地毁坏的基础性因素和范围外沿，对行为人非法占耕地导致耕地毁坏的行为和耕地毁坏的结果实现了全覆盖，破解了认定种植条件是否严重毁坏的不确定性难题。

修订完善入刑标准指标。通过对“造成耕地大量毁坏”入刑指标的分析可知，用“行为 + 数量”指标来判定“造成耕地大量毁坏”是不科学的，在司法实践中面临的问题是司法机关在判定“罪与非罪”时很难准确把握。如：“虽然非法占用耕地面积较大，但未造成种植条件严重毁坏或者严重污染”和“虽然非法占用耕地面积较小，但造成种植条件严重毁坏或者严重污染”，这两种情况如何判定入刑？如果仅靠破坏面积来判定罪与非罪、罪轻罪重，显然不符合法律的公平正义精神。笔者认为，可借鉴英国、法国和加拿大等国家将耕地视为财产保护的做法，“造成耕地大量毁坏”的入刑指标应设定为“耕地损毁价值”。根据“非法占用耕地罪”包含的“非法占地行为”和“破坏耕地行为”两种情形，建议制定两个入刑指标：一是“非法占地行为”指标，即以非法占用耕地面积（数量）作为该罪的一个入刑指标；二是“破坏耕地行为”指标，即以“耕地损毁价值”（数量 + 质量）作为该罪的另一个入刑指标。

设定合理的立案标准指标值。利用法律武器是打击非法占用耕地行为的有效手段，除了制定科学的入刑立案标准指标以外，设定合理的入刑立案标准指标值，在“非法占用耕地罪”审判实践中则显得更为重要，既不能过于宽松，也不能过于严苛。笔者认为，制定“非法占用耕地罪”两个入刑指标值时既要考虑当前和未来遏制非法占用耕地破坏耕地行为的社会效果，又要考虑司法资源的效率，按照立法的稳定性、连续性和适时性相结合原则。据此，应设定两个指标值：一是“非法占地行为”指标值应设定为“非法占用基本农田 5 亩以上或者非法占用基本农田以外的耕地 10 亩以上，应予立案追诉”，与“法释〔2000〕14 号文”第 3 条第 1 款规定的“非法占地行为”指标值保持一致。二是“破坏耕地行为”指标值应设定为“耕地破坏导致的“耕地损毁价值”数额在 5 万元以上的，应予立案追诉”，与“法释〔2000〕14 号文”第 3 条第 2 款规定的“破坏耕地行为”指标值相比，降低了“非法占用耕地罪”的入刑门槛，解决了该罪入刑标准偏高的问题。指标值设定为“5 万～10 万元以上”是参照了“非法采矿罪”立案标准值设定的，“法释〔2003〕9 号文”第 3 条规定“造成矿产资源破坏的价值数额在 5 万～10 万元以上的，应予立案追诉”。耕地、矿产同属资源分类，两者价值属性一致，故在设定“破坏耕地行为”指标值数额时，采用“非法采矿罪”的立案标准是可行的。

尽快出台新的法律释义。按照立法适时性原则，法律及法律释义的制定修订必须不断地顺应历史发展和时代的变化，及时地制定出符合时代需要的法律法规及法释文件。因此，“法释〔2000〕14号文”第3条规定对“非法占用耕地罪”的法律解释也需要根据我国当前和未来一定时期的耕地的战略地位、耕地的保护形势和非法占用耕地的执法监管实践做出相应的修订、完善和补充。

（原载：《中国土地》，2019年第6期，合作者：潘元庆、潘小娜）

为全国城市“水质排名”榜点赞

5月7日，生态环境部公布了全国水质最好和最差的30座城市排名。看到这份“水质排名”榜单，笔者想为担负治理污染三大攻坚战主攻任务、战斗在生态环境监测管理第一线的铁军将士们点赞。

据悉，从2019年第一季度起，生态环境部将每季度开展地级及以上城市国家地表水考核断面水环境质量状况及变化情况排名，以提升地方政府水污染防治的积极性，进一步推动水环境质量持续改善。

今年5月7日，生态环境部兑现承诺，给出了最新结果。这是生态环境部继发布“大气排名”后，推出的又一个新的排行榜“水质排名”。更为可喜的是，这个“水质排名”首次亮相就相当有力度：一是对全国设置有地表水考核断面的333个地级及以上城市进行全排名，二是每月公布前30名和后30名，而不是前后10名、20名。

这份具有历史意义的“水质排名”第一榜显示，2019年一季度，全国地级及以上城市国家地表水考核断面，在水环境质量方面，雅安、来宾、云浮等30个城市的排名居前，吕梁、营口、邢台等30个城市则排名居后；在水质变化方面，四平、长春、中山等30个城市排名居前，吕梁、营口、朔州等30个城市排名居后。

而原环保部自2013年1月起开始发布全国74个重点城市空气质量排名，每月公布的是前10名和后10名的名单。到了2018年7月，“大气排名”榜单也仅扩展到了全国169个城市的前20名和后20名。

应该说，这个全国城市水质排行榜是管理逻辑与技术逻辑的高度统一。管理侧强调的是法律、是考核、是责任，是管理行为的历史积淀，主政一方必须对因人为活动影响的水资源数量、质量和生态变化负责；技术侧强调的是标准、是监测、是科学，是科技的发展进步，管理一方必须对核心职能担当起历史责任，不辜负党中央重托，不辜负人民群众期待。

笔者认为，接下来的任务应该是聚焦靶区，布局攻坚歼灭战。

根据生态环境部公布的“水质排名”，2019年一季度全国水环境目标任务完成情况是好的。全国水环境质量总体改善，水质优良（Ⅰ~Ⅲ类）水体比例同比增加8个百分点，丧失使用功能（劣于Ⅴ类）水体比例同比减少3.6个百分点。

但是，全国水污染防治工作不平衡，部分地区水环境达标形势依然严峻。被点名的突出问题包括：

一是山西、吉林、广东、广西、陕西、甘肃6省（区）水质优良（Ⅰ~Ⅲ类）水体比例、丧失使用功能（劣于Ⅴ类）水体比例两项目标时序进度均较年度目标存在明显差距；山西、辽宁两省各有20个劣Ⅴ类国控断面，并列各省份劣Ⅴ类国控断面数量首位。

二是《长江保护修复攻坚战行动计划》涉及的12个消劣断面中，荆门的拖市、马良龚家湾，十堰的神定河口、泗河口，荆州的运粮湖同心队，楚雄的西观桥6个断面水质仍为劣Ⅴ类。新增了宜昌铁路大桥（小桂林）断面为长江流域劣Ⅴ类断面。

三是《渤海综合治理攻坚战行动计划》涉及的10个入海河流消劣断面中，天津的马棚口防潮闸、万家码头、北排水河防潮闸及辽宁营口营盖公路 4 个断面水质仍为劣Ⅴ类。新增了天津滨海新区沧浪渠出境、营口沙河入海口、锦州西树林、秦皇岛饮马河口、沧州李家堡一、山东潍坊柳疃桥 6 个劣Ⅴ类断面。

四是《水污染防治目标责任书》规定的考核断面中，山西省长治市司徒桥、湖北省宜昌市铁路大桥（小桂林）、辽宁省辽阳市汤河桥、黑龙江省哈尔滨市倭肯河口内等断面由 2018 年一季度Ⅱ类降为劣Ⅴ类，水质恶化严重。

五是重点湖库中，太湖、滇池水华程度高于 2018 年同期，抚仙湖总磷指标不达标。

可以看出，这个“水质排名”所指出的问题清单，是目标导向与问题导向的高度契合。目标端依据的是计划书、责任书，是层层压实主体责任和监督责任的岗位责任履职成效说明；问题端突出类型、反映了程度、显化了动态、聚焦了靶区，是聚焦突出问题、督促水环境达标、滞后地区进一步加大工作力度、推动水环境质量持续改善、打好攻坚歼灭战的有力抓手。

生态环境部监测司副司长胡克梅表示，发布“水排名”榜单，是为了发挥倒逼作用，推动我国水环境管理从抓污染物总量减排向抓改善水环境质量转型。

持久战需要打好组合拳。党中央决策与全民行动无缝对接，监督责任与地方、行业主体责任有效衔接，环保部门主责与相关部门履职协同联动。

国际经验和我国实践已经证明，水污染防治是一场目标任务十分艰巨的持久战。目前的水质排名中，还不涉及城市地下水、黑臭水体，以及未设置国家地表水考核断面的较小河流、湖泊或水库，还没有将此前发布的典型案例合并发布。

据媒体报道，武汉南湖水质 2013 年以来均为劣Ⅴ类。今年 5 月 6 日，生态环境部通报中央第四生态环境保护督察组向湖北省反馈“回头看”及专项督察情况，湖北省督察整改还存在敷衍整改、表面整改和假装整改等情况。中央环保督察反馈问题之后，武汉市湖泊水质不仅没有改善，反而进一步恶化。全市166个湖泊中，2017年水质劣于Ⅴ类的多达48个，占比高达29%，比2015年增加11个。其中，南湖水质从2006年至今均为劣Ⅴ类，水体长期富营养化，每年都有“水华”事件和死鱼现象发生。

督察组指出，整改部署迟缓，工程进展滞后；排口整治不力，污水直排入湖；建设运营粗放，“治污”反成“排污”。民院闸是南湖最大的一个排闸，是周边8个住宅楼盘和3所高校的雨污混流排口。现场检查时，大量污水正在直排，臭气熏人，化学需氧量、氨氮浓度分别高达168毫克/升和15.4毫克/升，群众反应强烈。

中南财经政法大学大量污水长期直排南湖，污水化学需氧量浓度高达380毫克/升，是全市污水处理厂平均进水浓度的两倍多。督察组暗查发现，该校排口正在直排污水，污水应急处理设施停运，操作人员还将设施内污泥直接外排，经湖边草坪流入南湖，“治污设施”却成“排污设施”，性质十分恶劣。

赢得持久战必须打好组合拳：落实监督责任需要有后续行动；压实主体责任需要有行动自觉；公开监督需要形成强大社会舆论力量；中央后盾需要持续用霹雳手段；科技支撑需要有中长期安排。

（原载：《中国科学报》，2019年5月14日）

探索非洲粮食安全的土地利用路径
——《非洲土地资源与粮食安全》书评

国家粮食安全，是在全球化的大背景下维持国家经济安全、社会安全、政治安全的最后一道防线。对非洲国家来说，实现国家粮食安全，则是一国经济增长、社会发展、政治安定的起跑线。非洲粮食安全，不仅是非洲人民的福祉所在，是中非命运共同体的战略基石，也是全球粮食安全乃至土地资源合理利用、实现绿色发展的研究前沿。

我在 20 世纪的最后一个 5 年，有幸全过程地参加了中国几内亚科巴水稻示范农场的建设，后又组织国内一流非洲研究力量，系统研究了中非农业合作 40 年的经验教训。20 年过去了，至今我依然清晰地记得北京大学非洲研究中心主任陆庭恩教授的点评：非洲落入贫困陷阱、农业持续不前，不是资源问题，要从政治和文化上找原因。也记得中国科学院地理科学与资源研究所文云朝研究员的“金句”：非洲农业资源完全可以养活非洲，并可以为世界粮食安全做贡献。南京大学和中国社会科学院西亚非洲研究所的几十位教授专家积极参加我组织实施的中非农业合作研究项目，提出了不少真知灼见，为我的研究成果荣幸入选 2000 年首届“中非合作论坛”嘉宾礼物做出了重要贡献。

进入21世纪以来，我持续留意观察非洲发展和粮食安全，非洲多国捧着金饭碗讨饭吃的问题依然没有解决，如何通过合理开发利用非洲土地资源，从根本上可持续地解决非洲“饥饿”问题，依然是一个重大战略问题。在习近平生态文明思想指导下，科学研判非洲粮食安全与绿色发展、中非命运共同体构建则更是一件无论怎样评价都不为过的重大科技创新需求。南京大学黄贤金教授组织团队就非洲土地资源与粮食安全开展了深入的研究，完成了《非洲土地资源与粮食安全》这一著作，其不仅回应了我对于非洲这些问题的长期关注，而且也进一步深化对于这些问题的整体性、系统性认知，丰富了中国对非洲土地资源与粮食安全研究的内容，其成果突出体现在以下几个方面。

分析了非洲粮食安全的土地利用绩效

（1）突破土地利用分类标准不一致，构建了与中国土地利用分类标准相衔接的土地利用分类体系。由于国际及中国土地利用分类标准的差异，使得中非土地利用比较缺乏依据，据此，该著作融合FAOSTAT与中国土地利用分类体系，提出了与中国分类标准相衔接的土地利用分类体系，并据此挖掘形成了土地利用数据，开展了土地利用分区，为形成支撑中非命运共同体的土地利用政策体系打下了科学基础。

（2）基于GEPIC模型评价了非洲粮食安全特征及其国别差异。在分析非洲粮食生产与消费的基础上，引入GIS系统的新型EPIC模型，构建了融FAO土壤数据、美国国家气候数据、欧洲航天局等数据信息于一体的数据库，评价了非洲主要农作物产量以及营养不良人口、饥饿人口的时空变化，深刻剖析了非洲粮食安全的时空规律。

（3）提出了适合非洲土地利用特征的耕地利用效益评价指标体

系，揭示了非洲粮食危机的耕地利用问题。探索性地构建了洲际耕地利用效益评价指标体系，发现了非洲耕地利用的低效益特征及其区域差异性，分析了非洲耕地利用效益降低的农地边际化现象，所开展的研究，不仅为深入认识非洲土地利用与粮食安全的关系提供了理论和方法支撑，也为探索非洲粮食安全的土地利用策略提供了借鉴。

评估了基于粮食安全的非洲土地资源承载力

（1）分析了非洲水土资源配置特征。如同该书所阐述的："水土资源配置是以水、土壤要素为基础的水、土、气、生等要素综合作用过程及结果"。因此，该书通过分析揭示非洲及其不同区域的水土资源配置特征，尤其是重点阐述非洲水资源、气候变化以及土壤条件与土地利用产出的关系，从而为基于非洲自然资源系统更深刻地理解非洲土地利用特征提供了科学支撑。

（2）测算了非洲土地资源承载力。土地资源承载力测算是认知非洲粮食安全的基础。针对 FAO 没有从区域差异视角揭示非洲土地资源承载力的区域差异性，该书引入迈阿密模型，测算了非洲及不同区域的土地资源承载力，研究结果表明非洲土地资源承载力可以承载其人口规模并保障其粮食安全，但由于农业基础设施条件差以及由于其经济作物种植面积占全球的 1/4，从而影响了其粮食生产能力的发挥，从而深刻揭示了其"饥饿"存在的原因。

（3）基于可承载性的区域差异提出了水土资源优化配置建议。针对北非雨水资源以及西非、东非等一些国家人均耕地资源有限所导致的土地资源承载力低下，以及气候条件、农业基础设施条件差对于土地资源承载力的影响，研究从优化水土资源配置角度提出了针对性的建议。

探索了非洲土地制度改革的粮食安全效应及深化改革路径

（1）较为系统地总结了非洲土地产权改革的做法。独立后，大部分非洲国家探索了多种方式的土地产权制度改革，希望通过增加土地分配的公平性提高农业生产绩效。该书分析了自20世纪50年代后期到90年代，非洲开展土地改革的主要方式，包括土地分权管理改革、土地产权明晰化改革、土地市场化改革等方式，及其实施的经济社会背景，从而为认知非洲土地制度改革的国别差异提供了基础。

（2）评价了非洲土地改革的粮食安全效益。20世纪50年代后期以来尤其是90年代以来，非洲国家进行了不同方式的土地改革，其对粮食安全的影响如何？为此，基于全非尺度的固定效应模型研究结果表明，分权化及产权明晰化改革对于粮食生产具有显著的正向影响；而由于不同区域土地制度改革的背景差异，也存在改革效率的差异，例如分权化改革对于非洲南部地区的粮食生产贡献率达到22.9%，而在非洲东部地区则仅为5.9%。

（3）研讨了中国“非洲圈地”特征及其争议。中国在非洲购地仅为全球在非洲购地面积的4.29%，但却拥有32.5%的“土地掠夺”报道。基于对非洲农民及政府、媒体及专家主要意见的分析，该书研究提出了加强援非人员的非洲文化认同、公开非商业机密信息、注重当地民生问题等方面的建议，从而为更积极地引导非洲土地开发利用提供了参考。

总之，《非洲土地资源与粮食安全》一书不仅从学术上回答了有关非洲人— 地— 粮关系的现实问题及其协调，尤其是探讨性地研究了非洲土地制度改革的粮食安全贡献，更重要的是还为更深刻地认知非洲土地利用问题、推进中非命运共同体建设提供了重要参考。

（原载：《中国土地科学》，2019 年第 3 期）

第四篇

土地科技创新

国土空间治理呼唤土地系统科学发展

土地是人类生存的基本保障，是人类与自然环境之间的基本联系，是粮食安全、经济安全与生态安全的物质基础。不论是系统保护修复土地生态系统，还是坚守耕地红线、维护国家粮食安全，都离不开科学高效的国土空间治理与土地资源利用。

目前，我国依据《全国重要生态系统保护和修复重大工程总体规划（2021—2035 年）》，正在组织实施一批山水林田湖草生态保护修复工程。这些工程，个个都是数十亿甚至上百亿元的国家重量级保护修复实践项目，面对的治理对象常常是跨区域的自然生态系统。这些项目的顺利实施，离不开地球系统科学的支撑。

以 2018 年批准实施的乌梁素海流域山水林田湖草生态保护修复试点项目为例，该项目总投资 50 多亿元，核心目标是将乌梁素海水质从劣五类提升到四类，关键路径是山水林田草沙工矿城共治，既要治理引黄灌区的面源污染，也要治理工矿城区的点源污染。

乌梁素海“山水工程”系统，“源”是超千万亩的引黄灌溉工程农业生产区、巴彦淖尔市城乡生活区和工矿区，“流”是十条引黄干渠、十条退水干沟和一条总排干，“汇”是乌梁素海这一黄河流域最大的淡水湖，湖水面积近 300 平方公里。这是一个十分典型的、自然—社会耦合的、复杂的山水林田湖草沙工矿城系统，是由不同自然要素和经济社会要素组成的土地生态经济系统。

组织实施好乌梁素海“山水工程”，确保工程建设目标实现，是国土空间生态保护修复的重要职责。而面对这一复杂的自然—社会耦合系统，要搞好规划设计、监测预警、竣工验收、运营监管，都离不开高质量的科技支撑。甚至可以说，突破土地管理科学局限，以地球系统科学为指导，是解决整体保护、系统修复、综合治理区域自然生态系统中现存的种种问题的根本出路。

如果说实施“山水工程”需要地球系统科学的指导，那么坚守耕地红线、维护国家粮食安全，同样也离不开土地系统科学的技术保障。

据有关数据，全球可用于农作物生产的土地面积仅占陆地面积 12%；我国人均耕地面积仅为世界平均水平的 1/3，中低等耕地比例超过 70%；土地过度利用、不当利用、粗放利用并存，土地资源整体处于亚健康状态，超过 30% 的土地质量退化。在土地资源禀赋难以改变的背景下，土地系统科学的基础研究、应用研究和工程技术模式创新是保障我国土地资源安全、高效可持续利用土地的唯一出路。

土地系统科学发展，基础是学科。我国迫切需要建立土地系统科学一级学科。2017 年，包括 20 名院士在内的 36 名专家联名提出《关于加强土地科技创新的院士专家建议》，呼吁加快土地学科建设和高层次创新人才培养，实施国家土地科技学科建设计划。

2018 年，第 S44 次香山科学会议聚焦“土地资源安全——从科学到政策”，与会院士和知名专家一致认为，土地研究是一门独立的学科，具有不可替代性。国家自然科学基金委在 2020 年的学科资助目录中，也单独设置“土地科学与自然资源管理”学科代码。

土地系统科学发展，关键在人才。我国土地系统科学高精尖人才的培养，虽然有一定规模，但与国际先进水平相比，起步晚、视野窄、队伍散。截至目前，虽然已经有 100 多所高校依托农业资源环境、公共管理、地理学、农业工程、环境工程等不同一级学科设置了与土地系统科学相关的专业或研究方向，通过授予农学、管理学、工学、理学等学位，培养了 10 余万名本、硕、博各层次人才，其中各类本科生 6 万余名、硕士研究生 1 万余名，博士研究生超过 3000 名，为保障国家经济建设和社会发展发挥了不可替代的作用。但是，“人口—土地—食物—生态”矛盾具有系统性、复杂性特征，传统条块、窄细化的人才培养，难以适应“耕地保护—粮食安全—生态安全”多重耦合嵌套目标的国土整治、生态保护修复和资源开发利用管理需求。据估计，我国对土地系统科学高端人才的需求每年预计将超过 2000 人。

创新性、系统性地培养高端创新人才，将从源头上提升土地科技创新能力。近年来，在自然资源部、教育部、科技部的推动下，中国土地学会、中国自然资源学会、中国地理学会、中国生态学会、中国农业工程学会，中国农业大学、南京农业大学、中国地质大学、中国矿业大学等国内数十所高校院系的专家教授对推动土地系统科学的学科建设做出了巨大努力，进行了充分研讨，凝聚起了前所未有的共识。中国农业大学率先设立了土地科学与技术一级学科，组建了独立的土地科学与技术学院。中国地质大学（北京）、长安大学也分别组建了独立的土地学院。

各国的科学家也深深忧虑人类活动对全球可持续发展的深刻影响，纷纷加入探索和破解土地系统科学问题的队伍。2005 年发起的全球土地计划已经有来自 60 多个国家和地区的土地领域科研工作者参与其中。欧美国家高校设置相关院系，国际上土地系统科学学术组织日益增多，普遍关注全球性土地问题。全球土地计划联合主席彼得·凡布格教授表示：“当下，土地系统科学比以往任何时候都重要。”

（原载：《中国自然资源报》，2021 年 9 月 24 日）

“梨树模式”：耕地保护利用的重构性创新

黑土地是“耕地中的大熊猫”，对保障我国粮食安全这一“国之大者”具有不可替代的重要作用。保障粮食安全，关键在于落实“藏粮于地、藏粮于技”战略，解决好种子和耕地两个要害问题，系统推进国家黑土地保护工程。

吉林“梨树模式”经过十余年的发展趋于成熟，其核心在于实施保护性耕作技术，不仅实现了耕地资源可持续管理，并且在提高作物产量的同时降低了成本，是对东北黑土地保护利用具有原则指导意义的重构性的底层创新。

“四位一体”的革命性创新符合黑土地保护利用本质。“梨树模式”的成功是黑土地耕作制度的系统创新，包括了保护性耕作技术、技术推广联盟、免耕播种机具装备、良田建设，这“四位一体”缺一不可。其中，保护性耕作技术是关键核心，通过免耕少耕、不整地、不灭茬、不打垄等耕作方式减少农机作业次数，同时把作物残茬留在土壤表面让其自然分解，既能减少土壤侵蚀、提高土壤保水贮水能力、提高土壤有机质，又能改善土壤结构和通气性、有益于土壤微生物和动物活动，是对传统耕作方式的重大变革。

技术推广联盟是重要支撑，“梨树模式”建立了适合当地的多元参与的新型农业科技服务体系，充分发挥中国农业大学、中国科学院等科研单位的人才培养和社会服务能力，成立中国农业大学吉林梨树实验站、国家黑土地现代农业发展研究院、吉林省梨树黑土地保护与利用院士工作站，通过梨树县农村合作社或农机大户建立核心示范区，开展“千万工程”农民培训，建立“农民田间学校”等培训活动，构建形成了以合作社为主体，科学家、企业家共同参与的农业技术推广联盟。

免耕播种机具装备是关键工程技术的配套手段，是免耕技术体系得以突破的基本前提。依靠科研院所和企业共同研制、拥有自主知识产权且不断迭代更新的免耕播种机、联合作业机、专用收获机等农机产品，消除了技术推广应用障碍，在梨树玉米秸秆覆盖全程机械化作业中得到广泛使用。

良田建设水平是保障，立足现代农业发展需求对农田进行改造和建设，消除土地利用障碍、优化农田布局、配套基础设施、促进农业机械化，有了良田保障，良法、良机才有施展的空间。

“五项原则”的提出将中国黑土地保护利用特色的新理论认知落实到实践。“梨树模式”研发团队最近提出黑土地可持续利用管理准则，共有五条，分别是：实行保护性耕作制度，通过减少耕作、秸秆还田增加土壤有机质，增强土壤保水性，降低风蚀水蚀，提高土壤肥力；实行景观水土保持措施，通过等高种植、植物篱和水保工程，遏制水土流失；促进土壤养分均衡与循环，通过轮作等多种途径归还土壤有机质，增强土壤生物多样性；消除土壤障碍因素，减少土壤污染，防止土壤酸化等肥力退化过程；实施有利于黑土肥力提高、促进农业可持续发展的土地管理政策。这五项原则做到了从整体观、系统观、综合观审视耕地资源及利用，经由科学家和推广研究员之手，变成了现实生产力，成为我国破解黑土地资源保护和利用的金钥匙。

推广“梨树模式”，因地制宜实现全国范围精细化落地。“梨树模式”已经在吉林省得到推广，要在黑土地上扎根还需注意黑土区南北的温度差异、东西的水文分布差异。

如今，仅在吉林省梨树县便已经形成了四种不同的技术模式：东南部山区及半丘陵区以高留茬垄侧栽培种植模式为主；中部平原黑土区适合的模式是秸秆覆盖免耕种植模式和秸秆覆盖条带旋耕种植模式；东北部低洼易涝区主要推广秸秆覆盖条带旋耕种植模式；西北部风沙土区以秸秆覆盖免耕种植模式为主、盐碱区以秸秆覆盖条带旋耕种植模式为主。

可见，“梨树模式”的生命力在于因地制宜、精细化落地。也正是如此，“梨树模式”不仅仅属于黑土地，其主要价值在于提供了一种耕地保护利用和生态可持续的双赢实现路径，能够根据不同地方立地条件、耕地利用状况，借鉴黑土地可持续利用管理准则创新适应性的耕地保护利用技术，联合地方政府部门、科研院校、企业和农户形成多方协作平台。

坚持“四良融合”，保护利用好耕地资源。如果说良田、良种、良法、良制是耕地资源保护利用的通用理论，那么“梨树模式”可以说是“四良”配套的一个经典案例，更是“藏粮于地”和“藏粮于技”深入融合的成功典范。

种子和耕地问题是保障国家粮食安全的两个要害，一方面要高度重视以水土保持工程为核心的黑土地高标准农田建设，另一方面要进一步加强良种选育与推广应用。同时，更需要党政首长真懂真干真尊重，合作社长真信真学真应用，才能形成“政产学研用”一体化的耕地保护利用模式，让“梨树模式”走向全国，发挥更大作用。

（原载：《中国自然资源报》，2021 年 8 月 6 日，合作者：汤怀志）

“两个创新”协同驱动土地资源利用效率提升

《中共中央关于制定国民经济和社会发展第十四个五年规划和二〇三五年远景目标的建议》提出，“全面提高资源利用效率”。这既是破解保护与发展突出矛盾的迫切需要，促进人与自然和谐共生的必然要求，更是事关中华民族永续发展和伟大复兴的重大战略问题。土地资源不仅是经济要素，更是生存性资源，是人类社会存续和发展的根本所在，理应成为“全面提高资源利用效率”这一战略部署中最重要的一环。“全面提高资源利用效率”，必须遵循“科学技术是第一生产力”的基本原理，在科技创新和制度创新的理念引领下，强化创新驱动高质量发展，为自然资源开发、利用、治理、保护和管理，提供“全链条、高水平”的全面支撑。

自然资源总量快速减少带来的危害

经济社会的高速发展及日益增加的消费正在快速消耗自然资源。联合国粮食及农业组织数据表明，世界人口数量在1961—2016年间翻了一倍多。消费需求的大幅增长导致有限的土地资源面临着前所未有的巨大压力，全球每年约有 330 万公顷森林被开发用于农业等用途。自 1900 年以来，全球湿地已经减少 50%。如果从 1700 年算起，湿地丧失率已高达 87%。同时，全球人均耕地面积也在持续下降，无序开发和过度利用导致全球约 1/3 的土地存在退化问题，所造成的生物多样性和生态系统服务损失占全球年生产总值的 10% 以上。

自然资源总量减少及质量下降已制约了人类未来的生存与发展。科学家警告，在全球关键的 9 种地球系统演化过程中，气候变化、生物多样性损失、土地利用等多种过程已超过或接近地球系统生态阈值，并将形成难以逆转的生态退化。自然资源总量快速减少带来了严重后果：一是生物多样性受到损害；二是自然生态系统被破坏，如东北、华北平原土壤退化，西南地区的石漠化，西北地区荒漠化，都将影响到我国未来可持续发展；三是社会发展的公平正义问题。人民对美好生活的追求，要求我们更好地利用和保护资源，实现资源在全体人民之间的合理分配。

我国经济发展长期过度依赖自然资源的消耗，粗放利用问题长期存在，一些关键物资的进口依存度迅速增加。一方面，我国人均资源不足的基本国情尚未改变。人均耕地面积、人均水资源量、人均森林面积仅为世界平均水平的 1/2、1/4 和 1/5，且时空分布极不平衡。资源过度开发、长期持续高强度利用导致的生态系统退化问题由点及面扩散开来。自 20 世纪 50 年代以来，全国滨海湿地面积消失 57%，华北地下水超采、东北黑土地退化、南方土壤污染等主要农区的耕地利用问题突出，农牧交错带地区大量优质草原、森林、湿地被开垦为耕地，草原生态系统严重失衡。另一方面，资源粗放利用问题依然突出。城乡建设仍以外延扩张的发展模式为主，2018 年，全国人均城镇工矿建设用地 146 平方米、人均农村居民点用地 317 平方米，超过国家标准上限；2017 年，万元工业增加值用水量为 45.6 立方米，是世界先进水平的 2 倍。随着经济发展和人均消费需求上升，自然资源需求规模效应前所未有。

守住自然安全生态边界的关键因素

系统认知自然资源保护与社会经济发展的关系。大自然本身及其功能和服务特性正在全世界范围内退化。2020 年，第二届世界科技与发展论坛上发布的人类社会发展十大科学问题，提出了自然资源领域的重大议题：自然资源总量快速减少地应对响应机制有哪些？维持和弥补全球自然资源总量，逆转因生物多样性和自然生态系统被破坏所造成的损失已经迫在眉睫。更为重要的是，土地资源和水资源是事关人类生存的基本资源，我国水土资源极度紧缺。如果水和粮食的供应出现问题，人口的生存就要出问题。因此将生存资源放在更加突出的位置并化解其总量不足、质量退化等问题，再怎么强调都不为过。其基本前提是要厘清自然资源保护与社会经济发展的关系，形成一个多维耦合、动态变化的系统认知，避免单一的生态系统或单一的经济社会系统视角。必须清醒认识到，我国自然资源禀赋和开发利用现状，决定了我国并不存在生态环境的“无人区”，在资源总量有限的前提下，资源利用方式决定了资源供给能力。人为干扰强度与自然恢复弹性决定了生态环境问题的严重程度。生态容量的“天花板”和资源供给的“保障线”共同决定了人类活动有限的合理空间。合理处理资源开发利用与生态系统关系、实现人与自然和谐共生，是自然资源保护利用的核心要义。

树立集约优先的管理理念，转向理性消费的生活方式。人类活动不可避免会干扰甚至永久改变自然生态的演化规律。建立节约集约利用资源的消费方式是保护生态环境、实现绿色发展的根本之策。只有提高自然资源利用效率，才能阻止退化、守住边界、实现节约。在资源利用过程中，加强全过程节约管理，能够大幅降低资源消耗强度。全面推动低碳循环发展，改善资源消费方式，重视资源的利用效率，减少对生态环境造成的损害，是保护资源数量不减少和质量提升最直接的、见效快的措施。这要求我们自上而下地构建好管理体系，树立节约集约利用资源的管理理念，发展节地节水技术，实现资源节约集约利用制度及政策落实的多级管控。创新规划管控和计划管理制度，深入调查资源利用过程中存在的问题。引导资源消费方式由粗放到节约集约利用的有效转变，通过科学技术等现代化手段改善资源的利用方式，提升资源利用效率，推动形成绿色发展的生活生产方式，给自然留下更多修复空间。

构建“源—流—汇”一体化的自然资源保护利用体系。自然资源保护利用体系应当职责清晰、主体责任分明，这就需要按照自然规律和管理职能，科学认识和处理好资源保护与资源利用、修复治理之间的关系。一方面，需要认识自然资源生态系统演化过程，结合生物多样性保护、陆地碳氮循环等不同场景，从时空上识别“源—流—汇”格局，根据格局与过程的关系，为自然资源保护利用提供科学依据。另一方面，要从管理职能出发，明确自然资源部门作为自然资源保护的源头，主责是确保自然资源总量够用、质量好用、生态稳定；农业、住建、水利等各部门主责是确保自然资源用得好、效率高、产能够；自然资源利用的后果在生态环境，主责是土壤、水、大气环境的治理。三者从源头、过程、末端各负其责，利用过程中的严格控制无法替代自然资源资产核算等源头管理，也不能不接受因利用带来的水、土、气污染后果的严惩，自然资源保护需要“源头严防、过程严管、后果严惩”三管齐下。

科技创新和制度创新共同提升资源利用效率

依靠科技创新破解自然资源总量快速减少世界性难题。遏制自然资源总量快速减少的势头，必须推动科技创新和倡导理性消费的全面有序展开，通过科技创新真正使经济发展从过度依赖自然资源消耗的模式中解脱出来，以科技创新驱动能源结构优化和能源消费转型升级，逐步实现生存资源的可再生与经济资源的可替代。通过基础理论增强系统认知，是当前从科学研究到管理决策的薄弱环节。一是开展土地资源演化过程、空间分布规律与驱动机理研究，面向可持续发展探索土地生态安全边界。二是研究资源供给保障理论与技术，探索耕地资源质量和生产力提升、非传统农用地资源开发利用、城镇建设用地高效集约利用、矿区废弃土地资源再利用等技术。三是研发服务自然资源管理的高性能土地计算技术，构建土地资源政策决策平台，实现土地资源利用预测预警和智能决策。

增强自然资源整体保护、系统修复和综合治理的科技支撑。重点是加快关键技术研制，研制土地资源与人口产业环境的权衡协同、土地资源利用潜力提升分析技术，研究耕地健康评估诊断与保护修复、矿区土地生态恢复与重建、受损与退化土地恢复、自然资本维持与生态产品供给等技术。探索流域（区域）土地利用与可持续发展模式，为我国东北黑土地、华北平原气候敏感区、边际耕地等重要区域保护修复提供系统化解决方案。加强自然资源监测，研制自然资源实时感知技术与国产化装备，实现实时化数据保障、精准化调查监测、知识化监管服务、智慧化综合治理。

构建耕地资源健康管护体系。当前，缺乏高水平的科技创新平台是耕地生态和耕地健康管护面临的最大制约因素，需要凝聚科技力量突破耕地健康科技瓶颈，强化土壤、水土资源、生态景观、植保、气象、地理信息等多学科联合攻关，以实现耕地资源的可持续利用。当前，亟待针对优质耕地、中低产耕地、边际耕地、“问题”耕地的不同生态管护需求，在东北黑土地、华北气候敏感区、西北生态环境脆弱区等典型区域创设国家级科技创新平台，配套激励政策、形成协同合作机制、加大经费投入，提供不同区域、不同类型耕地资源保护利用的整体解决方案。同时，将耕地质量、耕地生态、耕地健康纳入耕地“大熊猫”保护相关法律法规，统筹各级政府、各部门耕地保护与生态系统服务管理政策目标。围绕全球可持续发展目标的管理要求，按照耕地“三位一体”保护的关键环节明确管理责任，利用信息化手段加强监管服务。同时，坚持科技创新与科学普及两翼齐飞，全面提升耕地保护人才队伍的科学素质和正确行为能力。

进一步提升节约集约用地政策地位。只有大幅度提高了土地资源利用效率，生产和生活的空间才能适度压缩，为自然的修复恢复提供更大的空间或更多“留白”。当前，我国土地粗放利用、效益低下的现状并未完全改变，迫切需要以主体功能区规划和国土空间规划为依据，以保护资源和保障发展为目标，以国土整治和生态修复为手段，探索节地技术、节地标准，引导土地立体开发利用，全面实施节约集约用地战略并提升其政策地位。这是守住自然生态安全边界的根本保障，也是创新引领国土空间高质量发展的重大战略需求。

加强节地技术实践应用和技术模式推广。将我国新近积累和实践探索的一批实用技术尽快应用到管理的各个环节。基础设施建设类，如铁路、公路、水利等，通过采用先进技术减少土方工程、避免开挖大量土地。新产业、新业态类，如风能、光伏发电等新能源产业项目建设，通过高架或深埋、就地并网等技术，减少对土地的占用。城市土地开发利用要综合考虑地上地下空间、功能复合、生产生活生态效益等因素。乡村建设用地要注意盘活存量建设用地用于农村一、二、三产业融合发展和观光农业、体验农业、创意农业、休闲农业与乡村旅游等新业态，促进县域经济发展。

（原载：《中国土地》，2021 年第 7 期，合作者：汤怀志）

创新引领自然资源管理踏上新征程

创新驱动发展，在我国现代化建设全局中居于核心地位。创新塑造新优势，是我国踏上新征程、实现高质量发展的战略支撑。

自然资源行业是名副其实的高科技行业。地质矿产、海洋测绘、森林草原、土地资源、国土空间，无一不是以科技保障资源产品供给、大幅度提升自然资源利用效率的“主战场”，无一不是以科技加强自然生态保护、高质量重塑美丽中国生生不息新格局的“大舞台”。

新中国成立以来，一代又一代中国科学家，创造了一个又一个科技创新的奇迹。中国用占世界6%的淡水、9%的耕地，养活了近20%的人口，人均中国粮占有水平从新中国成立初期的200公斤，连续跨过300公斤、400公斤两道门槛，近年来达到470公斤，接近500公斤相对宽裕的粮食安全水平线。中国人的饭碗不仅端得越来越牢，而且里面的中国粮也越来越丰富，越来越有营养和味道。

目前，地球已经进入“人类世”。科学研究证明，全球气候变化和人类活动日益加剧对人类共同家园的伤害。当下，可持续发展已经成为一场关乎人类自身生存的攻坚战，不仅关乎技术，也关乎伦理，而且是一场人类整体输不起的战争。自然资源保护利用和国土空间修复治理是其中的一篇大文章，具有底层架构的基本支撑作用。构造好这个事关 14 亿人根本福祉的自然资源底盘，唯有创新才能支撑。

山水林田湖草是一个生命共同体。中华民族和世界上其他民族是一个命运共同体，都是地球行星系统上的平等乘客。“十四五”规划建议明确提出，要推动绿色发展，促进人与自然和谐共生。习近平总书记指出，生态环境问题归根到底是资源过度开发、粗放利用、奢侈消费造成的。因此，必须从守住自然生态安全边界、大幅度提升自然资源利用效率这个源头抓起。

自然资源部门，必须也一定能够发挥新型举国体制优势，全面提高创新链整体效能，打好自然资源领域关键核心技术攻坚战。

（原载：《中国自然资源报》，2021 年 1 月 5 日）

向土地科技原始创新的新高度奋勇攀登

习近平总书记在科学家座谈会上发表的重要讲话让我感受深刻。新的时代赋予了土地科技工作者新的使命，我们需要做的就是努力前行、勇攀高峰。

当代中国的土地科技工作是在改革开放后，围绕着统一土地管理的国家需要，坚持问题导向，重新布局、次第展开的。最严格的土地管理制度，核心是土地审批。做好土地审批，既需要法律法规，也需要科学分析数据。在这个强大需求拉动下，土地社会科学和土地自然科学及工程技术逐步发展。快速发展的各种先进技术，为土地调查、土地规划、土地整理、土地信息等方面的科技创新提供了有力保障；而土地科技创新成果也为保障用地、保护耕地发挥了不可替代、不可或缺的重要作用。

我们团队分析认为，中国土地资源安全保障关键科技难题集中在4个方面：

一是耕地资源保障难题。我国耕地资源数量不足、禀赋有限，长时期高强度利用使三大农区耕地资源利用承受巨大压力，东北平原黑土地退化、黄淮海平原地下水大面积漏斗、长江中下游平原面源污染等问题日积月累，耕地资源利用边际化趋势严峻，必须用科技创新加以破解。

二是国土空间治理难题。实现第二个“百年目标”，需要更加优化的国土空间予以支撑。高质量的国土空间规划编制及其实施，需要更加完善的科学数据予以保障。量值定义世界，精细决胜未来。国土空间治理，不是绘画做文章，而是以科学数据流支撑的科学决策流来定义的，要靠稳健的风险管控来保障。精细规划、严格管理的土地科学技术基础依然是摆在土地科技工作者面前的一道大难题。

三是土地生态安全难题。当今世界已经不是一个空旷世界，而是一个拥挤世界。当代中国也是如此。物质产品、精神产品和生态产品都是人民高品质生活的需要，而生命共同体是要在国土空间上落实的。生态文明建设，必须统筹协调好山水林田湖草等生命共同体诸要素，中国土地科技工作者有责任审慎提出落实《全国重要生态系统保护和修复重大工程总体规划（2021—2035 年）》、实施“山水工程”的负面清单，确保自然生态保护和修复工程干一个成一个。

四是智慧土地管理难题。中国实施最严格的土地管理制度、最严格生态环境保护制度，既是国情使然，亦是时代特征，更是对人民负责。智慧土地管理必须解决源头数据和底层架构问题，特别是生态数据不足、高性能计算能力不足是两大“卡脖子”问题。“十四五”期间必须部署攻克。

习近平总书记指出：“要把原始创新能力提升摆在更加突出的位置，努力实现更多‘从 0 到 1’的突破。”土地领域可持续科技创新能力建设，必须尽快解决缺乏国家级创新平台、缺乏土地一级学科支撑问题。我们团队将坚决贯彻落实习近平总书记在科学家座谈会上的重要讲话精神，聚焦主业，高扬科学精神，以更加专注、勤奋的态度，在耕地保护科技原始创新方面做出新的更大贡献。

（原载：《中国自然资源报》，2020 年 9 月 17 日）

我国耕地占补平衡政策实施困境及科技创新方向

耕地是我国最为宝贵的资源。我国实行最严格的耕地保护制度，其中耕地占补平衡政策是依据我国人多地少的基本国情，破解经济社会发展用地需求与耕地保护矛盾、确保耕地总量实现动态平衡的重要举措。耕地占补平衡政策对于守住耕地资源底线、保障国家粮食安全的物质基础具有重要意义。但是，随着我国经济社会快速发展和耕地非农化需求日益增长，地方在实施耕地占补平衡政策过程中逐渐出现补充数量不到位、补充质量不到位问题。《半月谈》记者调研发现，当前多地存在“好地搞建设、劣地搞农业”“种草种树不种粮，基本农田为他用”“数据失真打架，制度缺失监管弱”等典型问题。

“在耕地占补平衡上玩虚的是很危险的，总有一天会出事。”现行的耕地数量平衡已经在理论解释、信息获取、实施监管、工程技术等多方面远远滞后于实践管理需求。如何科学认知耕地占补平衡政策，以科技创新为引领完善政策体系并强化监督实施，已成为我国耕地保护制度转型过程中亟待解决的重要问题，也是保障国家粮食安全、经济安全、资源安全的重大战略需求。

1　实施耕地占补平衡政策是深刻理解和把握我国耕地资源基本国情的必然选择，是不可替代的长期举措

1.1　耕地占补平衡本质是对我国人地矛盾极端突出问题的政策响应

我国人多地少的基本国情，决定了我们必须把关系十几亿人吃饭大事的耕地保护好，绝不能有闪失。①从资源禀赋上看，我国人均耕地面积不足世界平均水平的 40%，全国优、高等耕地面积比例不足 30%。②从对外依存度上看，依据 2018 年粮食进口量计算，我国耕地资源缺口超过 7 亿亩，约占现有耕地数量的 35%，是全国耕地后备资源数量的 8 倍多。③从变化趋势上看，我国城镇化率每提高 1%，耕地面积减少约 200 万亩，到 2030 年达到 70% 左右的城镇化水平还需损耗 2000 万亩耕地，主要是生产力高的优质耕地。④从生态建设上看，退耕还林还草、轮作休耕带来的耕地面积减少不可避免。优质耕地持续减少、现有耕地的持续高强度利用状况难以得到根本性扭转，在人口高峰即将来临、国际政治经济格局调整的背景下，国内学者认为当前我国已经处于国家粮食安全、耕地资源安全最艰难的时刻。

实施耕地占补平衡政策，是在对我国耕地数量不足、水土适配性差、高强度利用不可避免的总体判断的基础上，化解工业化、城镇化过程中建设用地与耕地之间紧张关系、对耕地资源实施救济补偿以维持耕地保有量的有力举措，有必要坚持最严格的耕地保护制度，依法依规做好耕地占补平衡。

1.2　耕地占补平衡是优化国土空间、提升用地效率的重要倒逼机制

耕地资源作为农产品生产基础，在经济收益上远低于建设用地，在价值体现上与我国耕地资源紧缺现状及其发挥的重要社会保

障与生态涵养功能难以匹配。耕地占补平衡政策的实施，显化了耕地作为稀缺要素的经济价值。通过提高耕地转化为建设用地的成本，在一定程度上制约了地方建设用地的开发冲动，能够有效引导地方控制建设用地开发规模，集约高效地挖掘存量土地潜力。同时，耕地占补平衡政策将不同经济发展阶段、不同土地利用方式的“城—乡”“发达—欠发达”区域勾连起来，形成整体性的要素流动机制，并以土地整治项目、补充耕地指标交易等方式，将资金投入承担补充耕地区域，以改善农业生产条件和农村生活环境，实现土地利用水平和效率的整体提升，以及优化国土空间结构和区域经济结构，从而统筹推动区域均衡发展。

1.3　持续创新支撑耕地保护向数量、质量、生态“三位一体”纵深发展

继中共中央、国务院于 1997 年下发《关于进一步加强土地管理切实保护耕地的通知》和 1998 年修订《中华人民共和国土地管理法》以来，我国先后确立了建设占用耕地项目与土地开发整理复垦项目的挂钩机制、补充耕地市场化交易机制、耕地占补平衡考核机制等耕地占补平衡政策，为解决保护耕地与保障发展之间的矛盾提供了可操作的路径。

当前，我国仍处于城镇化快速发展时期，再加上生态文明建设任务艰巨，耕地保护与建设占用、生态用地的多重矛盾，导致优质耕地资源流失的形势依然严峻。到 2035 年即使我国基本完成工业化和城镇化进程，依然需要调整优化国土空间格局，推动城乡融合与区域协同发展。同时，以山水林田湖草生命共同体理念为引领的耕地资源保护修复，仍面临工程技术体系尚未建立、管控体系不完善及海量资金缺口等问题。

20 多年来，耕地占补平衡政策在内涵上不断改进，在实施监管上综合运用遥感技术、动态监测等信息化手段不断加强监管力度，推动提升了耕地占补平衡政策的市场化、社会化、产业化运作水平。2017年，原国土资源部明确了“以数量为基础、产能为核心”的占补新机制，这为耕地保护向数量、质量、生态“三位一体”发展奠定了基础。坚持持续创新是破解耕地保护难题的唯一出路。

2　耕地占补平衡政策实施存在多重严峻挑战

2.1　单一目标的耕地数量平衡导致优质耕地快速流失

2001—2015年，全国通过土地整治补充耕地面积达6000多万亩，超过同期建设占用和自然灾害损毁耕地面积之和。客观来说，耕地占补平衡政策在控占、制补方面取得了一定的积极效果；但是，在执行过程中由于优质耕地大多靠近城镇边缘，无力对抗城镇的蔓延进程；而补充耕地往往相对偏远、配套设施不完善、水土条件差，其质量普遍低于被占用耕地，耕地边际化问题突出。地方占而不补、占多补少、占优补劣、占整补零、占水田补旱地等异化现象由点及面、普遍存在，特别是花了很大代价建成的旱涝保收的高标准农田、永久基本农田也被成片占用。作为快速发展的代价，已经损失的优质耕地难以重建，因此单纯依靠数量平衡难以阻断优质耕地继续流失。

耕地“红线”不仅是数量上的，而且是质量上的。搞耕地占补平衡不能把好地都占了，用劣地、坡地、生地来滥竽充数，最终账面上是平衡了，但耕地质量是极大亏空了。

2.2　质量不平衡、生态不平衡问题危及耕地安全生产能力

根据全国耕地质量等别更新评价主要数据成果，我国耕地平均等别总体上变化不大；但从空间上看，东部优质耕地减少、北方和西部地区大量开垦为耕地，全国耕地重心持续向耕地质量相对较差的西北方向“漂移”。

（1）我国东部经济发达地区和南方丘陵山区，耕地占用、非农

化、非粮化趋势严重；而补充耕地的方式主要在边远山区的地方实施，以小规模、分散性、碎片化补充为主。这不仅难以补充同等质量的耕地，还会由于耕作不方便，导致补充耕地出现撂荒和闲置问题。有研究表明，浙江、江西、湖南、广西、重庆、四川等多个省份的山区县撂荒率均已超过20%。

（2）我国东北地区因水热资源和耕地资源匹配较好，毁湿种地、毁林开荒现象比较普遍，是新中国成立以来开发耕地最多的地区。这使得我国传统的“南粮北运”逆转为“北粮南运”。黑龙江、吉林两省甚至被认为是“国家粮食安全的压舱石”，这在一定程度上造成了当地耕地的过度利用。例如，黑龙江有超过70%的耕地处于土壤养分轻度以上贫瘠化状态，黑土耕地质量整体退化。

（3）我国北方农牧交错带和西部生态脆弱地区的水资源条件十分有限，年际间降雨量波动大、农牧间经济效益差异大，农牧交错带土地资源不同利用方式的转化经常发生。现行耕地保护政策由于缺乏生态平衡机制和差异化保护机制，一定程度上诱发以草地、湿地和生态用地消失为代价形成了粮食产区，激化了该地区的农牧矛盾。例如，内蒙古、甘肃、宁夏、新疆等地不适当地增加了相当数量的林区、草原，以及河流湖泊最高洪水位控制线范围内和25°以上陡坡的“不稳定耕地”。根据全国不稳定耕地调查评价成果数据，西北干旱半干旱地区存在不稳定耕地面积占地区耕地总面积的比例达到4.11%，东北地区甚至高达11.57%。

经过长期发展，因忽视耕地质量、耕地生态造成的耕地生产力下降、水土流失、地下水超采、土壤退化、面源污染加重等问题已经对国家粮食综合生产能力造成了实质性损害。耕地占补平衡政策必须对接生态红线政策、休养生息政策，以适应生态文明建设需求。

2.3 跨省域耕地占补平衡必须兼顾效率与公平

2017年中共中央、国务院印发《关于加强耕地保护和改进占补平衡的意见》提出，要探索补充耕地国家统筹，解决耕地后备资源日益匮乏、占地需求与后备资源空间不匹配的现实问题，推动建设用地资源向中心城市和大都市圈倾斜，提高用地效率。

2018 年《跨省域补充耕地国家统筹管理办法》的出台，进一步明确了跨省域补充耕地资金要全部用于巩固脱贫攻坚成果和支持实施乡村振兴战略，从而充分发挥经济发达地区和资源丰富地区资金、资源互补优势，推动区域协调发展。

跨省域补充耕地国家统筹政策的实施，一方面对于经济发达地区而言，绝不是不再需要执行耕地占补平衡政策，更不是放松耕地保护要求，而是国家公权力对资源环境条件严重约束的省、市从国家层面进行土地资源的再配置。另一方面，直观的经济效益激发了地方补充耕地热情。欠发达地区想尽办法筹集、补充耕地指标用于交易，甚至为获取短期经济收益透支自身发展空间。长期来看，如果忽视欠发达地区的土地发展权将会加剧区域发展不平衡，不利于实现社会的均衡发展。同时，欠发达地区的耕地后备资源不少分布在水源不足的半干旱地区或生态脆弱地区，一旦开发不慎将彻底违背耕地占补平衡政策的初衷。因此，既要做到稀缺的耕地占补平衡指标交易公开、公平，更要确保补充耕地质量不降低，确保耕地资源开发及开发后的耕作活动不会造成新的生态环境扰动。这就要求自然资源主管部门必须全面掌握国家级耕地数量、质量、生态基础数据和精细化的资源调控与空间配置能力；这也是对地方实施严格监督，以及科学、公正、规范实施耕地占补平衡政策的基本依据。

3　造成耕地占补平衡政策实施难的关键科学问题

3.1　耕地保护科学认知不到位导致地方政策操作异化

中央关于耕地保护的刚性要求和地方政府对经济发展的现实需求不断产生冲突和博弈。由于缺乏耕地资源与国家经济、社会、生态系统的整体认知，地方政府作为耕地直接管理者经常为追求经济发展，将耕地占补平衡政策异化为建设用地扩张的操作路径，以补充耕地之名行使占用耕地之实。耕地占补平衡政策执行难，本质上是我国城乡之间、区域之间经济社会发展不平衡、不充分的主要矛盾在耕地保护领域的集中体现，而重点地区、国家重点项目"占而不补"政策更给予地方"搭便车"的机会。在经济发展与耕地保护的两难选择中，地方政府利用现有政策缺陷，尽可能降低不断上升的耕地占用成本，将本应承担的发展成本交由国家和整个社会来分摊"买单"。

3.2　缺乏符合地理国情的差别化耕地占补平衡实施机制

经济发达地区、粮食主产区、生态脆弱区在耕地保护、生态建设、发展用地上的需求与模式大相径庭。东北黑土地退化、华北地下水超采、西北土地荒漠化、南方耕地撂荒等情况已经证明，简单保障数量上的耕地占补平衡不适合现在和未来发展需要。而且，耕地占补平衡政策"一刀切"的问题还未完全解决，对各地区的政策底线要求不够明确，尚缺乏耕地与人口、资源、产业、经济、环境关系的系统梳理和耕地全要素基础数据支撑；此外，也未能全面、系统地总结各地在执行耕地占补平衡政策过程中开展差别化管理的有益探索。

3.3　缺乏可操作耕地健康产能平衡技术手段支撑

产能是维持耕地生产能力的根本，耕地占补平衡政策必须强调产能平衡。当前的政府管理工作在一定程度上还停留在"坚守耕地数量红线"的管护水平，缺乏对加强耕地产能保护、耕地生态保护紧迫性的深刻认识，缺乏完善最严格的耕地保护制度的决心和勇气。由于缺乏耕地产能平衡、生态平衡的可操作措施，不少地方只是追求耕地数量上的形式占补平衡，而不考虑通过优化国土空间潜力、提高耕地质量潜力和保持耕地健康。社会上普遍存在着"耕地占补平衡红旗还能打多久"的疑虑。

3.4　耕地资源安全保障的科技创新能力不足

与发达国家相比，我国在耕地资源安全保障的理论水平、方法上均明显不足，技术年代差近 14 年，尤其是缺乏对耕地资源本底全要素状况以及耕地质量、生态关键参量数据的全面掌握。例如，对东北地区耕地资源退化、华北平原耕地水资源危机、东部和南方地区耕地环境污染，以及西部地区耕地荒漠化、石漠化、边际化等突出问题缺乏必要、及时、全面的分析研判，没有形成基于耕地资源演化动态研判而建立的定期、制度化耕地资源安全保障科技服务能力，也没有建立起一个强有力、独立、智慧的政策响应和决策支持系统。

4　以科技创新为支撑，提高耕地占补平衡政策实施效能

4.1　加强耕地资源系统认知，制定差异化的耕地“红线”

十分珍惜和合理利用每一寸土地，切实保护耕地，是我国必须长期坚持的一项基本国策。耕地“红线”就是底线，要确保这条底线不被突破；应根据耕地资源状况及其与人口、经济社会关系，差别化设立全国和省级层面耕地保护“红线”。具体而言，①经济发达地区，应首先遏制粗放扩张的土地利用惯性，稳定耕地保有量、严守数量平衡和布局稳定，倒逼提升资源利用效率，率先实行耕地产能和永久基本农田生态占补平衡，优化以土壤为核心的土地资源空间结构和布局。例如，以北京、上海等为代表的大都市应不允许退耕，并实行耕地零减少；部分沿海发达地区要尽可能提高耕地保有量和永久基本农田划定比例。②粮食主产区，必须做到耕地尤其是永久基本农田的数量不减、质量不降、生态向好，尽可能向光温水土条件好的优势区集中。根据水土匹配状况适度确定东北、华北、长江中下游等不同区域的耕地保护数量和比例，并安排内蒙古

退出粮食主产区。③西北干旱区和南方丘陵山地区等生态脆弱区域，要将耕地质量提升和永久基本农田生态修复放在突出位置，适当退出一部分边际耕地，降低耕地保护数量和比例。

实施差异化耕地“红线”本质上是维护优质健康耕地数量和布局，是在我国土地资源分布极度不均衡，以及耕地保护与城镇建设、生态建设时空冲突下的路径选择。

必须抓住耕地保护主要矛盾，避免未来发生更加巨大甚至不可逆转的经济损失和生态损失。同时，做好“红线”外耕地保护细分，实施分级管控，引入市场化机制，协调好地方政府、农村集体经济组织和农民等利益相关方。

4.2　加快研制土地生态工程技术体系，推进实施全域土地综合整治

要落实“藏粮于地、藏粮于技”国家战略，严格控制未利用土地开垦。宁留耕地后备资源不开发，绝不能不谨慎乱开发、滥补充。要在建设美丽中国、富强中国的过程中，不断完善高质量、高水平的国土空间规划，分阶段、分步骤实施全域土地综合整治，干一片、成一片、保护一片、监督到位一片。高标准农田建设作为巩固和提高粮食生产能力、保障国家粮食安全的关键举措，是补充耕地的主要途径。在严格落实占补平衡、确保补充耕地数量的同时，实施提质改造，提高耕地质量，确保耕地占优补优。

要围绕生命共同体理念加强耕地健康修复和生态良田构建的土地综合整治模式。高等级耕地重在保护，要做好合理利用和健康管护，避免耕地生产力和生态系统服务功能退化；中低产田要合理改造，提升产能、增加耕地韧性和风险抵抗力；“不稳定耕地”要分类处置，不开发或少开发生态典型脆弱区的边际耕地，通过国土空间治理、结构调整和布局优化配置作为补充耕地的重要途径。

4.3 研制耕地资源关键要素获取技术、装备与系统，提升耕地资源全程监测监管能力

耕地占补平衡打通渠道“算大账”，意味着各种来源、各种类别资金支持下的土地整治，其新增耕地经核定后均可用于占补平衡，新增耕地核定和监管的难度将大幅提升。因此，必须面向“三位一体”源头管控，构建耕地质量与健康大数据库，显化耕地经济、社会、生态复合价值，并以耕地生产力和耕地健康为核心，建立健全耕地资源保护的全要素监督能力。

在全程化监测、信息化监管等技术支撑基础上，实施全国“一盘棋”，统筹规划管控、用途管制、利用管理、项目监管和监督考核；厘清耕地资源保护监督、耕地利用监管、农田土壤环境监管的部门职责和责任主体，按照耕地保护“源头—过程—后果”的关键环节分别由自然资源部、农业农村部、生态环境部等相关部门牵头管理。明确补充耕地过程中关键环节的技术标准、程序和各级主管部门职责，利用信息化监管手段强化监管服务，防范化解失控风险，避免部门扯皮、上下级阻隔现象的发生。

4.4 实施中国耕地资源安全保障重大科技行动，提供全链条系统解决方案

就耕地生产力来说，实现占补耕地产能相当，在工程技术上是完全可以实现的。但如果考虑到耕地资源的可持续利用，就不仅要做到数量不少、产能不减，更要做到生态无损。

（1）建议加强国家土地科技创新顶层设计。实施中国耕地资源安全保障重大科技行动；以国家重大需求和土地科学难题为导向，构建原创性中国耕地资源安全基础理论和知识体系；重点加强耕地数量、质量、生态“三位一体”保护、精细利用、精准修复、智能管控等关键技术创新；提供耕地资源动态监测、系统诊断、风险评估、科学决策的全链条系统解决方案，整体提升耕地保护科学决策与科学管理水平。

（2）在国家相关主管部门重大科技部署的规划、项目、经费安排等方面予以倾斜。在土地整治与生态修复等重大工程设计与实施中，要安排一定经费用于关键技术研制，充分调动市场资源参与本领域科技创新。

（3）将科学普及放在与科技创新同等重要的位置。科技创新与科学普及两手并举，全面提升耕地保护人才队伍的科学素质和正确行为能力。

（原载：《中国科学院院刊》，2021 年第 5 期，合作者：汤怀志、桑玲玲）

黑土地保护：耕地资源利用的技术革命

岁末年初，新冠肺炎疫情与去全球化相叠加，进而又与全球石油市场、全球股市剧烈波动相激荡。全球经济、人类社会正面临着一场重大考验。

疫情爆发以来，对食品供给、粮食安全的担忧和讨论不绝于耳，至今未灭。建立在最严格的耕地保护制度，藏粮于地、藏粮于技战略和确保口粮绝对安全之上的中国制度显著优势及其实践，接受了一场前所未有的压力测试，坚如磐石，坚定地维护了国家整体安全。

应该承认，对最严格的耕地保护制度和国家粮食安全，一方面，还有不少人质疑或怀疑，有的担心耕地面积保多了，挤压了发展建设空间；有的担心家庭经营规模太小了，农产品生产成本过高，财政背不起；有的忧虑农产品库存不真实，等等。另一方面，我们必须承认，我国的耕地资源及其利用，面临着巨大挑战。耕地非农化、非粮化、细碎化、边际化、寂寞化（农田生态退化）不同程度地继续存在，耕地资源过度开发利用与粗放利用并存，山丘区耕地撂荒时见报端。东北农区黑土地退化、黄淮海农区地下水漏斗、南方农区局部农田土壤重金属污染等为科技界所担忧。

我国东北黑土区是世界 3 个黑土区之一，东北黑土地在中国农业发展特别是粮食生产中具有举足轻重的地位。一般印象中，东北的黑土地是我国最肥沃的土地，其地力特性可一直维持下去，可以一直作为我国最有保障的粮仓。从统计数据来看，也的确如此：东北黑土地粮食总产量和商品粮现分别占全国总产量的 1/4 和 1/3，已成为我国粮食生产的“稳压器”和“压舱石”。

但是，这样的成绩，一方面反映了高强度利用投入和科技进步，另一方面，也要看到我们付出了极其沉重的资源与环境代价。

从东北黑土地开垦至今，东北地区黑土地的土壤水蚀风蚀加剧、土壤有机质含量下降、耕层板结硬化、生态功能退化等问题也日益凸显。由于长期不合理的耕作和高强度开发，如铧式犁翻耕产生的犁底层变厚、变硬、上移、水土流失等，黑土耕层的有机质含量下降了 50% ~60%，土层平均厚度由 50 ~60 厘米下降到 30 厘米左右，土壤潜在生产力降低了 20% 以上，而且仍在以年均 5‰的速率下降。同时，由于长期以来“重用轻养”，庄稼收获后，大量秸秆被焚烧或者挪出农田，土壤有机质大幅度下降，变得越来越“瘦”。如果这样继续下去，再过几十年，东北粮食主产区作物生产的优质土地资源将不复存在，要想取得现阶段的粮食产量或要保持一定的增产，将会需要更大的灌溉水与肥料资源的投入，还将会引起更进一步严重的区域资源与环境问题，东北地区农业的现代化与乡村振兴的资源与环境基础就失去了保障。

鉴于我国的基本国情，人多地少，优质耕地更少，耕地保护必须采用在保护中还要进行高效的利用，来保障我国的粮食安全。保护东北黑土地，要以科学研究和认识作为基础来制定和发展东北各地的有效保护模式。我国高度重视东北黑土地保护工作与利用，出台了多项相关政策，对保护性耕作技术 20 多年的研究表明，这项技术能够实现作物稳产高产与生态环境保护双赢，应用于东北黑土地，具有防治农田扬尘和水土流失、蓄水保墒、培肥地力、节本增效、减少秸秆焚烧和温室气体排放等作用。

保护性耕作是耕作学理论突破的技术革命，从一定意义上是颠覆性的。“土”是人类生存之根基，万物生命之根本，土壤退化和土壤侵蚀的问题，自古便困扰着人类社会，但它却并没有被认真对待。重型农用机械被引入农业却进一步加剧了土壤侵蚀，化学农业被大规模应用却将土壤养分消耗殆尽。世界各地丰富的案例和科学数据表明，免耕少耕、多样性轮作、农作物覆盖等保护性耕作能够取得非凡成效，回应了有机农业养活不了世界的质疑，肯定了发展保护性农业可以实现双赢、多赢的光明前景。有了健康的土壤，才有健康的植物、健康的动物、健康的人们、健康的人类未来生存环境。

虽然保护性耕作被有些人戏称为“懒汉种田”，但是真正实施好这些技术，还是有很多需要注意的方面：在保护性耕作推广过程中，应该循序渐进，先试验、示范，再推广，切勿盲目冒进；对于初次实施保护性耕作技术的农民，应该接受培训，理解保护性耕作的内涵和意义，从理论上接受这项技术；通过多种方式选择适合自身条件的保护性耕作机具，并且学会机具调节原理与方法，从装备上保障技术的实施；由于地表有秸秆覆盖而且不翻耕土壤，农田中的杂草病虫变化规律与传统耕作可能有较大差异，需要采用合理的杂草病虫新技术；在收获时，除了关注作物产量，更需要核算生产效益，关注土壤变化。

我国用占世界6%的淡水、9%的耕地，养活了占世界19%的人口，“吃饱了的中国”，正向“吃得好的中国”行进。与此同时，中国的生态文明建设、美丽中国发展目标，与确保口粮绝对安全的国家整体安全约束，要求我们加强国土空间治理、优化国土空间布局，把优势耕地资源保护好、建设好、利用好，而从根本上讲，唯有通过科技进步，突破耕地资源利用效率的限制，才能把“藏粮于地、藏粮于技”战略落到实处。

我们还必须看到，藏粮于技是以藏粮于地为前提和基础的，没有足够的、稳定的、健康的耕地资源保障，藏粮于技是会落空的。从这个意义上说，东北黑土地保护，资源生态安全保护是根本、资源保护性利用是手段。

（原载：《中国科学报》，2020 年 4 月 30 日）

中国共产党土地理论创新与发展

学习近代史、研读《中国共产党的九十年》，就会得出这样的结论：唯有中国共产党人能够站在为中国人民谋幸福的立场上，正确识别并找到动员中国革命基本力量的思想武器，即用“土地改革”的方式实现“耕者有其田”。

“土地革命”和“土地改革”，是以毛泽东为代表的中国共产党人的伟大理论创新。正是这个理论创新，为苦难的广大人民群众指明了坚定跟党走的明确方向，来自根据地、解放区的土地改革成果兑现了中国共产党人的郑重承诺，成为集聚革命力量的有力武器，使得中国共产党及其领导下的人民子弟兵发展壮大了起来，最终建立了新中国。

新中国成立后，中国共产党人兑现了革命动员承诺，全面实行“土地改革”，得到了广大农民的积极拥护和响应。“土地改革”建立农民土地所有制，为迅速恢复经济创造了制度条件。

从“土地革命”到“土地改革”，中国共产党人取得了举世瞩目的革命成就。新中国成立后，中华民族要生存、广大人民群众要活下去的问题解决了，接踵而来的问题是生活要好起来。于是，中国共产党人又开始了新的理论创新探索，“组织起来”成了一穷二白条件下的唯一选择。在“组织起来”的思想指导下，革命激情继续释放，人民群众积极响应，互助组、初级社、高级社快速发展，最终走到了人民公社制度的确立。至此，农民土地所有制被农村集体土地所有制替代。

由于人民公社制度发育不充分，“三级所有、队为基础”的内涵并不明确，就土地所有权来说，有两种截然不同的理解或主张：一种是农村集体土地，既是人民公社的，也是生产大队的，还是生产小队的；另一种是农村集体土地，要么是人民公社的（乡镇的），要么是生产大队的（行政村的），要么是生产小队的（自然村的、组的）。这两种理解或主张，至今还发挥着深刻的影响。

但是，“人民公社”之路越走越远离初衷，“大锅饭”效应越来越普遍，劳动资料（耕地）与劳动者之间的联系越来越弱化，最终走到了连吃饱饭都难以维持的危险境地。

改革开放以后，以邓小平为代表的中国共产党人又做出了划时代的理论创新。其一，“联产承包”既维护了农村集体土地所有制，又跳出了“大锅饭”陷阱，实现了耕地使用权革命，解放了农村生产力，实现了农村生产力要素的有机结合，回应了公开、公平、公正的合理诉求。其二，“有偿使用”同样既维护了农村集体土地所有者，又破解了企业改革、外资引进的土地要素配置难题，实现了建设用地使用权革命，开辟了工业化、城镇化所必需的土地资源市场化配置道路。

今天，已经被广泛认同和接受的农业“家庭经营”基本形式、土地要素市场化配置决定性作用，应该说是源自以邓小平理论所表达的第二波次的理论创新。从“人民公社”到“联产承包”“有偿使用”，中国共产党人的这又一理论创新，成为“富起来”的关键支撑之一。

进入新时代，经济社会高质量发展、土地资源可持续利用、国土空间治理体系构建，建设中国特色的社会主义现代化强国，实现中华民族伟大复兴的中国梦等，都迫切需要具有决定性意义的新的理论创新，以破解农产品竞争力难题、城乡土地要素流动性难题。于是，明确土地经营权的实质内涵和法律地位，成为新的理论创新的关键环节。

以习近平为代表的中国共产党人，再一次以巨大的勇气、决心和魄力，做出了“三权分置”“农村集体土地直接入市”的理论创新，拆除了农村集体土地与全民所有土地之间的隔墙，铺平了实现同地同权同价的道路。2019 年 8 月 26 日，党的十三届全国人大常委会第十二次会议审议通过了酝酿已久的《中华人民共和国土地管理法修正案》。随之，习近平签署主席令予以公布，2020 年 1 月 1 日施行，既坚定维护了所有权，又充分尊重了使用权，还创设开辟了经营权，为提高土地要素的流动性，服务保障经济社会发展需要，实现土地资源合理利用与科学保护奠定了法律基础。

理论创新是决定实践质量和效率的认识前提和先决。中国革命的伟大胜利、改革开放的巨大成就，是由中国共产党人的理论创新引领的、创造的，是与中国共产党人对所处时代土地问题的科学认知分不开的。在新的理论创新引领下，当代中国共产党人必将书写出能够承载中华民族光荣与梦想的辉煌新篇章。

（原载：《中国自然资源报》，2020 年 9 月 6 日）

用科技力量破解耕地资源绿色高效利用难题

据预测，到2020年，我国粮食需求量将达到7亿吨。这是在目前我国粮食总产稳居在6亿吨之后的一个新台阶。我们能不能既让耕地休养生息，又稳步跨上7亿吨新台阶呢？回顾新中国建设70年、改革开放40年的奋斗史，答案是肯定的，但难度系数也是世界级的。破解难题，必须以“创新是第一动力”为指导，充分发挥科技的第一生产力作用。

一是破解坚守耕地红线难题。耕地红线既包括数量红线，也包括质量红线、生态红线，三者完整不可分割。我国实行最严格的耕地保护制度，始终坚守着18亿亩的耕地数量红线，但质量基础、生态状况不容乐观，54%的耕地资源还不具备灌溉条件，19.4%的耕地污染点位超标。实行耕地数量、质量、生态“三位一体”保护，就是要从源头、过程、后果、治理的各个环节进行全程监管，从根本上解决不同部门各管一摊的难题，从全国耕地资源安全角度整体保护、系统修复、综合治理。

另一个难题是耕地资源的精细化管理。优质耕地的空间重心“漂移”控制、生产过程中的耕地质量影响、田块内部的耕地质量管理、耕地健康状况的诊断评估等，都是守护耕地红线应有的管理手段。如何设定好这些“硬杠杠”是关键，不让碰更不能破，否则耕地质量的破坏是粮食生产能力的根本性破坏，耕地生态的消失将是耕地资源的永久性消失。

二是攻克耕地占补平衡难题。耕地是国家粮食安全的根本。但近几十年，工业化、城镇化占用了大量耕地，虽然依靠实施耕地占补平衡对耕地数量进行了补救，但占多补少、占优补劣、占近补远、占水田补旱地的情况普遍存在，呈现出耕地重心“北漂”、优质耕地尤其是经济发展地区的耕地流失、耕地质量水平总体降低的趋势。

单从数量上讲，一方面，现有耕地后备资源数量少、分布散，光温水土资源配置差，已不适宜继续开发；另一方面，由于资源禀赋差异，新增耕地一般很难达到优质水平。长远来看，落实数质并举的耕地占补平衡不容乐观。更需要认识到耕地资源不是消耗品，优质耕地不仅是生产资源，更是生存资源，在优质耕地利用的任何问题上都必须精打细算。

三是突破耕地资源绿色高效利用难题。耕地有使用法则，过度开发、粗放利用耕地，耕地也会报复人类。耕地退化、地力枯竭、耕地污染、河水超标、食物短缺……既要满足当代人吃饭，也要为子孙后代着想，就必须重视耕地永续利用。

但是，我国的耕地就那么多，潜力就那么大，要从制度上实现让透支的耕地休养生息，就必须要有技术上的底气。我们用占世界9%的耕地，解决了占世界近20%人口的吃饭问题，已经是国际社会不可思议的巨大成就。要用更少的耕地资源生产更多的粮食，并更好地维护耕地资源可持续性，已经没有任何可借鉴的历史先例，更不可能依赖其他国家提供技术和方案，必须依靠原创性、颠覆性技术突破，实现绿色与高效兼顾的耕地资源利用方式。

四是巧解在农业生产过程中充分利用各种新科技产品难题，走好小农户与现代农业发展相结合的规模经营道路。规模经营是现代农业发展的重要基础，分散的、粗放的农业经营方式难以实现现代农业。

同时，我国农村土地制度改革已经进入深水区，改变分散的、粗放的农业经营方式将成为一个重要的历史进程，必须以尊重农民意愿和维护农民权益为前提，不能片面追求快和大。当前以小农户为主体的基本状况相当长时期还难以根本改变。因此，耕地资源利用必须与制度性安排相匹配，耕地经营规模的合理确定取决于农村劳动力转移规模，取决于科技进步和生产手段，取决于农业社会化服务水平。

五是善解国际粮食贸易战略难题，构建稳健的全球粮食安全体系。目前，我国粮食生产能力稳定在6亿吨以上，粮食安全虽然有保障，但粮食紧平衡状态没有根本改变。全球每年粮食贸易量约为4亿吨，仅相当于我国粮食年消费量的2/3，即使把国际市场上的谷物全都买过来也还不够。只有立足粮食基本自给，才能掌握利用国外资源和国际市场构建稳健的、基于全球粮食安全战略体系的主动权。

当前在国际贸易摩擦不断、贸易保护主义盛行的局势下，与全球化的百年老店去竞争，不是一件容易做到的事情。无论中国还是全球，依靠国际粮食流动提升全球粮食安全水平的隐患不少、风险难测。国际市场和国外资源更重要的价值在于让国内耕地资源休养生息、缓解耕地的生产压力和环境压力，始终要坚持以我为主、立足国内、确保产能、适度进口、科技支撑的国家粮食安全战略。

我们中国人的饭碗必须主要装我们自己生产的粮食。中国粮应该主要靠中国耕地来生产。当代中国面临的问题，是这五“难”长期并存、相互纠缠，且须谨慎权衡、协同管控。我们有信心和把握破解耕地资源绿色高效利用难题，确保中华民族能够在吃好的富强路上继续前进，而决不会后退到吃不饱的贫穷路上艰难挣扎。

（原载：《中国科学报》，2019 年 7 月 30 日，合作者：汤怀志）

以创新引领土地管理制度持续完善向前

回顾改革开放40年的多项土地制度设计，笔者认为，其中最成功的顶层设计当属耕地总量动态平衡制度。没有这个制度创新打底，今天的耕地红线，无论是数量，还是格局、成色，都或将是另外一个局面。

改革开放40年来，3个以土地管理为主题的中央文件，一以贯之的核心词有3个：耕地保护、用途管制、统一管理。耕地保护制度，从遏制耕地数量持续大幅减少的单一目标管理，发展到了以全要素数据支撑的数量、质量、生态“三位一体”保护、多目标协调管控。用途管制制度，从耕地转用审批，发展到了以系统化地类数据为依据的国土空间用途管制。统一管理制度，从对建设用地、耕地（基本农田）的初级管理，发展到了以信息化空间规划为遵循的所有自然资源的统一管理。土地科技创新，把最严格的耕地保护制度、最严格的节约集约用地制度，一浪高过一浪、一波连着一波地推上了新高度。

土地科技创新的重量级成就，当属土地调查。按照已故马克伟先生的说法，“概查”是小土地局的头号科技工程，“一调”是国家土地管理局的一号科技工程，“二调”是国土资源部的重大科技工程。目前正在实施的“三调”，是习近平总书记关心的国家工程，毫无疑问也是自然资源部的重大科技工程集成。没有科学数据，就没有科学管理；而科学数据的获得，需要基础研究、应用基础研究和应用研究的支撑和引领。“一调”看的是航片，用的是平板仪、经纬仪、求积仪。“二调”看的是国外卫片，用的是计算机、GIS、GPS。“三调”看的是国产高分辨率遥感影像，用的是国土调查云。事实上，“三调”已经不仅是一个土地调查工程，而且是一个卫星科技工程、地信科技工程、国土调查工程、信息科技工程；不仅是一个地类调查工程，而且是地权调查工程、国土质量调查工程、国土生态调查工程。

在刚刚过去的2018年，土地科学走进香山科学会议达成了一个重要共识：严峻的土地基本国情、最严格的土地管理制度，需要发展土地科学来引领，需要突破土地科技难题来支撑，严法重治、精规细管、高效开发、永续利用，是土地资源保障高质量发展的本质要义。对土地实行精细调查、精明利用、精准整治和智能管控是当代土地科技工作者的时代责任和历史使命。土地资源管理，不仅需要运用行政手段，更需要运用不断发展完善的法律、规划、市场、工程等手段，而这一切都离不开创新，都离不开土地科技创新和土地制度创新第一生产力。

创新永远在路上。姜大明老部长曾明确提出，土地科技创新是一个我们必须要解决的战略科技问题，要坚持问题导向，面向国家重大需求；要立足国情，充分发挥制度优势；要尊重规律，努力实现跨越式发展；要形成大协同、大融合的工作格局。必须看到，科技创新的目的是破解制约发展的重大科学问题、攻克关键技术难题，不是只看眼前、不管长远，不是头疼医头、脚疼医脚，不是跟踪模仿、捡漏挣钱，而是为了提高自然资源调查、监测、评价、利用、监督的效率、质量，由科学家们创造出来的战略支撑点、工程师们构建起的战略支撑技术体系，更是为下一手、再下一手土地资源高效合理开发利用和严格管控而准备的，更加先进的数据获取手段、科学分析工具、改造土地技术、管控土地的装备。如果说做好“一调”“二调”“三调”，用的是已经拥有了的现成的技术和装备，那么当前的科技创新，就是为“四调”“五调”“六调”而准备的科学技术、工程装备。这样的科技创新，当然需要有一个高质量的顶层设计，在保证有应用一代的技术装备的同时，开发好下一代、研究成新一代、预研准新新一代。

前不久，《自然资源科技创新发展规划纲要》《中共自然资源部党组关于深化科技体制改革提升科技创新效能的实施意见》同步推出，对实施“一核两深三系”科技创新战略作了部署。土地科技创新是一项必须谋划好、落实好的核心职能，需要选准方向目标、明确发力点、拿出过硬举措，做好行动计划，有序突破关键科技难题。同时，依托现有科技队伍、引进补充高端科技人才，锻造有凝聚力、引领力、影响力的行业科技创新国家主体力量，不仅努力解决好国土整治和生态修复的科技问题，更要立足国家需要，依托行业创新平台，整合国内创新力量，面向土地科技创新全局和国际土地科技创新前沿，坚持问题导向与目标导向相结合，努力保障土地科技创新产品的有效供给，构建可持续的土地科技创新能力。

（原载：《中国自然资源报》，2019 年 1 月 22 日）

土地科技大发展需要大科学

科技是第一生产力，土地科技创新是土地资源利用和保护的现实生产力。近30年来，我国土地资源对经济持续快速发展和城镇化进程快速推进起到了重要支撑作用，但随着自然资源的大量消耗，土地资源“查不清、用不好、整不细、管不住”的问题逐步显现，土地退化、生态破坏、环境污染等问题日益严重。进入新时代，推进国家治理体系和治理能力现代化方略，对土地科技创新提出了一系列新要求。

近年来，土地整治工程专业技术人员列入《国家职业大典》，土地整治专业列入高等国民教育本科招生目录，土地管理业列入国民经济统计目录，为适应国家高质量发展需要、加快土地科技创新力量壮大提供了更加良好的社会生态条件。但整体而言，土地科技创新供给与需求不匹配、不平衡问题日益突出。当前，我国在调查的精确程度、利用的精明水平、整治的精细手段、管控的智能技术等方面与发达国家存在明显差距，土地科技创新能力不足以支撑国家粮食安全、经济安全和生态安全，严重制约土地供给侧高质量、高效率改革的成效，为支撑经济社会高效、安全、绿色发展，亟须增强土地科技创新原始创新能力。

大装备生产大数据，大数据支持大科学，大科学塑造大格局，美丽中国需要土地科技大发展。没有土地大科学，难以履行对土地资源实行“整体保护、系统修复、综合治理”的新使命。因此，土地科技创新必须从“创新方向—原始机理—关键技术—创新产品”多方面、链条式开展创新活动，加快建设国家土地科技创新体系。为此，笔者建议：

土地科技创新需要顶层设计。首先要坚持将土地工程技术作为创新基本导向。当前土地领域的管理创新中，土地科技创新是短板，工程技术是短板中的短板。土地及其利用水平的提升从根本上还是要依靠新材料、新技术、新装备、智能管控等工程技术的进步和创新，其主导作用将更加突出。其次是理顺“三个角色”。土地科技创新中组织者、服务者、引领者缺一不可，同时也必须分工明确不可混淆。组织者是土地科技创新的推动者，确保创新资源集中、有效地投入到合理的创新领域；服务者的核心是提高创新协调能力、确保创新效率；引领者则是土地科技创新“尖兵”，必须按照设立“国家科技创新中心”条件，培育土地工程技术创新中心，打造创新高地，引导创新方向。

土地科技创新需要“创特区”。在土地质量工程化构建、土地功能协同增强、土地信息感知仿真、土地资源智能管控、国土综合整治等技术领域，加快国家重点实验室、国家野外科学观测基地、国家技术创新平台和国际联合研究中心建设，打造土地资源实物样品库，整合资源，提升土地科技创新基础能力。同时，明确土地科技创新机构和科技创新团队的“科研特区”地位，享受科研院所相关政策，解决因体制机制制约导致的土地科技创新活力严重不足的问题。

土地科技创新需要“铸金币”。布局重大土地科技创新攻关，实施国家重点研发计划，以土地数据精准获取、土地资源精明利用、土地格局精细塑造、土地变化智能管控为目标，按照“全链条、一体化”整体布局，提供系统方案和应用示范。参照其他行业做法，联合国家自然科学基金委员会设立“土地科技创新联合研究基金”，提高创新课题、创新经费的“含金量”，吸引全国高层次人才和团队聚焦土地科技创新重大课题研究。

土地科技创新需要“聘首席”。土地科技创新要面向全球土地资源安全，选择粮食安全、生态安全、人类命运共同体等重大命题，设计并实施具有国际影响力、由中国科学家领衔的土地大科学项目。在项目实施过程中设置首席科学家职位，并根据研究需要自主决定人员和经费的使用，能够提升土地科技创新项目的效率与品质。同时，落实引进高端人才计划，培养领军人物，突出创新型青年人才培养。利用共建高校自主设置一级学科新政策，推动并引领土地一级学科建设，在名校扩招土地学科研究生，培养后备创新人才，是土地科技创新持续推进的重要基础。

土地科技创新需要“抓协调”。树立大土地观，引领和组织面向国家重大需求的土地工程技术协同创新，由封闭式创新转向开放式创新，整合土地行业内外创新资源，跨行业、跨领域、跨国家从外部寻求可用资源，基于全球视野构建土地科技创新网络，尽快补齐长期投入不足导致的科技创新短板，争取用10年左右时间推动我国土地科技水平进入世界第一方阵。

（原载：《中国科学报》，2018年10月17日）

土地科技创新的形势问题及对策

近30年来，我国土地资源对经济持续快速发展和城镇化、工业化进程的快速推进起到了重要支撑作用，但随着自然资源的大量消耗，土地资源“用得粗、管不住”的问题逐步显现，土地退化、生态破坏、环境污染等问题日趋严重，现有的土地科技手段以及土地科技人才队伍素质滞后于现实需要，土地科技创新已经成为资源创新领域中的短板，在一定程度上制约了国家粮食安全和生态文明建设目标的实现。因此，亟须充分认识土地资源安全问题的严重性、土地科技创新支撑的重要性，构建和完善国家土地科技创新体系，加快面向世界先进水平的土地科技创新步伐。

2017 年底，为整合集聚创新资源推动创新能力提升，经中央编办批复，部土地整治中心加挂“土地科技创新中心”的牌子，使土地科技创新平台建设得到加强，土地科技创新任务更加明确。

新时代我国土地科技创新摆在更加重要的位置

科技是第一生产力，土地科技创新是土地资源利用和保护的现实生产力。世界各国普遍重视土地资源科技水平和管理能力的持续提升。2016 年在北京举办的第三届“全球土地科学大会”吸引了来自世界50多个国家的土地科学工作者，围绕“土地系统科学：理解科学事实、寻求解决方案”进行了共同讨论。“十一五”以来，随着我国国家科技支撑计划“区域土地资源安全保障与调控关键技术”“土地整理关键技术集成与应用”等国家项目以及自然资源部一系列土地资源相关科研计划的实施开展，土地资源的科研水平不断提高，研究经费和科研人才的投入不断增加。

我国在土地资源的开发、利用、整治、保护等研究领域已经取得了一些重要进展：土地供给理论、坚守耕地红线、集约节约用地、土地生态观念等为土地资源的科学利用提供了基础保障；土地空间划分、生产潜力、用途管制等相关理论方法为实现具有我国特色的土地数量、质量、生态“三位一体”管护提供了坚实的理论与技术支撑；初步建立了耕地数量、质量并举的科技支撑体系，中国耕地质量等级调查与评定第一次全面查清了全国耕地质量等别及其分异规律，构建了多层次的耕地质量等级综合评价体系；通过两次全国土地调查，查清了土地利用现状，掌握了土地资源底数；在借鉴吸收国内外土地整治经验的基础上，构建了问题导向、多功能、综合型的土地整治工程技术体系；基本建成国土资源“一张图”数据库，初步建立数字化的调查评价技术体系、国土资源综合监管平台等。

近年来，国家面向重大需求大力推进土地科技创新。《国土资源“十三五”科技创新规划》明确将土地科技创新与深地探测、深海探测、深空对地观测并列作为全力实施的“三深一土”科技战略。2017年，国土资源部组织专家精心编写了国家重点研发计划“土地资源安全与管控重点专项建议”，围绕土地资源优质、高效、集约、有序利用明确提出了迫切需要解决的6大板块、38项核心技术。2017年底，原国土资源部隆重举办“土地科技创新研讨会”，将土地科技创新进一步定位为“必须解决的战略科技问题”。尤其是为整合集聚创新资源推动创新能力提升，原国土资源部专门组建土地科技创新中心，加快推动土地科技创新平台建设。同时，为加快学科建设和人才培养，原国土资源部与中国农业大学就共同推动土地科技创新促进土地学科建设签署了战略合作协议，成立了土地科学与技术学院。此外，随着2015年土地职业纳入《国家职业分类大典》、2016年土地专业新增土地整治工程本科专业、2017年土地管理业纳入国民经济行业分类国家标准，为土地科技创新提供了空前的有利条件。

土地科技创新供给与需求不匹配、不平衡问题日益突出

进入新时代，推进国家治理体系和治理能力现代化的方略，对土地科技创新提出了一系列新要求：一是强化土地资源保障国家粮食安全、生态安全、资源安全的物质基础；二是推进高质量发展，推进国土资源供给转型升级；三是支撑生态文明建设，强化自然资源源头保护。尽管我国土地科技水平有了显著提高，但长期以来认识土地、改造土地、合理利用土地的科技含量并不高，缺乏科学知识的合理引导和科技手段的辅助支持，与先进国家的土地资源管控能力相比，还存在相当的差距。如土地调查数据不全面、不完整，缺乏原创技术装备支撑；耕地质量、生态调查的科技支撑问题还没有系统解决方案；优于一米的遥感数据依靠国产卫星还有空白区。实施“源头—过程—结果”的土地资源管理还缺乏有效监测数据与智慧平台的支撑；有效实施空间治理、优化国土空间格局，在统一规划、用途管制、资源核算、资源审计、差异考核方面，还缺乏科学知识的全面支撑。

整体而言，我国在调查的精确程度、利用的精明水平、整治的精细手段、管控的智能技术等方面与发达国家存在明显差距，土地科技创新能力不足以支撑国家粮食安全、经济安全和生态安全需

求，严重制约土地供给侧高质量、高效率改革的成效，为支撑经济社会高效、安全、绿色发展，亟须增强土地科技原始创新能力。

当前土地科技创新供给能力明显不足，必须从“创新方向—原创机理—关键技术—创新产品”多方面、链条式开展创新活动。首先要面向国家重大需求、以问题为导向，准确把握我国土地科技的创新方向；其次是从原创性机理研究出发，为科学认知、改造、利用土地提供理论支撑和有效手段；三是针对当前土地科技创新需迫切解决的关键问题，尽快改变新技术、新装备、新材料供给能力滞后的状况，尤其是土地生态化、工程化技术严重不足的问题；四是以推进高质量发展为目标研制土地科技创新产品，从土地资源源头保护、过程管理、结果评估等多方面提高国土资源供给效能。

缺乏顶层设计，是土地科技创新发展滞后的根源。一是对认识土地、改造土地、利用土地的科技驱动力作用认识不足，土地科技发展长期依附于行政管理工作，缺乏科研独立性，与行业管理、业务工作严重混淆。二是土地科技创新重制度、轻工程技术。管理部门习惯于运用行政、经济和法律手段，对运用科技手段辅助管理不足，对我国的土地资源缺乏正确认识、科学改造、合理利用的理论指导和技术支撑。三是土地科技创新不成体系，缺乏创新团队。土地科研工作者分散在公共管理、资源环境、工程技术等多个相关学科，难以形成合力。四是土地科技创新的问题导向、目标导向不明确，缺乏快速有效应变力。对国际先进技术以至国外普遍应用的技术、方法、装备，未能及时跟进。五是土地学科发展晚、起点低，缺乏领军人才。土地学科建设不足，长期缺乏科技创新资源优势，尤其缺少领军人才、高端人才、青年优秀人才。

加快建设国家土地科技创新体系的建议

土地科技创新需要顶层设计。首先要坚持将土地工程技术作为创新基本导向。当前土地领域的管理创新中，土地科技创新是短板，工程技术是短板中的短板。土地及其利用水平的提升从根本上还是要依靠新材料、新技术、新装备、智能管控等工程技术的进步和创新，其主导作用将更加突出。其次是理顺“三个角色”。土地科技创新中组织者、服务者、引领者缺一不可，同时也必须分工明确不可混淆。组织者是土地科技创新的推动者，确保创新资源集中、有效地投入到合理的创新领域；服务者的核心是提高创新协调能力、确保创新效率；引领者则是土地科技创新“尖兵”，必须按照设立“国家科技创新中心”条件，培育土地工程技术创新中心，打造创新高地，引导创新方向。

土地科技创新需要“创特区”。在土地质量工程化构建、土地功能协同增强、土地信息感知仿真、土地资源智能管控、国土综合整治等技术领域，加快国家重点实验室、国家野外科学观测基地、国家技术创新平台和国际联合研究中心建设，打造土地资源实物样品库，整合资源，提升土地科技创新基础能力。同时，明确土地科技创新机构和科技创新团队的“科研特区”地位，享受科研院所相关政策，解决因体制机制制约导致的土地科技创新活力严重不足的问题。

土地科技创新需要“设基金”。布局重大土地科技创新攻关，实施国家重点研发计划，以土地数据精准获取、土地资源精明利用、土地格局精细塑造、土地变化智能管控为目标，按照“全链条、一体化”整体布局，提供系统方案和应用示范。参照其他行业做法，联合国家自然基金委设立“土地科技创新联合研究基金”，提高创新课题、创新经费的“含金量”，吸引全国高层次人才和团队聚焦土地科技创新重大课题研究。

土地科技创新需要“聘首席”。土地科技创新要面向全球土地资源安全，选择粮食安全、生态安全、人类命运共同体等重大命题，设计并实施具有国际影响力、由中国科学家领衔的土地大科学项目。在项目实施过程中设置首席科学家职位，并根据研究需要自主决定人员和经费的使用，能够提升土地科技创新项目的效率与品质。同时，落实引进千人高端人才计划，培养万人领军人物，突出创新型青年人才培养。利用共建高校自主设置一级学科新政策，推动并引领土地一级学科建设，在名校扩招土地学科研究生（硕士、博士、博士后），培养后备创新人才，是土地科技创新持续推进的重要基础。

土地科技创新需要“抓协调”。树立大土地观，引领和组织面向国家重大需求的土地工程技术协同创新，由封闭式创新转向开放式创新，整合土地行业内外创新资源，跨行业、跨领域、跨国家从外部寻求可用资源，基于全球视野构建土地科技创新网络，尽快补齐长期投入不足导致的科技创新短板，争取用 10 年左右时间推动我国土地科技水平进入世界第一方阵。

（原载：《中国土地》，2018 年第 6 期，合作者：汤怀志、桑玲玲）

第五篇

媒体访谈

18 亿亩耕地红线，我们这样守

2022 年 2 月 22 日，中央一号文件重磅发布，对 2022 年全面推进乡村振兴的重点工作进行部署。其中，文件提到要落实“长牙齿”的耕地保护硬措施，实行耕地保护党政同责，严守 18 亿亩耕地红线；全面完成高标准农田建设阶段性任务，2022 年建设高标准农田 1 亿亩，研究制定盐碱地综合利用规划和实施方案等。

如何守住 18 亿亩耕地红线？高标准农田又如何建？专家们有话说。

保数量——“长牙齿”的耕地保护措施更加有力

“落实‘长牙齿’的耕地保护硬措施。实行耕地保护党政同责，严守 18 亿亩耕地红线。按照耕地和永久基本农田、生态保护红线、城镇开发边界的顺序，统筹划定落实三条控制线，把耕地保有量和永久基本农田保护目标任务足额带位置逐级分解下达，由中央和地方签订耕地保护目标责任书，作为刚性指标实行严格考核、一票否决、终身追责。”

北京师范大学教授周小平：

今年的一号文件再次强调了最严格的耕地保护，严守 18 亿亩耕地红线的决心，这是我国在当前复杂的国际形势下坚持粮食安全底线的基本制度保障。实质上 18 亿亩耕地保护红线不仅仅单一的数量保护，而是数量、质量、生态“三位一体”保护，毫无疑问增加了耕地保护的难度。

为了实现这一目标，“实行耕地保护党政同责”成为今年一号文中落实“长牙齿”的耕地保护硬措施的亮点。“党政同责，一岗双责，齐抓共管”最早在安全生产领域提出，历来用于我国党和政府最为重视的领域。此次，按照“党政同责”的管理要求，表明耕地保护监管责任走向“党委集中领导，自然资源部门主抓，其他部门协同管理的新格局”，将进一步提高耕地保护的重视程度，增进各部门之间的协作，优化耕地保护责任制。

中国农业大学副研究员汤怀志：

耕地保护是全社会共同责任，耕地保护目标的对象不仅仅是耕地资源，更是对人地系统的统一管理。不将耕地落实到空间，就守不住优质耕地；不厘清耕地与生态保护、城镇开发的关系，就稳不住耕地格局；不将耕地保护落实到人，就解决不了耕地保多少、保在哪的问题。按照耕地和永久基本农田、生态保护红线、城镇开发边界的顺序，统筹划定落实三条控制线，把耕地保有量和永久基本农田保护目标任务足额带位置逐级分解下达，就是耕地保护“长牙齿”以实现规范管理、严格管制、实施奖惩的硬前提。而各级政府作为责任主体对耕地资源保护负有最终责任，要作为刚性指标实行严格考核、一票否决、终身追责。

保质量——落实和完善耕地占补平衡政策不动摇

“落实和完善耕地占补平衡政策，建立补充耕地立项、实施、验收、管护全程监管机制，确保补充可长期稳定利用的耕地，实现补充耕地产能与所占耕地相当。改进跨省域补充耕地国家统筹管理办法。”

中国国土勘测规划院土地评价部主任程锋：

由于我国耕地资源的空间特征与工业化、城镇化快速发展格局高度重合，耕地后备资源有限，以省域为对象考核耕地占补平衡的压力呈现出严重不平衡状态，长三角、珠三角、京津冀、成渝等经济快速发展地区，贵州、福建等补充耕地后备资源有限地区很快出现耕地占补难以平衡问题。先后出现难以实现县内平衡、难以实现市域内平衡、难以实现省域内平衡。

因此，适时调整法律规定，破解耕地占补平衡难题成为一个巨大的调整。继续坚守耕地红线不动摇、落实和完善耕地占补平衡政策，已经成为一个重大战略决策。出台一揽子“长牙齿”的政策措施很有必要。侧重点是两个方面，一方面是要建立补充耕地立项、实施、验收、管护全程监管机制，确保补充可长期稳定利用的耕地，实现补充耕地产能与所占耕地相当。另一方面是改进跨省域补充耕地国家统筹管理办法，进一步优化配置国家耕地资源安全格局和国家粮食生产安全格局，为顺利实现中华民族伟大复兴中国梦夯实物质基础。

中国地质大学（北京）教授吴克宁：

为实现耕地数量、质量、生态“三位一体”保护，建议在以下三个方面开展工作：一是在当前开展的县乡级国土空间规划的农业空间中，严格落实上位规划确定的耕地和永久基本农田保护任务，以水平衡为前提，优先保护平原地区水土光热条件好、质量等级高、集中连片的优质耕地；二是强化耕地用途管制，建议改变仅以三调土地利用现状图管理耕地的被动做法，从气候、地形地貌、地质因素、土壤属性、水文条件五方面开展基于土地类型的宜耕性评价，叠加土地利用现状，分析可用于调整的地类划分耕地可利用分区，能够有效识别用地错配与耕地弹性空间；三是建议借助国务院部署开展第三次全国土壤普查，在查明查清土壤类型及分布规律、土壤资源现状及变化趋势，真实准确掌握土壤质量、性状和利用状况等基础数据的基础上，切实查清耕地、园地和与农业生产相关的林地、草地以及与可开垦耕地资源相关的未利用地的土壤情况，进一步提升土壤资源保护和利用水平。

挖潜力——向土地要“金子”

“全面完成高标准农田建设阶段性任务。多渠道增加投入，2022 年建设高标准农田 1 亿亩。深入推进国家黑土地保护工程。实施黑土地保护性耕作 8000 万亩。积极挖掘潜力增加耕地，支持将符合条件的盐碱地等后备资源适度有序开发为耕地。”

自然资源部国土整治中心研究员郧文聚：

我国耕地后备资源极其有限，开垦可稳定利用耕地，灌溉水资源匹配条件较差。相对来说，增加耕地的主要潜力在于合理开发利用盐碱地资源，包括东北西部、河套灌区、新疆地区和沿海滩涂区。经过几代科学家的努力，我国开垦利用盐碱地资源的科技储备是比较充分的，完全可以支撑将符合条件的盐碱地等后备资源适度有序开发为耕地。关键是要做好顶层设计，搞好战略规划和实施方案。要分类施治，区分盐土、碱土，有针对性地构建技术模式，确保可持续利用、优质高效利用。

特别要注意的是，盐碱地是清洁净土，是生产优质农产品的重要资源，要尽可能开垦为高价值的耕作区，服务乡村振兴。要注意适盐碱发展，推动从治理盐碱向适应盐碱的转变，综合开发利用盐碱后备资源。我国已经初步形成四个盐碱地高技术创新区，要努力打造高水平自主原创技术体系，不仅服务国内经济发展，更要瞄准“一带一路”国家开发利用盐碱地资源的需要。

中国农业大学教授黄元仿：

黑土地泛指东北三省和内蒙古东四盟的耕地，既是我国粮食安全的压舱石，也是我国重要的生态屏障之一。要加快研发多要素、多结构、多功能的黑土地耕地质量综合认知系统与调查评价技术，构建黑土地耕地质量清单，推动黑土地分区分类有效保护。保护性耕作是保护黑土地的有效措施之一，要加快成型模式的推广并在实践中不断改进提升。比如，受到习近平总书记肯定的“梨树模式”，不仅是免耕少耕为核心的栽培技术模式、政－产－学－研－推联合的技术攻关模式、以经营主体为中心的技术示范与推广模式，还正在实践中探索补充金融、保险等手段。

中国人民大学教授张正峰：

为加快发展现代农业，确保国家粮食安全和重要农产品的有效供给，进一步提高农业水土资源利用的效率，提升农业机械化水平和农业科技应用，促进农业产量持续增加，推动农业绿色低碳发展，加快高标准农田建设和管护是十分紧要和必须的。高标准农田建设和管护应在与绿色发展相协调的基础上，突出质量建设要求，以提升粮食产能为首要目标，以农产品主产区为主体，以永久基本农田、粮食生产功能区、重要农产品生产保护区为重点区域，形成一批“一季千斤、两季吨粮”的口粮田，满足人们粮食和食品消费升级需求，形成可持续的国际粮食安全保障基础。

河南省邓州市农技推广中心主任冀洪策：

高标准农田建设，重在高标准，谋在提产能。在建设上要做到数量服从质量、资金匹配质量。河南省邓州市政府于 2021 年通过申报一般债券资金、银行贷款及争取上级资金支持等方式，将高标准农田亩均投资标准从 1500 元提升至 3000 元以上，在十林镇 7000 亩高效节水灌溉示范区中甚至达到 5500 元/亩。结合邓州实际，创建了高效节水灌溉示范区“三四三”建设模式，即“三种智能设施配套”（水肥一体化灌溉、气象监测、虫情监测）、“四种基础设施配套”（机井或渠道、道路、桥涵、林网）和“三种高效灌溉模式配套”（管灌、喷灌、微灌），实现每亩年增加粮食产量 150 公斤左右，每亩年节本增效 380 元左右。

防风险——气候变化研究必不可少

“有效防范应对农业重大灾害。加大农业防灾减灾救灾能力建设和投入力度。加强中长期气候变化对农业影响研究。”

中国农业大学教授杨晓光：

全球气候变化背景下，极端天气气候事件频发重发，直接影响耕地产能稳定性。各地区应充分利用气候变暖背景下热量资源增加有利条件，强化农业农村、水利、气象灾害监测预警体系建设，增强应对极端天气气候事件能力，减缓气象灾害对耕地产能的影响程度，加强中长期气候变化对农业影响研究，提升和稳定耕地产能，对坚持中国人的饭碗任何时候都要牢牢端在自己手中，饭碗主要装着中国粮至关重要。尤其是在北方干旱常态化、南方干旱季节化和极端温度频发背景下，更需关注东北和华北夏旱、长江流域伏秋旱、西南和华南冬旱，北方雨季洪涝、长江流域春涝，华北冬季冻旱交加，江南春季连阴雨，长江流域和黄淮海夏季高温热害以及秦淮过地区雨带年际之间摆动。

（原载：《人民政协报》，2022 年 2 月 24 日，作者：王菡娟）

严守耕地保护红线　筑牢粮食安全根基

嘉宾：

郧文聚　自然资源部国土整治中心二级研究员

王贵满　吉林省梨树县农业技术推广总站站长、二级研究员

冀洪策　河南省邓州市农业技术推广中心主任、三级研究员

主持人：赵姗

从耕地数量变化趋势看耕地红线安全

中国经济时报：您一直从事土地资源保护和土地管理制度、土地整治工程技术研究工作，最近您又领衔耕地红线科学传播专家工作室建设，非常熟悉全国耕地的数量、质量、生态保护状况，积极呼吁并推动解决东北黑土地保护、华北平原地下水漏斗和长江中下游耕地污染等突出问题。当前我国的耕地保护形势如何？对于落实最严格的耕地保护制度，坚决遏制耕地“非农化”、防止“非粮化”，您有哪些政策建议？

郧文聚：我国耕地保护形势始终严峻。1997 年的中央文件和 1998 年修订的《土地管理法》中已明确要求实行最严格的耕地保

护制度，更是在2008年国务院颁布的《全国土地利用总体规划纲要（2006—2020年）》中首次提出18亿亩“耕地红线”。1996年以前我国耕地年均减少约600万亩，1996—2008年这一数据不减反增，达到1000万亩，2009年以后更是增长到1130万亩，呈阶梯式上升。同一时期，粮食产量连年增产造成了经济发展托底、耕地保护压力业已“缓解”的错觉。一方面，是地方建设用地不断放量、大量优质耕地流失，2003—2017年国有建设用地年供应量从28.64万公顷增加到60.32万公顷。另一方面，“三调”与“二调”数据对比发现，水土匹配程度相对较差的北方地区耕地面积增加了0.29亿亩，光热条件好、农田基础设施较为完善的南方地区耕地面积减少了1.42亿亩，全国耕地重心向光热、水土条件不足的西北偏移。

随着种子科技和农机效率提升，出现了无视生态环境健康、超高强度利用耕地、管理无序失察等现象。黄淮海平原区成为全球三大地下水漏斗之一、东北黑土地退化、主要农产区农药化肥过量施用造成的耕地污染等问题亟须重视起来。耕地保护政策面临着不同利用形态的新压力，呈现出非粮化、非农化、破碎化、逆生态化、边际化等五大结构性变化，耕地保护形势更为严峻。良田必须以水土条件可承载为基本前提，离开了自然生态安全，耕地可持续利用无从保障。我国耕地保护利用不仅要守住面积、生产高效，还必须勇于正视挑战，向自然生态可持续的“生态良田”目标继续挺进。

耕地是我国非常宝贵的资源，是粮食生产的命根子。耕地必须“要有合理布局，主产区、主销区、产销平衡区都要保面积、保产量”。任何地方都不应以任何借口放弃、转移耕地保护责任。

守护耕地红线需要科技、制度协同创新，是全社会的共同责任。必须清晰认识到，我国人均耕地数量远远低于全球人均水平且仍处在下降通道中，“农田就是农田，而且必须是良田”一刻也不可放松。当前我国耕地质量系统性退化、整体亚健康导致的耕地红线“褪色”问题并不是偶发性、周期性问题，而是社会发展到一定阶段后耕地资源长期保护不足、管理不当演化而来的系统性问题。稳定面积、优化格局、建设质量、守住生态是治理耕地“疾患”、恢复耕地健康的主要药剂，需要用最严密的法治，从管理源头守住现有耕地数量不减少、优质耕地不流失、耕地格局不破碎；又需要通过技术创新提升耕地质量，增加优、高等耕地比重，恢复与修复耕地生态，构建集约可持续耕地利用模式。

更难的是利用好耕地，改变用“文件”保护耕地局面。我国耕地资源利用效益低的问题一直未得到根本性解决。实现农业现代化的前提是良田，出路在科技，关键在组织。农民种粮积极性是耕地保护好、利用好的核心，扩大耕地经营规模、壮大新型经营主体是实现途径，也是当前耕地保护面临的现实难题。需要各级农业合作社社长、农业科技创新推广联盟理事长的榜样示范作用，在这个过程中，如果有各地农业大学“科技小院”的支撑，将汇聚起更大的推进农业农村现代化的力量，推动农业科技下沉到田间地头。耕地保护也要算好经济账，充分调动农民护田主动性、种粮积极性同样是社会各方责任，也是当前耕地保护面临的现实难题。扩大耕地经营规模、壮大新型经营主体、提高农业生产的科技水平是重要途径。需要耕地资源监督管理者主动作为、组织引导，还需要科技工作者、农业院校勇于承担时代责任，多部门、多领域、多学科汇聚起更大的推进农业农村现代化的力量。

要坚守耕地红线，确保实现保障国家粮食安全目标，我认为重点是实现“一个突破三个打通”。一个突破，是关键理论方法、“卡脖子”技术的突破。三个打通，一是打通产业全链条创新。让科技创新和制度创新落地。二是打通技术体系的全面创新。三是打通区域全系统创新。总之，耕地保护不仅仅是对资源的保护，是对我国家底的保护，是粮食安全的物质基础，更是经济安全的“压舱石”，关系整个社会，需要用系统性思维打造升级版的耕地红线。

耕地资源的本质属性是其稳定的自然生态系统功能，利用耕地生产粮食决不能以牺牲和损害耕地生态系统功能为代价。

推广“梨树模式”提升耕地质量

中国经济时报：您是原农业部首批测土配方施肥技术专家组成员，曾荣获“全国农业科技先进工作者”“全国粮食生产突出贡献农业科技人员”“全国十佳农技推广标兵”等称号。“梨树模式”对黑土地保护和耕地质量提升作用效果明显，您对推广“梨树模式”、提高东北黑土地耕地质量有哪些政策建议？

王贵满：一段时间以来，土壤退化严重制约着东北粮食主产区作物生产潜力的发挥，威胁着农业可持续发展。与开垦前相比，黑土耕层的有机质含量下降了50%～60%，土壤潜在生产力降低了20%以上，而且仍在以年均5‰的速率下降。东北平原黑土层的平均厚度已由新中国成立初期的60～70厘米，下降到目前的20～30厘米，而且还在以每年0.3～1厘米的速度流失，照此速度，再过50年，东北粮食主产区作物产量将大幅度下降，严重威胁我国的粮食安全。

2007年起，中国科学院、中国农业大学和梨树县人民政府共同合作，对黑土地保护性耕作技术进行研究，研发推广了适合中国国情的玉米秸秆覆盖免耕种植技术，2016年，《农民日报》整版刊发报道，将这种种植模式称之为“梨树模式”。该模式是以玉米秸秆覆盖为核心，建立秸秆覆盖、免耕播种、施肥、除草、防病及收获全程机械化技术体系，解决了东北黑土区玉米秸秆移除导致土壤退化的关键科学问题；是保护性耕作、玉米秸秆综合利用方法最直接、操作最简便、农民最欢迎、收效最显著的模式。

通过中国科学院等单位十多年来的跟踪测定，“梨树模式”对黑土地保护和耕地质量提升作用效果明显，主要表现在以下方面：

一是蓄水保墒。据测定，秸秆覆盖免耕地块保水能力相当于增加40~50mm降水。二是培肥土壤。连年秸秆覆盖还田，表层土壤有机质可以增长20%左右，减少化肥使用量20%左右。三是减少侵蚀，保护耕地。实施保护性耕作平均可减少径流量60%、减少土壤流失80%左右，具有明显的防止水土流失效果。四是土壤生物性状改善。在秸秆覆盖田块，每平方米蚯蚓的数量可达60~100条，是常规垄作的6倍。蚯蚓数量的增加使土壤的生物性状得到了改善。五是稳产高产。梨树镇高家村十年的定位试验中，一般平均产量比对照高出5%~10%。六是节本效果显著。免耕播种机完成更多的播种面积，作业环节少、作业费用低，生产成本大大节约，劳动强度也明显降低。每公顷可节约成本1000~1400元。

对推广"梨树模式"，提升耕地质量我有如下建议。

第一，进一步加强产学研协作。一是围绕现代种业、农业生态、农产品质量安全、精深加工等技术瓶颈，充分利用我国科研优势，加强与国家级科研单位合作，分学科、分领域建立产学研协作体系，建设实验站、示范场，发挥要素集聚的"洼地效应"。二是强化产学研协作管理，健全完善组织协调、统筹规划、利益分配等管理机制，充分调动各方优势和积极性，实现产学研无缝链接、互相促进。三是实施"黑土粮仓"科技会战，吸引各方面人才组成创新团队，实行"揭榜挂帅""军令状"等科技创新机制，培养一批学科带头人，落实好科技成果奖励激励机制。

第二，进一步探索黑土地保护利用模式。一是继续深化"梨树模式"的内涵和外延研究，以提高技术适用性为方向，探索适应不同区域、不同土壤条件、不同作物的技术路线，同步研发配套机具，科学制定技术标准化规程。二是拓展黑土地保护利用的路径，因地制宜大力推广普及条带还田、全量还田、深翻还田滴灌等"十大模式"，开展耕作制度改革、规模化种植、土壤改良、水土流失防治、智能化农机关键技术等方面研究。三是大力推进秸秆综合利用，在确保 1/3 以上秸秆还田的基础上，平衡秸秆还田与饲料化、肥料化、基料化、燃料化等需求，支持秸秆打包离田，发展秸秆过腹转化、生物质发电等多种利用方式。

第三，进一步扩大技术应用覆盖面。一是强化政府推动，健全黑土地保护体系和基本农田保护制度，全面实行“田长制”，将黑土地保护纳入党政班子年度考核和政府绩效考核、粮食安全责任制考核，实现农田布局、保护、建设、利用的全流程、全链条、全覆盖监管。二是强化政策支持，集成现有的保护性耕作、农技推广、农机补贴、新型农业经营主体培育、生态环境补贴等各项政策，综合发力。加大财政投入，设立黑土地保护与利用先导专项，探索发行黑土地保护专项债券，引导撬动金融和社会资本投入。三是加强公益性农业技术推广体系建设，建强县级农技推广部门，确保有场所、有人员、有经费和必要的办公设施设备，为农业生产提供技术支持。四是加强农业技术应用的试验示范，搭建起多层次的技术示范基地体系，因地制宜建设县乡村不同层次黑土地保护示范田，建设若干万亩级示范区。

第四，进一步推进适度规模经营。一是积极培育壮大新型农业经营主体，不断增强种粮大户、家庭农场、农民专业合作社的带动作用，支持发展多种形式的适度规模经营，实现分散农田的集中连片生产。二是大力推进土地托管、代耕代种、带地入社等经营方式，支持各类农业社会化服务组织发展，积极构建“企业 + 农户”“合作社 + 农户”“社会组织 + 农户”等多种经营机制，推动小农户生产经营合作化、联合化。三是培育发展新型职业农民，鼓励和引导大学生、退伍军人、城镇工商业者到农村创新创业，支持其参与科技研发、技术推广、品种示范等活动。

第五，进一步加强耕地保护。一是把黑土地保护作为推进国家粮食安全产业带建设的重要内容，统筹开展农田综合设施建设，在产粮大县建设黑土地保护示范区。二是以黑土区为重点，采取保土耕作、退耕还林、沟道防治等措施，持续推进小流域综合治理、坡耕地综合治理，有效遏制黑土地侵蚀沟破坏。三是深入实施化肥农药减量增效行动，建立“秸秆还田+测土配方施肥”示范区，加快种养循环一体化发展，开展粪肥收运用服务。

东北黑土地包括吉林、黑龙江、辽宁、内蒙古东部，都需要结合区域特点创造性地推广应用“梨树模式”。“梨树模式”，不仅能让吉林再增产200亿斤粮食，更能让东北大粮仓地位更高、更可持续。

夯实粮食生产根基创建南阳重耕“邓州模式”

中国经济时报：您一直在农技推广一线工作，先后主持高标准农田建设、测土配方施肥、土壤有机质提升等项目，曾荣获“全国十佳农技推广标兵”“全国农业先进工作者”“河南省小麦生产指导组专家”等称号。河南粮食总产占全国十分之一，其中，夏粮占七成。请您从邓州的实践经验，谈谈对夯实粮食生产根基，全面保障经济发展新要求的看法。

冀洪策：河南省邓州市是全国屈指可数的夏粮产量大县，但历史上的邓州数次遭遇过粮荒，直至2010年以高标准农田建设为抓手，5年内国家连续投资18亿元新建百万亩良田才彻底牵住了粮食生产的“牛鼻子”，连年获评国家“超级产粮大县”。我作为一名从事基层农业技术推广工作31年的农业技术推广研究员，经历了耕地资源由精耕细作不得收、为追求经济效益乱用滥用耕地，再到农田基础设施完备后成片规模利用的三个过程性转变。“耕地就是粮食生产的命根子”“农田就是农田，而且必须是良田”，这两句话我是深有体会。

2021年5月13日，习近平总书记在赴渠首途中视察邓州麦田时指出“夏粮丰收了，全年经济就托底了……”对南阳工作的高度肯定让我无比骄傲，但作为“全国十佳农技推广标兵”，我知道这片土地距离总书记指出的全面保障经济发展新要求还有差距。最大的两个拦路虎是科技难题、组织难题。

一是耕地精细利用科技水平问题。邓州市地处秦淮过渡带，特殊的气候条件和地理区位造就了土壤结构差、有机质含量低，全市广泛分布的砂姜黑土正是我国乃至世界上最为典型的中低产田，干了犁不动，湿了犁不成，易旱易涝、耕性差，不利于粮食生产，被农民称为“最难犁的地，最难种的土”，至今都没有好的解决方法。中低产田得高产已是不易，要进一步稳产高产，必须用科技手段解决根上的问题，邓州将智慧控水、土壤改良、综合治理作为突破口，总结形成了一系列综合治理技术，在邓州市起到了显著成效，但始终未能形成最有效的可复制、可推广的综合治理技术模式。秦淮过渡带是我国夏粮主产区，组织国家层面的科技攻关是确保夏粮丰收、托底国家经济的最急迫需求。

二是生产组织需要形成制度保障。老百姓种地考虑得很简单，要算得过经济账，产量上不去、费力劳神的事情不愿意干。农村的根基在农业，农村要实现现代化必须立足农业产业特性。我们将种子“芯片”、农机农艺科技水平、社会化服务作为主要突破口。成立了农技推广联盟、品牌农业联盟、新型农业经营主体联盟，通过“三盟”互动、互相支撑，打造高素质农技服务团队，构建农业科技示范载体，促进粮食增产、农业增效、农民增收。

如何夯实粮食生产根基，扛稳粮食安全重任，落实习近平总书记的殷殷嘱托，邓州市进行了以下几方面的探索和实践。

第一，建设高标准农田，实行“三四三”模式。即：建设管灌设施、喷灌设施、微灌设施三种浇灌设施；完成渠系、林网、道路、井泵电四个配套；布局虫情监测、气象监测、水肥一体化三个系统。这些设施和系统通过智能终端、传感器与控制中心的智能平台连通，再与农业技术指标软件融合，实现自动监测、科学决策、智能管理、节本增效。全国旱作农业区粮食产能的提高具有重要的实践意义。

第二，探索耕地地力提升技术，进行中低产田改造。针对邓州市 121 万亩砂姜黑土僵黏瘦瘠、水肥协调能力弱、投入成本高等问题，试验研究砂姜黑土结构改良、有机质提升、水养增容、耕作方式改良、种植制度优化等关键技术，探索良田、良种、良法、良治“四良”融合的砂姜黑土保护与利用“邓州模式”，为华中地区 5000 余万亩的砂姜黑土治理和可持续生产树立可复制、可推广的先行典型，落实“藏粮于地、藏粮于技”战略。这个意义仅次于东北黑土地的保护性利用。

第三，优化农业产业布局，打造农业产业集群。发挥不同区域特色农业资源优势，围绕全产业链开发，进行建链、延链、补链、提升全价值链，打造结构合理、链条完整的智慧农业中心、农产品初加工中心和智能农机展示中心等产业服务中心，合理布局粮食作物绿色高效示范基地，配套种植、储藏、加工示范区，形成产业链、价值链、供应链“三链同构”，实现粮食产业的上档升级。同时降低粮食种植的风险，提高种粮大户的积极性。提高种粮大户的种粮积极性是保障粮食安全的前提，也是最大的民心工程。

做大做强农业联盟，提升服务能力和服务质量。是邓州市提高农民种粮积极性的另一个探索，根据不同行业、不同部门的功能和优势，成立了农技推广联盟、品牌农业联盟、新型农业经营主体联盟。实现“三盟”良性互动，互相支撑，打造高素质农技服务团队，构建农业科技示范载体，在为实现粮食安全，农产品有效供给提供优质高效的农技服务的同时，促进粮食增产、农业增效、农民增收和农业可持续发展。

第四，农业高校、科研院所的人才与技术下沉到县乡里，下沉到田野上，加强农业科技先行县、农业科技小院等平台建设，共同开展技术攻关、技术示范、产业辅导，是提升耕地产能的重要科技支撑。

突破砂姜黑土改良世界难题，提高夏粮高产稳产水平，必须综合施策，打好组合拳。邓州愿意当，而且必须当好排头兵。

（原载：2022 年 2 月 23 日《中国经济时报》，作者：赵姗）

北京电视台《科普中国》：保护黑土大粮仓

嘉宾：郧文聚 现任自然资源部国土整治中心研究员、自然资源部农用地质量与监控重点实验室主任、全国科普基地（耕地保护）负责人、自然资源部首席科学传播专家

主持人：秦溯

编导：张凯轩

播出时间：2021 年 12 月 5 日

主持人：为贯彻落实国务院印发的《全民科学素质行动规划纲要（2021—2035 年）》，中国科协科普部和北京广播电视台共同推出国内首档科学家演讲电视科普栏目《科普中国·改变世界的 30 分钟》。“科普中国”是中国科协为推进科普信息化建设而塑造的全新品牌，经过 6 年发展已成为国内最具权威性的科学传播品牌和最大科普资源库之一。2021 年的 12 月 5 日，是第八个世界土壤日。我们中国用占世界不到 9% 的耕地，养活了近 20% 的人口。这是一个了不起的成就，而我们又是如何做到的呢？接下来我们有请自然

资源部国土整治中心研究员、农用地质量与监控重点实验室主任、土地工程部技术创新中心执行主任——郧文聚。

郧文聚：主持人好，观众朋友大家好，踏遍九州五色土，只为中国饭碗装满中国粮，这是我一生的任务。我是一名土地系统科学研究工作者，我是郧文聚。

主持人：再次欢迎郧老师，中国人对于土地有着特殊的情结，去年嫦娥五号从月球带回月壤的事，可把广大网友激动坏了。而当大家得知它没法种菜的时候，评论区显然成了大型的梦碎现场。那我想问问郧老师，我们有没有办法通过科学的手段让月壤能种菜呢？

郧文聚：主持人提的这个问题很好，但回答问题之前我得先纠正你一点，其实月壤这个称呼不准确，应该叫月土。因为土的意思是指岩石自然风化形成的小颗粒，而壤则是适合植物生长且包含有丰富元素的，所以月球上的应该称之为月土，因为它长不出东西呀。那么对于刚才主持人提的这个问题呢，如果说要改造月球上的土让它变成壤，以现在的科学技术来实现这个目标还是有些困难的。不过我相信有一天这个梦想会实现的。

主持人：现在看来这件事情还是有点仰望星空哈，我们还是脚踏实地的看看脚下这 1200 万平方公里的华夏大地吧。郧老师，我在旅游的时候看到不同地区有不同颜色的土地，像南方有红土，黄土高原有黄土，东北有黑土，那我好奇地问问郧老师，除了这些颜色我国还有没有其他颜色的土地呢？

郧文聚：其实是有的，在我们传统文化中讲究“左青龙，右白虎，前朱雀，后玄武”，而正中则是“黄龙”，它分别代表着青、白、红、黑、黄五种颜色的土，这其实就是我们传统文化里的“五色土”，我们北京城的社稷坛、天坛、地坛、日坛、月坛就是按照“五色土”摆放的样式设计。它意味着“五色之土”，代表整个中华大地，并寓意中华疆域幅员辽阔。

主持人：原来如此，没想到五色土有如此多的内涵，但同时我们也应该知道虽然中国的土地面积很大，但其实能养活我们的土地并不多。那又有哪些土地可以让我们的饭碗里填满中国粮？接下来就有请郧文聚老师来为我们讲解。

确保耕地红线

郧文聚：从去年年初疫情爆发到现在，我国在错综复杂的形势下可以做到确保国内食物供给稳定、安全，除了加强国内生产、努力做好供给保障和统筹调度外，非常重要的一点就是多年来积累下来的粮食储备。这两年能够平稳渡过，和多年积攒下来的巨量粮食库存是密不可分的。如果每年按照一人一天一斤口粮来算的话，我们目前国内的粮食储备够全国人民吃上接近一年半的时间。所以说我们现在的粮食是完全够吃的。但我们依旧要饮水思源，保护耕地安全，做到确保我国粮食、食物供给安全，是当前迫切需要研究的重大问题。

中央早在 2006 年就明确了“坚守 18 亿亩耕地红线”这一目标。也就是说我们要死守长期稳定可利用的这十八亿亩耕地，才能保护我国粮食的绝对安全。所以说耕地红线，是资源保障线，是生态安全线和中华民族生存底线，是良种良法善政得以发挥神奇作用的大舞台。在粮食够吃的前提下，我们中国人已经从吃得饱吃不饱的问题，转向了吃得有没有味道、吃得好不好。我们不能说撒下去一把种子，放任它自我生长，这样或许在短时间内会产出好吃的粮食，但时间一长可能就会出现问题。

那我们如何在保护耕地的同时又能生产出有味道的粮食呢？从科学的角度来讲应该是良种、良法、良田相结合，其中良种是核心，良法是手段，良田是基础，因为如果要没有了这个基础，你种子往哪里撒？如果耕地不好的话，好的种子种下去以后，你相应的技术用不上，最终可能不仅不能够获得好的收成，有可能还把这个耕地给破坏掉了。正是我们有了良田、良种、良法相结合的、相配套的整体解决方案，确保了我们国家的粮食安全，或者说为我们国家的粮食安全提供了坚实有力的科技保障。其实中国的老祖宗们很早就对土地有了了解，接下来就有请主持人在科学的世界里带我们来看看老祖宗对土地有着怎样的认识。

主持人：数千年前我们的祖先就对土地有着深刻的认识，《尚书·禹贡》中有一份地域图，我们可以清晰地看到古人把土地分门别类地记载下来，并将其所包含的土壤分类登记，对利用程度也做了详细的划分。而明代的《徐霞客游记》记载了大量当时的地形地貌，但由于技术限制，他们并不能精确地得知土壤中那些看不见的元素。现如今，现代科学技术为土壤研究提供了更细致的数据。接下来就有请郧文聚老师向我们讲解如今的科学家对土壤有了哪些新的认识。

走进土壤世界

郧文聚：当代土壤分类科学，是一代又一代土壤学家传承的事业，我国在20世纪30年代就开始了土壤分类。最早采用美国制定的土壤分类法，到20世纪50年代采用苏联制定的土壤分类法。但在使用国外的这些分类办法的时候我国科学家发现，中国有一种特殊类型的土，并没有被国外的分类法所归纳，因为他们耕种一片土地的时间较短，只有二三百年，无法形成这种特殊的土壤。而中国4000多年来农耕文明从未中断，久而久之形成了一些特殊土壤，为了让这种土壤能够出现在世界舞台，中国科学院南京土壤所的龚子同教授，编制了中国第一幅土壤地球化学图，并探讨其与土壤肥力和人畜健康的关系。再比如说，著名土壤分类学家、中国农业大学李连捷院士提出土壤分类的自型土纲、水型土纲和复成土纲，对我国土地资源的区划评价和合理开发利用、盐碱地的治理等提供了大量的基础性资料和建设性意见。最终在1987年的12月，我们在太原召开土壤分类会议拟订出《中国土壤分类系统》，时至今日我们国家总共有14个土纲、39个亚纲、138个土类、588个亚类，土系超过2500个，这充分说明了我国土壤资源类型的丰富。经过多年的探索，我们也知道了泥土中包含大量的矿物质、有机物、腐殖质、微生物等，可以说土壤里是一个我们平常不易观察且不被注意的小世界。“落红不是无情物，化作春泥更护花”，动植物在这个小世界里诞生、成长、灭亡但又将孕育出新的生命。接下来我带大家走进这等待解密的生命世界。

揭秘生命世界

郧文聚：说到土壤中的生命，大家一定都见过，我现在来问问各位大家觉得土壤里都有什么生命呀？

观众：微生物，细菌，潮虫，蚯蚓……

郧文聚：对，大家说得都很对，这些都是土地中的生命。我们先来说说细菌，它们很强大，不论是多么极端的环境我们都可以在土壤中见到它们，可以说它们无处不在。其中有一种细菌叫蓝细菌，它就像植物一样拥有着一种特殊的能力——光合作用，吸收大气中的二氧化碳，满足自身对糖分的需求。细菌对土壤肥力起着重要的作用。它们可以明显改善土壤结构和土壤的储水能力。而且它们为土壤施肥的效果不容小觑，据估计它们每年为每公顷土地带来约10~25千克氮素，比如它们对稻田的肥沃程度有着根本性的影响。但土壤中细菌种类的数量庞大，蓝细菌只是其中的一种，大部分还不为人知。

我刚才还听到有观众说了蚯蚓，不知道有没有观众钓过鱼，我们钓鱼常用的鱼饵就是它，下过雨之后在地上缓慢爬行的也是它，那它到底能为土地做什么呢？最早研究蚯蚓的科学家达尔文发现，蚯蚓虽然看起来又盲又聋毫无智力，但它们却可以找到叶子的尖端，拖进洞中，因此达尔文写了一本书《腐植土产生与蚯蚓的作用》来论证这个小生物，但限于当时的科学条件，他并没有得出太多的结论。后来越来越多的科学家们对蚯蚓的种类进行了细致的研究，结果发现蚯蚓能显著地提升土壤的质量。一个体重不足 30 克的生物，身体结构已经高度适应了地下的生活。视力自然是用不上的，它需要的仅仅是基本的感光能力；肺部在狭小地下隧道里也是派不上用场的；它的表皮可以气体交换，而细长的身体则是土壤颗粒的极佳载体，并融合了搬运和转化土壤的能力。它的活动改变了土壤中各组分的比例，提升了土壤吸水与保水的能力，并同时丰富了土壤中的营养和微生物群落的多样性。经过它们消化的土壤比普通土壤多出 5 倍多的氮、7 倍多的磷和 11 倍多的钾。一块牧场下的蚯蚓每年每平方米可产出 20 千克的蚯蚓粪，它不仅能为土壤增肥，而且能够搅拌、疏松土壤，帮助形成土壤结构。而根据我们研究，我国土壤中体型最大的蚯蚓就存活在东北的黑土地中。一提到黑土地我们都会想到东北产出的粮食做馒头又大又好吃，蚯蚓也是如此。可为什么只有在东北的土地上能产出这些“体型惊人”又好吃的粮食呢？

粮食安全的压舱石——黑土地

郧文聚：这是因为黑土地中有相当丰富的营养物质和风味物质，人们常用“插根筷子能发芽”“一两土二两油”来形容它的肥沃和珍贵。黑土地非常的珍贵，因为黑土地的形成需要数万年时间。纵观全世界仅有 3 块黑土地，分别是乌克兰大平原、北美密西西比河流域和我国的东北大平原。作为“大粮仓”的黑土地承担着我们国家粮食“压舱石”的重担，它的粮食总产量占到全国的 1/4，它的粮食商品率占到全国的1/3。

这么肥沃的土地我们开发了仅仅百年时间，在清朝末期以前东北地区的黑土地是被用作牧场和林场的，这是因为在清末之前棉衣尚未普及，无法御寒。彪悍的游牧、渔猎民族不断涌现，想长久占据进行永久性屯田难度很大。再加上当时的历史条件无法培育出高产、抗寒、抗旱的作物，因此在清末之前的王朝都未对东北地区的黑土地采取大规模的开垦。所以说，我们国家真正开发黑土地的时间到现在也就一百多年。那现在的黑土地变成什么样子了呢？接下来有请科学档案守护人秦溯在科学的世界里为我们寻找答案。

主持人：这是一张东北黑土地的照片，由于连年不科学的开垦，黑土地表层变硬结块，在雨水的冲蚀下带走大量表层土壤。短短几十年的时间，黑土地由原来的30～100厘米厚变成了现如今的15～50厘米。而且土壤中所蕴含的营养物质也大不如前，粮食的味道和产量也大幅下降。面临这样的损害，科学家们想出来怎样的办法让它重获新生呢？接下来就有请郧文聚老师向我们讲解。

守护“大粮仓”

郧文聚：20世纪80年代起我就开始关注黑土地了，近些年当地农民对我们说，现在的黑土地越来越“馋”了，不给化肥就长不好庄稼。是啊，春天大风带走黑土地表面的黑土，夏天下雨水蚀又带走一部分黑土，这样长此以往黑土地能变得不“馋”么。黑土地的现状，让我们这些科学家十分心痛。因此科学家们就开始寻找解决的方案，当时科学家们来到了吉林省四平市的梨树县考察，并调研了当地实际情况后发现，当地还在采用较为落后的方式进行耕种，每年收获后就将地里剩余的秸秆焚烧，这样不仅增加了碳排放，同时也无法让秸秆中剩余的营养物质还给土壤。其次就是大量多次的机械化翻土，看似土是松了，但是土地中的小动物都被压死了，深层的土壤也被压实了，所以土越来越硬。最后一点呢我们发现，当地耕种的时候只种一种作物，这一种作物就只吸收土壤中固定的营养，久而久之土壤中的营养也就变得匮乏单一了。

发现了这些问题后，我们与世界各地的科学家们展开讨论，并借鉴了其已有的耕地保护经验，主要是三点：第一是少耕免耕，但结合当地情况，免耕不行，农民也要生存啊，所以只能是少耕，这样可以对土地的破坏减少一些。第二是要覆盖，秸秆覆盖，不要把它烧了，这样的话一是可以减少污染，减少碳排放，但是最核心的还是秸秆覆盖上去以后，可以减少水分蒸发，对风起到抗击作用，就像给土地盖上了一层被子。第三是留高茬，这样留下来的秸秆就像防风林一样，可以降低风在地表的风速。秸秆烂在地里可以为土壤提供肥力，同时还要辅以作物轮作的方式，不能连茬，连茬种的话，单一作物只吸收特定营养物质，会破坏土地肥力。轮作就是将不同作物种下去，让它们吸收不同的营养物质，比如说这茬种大豆，下一茬种玉米，它们吸收的营养物质不一样，这样就让土地有个恢复的时间。我们称这种模式叫"梨树模式"。

在推广"梨树模式"的过程中有两件事情让我印象深刻，到今天都久久不能忘怀。第一件事情是合作社里的领头人，他们对科学技术知识的掌握、现代农业装备的掌握，是很厉害的，他们不仅自己能够观察，而且还能够传播相应的知识。我们团队在那儿搞了一个群——黑土地保护和利用联盟，每年都会有经验交流会，其中有个社长讲得非常好，因为他天天都在地里干活，实践经验要比我多得多，所以他讲起来朗朗上口，非常的有意思。第二件事情是我们刚到当地推广"梨树模式"的时候，北京当时很热我就穿个短袖去了，到那的时候一下火车天气很冷，接我的县委书记立马就把自己的衣服脱下来给我穿上了。他说："您要是病了，谁给老百姓讲课呢?"听了这句话我当时也很感动，但我也认识到这件衣服不是为我披的，而是为当地的黑土地披上了一层衣服。实际上，我和梨树的联系是应吉林四平市委组织部的邀请，与中国农业大学李保国教授一起参加“院士专家四平行”。我们两位讲完课后，就被梨树县的主要领导盯上了，恳切地邀请我们去梨树开展工作，用现在的话说，就是要把论文写在梨树大地上。李保国教授很爽快，他马上答应了下来。后来我才了解到，当时参加听课的全是当地的父母官，每个人都很认真地在听、很认真地在记，让我非常感动。

2020 年 7 月，习近平总书记在吉林考察时强调：采取有效措施切实把黑土地这个“耕地中的大熊猫”保护好、利用好。我国科学家在这方面已经连续开展了数十年的科研工作，中国农业大学的李保国教授带领着团队年年去、月月去、他们扎根在那，进行技术攻关、技术普及。到如今 13 年过去了，梨树模式从一块试验田 200 亩的面积，推广到了 1500 万亩的面积。通过近十年的连续观察，水土流失率下降了 80%，含水量增加了 20% ~40%，耕层 0 ~ 20 厘米有机质含量增加 12. 9%。不光是科学家们的努力，政府也出台了《国家黑土地保护工程实施方案（2021—2025 年）》，这让黑土地保护有了明确的指向和方针。

泱泱华夏，沃野千里

郧文聚：大家都知道，不光是黑土地在退化，南方的土壤酸化、北方的土壤盐碱化，还有西南的石漠化、西北的荒漠化。这“五化”都是我国农业高质量发展、绿色发展的拦路虎。

土壤酸化的原因主要还是施用化肥过量，如何既能少施用化肥，又能保证粮食产量不降低是关键。关键是精准的水肥调控，同时发展绿肥、有机肥，增强土壤的缓冲性能。针对已经出现酸化的土壤要通过改良土壤、改善种植方式来调节。西南的石漠化、西北的荒漠化，主要还是受我国资源禀赋条件限制，过度开发、过度利用了一些不适宜开发、生态脆弱的土地资源，必须扭转土层厚度逐渐变薄、土壤流失越来越严重的问题，这需要从资源利用到社会发展的整体设计，降低人为干扰，实施生态修复治理，让受损的土壤充分地休养生息。一个新技术的产生不是一蹴而就的，而是经过几年十几年甚至几十年不断地发展改进，不断结合实际而最终形成的。因此这需要新一代青年人也要投入到这一学科的学习研究中，为土地保护增添新的血液。希望有一天，我泱泱华夏，定会沃野千里。谢谢大家。

主持人：感谢郧老师精彩的演讲，据悉每一次世界土壤日都会有一个主题，去年的主题是“保持土壤生命力，保护土壤多样性”，今年的主题是什么呢？

郧文聚：今年世界土壤日的主题是“防治土壤盐碱化、提升土壤生产力”。

主持人：您刚才讲了黑土地的保护，那土地盐渍化又是什么呢？

郧文聚：土壤盐渍化就是土壤里边含有太多盐分。就像大家吃饭时盐放多了，人吃了会不舒服，植物也是一样，如果土壤表面的盐分太多，超过了植物能够承受的范围，影响植物正常生长，就会形成土壤盐碱化。要想进行土壤盐渍化改良，要结合各地不同自然条件和地形部位的特点，建立排灌系统，灌溉使土壤中盐分溶解于水中，通过在土壤中渗透，自上而下地把表土层中的可溶性盐碱洗出去，然后由排水沟排出。也可以使用化学改良物（如石膏、磷石膏、过磷酸钙、腐殖酸、泥炭、醋渣等，降低土壤碱性），还可以通过种植水稻、种植耐盐植物田菁等，使用微生物菌肥等生物改良方式，可以说土地盐碱化的改良方式是多管齐下的。

（本文是北京电视台《科普中国》节目的演播稿，播出时间为2021年12月5日）

《农主播朋友圈》系列访谈之一：高标准农田“高”在哪？

主持人：高标准农田建设是一项百年大计，它对于我国的农业发展、粮食安全和社会正常运行都有着重要的意义。《农主播朋友圈》邀请自然资源部国土整治中心二级研究员郧文聚，聊聊高标准农田的建设情况。

我国耕地资源的现状，可概括为“一多三少”：即耕地总量多，人均耕地少，高质量的耕地少，耕地后备资源少。从总量排名看，我国耕地总量在世界上排第四，仅次于美国、俄罗斯和印度；但是我们国家人口众多，平均到每个人头上，还不到世界人均耕地面积的一半儿。随着工业化、城镇化步伐的加快，耕地质量问题也将日益凸显。因水土流失、贫瘠化、次生盐渍化、酸化导致耕地退化面积不断增加。耕地污染问题突出，土壤污染从原来的单一无机或有机污染扩展到多元、复合污染，污染类型多样化、污染途径多元化和污染原因复杂化。

郧文聚：高标准农田实际上是设施完备的农田。按照我们现代的技术装备和管理要求，农田基础设施要完备，要健康运行。这样的农田我叫它高标准农田。高标准农田既有外在，也有内在。应该是外在形式要搞好，内在的内涵也要搞上去，这才是我们真正意义上的高标准农田。

外在考虑什么问题？实际上就是解决林、路、沟、渠的问题。全部要规整，规整才能便于机械化作业。另外旱能灌，涝能排。如果水上不去，渠过不去，不就麻烦了；如果有了雨水排不出去也不行；农田是交叉的，一块一块碎得很，可能管子都拉不过去。你弄个管子浇地，管子从别人家地上经过，不让你过去，也弄不了，所以只能是忍受旱涝。另外路也要便于机器作业，现在的路都是比较狭窄的，弯弯曲曲。麦收时大型收割机可能开不到你的田块去，不给你割。小块地，不齐整，农民会想，有那时间割半垅，我在别处挣钱挣多了。因为它是按亩收，割一亩多少钱。如果我不弄你那一亩三分地，我已经在别处割好几亩了。换句话说如果不是高标准农田，实际上农户享受的社会化服务也上不去。生产要素上不去，增产增收个啥？

主持人：通过对高标准农田的解读，我们可以看到土地平整和集中连片是高标准农田的首要条件。只有农田平整连片，农业机械才有用武之地。但是由于我国幅员辽阔，地形复杂，要想实现土地平整是一个非常巨大的挑战。除了自然条件的限制，耕地碎片化也是农业实际生产中存在的一个矛盾。一方面是农业机械高效高质量生产对集约化和规模化的需求，另一方面是农村目前农民单户管理分散种植的一个矛盾。在高标准农田建设实施过程中，郧文聚对此深有感触。

郧文聚：现在来讲，一家一户分散种植确实有问题。咱们国家20亿亩耕地中间，我举个例子：福建北部一个农民，家有6亩地：三亩水田、三亩旱地。三亩水田分成16块，三亩旱地分成112块。这么零碎，你还想农业现代化？你还想享受社会化服务，怎么可能做得到。目前地块高度分散，一家一户小农种植方式，在这个基础上想享受优质的、高水平的社会化服务，一点门儿都没有。这也是一定要建设高标准农田的原因。

有些地方首先要研究换地的问题，就是小块并大块，尽可能一家一块田最好。但是这几亩地对机械作业来讲也不行。可能得解决托管问题，或者联合的问题。这样的话，能保证农民收入不少，利益不受损，同时也便于机械作业。这个问题实际并不容易。但是我的观点，如果连这一步都迈不出去，就别谈农业现代化，也别谈农业技术的深化。小农户的自然状态跟现代的农业社会化农业服务之间的矛盾必须破解。破解之道，第一是高标准农田建设，提供外在平台。但是这个平台提供以后，也没把所有的问题解决完。还需要很好地组织起来，依然是个问题。这个事目前做得比较好的邓州，接近 250 万亩耕地，农业技术服务全上去了，而且最主要的变化是农民愿意多块并一块了。农民之间的地也愿意托管，一块来做。这样就跳出了自然的农田格局，不对农业机械化服务构成障碍了。

主持人：解决农田碎片化问题，实现耕地连片，要充分保证农民的收益，让农民自觉自愿地支持高标准农田建设。在实际的建设过程中，会遇到很多困难。郧文聚指出，我们的解决办法不能“一刀切”，既需要研究出科学应对措施，也需要努力提高乡村治理水平，让农田所有者真正认识到建设高标准农田的好处。

郧文聚：日本在“二战”以后定了两个国策，一个是看美国，第二个是大米自主。日本地形狭长，真正适合建农田的地很少，平地很少。所以山沟里的地也得用，如果不用无法保证大米自给。山里相当于梯田，一开始不能用大型机械，只能用小型机械，按照这个思路去设计，最后一个田块大概 20 亩，20 亩一个框框，丘陵至少六块才能连起来。连起来才能解决水源。所以既要解决水源问题，又要解决农业机械化问题。建成这些良田国家拿钱，建成保用 40 年，谁也不能搞破坏。

成立农业合作社，进行土地流转和土地托管，实现农业生产集约化、规模化，也是解决农业耕地连片问题的有效方式，为农业机械化操作提供可能性。2021 年 1 月 26 日农业农村部发布《农村土地经营权流转管理办法》，自 3 月 1 日起施行。《办法》的实施，从流转方式、监管等方面确保土地流转有效实行，促进了高标准农田的建设。

主持人：种粮大户，河南省南阳市金华镇的徐传海是土地流转政策的受益者。在刚刚结束的夏粮生产中，他切实感受到了建设高标准农田的好处。

徐传海：我是 60 后，现在农村 50 后、60 后在家种地，70 后、80 后年轻一点的都出去打工。我自己的地少，我自己不到 10 亩，流转了 200 多亩。今年小麦产量确实喜人，整体上是 1000 ~ 1200 斤，平均 1100 斤。

主持人：通过土地流转和农业生产机械化，让已过五旬的徐传海成为种粮大户。自己一个人就种植了 200 多亩地，并轻松完成了夏粮收割，这就是建设高标准农田的好处。除此之外，机耕道路的修建、设施完善、农电配套，让旱可浇，涝能排不再是一句空话。2021 年夏粮小麦产量的提高，高标准农田建设功不可没。

刘红果（河南省南阳市金华镇党委委员、副镇长）：我们金华镇耕地面积 8.5 万亩，全部是高标准农田，旱能浇、涝能排，不用靠天吃饭。全镇有 960 多眼机井，每个机井灌溉的耕地大约是 50 亩。灌溉条件非常好。道路硬化，全部是 4.5 米或者 5 米这么宽的水泥路面硬化。这有一个好处就是在小麦集中成熟期，大型机械农业机器可以进入高标准农田，顺利进行作业。

主持人：由于各地的耕地质量和自然条件不同，高标准农田的建设程度也不一样。河南省南阳市宛城区农业农村局副局长王天海介绍了当地高标准农田建设的成效。

王天海：通过高标准农田建设，宛城区农业基础设施较差的中低产田得到了明显的改善，老百姓打破了长期“靠天吃饭”的传统。通过对同等条件下的普通农田和高标准农田进行了对比发现，经过高标准建设好的田块，经历同样的自然灾害，抗旱和排涝效果好，不但没受影响，还提高了化肥的利用率，达到增收增产的目的。

郧文聚：过去农田道路不通，桥涵较少，耕作和收割时，大型农业机械进田作业困难，高标准农田建成后，路通了，桥通了，给农民的耕地、收割等环节节省了很多时间，实际劳动效率比过去至少提高一倍。通过项目建设，成为“田成方、林成网、沟相通、路相连、旱能浇、涝能排”的高标准农田，实现从“低效益”到“高效能”的递进，不但让乡村更加美丽，更让村民实实在在地享受到实惠。

过去机井浇地拉很长的电线，还要承担水费、电费、人工费等各种费用，不仅浇灌成本高，浇灌所需时间也很长。现在实现井井通电，地埋管道输水，每隔50米修建一个出水口，只需推上电闸打开阀门，就能在旱季轻松地取水浇地，极大地节省了人力物力财力。农业生产的土、肥、水资源利用率显著提高。高标准农田项目区基本实现了田网、渠网、路网、林网、电网“五网”配套，粮食生产实现机械化，年亩产粮食稳定在1000公斤以上。

（播出时间：2021年8月9日，播出频道：中央广播电视总台，农业农村节目中心《中国乡村之声》频率，《田园新主张》栏目《农主播朋友圈》板块，节目主创：刘亚彤、傅雪琴）

《农主播朋友圈》系列访谈之二：

10 亿亩高标准良田不是梦

主持人： 上周我们介绍了高标准农田建设的“高标准”如何实现的问题。通过加强农田基础设施和质量建设，加快高标准农田建设实施步伐，能够确保农业现代化和粮食安全。今天的《农主播朋友圈》我们继续邀请自然资源部国土整治中心二级研究员郧文聚，聊聊高标准农田 10 亿亩的建设目标从哪里来？我们知道，我国设定了到 2022 年，全国要建成 10 亿亩高标准农田的规划建设目标。目前我国的耕地总面积大约为 20 亿亩，那设定 10 亿亩高标准农田的依据从哪里来？

郧文聚： 10 亿亩，最开始提出的时间是“十二五”规划的时候，当时提了一个大概这五年能够建设多少高标准农田的目标，当时提法比较保守，因为考虑到资金，没有钱也不行，所以“十二五”的时候提的目标是建成 4 亿亩高标准农田。这个规划是国务院批准的，4 亿亩的目标也通过了。在“十二五”建设中间，高标准农田的建设效果令社会上一些专家惊讶，所以在“十二五”中期的时候，就有一些院士、专家给中央写信，要求“十三五”的时候要扩大，要建 6 亿亩。这样“十二五”“十三五”加起来就是 10 亿亩，确保10亿亩高标准建设。当时我们算账，感觉还是多了，不是找不到10亿亩来建设，而是想在10年时间里建成这么多不可行。所以在“十三五”规划中确定了再建4亿亩，力争建成6亿亩。现在已经到“十四五”了，所以力争在2022年建成10亿亩高标准农田，基本就是这样一个情况，实际是量力而行，这也是设定10亿亩目标的一个原因。

另外一个原因，10亿亩多一点也是能够实现高标准的一个上限。为什么这样讲呢，因为高标准农田要想做到旱涝保收，各种基础设施都要配套具备建设条件的，在我们这20亿亩耕地中也就是一半的情况。如果再多一点，最多能做到12亿亩。所以从我国耕地总体情况来看，能够建成10亿亩，最多12亿亩高标准农田，已经是一个非常好的结果了。

主持人：高标准农田建设目标，是根据我国耕地现有情况进行合理估算设计，是符合我国国情的可执行目标。达成10亿亩高标准农田建设，会对我国的粮食安全有更大的保障。

郧文聚：胡春华副总理有一个提法，就是将10亿亩高标准农田都变成吨良田。那就不得了了，实际把我们的粮食生产能力一下子提到了一个很高的高度。我们现在的10亿亩高标准农田，还有很多达不到吨良田。另外，这10亿亩高标准农田很难全部种粮食，可能也要种菜种别的。10亿亩高标准农田，对我们国家的口粮安全、粮食安全有深刻影响，所以我个人认为，10亿亩高标准农田是实现口粮安全的根本保障。另外还有一些耕地，作为耕地存在很有必要，但是要想做到很高标准，需要认真研究，需要重新定义什么是高标准。现在来讲，我们18亿亩耕地是底线，并不都是高标准农田，怎样实现高标准利用是个难题，怎么进行建设也是一个仍需破解的难题。应该早着手，思考好，如何合理利用和保护性利用，不造成生态系统退化。

主持人：据农业农村部“2019年全国耕地质量等级情况公

报”，我国高产田占耕地面积的31.24%，中产田占46.81%，低产田占21.95%，全国耕地质量中低等级占2/3以上，障碍、退化耕地占比高达40%。根据高标准农田建设目标，我国耕地改造需求建设还有很大空间。除此之外，在农业结构调整过程中，受比较效益的驱动，高标准农田建设还面临着耕地非农化、农地非粮化问题。

郧文聚： 耕地非粮化不是对高标准农田而言的，是对耕地。本来这个地作为粮田进行建设保护，结果不种粮，这个问题怎么办？首先得承认耕地非粮化是合理诉求，农民在没有别的出路的情况下，就用这承包地种植经济作物，想把收入最大化，改善生活，这是合理诉求。这是站在农民这一侧的解读，站在国家层面这样做是有风险的。因为高标准农田就是要保证国家的口粮绝对安全，要是不种粮了，那我们通过高标准农田保障粮食安全保障的这个政策设计就出现一个很大的风险，会出问题。如果储备再不够，国际上再出现一些情况，咱们这么大国家会发生粮食安全问题。高标准农田非粮化的问题是国家目标跟农民目标的冲突。这个冲突需要有好的政策来解决。

还有一个问题，非粮化以后可能对粮田造成一些不可逆转的损害，或者很难再恢复，这是个科学问题。换句话说我们应该细化用途管制规则，就是要规定粮田可以种哪些粮食作物但是有些东西不能种，因为种了以后它可能对耕地、对口粮安全产生影响。那么这个管制的规则要求要落地发挥作用。农民非要种规定以外的东西，那你就违法了。这种情形把它定义为非粮化，然后哪些东西禁止，已经明确了，下面就是怎么执行的问题。

主持人： 高标准基本农田包括经过整治的原有基本农田和经整治后划入的基本农田。因此除了因地制宜，把原有基本农田进行升级改造达到高标准农田外，我们国家也在积极寻求改造建设新的基本农田。

郧文聚： 建设高标准农田就是改变这种现状，把这个问题解决掉。高标准农田哪里来呢？主要还是把现有的耕地建设成高标准农田，就是把现有的耕地中畸零不整的和土壤瘦薄的耕地改造好。原来叫改造中产田，或者农田基本建设，所以主要的还在这里做，而且还要在这里挑可以长期稳定的耕地来做。因为如果好不容易建设完了，过两天被征收了，那这个投资就浪费掉了。但是也存在问题，有一部分是我们在集中的大面积补充耕地时，一下子就建成高标准农田了。比如北大荒，虽然是荒地，一下子可以建设起来，但是按照当时的标准不能称为高标准农田。但是我们现在要开发一大片，几十万亩那样的地方一定按照新的要求做。所以主要是现有农田的改造，少量新增耕地直接建设高标准农田，这两种形式都有。比如盐碱地，现在荒着。东北地区、西北地区都有，草都不长。但是通过我们改造建设以后，成了高标准农田。产能高，而且面积也很大。现在我们的耕地红线，如果不补充，耕地红线就出问题了。但是这样的建设不是说我划一块地，把它犁一犁变成农田就行，要干一定要按照高标准农田去建。

主持人：那么，是不是我们可以大干快上，一股脑儿地进行耕地开发，高标准农田开发的越多越好，而不是我们既定的目标10亿亩呢？

郧文聚：我们国家做耕地开发较多，水平比较高，为啥目前开发出来的耕地越来越差，就是因为适合做耕地、特别是高标准农田的地越来越少。经过我们调查，作为耕地的后备资源，特别适合高标准农田建设的越来越少。而且现在有个问题，就是我们新增耕地、补充耕地已经不得不跟林、草、湿地发生冲突。但是耕地并不是一个自然状况，也不是自然生态。如果没有人、没有农业文明，地球上会出现几种自然状况、自然生态系统。比如森林系统、草原系统、湿地系统，但是自从有了人和农业文明以后，发现耕地更能养活人。耕地文明出现就是老祖先毁林造田、毁草造田、毁湿地造田而已，本来就是这样。耕地是半人工系统、农业文明进步的产物。但是目前来看，因为生态环境保护的要求，让我们感觉到，不去很好地权衡耕地跟整个生态系统、跟林、草、湿地生态系统关系不行了。林、草、湿地生态系统跟人类的可持续发展有关，需要权衡，不能再随意开发，毁林开发，这个已经不行了。从这个角度去思考，适合耕地开发的更少了。我们现在已经不这么干了。那既然越来越少怎么办？能不开的就不开，下决心开的就一定建设好。实现能不开尽量不开，能不占的就不占，需要往前追溯。为什么开？是因为占了，要补。不占了我就不需要补了。所以为什么搞严格的耕地保护制度，实际来讲要控制住各种占用耕地的行为。占用耕地的时候就要想到从何补充。不能只谈占了提供多少效益，这个账算得不对。减少耕地的损失比获利大得多。占用耕地对整个系统影响是很深刻的，这个耕地占了，这是系统性的损失。这个账要好好算，不是简单地算，要能实现粮食安全目标。

另外，有一些土地，我们的先人已经开辟为耕地，但是从生态系统保护来看并不适合做耕地。如果继续做耕地利用，有可能造成生态系统退化，甚至发生不可逆转的变化。这样就要把它退掉。如果不退，想退的时候已经石漠化，或者荒漠化，更加得不偿失。节省生态损害的三个阶段，生态退耕有三种情况，第一种情况，对生态系统生态损害处于第一个阶段，损害不严重，一退自然恢复。在条件好的地方是这样，靠大自然的力量，很快恢复生态系统，这个很好。第二种情况，比如有些地方生态损害已经演化到第二个阶段不能靠自然恢复，如果不加以人工干预，再去做一些修复工作就不能恢复。第一种情况叫自然恢复，第二种情况叫人工修复。第三种情况，生态损害达到第三个阶段，那个地方已经完全被破坏，就是退了也不行，要重建生态系统，更难，得研究怎么把它重建好。退是一定要退，因为已经到了能够判断对生态系统有损害。为什么休耕轮作？就是这个地连续种不行，两年、三年，这个地休耕后恢复健康，种和休是有设计的。还有一个办法叫轮耕，不能连续种植小麦，不能连茬的，下次种别的，也相当于让耕地休息恢复。

主持人：目前全国各地都在有序地进行高标准农田建设。从原则上看，全国的高标准基本农田应该是高等级、集中连片的农田，但由于我国自然条件南北、东西差异较大，区域、局部性的耕地资源匹配情况不同，耕地质量等别区域间不平衡，导致耕地质量等级建设难度不同，也会影响各省划分高标准基本农田的结果。山西省大同市地处黄土高原的东北部，受燕山运动影响，地貌类型复杂多样，山地、丘陵、盆地、平川兼备，全市平均海拔在1000～1500米之间。因此相对于平川地区，高标准农田建设困难比较多。我们请山西省大同市农业农村局农田建设科科长田亮，聊聊在地形复杂的大同，他们如何建设高标准农田的。

田亮（山西省大同市农业农村局农田建设科科长）：全市国土面积是1.41万平方公里，其中耕地面积是564万亩，占到了国土面积的26.4%，能够实现有效灌溉的面积是224万亩，占到了耕地面积的40%，总体上来说大同市是一个干旱缺水的城市。

我们大同市的高标准农田建设主要是分成了两种模式，一种是在水资源比较好的地区，我们的建设重点就是农田的灌溉设施、水电路等基础设施，通过这些灌溉设施的改造，将原来是大水漫灌改造成现在的管灌、喷灌、滴灌等现代化的节水灌溉方式，提高水资源的利用率，提高灌溉效率，同时配以水肥、防护林、农技等其他方面的措施。再一个就是我们在这个水资源条件相对较差的地区，实际上主要是缺水的地区，特别是旱地，我们主要建设的重点就是田间道路，通过这种提高机耕道的通达率，适应一些大型机械的使用，再一个就是土壤培肥。从根本上改变这个土壤的肥力，从而提高这个生产效率，达到产量增收的目的。

同时我们在有条件的地方，建设了一些软体水窖。用来收集一些雨水，就是在这种特别干旱的时候，可以帮助农民积蓄一些能够救命的水。

2020 年我们在左云县原上村将 3000 亩原来不能灌溉的耕地，全部通过兴建水利设施，全部改造成了旱涝保收的高标准农田。2011 年，我们在云州区规划设计了 8 个软体水窖，总容量是 5000 方。做到雨季集雨、旱季灌溉。在一定程度上缓解了当地这个缺水的无法灌溉的难题。我觉得高标准农田是一项真正的惠民工程。对于农民增收、耕地高效利用具有非常明显的效果，比如说我市阳高县的下浮在村，2020 年我们把它全村 2800 亩的耕地全部进行了平整，水电路等其他的一些基础设施全部配套，建成了这种旱涝保收的高标准农田，建成以后预计这个村亩均可以增产 200 斤以上，效果非常明显。

从 2019 年开始，我们抓住这个国家大规模建设高标准农田的历史机遇，积极争取上级资金，在 2019 年到 2021 年的三年，我们累计建设高标准农田 70.93 万亩，其中已经建成了 29.3 万亩，开工在建的是 20.06 万亩。我们还有 21.57 万亩正在规划设计中，预计今年年底前全部开工。

三年项目如果全部建成，我们全市的项目区的平均耕地等级可以提高 0.5 个百分点，年新增粮食产量 5800 万公斤。亩均实现增产 100 公斤左右。每年可以节约农业用水 1000 万吨以上，咱们农户人均可以增收 200 元以上。

主持人：实事求是地根据我国耕地情况，建设高标准农田，既要抓紧实干，又不能盲目蛮干。让高标准农田建设这项工程真正造福于民，真正能促进农业高质量现代化，发挥保障粮食安全作用。

（播出时间：2021 年 8 月 16 日，播出频道：中央广播电视总台，农业农村节目中心《中国乡村之声》频率，《田园新主张》栏目《农主播朋友圈》板块，节目主创：刘亚彤、傅雪琴）

《农主播朋友圈》系列访谈之三：
农田中的“大熊猫”

主持人：我们国家一直在强调要守住18亿亩耕地红线，为什么呢？我国粮食的自给率要稳定在95%以上，据测算，如果耕地的保有量一次减少2000万亩，粮食自给率就会减少1个百分点。这个数字不容小觑。18亿亩耕地红线，不仅是一个数字，更是保障国民经济、农民收入、粮食安全的不可突破的底线。

郧文聚：农民增收问题与粮食安全问题应区别看待，因为农民增收的主渠道不在于从事农业生产。粮食安全是口粮安全，但是农民仅依靠种植优质优价的粮食不足以过上好日子。那为什么说粮食安全和经济有关系呢？主要是因为耕地保护形势严峻，没有耕地就没有粮食安全，所以粮食安全从根本上讲，首先应该是坚守耕地红线问题，之后才能讲良种、良法。耕地红线守不住，就是因为有人喊着经济发展、生态建设的口号把耕地占了，挪作他用了，威胁到了耕地红线。对待这些问题，我们要有正确的认识，历任国家领导人都强调这个问题，习近平总书记更强调这个问题。但是这个问题还得再强调。很多地方为了确保地区自身的经济发展、生态建设，忽视耕地红线问题，从关系上讲忽视耕地红线就是忽视粮食安全问题。总书记讲，耕地是大熊猫。尤其是今年，中央明确种子和耕地是年度八大任务之一。种子是芯片，耕地是熊猫。按我的理解，耕地更基础。我们的种子资源高产的可能比较少，但是能种的种子还是不少的。耕地的危险性更大，所以应该把耕地问题摆在非常重要的位置。

主持人：据统计，欧美国家粮食产量的70%～80%依靠基础地力，20%～30%依靠水肥投入，而我国耕地基础地力对粮食产量的贡献率仅为50%，和农业发达国家相比，低20～30个百分点。不依靠化肥顶着，目前我国耕地的基础地力不足以支撑粮食连年高产需求。但是长期不合理地施用化肥，不仅导致土壤养分失衡、土壤肥力和有机质下降，而且，某些化肥所含有的重金属正在威胁人类的安全。除此之外，耕地土壤生物群系也在不断减少。耕地质量状况事关粮食生产能力。农业农村部发布的《2019年全国耕地质量等级情况公报》公布了全国不同区域耕地质量现状，提出对策建议，指导各地因地制宜地加强耕地质量建设。关于耕地建设，郧文聚介绍：

郧文聚：“良田、良种、良法”要结合起来讲粮食安全。也就是说，好的耕地、好的种子和好的农机农艺措施要配合起来。这个想法传到袁隆平先生那儿，袁先生非常赞同。他把顺序换了一下，叫“良种、良法、良田”，认为良种是核心，良法是关键，良田是基础。袁先生这个内涵解读更加深刻。因为耕地“三位一体”考虑的核心就是“芯片”。核心技术买不来，求不来，偷不来，抢不来，你要想优质高产，没有优种肯定不行，所以种子问题要解决。第二个，有了种子、良田，如果你的方法、农业机械上不去、应用不了，还是依靠过去面朝黄土背朝天、到麦收时间拿镰刀去割的做法肯定也不行。所以，农机和农艺问题很重要。比如说，过去在东北黑龙江，种水稻能达到几百斤产量就不错了，要想实现吨良田基本是不可能的。但是后来随着技术发展，有了大棚育秧技术，即一半时间在大棚、一半时间在农田，就把这个时间、温度、光照抢回来。这个技术很厉害，所以良法是关键，是良田的潜能、良种的潜能得以实现的关键，是最重要的抓手。所以袁先生这个解读很好。特别是他对良田的解读也很好，他说良田是基础，什么是基础？就是舞台，没有这个舞台，什么戏也唱不了。今年特别要宣传这个思想，就是良种、良法、良田。良种确实需要科学家，良田需要国家的力量、需要国家组织农民跟着你走。这两条更重要。良法的话，各个地方不一样，需要科学家、农民与农机农艺等配套。良种需要袁先生这样的科学家，一个良种需要十几年甚至更长时间。良田，一要建设，二不能两张皮。

根据目前的良种、良法、良田的水平来讲，不管是一年一熟、一年两熟还是一年三熟都能够达到这个目标。换句话说，南方讲吨良田都少了，它可能是两吨多。一年两熟地区，两季作物加起来妥妥的吨良田。一年一熟地区，想实现吨良田还是需要依靠一定技术。比如种水稻、玉米的话，玉米吨良田可能好实现，但水稻需要靠本事。尤其现在耕地重心北移，本来那个地方不应该做耕地，因为生育期不够，我们叫无霜期不够，就是你从种到收，不熟就收了，那怎么能行？所以产粮耕地重心不可能无限制地往北移动。北方是黑土，但是有些不能种庄稼，老天爷不伺候你，这是第一种情况。第二往西北走，没水。这样就没有旱涝保收，你非要搞吨良田。这个我觉得是打肿脸充胖子。

现状农田从外在来看畸零不整，这样的情况你要旱能灌、涝能排，能够享受机械化服务是不可能的。这是目前存在的问题，一句话不可能实现。享受不了现代化服务，农民不可能从繁重的体力劳动中解放出来，这是个外在的。内在的话，农田本身搞土壤改良，很难操作，只能靠自己去弄，生产能力越来越低，不可能低产田变中产田，做不出来。这个影响很大。因为如果耕地土壤条件不好，障碍因素比较多，比如瘦、薄、含有姜石障碍层等，再好的设施也不行。

主持人：近年来，农业农村部会同有关部门，统筹实施耕地质量保护与提升行动，开展高标准农田建设、东北黑土地保护利用、秸秆综合利用、轮作休耕、化肥农药减量增效、有机肥替代化肥、农机深松深耕、畜禽粪污资源化利用等工作，采取综合措施培肥改良土壤，有效推动了耕地质量保护。

河南省南阳市是国家粮食安全战略工程河南粮食生产核心主产区，为全国21个粮食年产超百亿斤的地市之一，素有“中州粮仓”之美誉。宛城区作为南阳市最为重要的粮食生产区，位于南阳盆地腹心，是全国800个产粮大县之一。2021年宛城区小麦种植面积57万亩，经实测，全区夏粮小麦平均单产达506公斤，比上年增46公斤。高标准农田项目区的小麦单产较全区平均产量高出100斤左右。宛城区如何提高耕地质量?

王天海（河南省南阳市宛城区农业农村局副局长）：今年宛城区将实施高标准农田建设项目6.5万亩，投资1.015亿元。目前，规划设计已完成，省、市已批复，正在组织工程招投标，9月份开工建设。今年，我区还将在已建高标准农田的基础上，实施高效节水灌溉示范区项目，要进行土地流转和托管，把小块田整理成大块田进行规模化经营，这样原有荒路、荒沟、荒田、荒渠就能被整理成新增耕地。

从2017—2019年，被新整理成的耕地1800亩左右。今年能完成高效节水灌溉面积2万亩，新增耕地200亩左右。“十四五”期间预计完成节水灌溉面积10万亩，新增耕地1000亩左右。

全区国土面积662平方公里，耕地分布在8个农业乡镇，面积69.7万亩，其中高标准农田建设覆盖区域45万亩。耕地土壤类型主要是砂姜黑土、黄褐土，潮土有少量分布，质地主要是壤土和中壤土，耕层土壤pH值中等偏酸，有机质含量中等偏低，有效磷、速效钾含量较高，土壤整体较为肥沃。全区范围内实现每三年深耕深松一次；据调查，耕层厚度普遍在20~25厘米之间，高标准农田范围内达到26～30厘米。辖区内农田设施基本配套，灌排基本满足。2020年度耕地质量评价显示，宛城区现有二等地面积0.59万亩、三等地面积1.26万亩、四等地面积20.46万亩、五等地面积30.89万亩、六等地面积13.07万亩、七等地面积3.17万亩。

主持人：高标准农田建设的“高标准”是对质量的一种界定，也是一种承诺。“高标准”与耕地质量等级直接挂钩。既然如此，有人会问：高标准基本农田究竟是几等地？耕地质量分等定级成果，让所有耕地有了全国统一、可比的标准，但也显示出我国耕地质量区域分布不均衡、决定因素复杂等特征。优等地仅占全国耕地总面积的2.7%，高等地占30%，中、低等地占67.3%。

在这种耕地质量国情下，很难一刀切出一个全国通用、对应某个等级的“高标准”，通常建成后的耕地质量等级，应达到所在县的较高等级。像“高标准”并非全国通用的绝对标准一样，高标准基本农田建设也应该是一种统筹区域特征的差别化土地整治性活动。

河南省南阳市耕地属于土壤条件比较好的区域，相比较而言，山西省大同市属于半干旱丘陵地区，昼夜温差大，土地瘠薄，无霜期短，降雨量少，特殊的土壤、地理、气候条件造就了该市农业以广种薄收的杂粮为主。那么如何应对贫瘠土地等不利条件，建设高标准农田？随着人们对高质量生活的追求成为主流，杂粮类农产品富含多种有机质和丰富的营养成分，愈来愈受到现代人的喜爱，传统农业劣势成为大同独特的农业发展优势。同时围绕“土、水、种、技、机、绿”六字要领，积极发展有机旱作，在高标准农田建设，特别是在改善耕地质量方面成效显著。

贾珍（山西省大同市农业农村局农田种植业科科长）：有机旱作农业不等于传统旱作农业，是2017年习总书记视察山西以后，根据习总书记讲话精神，在咱们农业领域开展的一项农业产业提质增效的行动。通俗理解就是，在山西省十年九旱的自然条件下，积极实施耕地质量提升、农水集约利用、农技集成创新、旱作良种应用、农机融合配套、绿色循环发展等重点工程，打造各项农艺措施有机结合，适应山西旱作环境下农业可持续发展的技术集成模式。

土地是我们农业的根本，土地的贫瘠严重制约造成农业产量较低，所以我们首先要改良土壤。通过有机肥，比如说农家肥、绿肥替代化肥，通过深松、深耕，打破多年翻耕形成的犁底层。然后降低土壤容重，提高土壤通透性，增强土壤蓄水、保墒能力。再是通过作物秸秆还田，秋收的时候采用联合收割机，一边收获，一边将秸秆粉碎，直接还田。通过这些措施，有效地提升了耕地质量，提升了地力品质，贫瘠的土地变得肥沃。大家都知道咱们种地离不开水，尤其我们大同市的水资源匮乏，节水对我们非常重要，那我们怎么做到的呢？就是推广渗水地膜，我们现在已经推广了渗水地膜29万亩，而且改变了传统的大水漫灌浇灌方式，大水漫灌严重地浪费了水资源，我们转化为膜下滴灌喷灌有效节水。今年习总书记提出要打好种业翻身仗，良种推广在提高产量方面是重中之重。我们以高粱、谷子、马铃薯等特色杂粮重点作物筛选出一批耐寒耐旱、耐高温、抗病虫害、抗倒伏、抗逆性好而且增产潜力较大的优良品种，通过建立新品种展示示范基地，示范带动全市有机旱作优良品种大面积种植。目前，我市高粱良种覆盖率已经达到了100%。谷子黍子良种覆盖率也达到70%以上。通过我们不断地推广探索，集成推广了多种技术模式，根据不同的作物采取不同的技术措施，比如高粱我们推广全膜双垄沟播技术；谷子地膜穴播技术，还有膜测播种技术，测土配方施肥，病虫害绿色防控，水肥一体化等这些技术。目前我们大同推广谷子地膜覆盖机械化穴播技术，覆盖率达到了50%，高粱全程机械化生产技术覆盖率达到30%。形成了这种有机旱作农业，农机与农艺措施相配套的技术模式，机械化旱作节水技术也得以完善。绿色农业方面，深入推动病虫害物理防治、生物防治等绿色综合防控技术，加大农作物绿色防控的力度，加强畜禽粪污资源化综合利用，促进土地综合养护平衡，实现种养循环发展。最典型的比如大同市天镇县高桥矿的高粱，通过实施有机旱作农业，产量最高亩产达到了1700斤，比普通的增加400斤，而且产出的高粱颗粒饱满，容重高，出酒率也高，所以我们这个产品是供不应求。2017年以后，我市大力发展有机旱作农业，创建了灵丘县、云州区两个省级示范县，省级封闭示范片11个，实现了县区全覆盖，还打造了市级核心片28个，样板区121个，市级示范片125个。

田亮（山西省大同市农业农村局农田建设科科长）：建设高标准农田，确实让农民获得实实在在的好处。高标准农田是一项真正的惠民政策。高标准农田最大的好处，我觉得有两个方面：第一个是对于农户来讲，是一条真正的惠民工程，它把这种农户原来的各种生产条件比较差的土地，改造成了生产基础设施特别好的这种耕地，对于农民增收、提高土地利用率、科学的田间管理，具有非常明显的效果，也可以助推县区现代农业的发展。第二个是对国家。从国家的角度来看，这种高标准农田建设，对于国家的保障粮食安全，特别是在当前形势下这种保障粮食安全就特别的而且是特殊的意义。

（播出时间：2021年8月23日，播出频道：中央广播电视总台，农业农村节目中心《中国乡村之声》频率，《田园新主张》栏目《农主播朋友圈》板块，节目主创：刘亚彤、傅雪琴）

《农主播朋友圈》系列访谈之四：
为高标准农田保驾护航

主持人：高标准农田建设，离不开制度管理和资金支持。上周我们讲述了高标准农田建设中耕地内在质量的重要性，今天的《农主播朋友圈》，我们邀请自然资源部国土整治中心研究员郧文聚，聊聊如何为高标准农田的建设保驾护航。

任何一项工程，都有其使用年限，我国的高标准农田要求建成后田间基础设施的使用年限不低于 15 年。请问这个年限是如何制定出来的？

郧文聚：这里有一个最基本的指标，设施建成后能保用多少年。15 年在当时制定《高标准农田建设通则》时是一个很高的标准。为什么 15 年？日本高标准水田管用是 40 年。按照 40 年的标准它不仅是搞建设，也把土层进行改造，外在内在全部同时进行，标准高。我们定了 15 年的标准后，很多人都不认为能达到 15 年。对于有些项目，比如邓州，刚开始我们每年都偷偷去检查，不告诉任何人我们直接到项目区去检查，看看行不行。10 年过去了，现在看 15 年的标准是可以的。当然他们也有压力，它是我家乡，他们知道我老回去看。从现在来看，给了我信心，真按这个标准实行是能建，而且确实能用 15 年。甚至现在我更有信心，我们定 30 年也应该没有问题。如果定 30 年必须是设施与内在都要结合起来，用更高的标准做这一块才对。

主持人：我们要保证高标准农田建设的推进实施，更要保证它的质量。郧文聚老师介绍，高标准农田建设质量有保证，是因为我们从建设的源头，就制定了详细、严格的通则，让建设有章可依。

郧文聚：《通则》大概规定 70 多条，农田不是一个抽象的概念，比如旱涝保收等是抽象概念，是最后的一个综合感受。但是事实上要做到这一点，得通过一系列技术指标来实现，就是路怎么修？渠怎么修？林应该怎么办？这都有规定，加起来 70 多条。都做到了，我们认为才能够出一个合格的产品。但是每一条都要实现，压力是很大的。

为什么叫《通则》，就是技术指标。但是在具体落实的时候，在不同的地方，根据它的特点，组合是不一样的。比如水田和水浇地不一样，平原地区和丘陵不一样，西南地区和西北地区也不一样。比如东北一年一收，到我家乡一年两收，再到南方一年三收，肯定不一样。这样的话需要把《通则》细化，各个省出自己省的地方标准，甚至更细致一些，才能把它落实下去，形成标准化的体系来指导生产建设。把抽象的要求、目的任务讲清楚。抓关键的性质弄清楚，把任务精准明确。什么是关键？其中最主要的关键，第一是田块的规整，第二是路、渠、沟。路是机械进入的问题，灌跟排是渠和沟的问题，这些关键要素要抓住。还有个最重要的指标是建设后到底管用多少年，这个责任和设计标准必须明确，这是这几个里最关键的。这些抓不住，落实不好，经不起实践的考验，那就失败了。

主持人：《通则》一个突出的亮点，就是在加强农田基础设施建设的同时，把土壤改良、培肥地力、耕地质量监测网点建设等作为重要内容，体现了工作思路的转变。要通过国家标准的实施，引导各地在高标准农田建设中，重视并建设好耕地的内在质量，确保耕地综合生产能力和增产能力持续提升。

有了高标准农田建设工程项目的实施通则，还需要有充足的资金，保证工程的建设。那么，如何解决资金来源呢？

田亮（山西省大同市农业农村局农田建设科科长）：我们大同市高标准农田建设资金主要有两个来源，第一个主要还是财政资金的投入。从2019年到2021年三年，我们中央、省、市、县四级累计投入财政资金8.7亿元，第二个来源则是社会资本。我们就是在积极争取财政资金的基础上，也积极拓宽资金筹措的来源。比如，2020年我们的广灵县、云州区两个县区，就引进大地公司建设了高标准农田是12.86万亩，总投资是1.9亿元。

主持人：高标准农田建设关系到粮食安全。它的建设主要由中央和地方各级财政拨款，为的就是确保建设的顺利实施。河南省南阳市宛城区农业农村局副局长王天海介绍，当地高标准农田建设资金来源是：中央投资2/3，省、市、区按6∶2∶2比例配套剩余1/3资金。对于这些资金和工程建设，有着严格的监督管理制度。

王天海（河南省南阳市宛城区农业农村局副局长）：在具体资金拨付中按照施工合同要求，施工方进场拨付30%，项目基本完成拨付到70%，市级验收后拨付到97%，剩余3%作为保证金，一年后拨付。

一是严格落实工程监理制度。严把监理关、施工关、材料进场关。严控原材料、工序流程、施工工艺、基础性工程和隐蔽工程质量，真正做到建设一片，收效一片。二是严格落实现场监管制度。项目区、乡、村、组干部和党员代表、群众代表组建工程质量监督小组，现场对施工情况和质量进行监督。三是严格工程质量验收制度。工程竣工后，由业主方、施工方、监理方及项目区所在地的乡村干部，严格按照规划建设内容及标准对工程进行验收，合格工程现场签字存档备案，确保工程质量合格率100%。

主持人：在高标准农田至少15年的使用过程中，如何有效地管护也是一个非常重要的问题。郧文聚老师介绍：在现行的管理中，可能存在部分真空地带，需要我们特别注意：

郧文聚：按国际上来讲，谁受益谁管护负责，应该是谁投资谁受益，但是唯独农业，特别是在我们中国农业目前条件下，如果按这个原则，我认为不行。我们的农业县都是穷县，我们的农民相对来讲，靠农田的收入来维持生计根本就不行，然后让他再拿钱去做这些工作就有点麻木不仁了。管护工作，农民有这个需要，国家粮食安全有这个需要，农民增产增收有这个需要。最终农民是用户，是个主体或者需求方，他的需要必须跟我们这个社会目标、国家的目标很好地协调起来。至少来讲建设的责任、管护的责任应该由国家更多地来承担，这个责任主体和受益主体，不能泛泛地讲。农民现在会出现一种反差，路是国家修的，跟我没关系，我也不爱惜它，想破坏就破坏，这就出问题了。这说明这两个主体之间的利益没有同向，没有耦合。它为什么会出现这两张皮呢？说明工作没做好。在做这个事的时候，没有跟农民这个主体很好地耦合起来。甚至我们有些人说，你看看我给你拿这么多钱，又是修路、又是修渠、又是种树，你怎么还不知道爱惜呢？我认为这是个完全错误的想法。你是代表国家，这个是你的职业荣誉，国家信任你，你就应该给农民做好服务。从这个来讲，服务好农民的需求，这是我们这个行当的一个道德底线的要求。

农民确实有这个需要，但是他又拿不出钱来，另外他即便是做，也很难很好地组织起来。这样的话按照投资的原则，建跟管要一体化。建比如一亩地投资2000元，管要拿出一定比例的钱，每年进行维护维修。如一亩地拿出50元或100元，集中的服务一大片，把这个钱招投标出去，由专业队伍去维护。这样的话农民的负担也减轻，也能得到专业化的维修服务。我认为这个是好主意。

一定要追踪问效。为什么一定要保用十五年。保用十五年就得让它始终处在良好状态。怎么知道处在良好状态呢？得有监测，有评价，有维护，这样才能行。监测评价队伍一定要制度化。我们过去很多工作连边界都搞不清，就是钱花在哪里都没搞明白，项目区边界不清楚，建了什么不清楚，维护什么不清楚，就无法继续再谈。我们为什么搞评价准则？要监测，确实保证长期稳定有效。如果说一个建设期过去了，工程有寿命，寿命到了。我为什么说三十年，经济社会会发生深刻变化，格局得重新考虑，重新去设计、去构建。通过发现有些问题是我们原来设计规划中没有预见到的，把这个经验教训吸取，在下一轮规划中用。

这笔无形资产一定把他做好。因为我们构建起来了，另外社会越来越多的人、群众包括记者都将会追踪问效。现在我们是全公开的，在哪建的？多少钱建的，全部公开。一查不是那回事，就出问题了。所以我觉得这个事会越来越好。

主持人： 高标准农田建的再好，如果没有很好的管护，也会前功尽弃，国家投入的资金会被白白浪费。山西省大同市农业农村局农田建设科科长田亮介绍，他们在建设过程中，摸索出了一些经验。

田亮： 从我们基层来说，我觉得高标准农田建成以后，有两个方面是需要注意的，第一是高标准农田建后管护问题。高标准农田的设计使用年限是15年，项目建成以后，资产就移交给村集体使用，按照谁使用谁受益，谁受益谁管护的原则，由村集体负责管护，但我们建成移交以后，项目在这个后期的使用过程中要特别注意管护问题。可以通过一些高标准农田保险，水利设施的租赁等多种方式，筹集管护经费，确保这个建成的农田设施在设计使用年限内正常使用。第二是高标准农田建设以后，要特别与产业发展相结合。大家可以看到几种模式，一是高标准农田与土地流转相结合。高标准农田建成以后，我们把原来水电路等基础条件比较差的一些农田改造成了集中连片，水、电、路、肥等生产基础条件都比较好的农田。在这个基础上，我们可以探索将建成的高标准农田进行集中流转，发展规模化标准化的种植，改变过去这种一家一户的经营模式，提高劳动生产率，提高经济效益。二是高标准农田要与当地的产业发展要深度融合。高标准农田建设以后，作为我们县区政府，基层政府应该是引导项目区的农户，调整产业结构。因为原来的水肥条件不好，可能种植的是一些经济效益比较低的作物，现在水肥条件好了，基础条件好了，可以引导农户种植一些经济效益比较高的作物，然后促进县区的产业，促进县区现代农业的发展。

主持人：河南省南阳市宛城区，将高标准农田的管护和管理机制结合在一起，确保了管护措施实施到位。

王天海：宛城区高标准农田发展经历了三个阶段。第一阶段：2013 年以前的中低产田改造，建设标准为 800 元/亩左右。主要用于沟、路、渠、机井、建筑物、田间道路、农田林网建设。改造后，小麦亩产量达 900 斤左右。第二阶段：2013 年实施高标准农田建设项目以来，共完成高标准农田 45 万亩。建设标准从原来 800 元/亩提高为 1500 元/亩。在中低产田改造的基础上，机井配套电力设备及输水管道，方便农民直接取水；道路由泥结石路变为混凝土路，更加结实坚固，方便大型机械通行。目前，小麦亩产量可达 1000 斤以上。第三阶段：计划“十四五”期间准备建设 10 万亩高标准农田高效节水灌溉示范区项目。目前宛城区与北京京蓝科技股份有限公司合作，在已建高标准农田的基础上，每亩再投资 1840 元建设高效节水灌溉项目。该项目前期准备工作已完成，麦收后 1 万亩高效节水灌溉项目工程将开工建设。未来十年，在宛城区建成 30 万亩高效节水灌溉方示范区，将利用智慧农业，物联网大数据平台，实现农业灌溉自动化，水肥一体化，农业现代化。

主持人：农稳社稷，粮安天下。希望高标准农田建设，能改变

“靠天种田”的观念，将一块块低产田变成保肥、保水的高产稳产田，让我们的农业真正实现现代化。

（播出时间：2021 年 8 月 30 日，播出频道：中央广播电视总台，农业农村节目中心《中国乡村之声》频率，《田园新主张》栏目《农主播朋友圈》板块，节目主创：刘亚彤、傅雪琴）

严守耕地红线　用“长牙齿”的硬措施落实藏粮于地战略

嘉宾：

郧文聚：自然资源部国土整治中心研究员、自然资源部农用地质量与监控重点实验室主任

张甘霖：中国科学院南京地理与湖泊研究所研究员、土壤与农业可持续发展国家重点实验室主任

黄元仿：中国农业大学土地科学与技术学院教授、中国土壤学会副理事长

主持人：赵姗

一年之计在于春，立春已过，春耕在即。耕地是粮食安全的基石。习近平总书记在中央农村工作会议上指出，要严防死守 18 亿亩耕地红线，采取“长牙齿”的硬措施，落实最严格的耕地保护制度。2020 年底召开的中央经济工作会议指出，保障粮食安全，关键在于落实藏粮于地、藏粮于技战略。坚决遏制耕地“非农化”、防止“非粮化”，规范耕地占补平衡。2021 年，怎么用“长牙齿”的硬措施落实藏粮于地战略呢？

用“长牙齿”的硬措施坚守耕地红线不褪色

中国经济时报： 您一直从事土地资源保护和土地管理制度、土地整治工程技术研究工作，非常熟悉全国耕地的数量、质量、生态保护状况，积极呼吁并推动解决东北黑土地保护、华北平原地下水漏斗和长江中下游耕地污染等突出问题。在您看来，应如何准确理解和把握耕地红线的内涵？对于落实党中央要求用“长牙齿”的硬措施保护耕地，您有哪些政策建议？

郧文聚： 第一，深刻认识坚守耕地红线的意义。2020 年初，突如其来的新冠肺炎疫情不仅给卫生健康事业带来了巨大挑战，而且深刻影响了经济社会发展，世界粮食市场也发生异动，粮价上扬、一些国家宣布禁止出口粮食。由于我国高度重视国家粮食安全，始终把粮食生产放在头等重要位置常抓不懈，坚持打好实现国家粮食安全的政策—投入—科技“组合拳”，获得了历史性的连续十多年的粮食总产稳定增长，牢牢支撑了我国应对重大世情变化，“任凭风浪起，稳坐钓鱼船”。

耕地是粮食生产的命根子。我国粮食生产连年丰收的另一面，是比较严峻的耕地资源可持续利用问题。破解东北黑土地退化、华北地下水漏斗、长江中下游耕地土壤污染难题，是贯彻中央要求坚守耕地红线，实施耕地数量、质量、生态“三位一体”保护的重大现实任务。2020 年 3 月 4 日，首个世界工程师日发布了一项面向全球工程师的问卷调查，结果发现“可持续的土地和海洋”位列未来 25 年十大挑战的第三位，而参与问卷调查的中国工程师则将该问题列为头号挑战。2020 年 11 月 9 日，在第二届世界科技和发展论坛闭幕式上，发布了 2020 年度人类社会发展十大科学问题，“提高农作物产量和良种覆盖率以促进粮食安全”位列第七、“自然资源总量快速减少应对响应机制”位列第八。由此可见，保住耕地、用好耕地、养壮耕地，的确是一项涉及中华民族长远利益、根本关切的重大问题。

第二，准确把握耕地红线的内涵。习近平总书记明确指出："耕地红线不仅是数量上的，而且是质量上的。"中发〔2017〕4号文件，明确要求完善耕地保护制度，实行耕地数量、质量、生态"三位一体"保护。坚守耕地红线，数量是基础。改革开放40多年来，我国土地管理的中心任务，可以说就是耕地保护，指示性指标是耕地总量动态平衡，一方面管住"占—毁—调—退"等造成耕地减少的要素，另一方面抓好耕地补充、农田整理等可增加有效耕地的要素。时至今日，我国守住了18亿亩耕地红线，但保护耕地生命线的压力巨大。一是耕地"非农化"，一些地方乱占滥用耕地的现象此起彼伏、屡禁不止。二是粮田"非粮化"，在耕地甚至永久基本农田中种树、种草、挖塘养鱼等现象时不时地在一些地方蔓延滋生。三是伪"生态化"，一些地方打着生态文明的旗号，大造生态景观、大搞绿色走廊，大片耕地被用于建设所谓的"生态工程"。

坚守耕地红线，质量是关键。科学研究表明，自然肥力是耕地稳产高产的基础，人工肥力与自然肥力之间存在着合理的比例关系，耕地资源利用必须与耕地资源保育相结合。我国耕地保育有种养结合的传统，这是保持耕地自然肥力的一个重要机制。近年来，种养分离成为一个主要趋势，必须逐步予以纠正。我国耕地生产能力差异很大，因此必须强化耕地质量的差异化管理，严格保护高产田、积极改造中低产田、努力稳住"不稳定耕地"，切实规范新补充耕地的质量提升。我国幅员辽阔，耕地分布在七个不同的气候带，有一熟区，也有两熟区、三熟区，还有热作区。片面追求经济发展，提出消灭农村、消灭耕地的做法是不可取的。稳定耕地布局，特别是要稳定经济发达地区的耕地格局。

坚守耕地红线，生态是前提。耕地的开发利用，是以适应种植业发展的生态条件为基本前提的。我国传统种植业区，一直维持高垦殖率，也就是说耕地往往占国土空间的80%左右。现代科学研究表明，高垦殖率是需要与区域生态系统服务水平相适应的。先进国家已经将垦殖率降到65%左右，相应增加生态空间以保护和维持生物多样性。我国西北干旱半干旱地区、南方丘陵山区和青藏高原，分布着占我国耕地一半的旱坡地。旱坡地只能发展雨养农业，自然生态状况是雨养农业的生命线，保护好这些地区的耕地生态具有重大意义。

第三，用“长牙齿”的硬措施守住耕地红线。我国实行最严格的耕地保护制度，其中最硬核的部分，应该是永久基本农田保护和耕地占补平衡。建设占用一亩永久基本农田必须报国务院审批，补充耕地必须落实占一补一、占优补优、占水田补水田等制度。

落实党中央要求用“长牙齿”的硬措施保护耕地，建议进一步扩大耕地保护制度最硬核部分的内容。一是进一步完善耕地保护责任目标省长负责制，研究构建由各级主要负责人任田长的“田长制”，实行党政同责。二是进一步严格耕地保护责任目标考核，细化考核要求，做实考核指标数据，突出耕地保护实绩，加大审计、监察和组织部门参与考核的力度，强化奖惩兑现，用最严密的耕地保护法治生态落实最严格的耕地保护制度。三是加快构建智慧耕地技术体系，加大科学数据和科学研判对耕地保护决策管理的支撑，借鉴建设用地卫片执法，运用先进技术手段，加强对耕地变化动态的及时掌握，防患于未然，将耕地保护违法违规问题解决在初始萌芽阶段。四是深入开展耕地红线普法教育和科普宣传，让良法成为善治的依据，让耕地使用者、耕地保护监督者都成为学法用法的能手、化解纠纷的高手，让耕地保护成为全社会的自觉行动。

以全局和系统思维科学实施藏粮于地战略

中国经济时报：您一直从事土壤资源研究工作，在您看来，应如何实施“藏粮于地”战略？对于不同地区实现耕地利用和生态环境保护之间的协调，您有哪些政策建议？

张甘霖：“藏粮于地”是当前我国确保粮食安全、倡导绿色发展双重需求形势下，党中央审时度势做出的战略性决策部署。

第一，树立以维持与提升耕地产能为核心的“三位一体”科学保护观。“藏粮于地”战略具有丰富的科学内涵，但维持和提升耕地产能无疑是其核心要义之一。普遍认为，要实现“藏粮于地”，必须坚持耕地的数量、质量、生态“三位一体”的保护策略，在守住耕地面积红线的基础上，一方面要通过高标准农田建设，确保优质耕地产能持续稳定地发挥，最大程度地保证现实的粮食产量；另一方面，要通过中低产田改造不断提升其潜在生产能力，保证潜在的粮食生产需求。同时，对目前作为耕地存在的部分边际土地，要通过适当的政策引导促使其休耕，但必须维持其可转化为耕地的状态，以备必要时通过适度开发来保证粮食生产。

在操作层面上，如何制定并实施“长牙齿”的硬措施，落实最严格的耕地保护制度，守住耕地红线和粮食安全根基，确保耕地数量不减少、质量有提升、布局更优化，需要从全局和系统的视角，综合考虑从全国到省区市尺度粮食产区的实际，既保证区域的粮食生产潜力，又能符合不同区域的现实，充分发挥区域水土资源优势，从国家层面实现粮食生产与生态环境保护之间的宏观协调，使不同区域的“藏粮于地”措施具有充分的科学基础，并与经济社会发展水平相适应。

第二，“藏粮于地”战略的实施需要有综合考虑不同区域自然和社会经济背景的全局观。从我国全域尺度来看，实现“藏粮于地”是国家层面的总体要求，但这一国家战略落实到地方时需要充分考虑区域之间的自然和社会经济背景差异，特别是水土资源自然禀赋特征。我国具有明显的气候、地形和社会经济发展水平差异，不同区域之间耕地利用的特点迥异。简而言之，南方气候温暖湿润，水、热资源丰富，具有较高的自然生产潜力，但地形以丘陵山区为主，耕地以不连续的线状、点状分布为主，难以进行较大规模的集中连片利用，加之社会经济发展水平相对较高，总体上粮食生产的经济比较效益较低，导致近年来坡耕地、梯田等边际耕地弃耕现象比较普遍。因此，对于南方山地丘陵，制约耕地保护和利用的主要因素在于粮食生产的经济报酬相对较低，加之城市化和工业化的持续压力，耕地的数量难以有效保证，"藏粮于地"的首要任务是采取适宜的经济政策维持耕地面积红线，保证其用于粮食生产；同时，对不断边际化的耕地采取允许一定程度的"非粮化"策略，但必须通过适当的行政和经济政策干预，如采取"粮经"轮作措施使其满足（准）可耕状态，从数量和质量上形成明确的后备耕地资源。对于北方干旱和半干旱地区而言，制约耕地利用和保护的主要矛盾在于现实中难以"以水定地""以水定产"，这将造成两方面的问题，一方面是农业水资源不足导致土壤退化，最终破坏土壤的生产力，使耕地功能丧失；另一方面则是水资源开发利用强度过高，危及区域水资源的可持续利用。

综合考虑上述我国自然和社会经济发展现状，国家尺度上的"藏粮于地"要充分发挥南方丘陵地区的水热资源优势，将南方山水林田湖草综合治理与耕地红线保护和粮食生产产能保证结合起来，通过行政干预和经济补偿促使南方充分利用水热资源优势，减缓干旱和半干旱区粮食生产压力，实现宏观尺度上的布局优化。对于省域而言，类似地也可能存在上述水土资源禀赋差异，同样可以实施差别化利用和保护策略。

第三，"藏粮于地"战略的实施还需要有兼顾耕地产能和生态环境健康的系统观。"藏粮于地"的重要举措之一是不断改进耕地地力提升的技术水平，提升耕地粮食生产能力。作为农业技术的重要组成部分，农用化学品投入、灌溉、农机使用等对土壤资源质量和生态环境健康均有重要影响。"藏粮于地"战略的实施需要系统考虑粮食生产目标和技术投入的环境效应。在不同类型的农田生态系统中，提升产能的技术措施如使用不当将产生不同的环境效应，比如土壤侵蚀、面源污染、养分淋失、土壤酸化、生物多样性下降等，这些过程将进一步导致土壤自身的退化，从而形成负向反馈，进而影响耕地产能；同时，耕地作为一个包含水、土、气、生在内的地表综合体，单一要素的变化必然耦联该地表系统其他要素的变化，过度干扰可能造成系统性的退化和功能下降，甚至危及生态系统的健康。因此，“藏粮于地”不能着眼短时期内耕地产能的提升，而必须以可持续性作为该战略实施的重要考量，综合考虑耕地产能提升潜力和可能的生态环境效应。

衡量耕地产能和生态环境协调的重要指标是耕地利用的可持续集约化水平。实施“藏粮于地”必须从系统和科学的角度评估我国不同区域耕地的健康水平、抗逆性和弹性，以耕地系统要素健康和可持续利用水平作为耕地产能提升和潜力发挥的前提，在此基础上对具有不同生产潜力和抗干扰水平的耕地进行科学分区，针对不同健康和抗逆水平的耕地系统形成调控对策，并构建可持续的“藏粮于地”技术模式。

藏粮于地，边际耕地的产能适度提升和稳定是关键

中国经济时报：您一直从事水土资源高效利用、土地整治和生态修复等方面的研究工作，发表过大量的研究成果。近年来，您一直持续关注边际耕地质量提升和可持续利用问题。什么是边际耕地？我国的边际耕地面积与分布情况如何？

黄元仿：从经济学的角度，边际耕地是指在一定的生产条件下，收益正好补偿所需费用、无利润可赚的耕地，与农产品价格和生产费用水平有关。从土地利用角度，边际耕地往往是农户广种薄收粗放经营或依赖政府补贴、随时会退出耕作的耕地。从生态学的

角度，边际耕地类似农牧交错带的耕地，“摇摆”于耕地和生态用地（草地或放牧）之间的土地。从土地适宜性和质量评价的角度，边际耕地是指介于宜耕或不宜耕之间的现状耕地，耕地质量差或产能低，是最低产（“低中低”）耕地。我们可以这样认为：所谓边际耕地，是指自然资源禀赋不好、障碍因素复杂多样导致的质量、产量低且不稳定，容易弃耕或季节性撂荒等利用水平和效益不高的耕地。

边际耕地面积究竟有多大，现在还没有一个准确的数据。但根据边际耕地的性质，应该是主要分布在干旱半干旱、山地丘陵区的坡耕地。刚刚完成的三调还没有公布最终的成果，但据初步统计，现有耕地面积约19.5亿亩，这其中肯定有相当比例的坡耕地。一般情况下，将大于15°的坡耕地面积作为边际耕地面积的参考。

根据原国土资源部2017年发布的《中国耕地质量等级调查评价》，13~15等（低等地）面积为3.6亿亩。根据农业农村部2020年发布的《2019年全国耕地质量等级情况公报》，评价为7~10等的耕地面积为4.4亿亩。大致推算来看，我国至少有约3亿亩的边际耕地。

中国经济时报：边际耕地对保障我国耕地红线和粮食安全的重要性体现在哪里？在您看来，应如何科学保护和合理利用边际耕地？

黄元仿：边际耕地的可持续利用，直接关乎18亿亩耕地红线的守与退。边际耕地，能否参比发达农业国家（如美国）耕地标准退出放弃耕种？很显然，边际耕地不能退，起码不能简单全退。目前我国坚守的18亿亩耕地红线从结构来看可以粗略分为四部分，一是优质耕地（建成高标准基本农田），二是中低产田，三是“帮忙田”（边际耕地、不稳定耕地），四是新垦造耕地（包括占补平衡新增耕地）。可见，3亿亩边际耕地的可持续利用非常关键，直接关乎耕地红线的守与退，必须从资源源头管理，将耕地质量、耕地生态纳入自然资源监督管理，做到责任分明、不推诿扯皮，且监督者要主动制定并落实“长牙齿”的硬措施。

第一，要加强边际耕地的监测评价和分类利用决策。确保边际耕地对18亿亩耕地红线的贡献，对守住我国耕地资源安全边界、进而保障粮食安全至关重要。要加强多源数据融合的边际耕地质量监测和评价，识别出具有产能潜力的边际耕地，予以坚决保留，并开展产能建设和可持续利用，真正成为耕地红线的“帮忙田”，是“藏粮于地”的重要举措之一。同时，也要识别出不具备产能潜力且生态风险巨大的边际耕地，开展生态建设，这也是“藏粮于地”的内涵之一。

第二，边际耕地质量适度提升和产能稳定科技创新势在必行。边际耕地的产能适度提升和稳定利用科技创新，是耕地保护“科技牙齿”之一。要针对边际耕地的特点，研究边际耕地质量关键要素演化过程和极端障碍形成机制、边际耕地产能对“水—土—气—生”要素的缓冲和抗逆机制，揭示边际耕地质量适度提升阈值；研究边际耕地极端障碍消减和质量适度提升技术；研究人地耦合系统下的边际耕地空间格局，研发边际耕地适地适水等种植结构调整和主动轮作休耕技术，形成边际耕地稳定种植技术模式。通过研究和示范，突破边际耕地质量低、产能小和利用不稳定的瓶颈问题，形成边际耕地质量适度提升和稳定利用的技术体系。需要特别指出的是，通过先进的整治技术和精细的农田管理是可以实现边际耕地可持续利用的，国内外已经积累了相关技术，需要管理上打通“最后一公里”将先进技术转化为现实生产力，筑牢我国耕地资源的数量、质量“防护线”。

第三，优化占补平衡，切实防止新增边际耕地。我国优质耕地和城镇空间高度重叠的现实国情决定了城镇周边建设侵占耕地难以避免，我国实行的耕地占补平衡制度是对耕地资源实施的有力补救措施，只有补充耕地做到数量不减、质量相当、生态稳定，才能保障耕地数量和质量整体质量不降低。而现实中的补充耕地往往因自然条件贫瘠、水土适配性差或存在一定程度的利用障碍，导致多地出现“好地搞建设、劣地搞农业”。必须重视在耕地占补平衡中的整地、改土，通过耕地土体构建、快速熟化、集约高效利用等技术集成与综合整治，确保新垦造耕地的质量和产能，杜绝通过牺牲自然生态换来的“带病”或“凑数”耕地，切实防止新增边际耕地。

（原载：2021 年 2 月 8 日《中国经济时报》，作者：赵姗）

首都科学讲堂：
耕地红线与粮食安全

2020 年 6 月 27 日，受新冠肺炎疫情影响，首都科学讲堂线上开讲，本次首都科学讲堂邀请了自然资源部首席科学传播专家、国土整治中心研究员郧文聚，为大家带来主题为《耕地红线与粮食安全》的精彩讲座。

6 月 25 日是第 30 个全国土地日，今年的宣传主题为“节约集约用地，严守耕地红线”。土地日的由来是什么？耕地红线是什么？我国为什么要实施最严格的土地管理制度？人地和谐关系是什么意思？

2020 年，世界多国受到了新冠肺炎疫情的强烈冲击，一些国家出台了禁止本国粮食出口的政策。这对我国的耕地红线、粮食安全有没有影响？

目前来看是有短期影响的，长期来看，由于我国早就实施了严守耕地红线的基本国策，我国的粮食安全还是有保障的。更应该看到，新冠肺炎疫情的冲击也是重新思考粮食安全问题、耕地红线作用的重大机遇。

我国用世界9%的耕地养活了19%的人口

最近，国务院发展研究中心研究员程国强指出，维护我国的粮食安全实际上是靠两个资源在支撑，一部分是我们中国的耕地红线来支撑，一部分从国外进口农产品来补不足。中国的耕地红线实际上提供了2/3的粮食，还有1/3需要从国际市场上去购买。我国耕地红线中的红线，叫永久基本农田，大概是15.6亿亩。永久基本农田中的一个主要部分是高标准农田，我国要建成10亿亩，这10亿亩和15.6亿亩是我们红线中间的特区，要把它们保护好。我国的耕地“家底”怎么样呢？简单地说，我国的耕地面积占全球的9%，而我们的人口占全球的19%，我们是用9%的耕地养活19%的人口。可以想象，我国耕地的生产压力有多大。

我国对土地资源进行了分类，大的来讲是三大类型，就是可以提供农产品的农用地，提供工业和城市发展的建设用地，还有一些是未开发的未利用地。这三大类有12个一级类，又分了72个二级类。我国国土面积达1200万平方公里，陆域面积是960万平方公里，耕地现在是20多亿亩。它的特点是山河壮美，地大物博，人口多耕地少。

耕地面临着几个趋势性的变化，第一，耕地非农化，被建设占用了。第二，细碎化，就是被各种建设切割了。第三，非粮化。第四，边际化，就是占的和补的差别比较大，占的是好地，补的是差地。还有第五，“寂寞化”，就是耕地的生态环境在退化。这几个趋势是我们进行耕地保护、严守耕地红线要特别关注的。

习近平总书记说，世界强国无一不是粮食强国。美国是粮食强国，它有30亿亩耕地，但是只有3亿人，大的家庭农场有1万亩以上，一个家庭农场有300万美元的装备。中国只有20亿亩耕地，但是我们有14亿人，北方的家庭农场好的100亩，南方的50亩。

我们家庭农场基本上没有什么装备，主要靠社会化服务。所以，我国是用一个技术比较落后的小规模的家庭农场来支撑的粮食安全，还谈不上世界粮食强国。

我国耕地的健康状况正在发生变化。自然资源部和北京师范大学联合在全国选了 65 个县，从耕地所处的地形条件、耕地的土壤状况、耕地的耕作条件、耕地的环境状况和耕地的生物特性五个方面进行分析。结果发现，我国处于亚健康和不健康状态的耕地还有相当大的比例，其中最主要的是生物学特征正在变化。一个深层次的原因是耕作层在变薄，我们必须关注耕作层的问题。

把中国人的饭碗端在自己手中

习近平总书记说，真正强大的国家，没有软肋的国家，都有能力解决自己的吃饭问题。我国实行最严格的耕地保护制度，就是要解决自己的吃饭问题，把中国人的饭碗端在自己手中。我们的耕地红线为什么要坚守呢？从支撑粮食安全的角度看，我国粮食总产实现“十六连丰”的背后是耕地没有得到休息，耕地全面地、长期地、持续地、高强度地利用，使它没有喘息的机会。这么持续长期高强度的利用会造成一些负面的问题——

第一个问题是耕地的基础地力透支。同时，由于我国的耕地建设缺乏标准，以及水土流失、土壤退化、面源污染、地下水超采等问题，都制约着可持续发展。现代科学表明，中国传统的“精耕细作”也许并不正确，少翻动可能才是合适的。因为少翻动，土壤中间的动物、微生物、菌群的状况才会更好，这样更有利于农作物的生长。

第二个问题就是耕地利用过程中出现了环境问题，而且环境问题在不断地增加，特别是环境污染，土壤的重金属污染问题，还有东北的黑土地退化问题，以及华北长期超采地下水造成的“漏斗问题”。

第三个问题是我国自己生产的粮食价格高，而国际粮食价格低，中间缺口只能靠财政来补贴。实际上发达国家也负担不起这么大的农业补贴，所以说机制一定要转变，把粮食生产的成本降下来。

第四个问题是要认识到，在“吃得好”成为基本需求的今天，我国的粮食安全问题仅仅靠自己是难以解决的。从大粮食来讲，我国还有很大的缺口。我国目前每年粮食产量是6.5亿吨，但是，实际需求是7亿吨，还差0.5亿吨。

第五个问题就是，我们的饭碗问题还要靠自己解决，确保口粮绝对安全是严守耕地红线、维护国家粮食安全的立足点。如果把全世界的粮食都买到中国，也只够我们吃半年。如果把大米都买来供我们中国，只够我们中国人吃三个月。所以说大米也好，粮食也好，口粮必须依靠自己。从经济发展、资源安全角度来看，应该建立一个更加完善的全球战略来确保我们国家的粮食安全，守住我们的耕地红线。从耕地来讲，耕地红线不仅要讲数量，更重要的是要讲质量，讲健康。

已故的关君蔚院士有一句话，叫“莫等黑土变黄土”。如果黑土都变成黄土的时候你再去保护黑土，那就出问题了。我们有很好的种子、化肥、农药，可以靠“藏粮于技”保证我们的粮食安全。但是“藏粮于技”要落到“藏粮于地”上，如果没有地，你的技也就无地可施、英雄无用武之地了。

“藏粮于地”和“藏粮于技”不可偏废

耕地红线实际上是我们经常耕种的耕地面积的最小值，是用数量来表达的。但是耕地红线，既要有数量，更要考虑到它的质量，考虑耕地的生态状况，也就是耕地保护的数量、质量、生态“三位一体”。从国家层面来看，耕地红线是 18 亿亩。这个是编制全国土地利用总体规划纲时确定的，而且这个目标是约束性目标，2020 年是这个规划的最后一年，2020 年底我们的耕地红线是不是还在 18 亿亩以上？实际上，我们守住了耕地红线。

新中国成立后，我们最初用申报的方法来掌握耕地总数，大概是 15 亿亩左右。1996 年底，我国完成了第一次全国土地详查，查清了我们有 19.6 亿亩耕地。全国的耕地按照生产能力高低分成了 15 个等级，好的是 1 等地，差的是 15 等地。全国的耕地平均下来是接近 10 等，就是说我们的耕地基本上处于一个中等偏下的质量水准。另外，“占补平衡”过程中，部分地区占好地补差地的情况时有发生。自然资源部曾经调查了 200 多个占补平衡项目，发现占优补劣现象普遍存在，这个调查比较早。现在，我们的耕地保护制度更加严格了，应该要好得多了。

耕地红线最核心的是永久基本农田，它是耕地中最好的，我们要更加严格地保护永久基本农田，原来叫基本农田。什么叫基本农田？就是确保口粮安全必须保护和利用的最少的耕地。想保好永久基本农田，划好、保好、建好、用好是一个大问题。耕地是我国最为宝贵的资源，要像保护大熊猫一样保护它。

为什么这么重视水田？到现在为止，日本的大米是过剩状态。为了保证这个水平，日本建设的水田是按照高标准建设的。日本建设水田，50 厘米的土层要重新构造，然后地块能够种多少行，多大面积，多少块必须连在一起，中间的路渠沟怎么安排，都有国家标准来保证。如果确定为水稻田，国家标准规定其寿命期是 40 年。后来日本加强维护，水稻田实际上用了 60 年、80 年，它的状况依然很好。我们现行国标规定，高标准农田的寿命期只有 15 年，还不算高标准。

水田和水浇地在我国耕地地类中非常重要、非常珍贵。因为它的面积不到耕地的一半，但它提供的粮食跟经济作物产量是总产的七成到八成。所以说，水田、水浇地绝对不能轻易占。

我国的“藏粮于技”做得不错。我们的种子十年换一茬，能够增产粮食10%左右，我们的农机、农艺，包括土壤改良都做得不错。但是在“藏粮于地”也就是耕地保护方面，建高标准农田方面，还是有点慢的。我国高标准农田为什么不能像日本一样让它管用40年、60年、80年，我觉得这个是我们下一步要努力的方向。

我们近五年粮食总产量维持在6.5亿吨以上，这个靠的是什么？主要靠的还是“藏粮于技”来解决的，在“藏粮于地”方面我们相对来讲还差了一些。所以，严守耕地红线，一定要加强高标准农田建设。

2018年，自然资源部在全国随机抽取6203个补充耕地项目进行实地核查，发现建设不真实、数量不足、质量不够的项目621个，占抽查项目的10%，同时还发现大量项目存在补充耕地后期管护和地力培肥不到位问题，需引起高度重视，坚决采取措施予以纠正。

坚守耕地红线，也是实现人地和谐

习近平总书记说：“生态环境问题，归根到底是资源过度开发、粗放利用、奢侈消费造成的。”换句话说是什么意思？环境问题的根子是资源问题，是把资源管好、用好、消费好的问题。如果资源管不好，用不好，消费不好，那么环境问题的出现就会是一种必然。

坚守耕地红线，也是实现人地和谐。从加强自然资源源头管理的角度，建议：

第一，要坚守可持续的土地利用理念。2009年，斯德哥尔摩大学的28位世界顶尖的科学家团队，共同提出了调节地球系统稳定性和恢复力的9个过程，量化了部分过程的“地球界限”，认为土地利用变化进入到高风险区。联合国也出了一个目标，叫 SDGs，即联合国可持续发展目标，把我们人类社会应该关注的 17 个目的提了出来，这 17 个目的要通过 169 个目标来说明。169 个目标又通过 232 个指标来描述。2010 年，根据世界各国的数据，对这个体系做了一次评估；2015 年又做了一次评估，2010—2015 年这五年，世界各国做得并不好，中国是做得好的。

第二，坚持两手抓。一手抓最严格的自然资源管理，另一手抓最科学的国土空间治理。

第三，做到"六个好"。第一个好就是要规划管制好，在规划好的基础上管制好，把国土空间规划做好，把用途管制的规则定好，把这两个好合成一个好叫规划管制好，就是按规划用地，按规划保护、开发、利用、治理，然后去管制。第二个好就是要保护利用好，应该把利用放在前面，因为利用好是保护好的一个重要方面。第三个好就是修复治理好。目前我们的壮美山河还是出现了一些问题，长江、黄河问题还是比较严重的。资源的命根子在自然，环境的命根子在资源。所以说如果要让环境不变红，资源就要绿；资源要绿，自然就要好。第四个好是科技支撑好，保护好利用好耕地，没有科技支撑是不行的，中国现在在自然资源管理上有世界领先的科技支撑，国家自然科学基金委地学部用十年时间，投资近 2 个亿，由程国栋院士、傅伯杰院士、宋长青教授等专家牵头，组织全国一流科学家实施"黑河计划"，取得了世界领先的丰富的科技创新成果。我们下一步的任务就是要把这个科技支撑推广到全中国，全面加强先进科技对自然资源管理、国土空间治理的支撑作用。第五个好是要合理消费好，杜绝资源奢侈消费，如果我们解决不了需求管理的问题，再多的粮食也不够吃，再多的资源也不够用，所以说粮食安全问题，不仅要在供给端解决问题，更要从需求端解决问题。最后一个好是要责任落实好。就是耕地红线要划好，要守好，必须要把责任层层落实好。中国举国体制的优越性，包括这次防疫我们大家都看出来了，就是我们的党政管理体制是高效的、强大的，所以我相信，我们坚守耕地红线的责任落实一定能够办好。

有了这六个好，我们的耕地红线应该能够有保障，人地和谐关系一定能够构建起来。所以从这个意义上讲，生产实践、管理决策、科学研究，这三个方面缺一不可。

最后再强调一下，严守耕地红线、确保粮食安全的根本支撑是土地资源科技创新产品的供给。中国的土地资源安全问题只能靠中国科学家自己来解决。按照美国30亿亩耕地的质量标准看中国，我们20亿亩耕地中的相当一部分属于不该耕种的类型，而这部分耕地实际上退不下去、利用强度也难以降下来。这个耕地资源的可持续利用问题，只能依靠我们自己来研究解决。遗憾的是，我国土地科学与技术的高等教育、研究生培养、国家科技计划还难以满足国家自然资源管理的迫切需求，希望这个问题能够尽快解决。从高等教育本科专业设置来讲，需要全面建立和发展土地资源学、土地工程学、土地信息学、土地管理学；从学科建设来说，继续加强土地资源与土地系统高端科技创新人才的培养。土地整治工程是教育部批准设立的新本科专业，目前有15所大学招生，包括中国农业大学、中国地质大学、长安大学等。希望今年参加高考的考生予以关注。

让我们携起手来，尤其是青少年要小手拉大手，坚守耕地红线，为中华民族的未来创造更加坚实的物质基础。

（原载：北京科学中心网站，本文是2020年全国“土地日”前夕在“首都科学讲堂”的演讲稿，整理：陈永杰）

“希望的田野上——不一样的耕地 同样的珍贵”直播节目

嘉　　宾：

郧文聚　自然资源部首席科学传播专家、国土整治中心二级研究员

张凤荣　自然资源部首席科学传播专家、中国农业大学教授

白中科　自然资源部首席科学传播专家、中国地质大学教授

杨洪涛　自然资源部人力资源开发中心创建指导处处长

录制时间：2020年6月25日

录制地点：中国大地出版集团“大地书院”

主 持 人：自然资源部宣传教育中心　白洁

编　　导：自然资源部宣传教育中心　纪晔

主持人：各位观众朋友们，大家好。欢迎您收看在“希望的田野上——不一样的耕地　同样的珍贵”话题直播节目，本节目是由自然资源部宣传教育中心、人力资源开发中心、国土整治中心以及中国大地出版社共同主办的。每年的6月25号是全国土地日，今年是第30个，也撞上了我们的传统佳节端午节，今年土地日的宣

传主题是“节约集约用地 严守耕地红线”。在今天的直播节目当中，我们在北京设立了一个主会场，同时在天津等多地设立了多个分会场，并将采取多地连线的方式，为各位展现不同地区珍贵的土地资源。

在我们广袤的神州大地上，有多种颜色的土壤，古时候我们的祖先曾经用五色土来祭天，祈求一年的风调雨顺、五谷丰登、国泰民安。下面我就想问一下张教授，什么叫作五色土？它跟我们的江山社稷有什么样的关系呢？

张凤荣：我的微信头像就是五色土，在北京中山公园社稷坛拍的。土壤是土地的根本，有了土壤才能够生长万物，老百姓的衣食才有来源，所以土壤能生长万物是江山社稷的基础。中国人对土壤特别地重视，过去的皇帝都要拜天地祭社稷。五色土还有一个科学的意义，你看五色土台，东边是一种青色的土，因为中国东边是一些冲积平原，比如黄淮海平原、长江中下游平原，因为平原上的水多土壤湿，所以颜色就是青色的。南边是红色的，红色的就是红壤，因为南边的土壤里面氧化铁比较多，氧化铁我们知道就是红色的；西边是白色的，我们国家的西边都是沙漠，沙漠主要构成是石英砂，是白色的；北边是黑色，大家知道黑土地，黑土地的腐蚀质含量比较高，就是大家说的有机质含量高，所以颜色黑；中间是黄色的，代表是黄土高原。所以说古人就是五色土的概念，把大地、气候、土壤、江山社稷等联系在一起。

主持人：感谢张教授的介绍，在今天的节目当中，我们会把每种代表性的土壤为您一一呈现出来。首先，让我们去到中国的最北端黑龙江，来感受一下黑土地的魅力。

（播放小片）这是生态优良的寒地黑土，这是军转官兵和知青洒下青春热血的地方，这里被誉为中国绿色米都，这里代表了中国现代农业发展方向。建三江伫立在中国金鸡版图的鸡冠上，祖国东北角开放前沿，是我国最早迎接太阳的地方，22 万建三江人来自五湖四海，15 个大型国有农场星罗棋布、错落有致。忆往昔，这儿曾是满族人的祖先肃慎族人的家园；看今朝，这儿却因水而生，因米享誉世界。新一轮东北振兴之际，习近平总书记视察东北三省，第一站就选择到建三江，并发出感慨，北大荒建设到这一步不容易，中国人要把饭碗端在自己手里，而且要装自己的粮食。

长达半年冰天雪地的北大荒曾被列为稻作禁区，建三江人凭着北大荒人特有的韧劲，打破禁区、创造神话、书写传奇，成为中国农业现代化排头兵。全国每 50 碗米饭中，就有一碗来自建三江。全国水稻栽培首席专家林启宏盛赞建三江创寒地稻作之最，建三江地处世界三大黑土带之一，高寒无污染、昼夜温差大，造就了三江精米独特品质。细看粒白如玉，闻一闻有淡淡稻香，煮米饭晶莹剔透，建三江大米绿色有机天然富硒，建三江富硒米已闯入高端市场。

主持人：建三江到目前为止也是我们重要的产粮基地，是靠我们先辈的努力一点一点开垦出来的。1957 年的时候，王震将军率领着 10 万转业官兵来到了这片土地上，拉开了开荒的序幕。经过三代人的共同努力，昔日的北大荒变成了如今的北大仓。刚刚在短片里大家也看到，习近平总书记在考察东三省的时候，第一站来到的就是建三江，并感慨这片土地为解决中国人的温饱问题发挥了重大作用。他也说过耕地是我国最宝贵的资源，想请问一下张教授，为什么说耕地是我国最宝贵的资源？

张凤荣：耕地是种粮食的，因此，它要求的自然条件是最好的。它首先要有一定的降水，有水才能够生产粮食；还要有一定的光照，比如说刚才短片提到的建三江，在中国最北端了，种水稻就得在苗床里先育秧，通过温室的育秧来加长生长期，它不像南方一样，生长期那么长，甚至一年可以种两茬水稻。所以，温度很重要。

人们常说黑土地很肥，但实际上黑土地的产量并不比南方贫瘠的红壤高，因为红壤可以一年两熟、甚至一年三熟，黑土地只能一年一熟。所以耕地要求一定的降水条件、光照温度条件，还要求比较深厚的土层，因为有深厚的土层，它才能够保蓄水分，当旱季的时候它可以供给作物生长。所以耕地是自然条件最好的土地。

很多耕地都是经过艰苦的开垦得来的，比如北大荒，是人类根据自己的食物需求，祖祖辈辈辛辛苦苦开垦出来的。开垦土地相当的不容易，所以我们更应该很好地保护它。像刚才说的建三江，原来曾经是沼泽，兵团官兵在那开垦的时候搭一个帐篷，夏天被大蚊子咬一身包，碰上蛇都是常事，非常不容易，由此我们更应该保护耕地、保护我们最优质的资源。

主持人： *我国耕地资源安全的格局，近些年发生了哪些变化？为什么今天我们要更加重视保护耕地？*

郧文聚： 这个问题很好。前不久，中国农业大学汤怀志博士就耕地的变化做了一个总结，简称“五化”：第一化是耕地的非农化，非农化就是耕地由于我们工业化、城市化的进程，建设用地在增长，就可能会穿越切割大平原，部分耕地就被占用转为了建设用地；第二化是细碎化，什么是细碎化，高速公路高速铁路建设，虽然带来了交通便利，但也会造成原来大片的耕地被切割，把很好的农田生产系统给切割碎了，农田生态系统会受到负面影响；第三个化是非粮化，大家在新闻报道上可以看到很多非粮化的问题，一些耕地甚至是永久基本农田不种粮了，改成种树了，一个局部地区不种粮食是可以的，但是如果很大的面积都发生了这样的变化，我们饭碗的粮食从何而来？第四个化是边际化，边际化跟耕地的利用格局的深刻变化有关系。建设占用补充的耕地补到哪去了？补到了相对边缘的地方，补到了水土资源条件差的地方，甚至还有大跨度的远距离的补充，不方便种植造成撂荒；还有一个化是寂寞化，耕地现在寂寞了，什么叫寂寞化？原来耕地里边蚯蚓在、青蛙在，然后一些蜜蜂都在那飞，还有一些动物，正是由于这些生机勃勃的生命存在，才使农产品有味道、有品质，但是现在这些生物都找不到了，农田的生态系统因此而寂寞。

主持人：观众在问其他几种颜色的土壤，接下来就让我们到其他的分会场看一下。

（播放小片）大家好，我是江西省自然资源厅耕地保护监督处刘智慧。2020 年 6 月 25 日是第 30 个全国土地日，自然资源部确定的宣传主题是“节约集约用地　严守耕地红线”，今天就让我带大家来领略一下江西珍贵的土地资源。现在我们来到了进贤县的江西省红壤研究所，下面请这里的专家黄教授为我们介绍一下江西的红壤。

红壤是江西重要的土壤资源，占江西国土面积的 70%，江西水田的 50%，旱地的 80% 以上。红壤中含有大量的天然氧化物，所以呈红色，主要分布在热带和亚热带地区，光热充沛，能够满足大部分作物的生长需要，一年可以做到一至两熟甚至三熟，所以红壤地区的作物主要是亚热的经济果林和水稻、大豆，我国红壤分布的地区主要在北纬 25° 到 31° 之间，用全国 1/4 的耕地，生产了 70% 的粮食，70% 的水稻，养育了全国一半左右的人口。（略）

主持人：说到耕地保护，经常会提到一个说法是“三位一体”，具体怎么理解呢？

郧文聚：所谓“三位一体”讲的是耕地保护的数量、质量、生态三位一体保护，实际上刚才我们已经讲到这个问题了。保红线不仅仅是保面积、保数量，更是保质量、保产能，也就是保耕地的空间分布。不仅要看到耕地里边的生态问题，还要看到耕地利用过程中对水环境、更大的环境之间的联系问题，这样才能把这事做好。

要理解这个事，就是体现整体性，这是一个系统观，哪一个出问题了，就整体上出了问题。比如说，耕地占补平衡我们有三个原则，一个叫占一补一。什么叫占一补一？就是占 15 亩补 15 亩，这是数量上平衡；第二个原则叫占优补优，也就是占好的地你要补好的地；还有第三条原则，叫占水田补水田。我了解的情况是，现在好多地方在占优补优上压力非常大，占水田补水田的压力更大。尽管压力大，但是，我的观点是你最好不占。但是，你说不占也不行是吧，因为我们经济还在增长过程中间，国土空间还在优化过程中，有些占用也是一种必然。那么，占的时候一定要算计好，特别是占优质耕地占水田的时候，一定要算计好，不能简简单单的数量平衡就行了。既要考虑我们当代人，还要摆平我们的子孙后代，要在大自然能够承受的范围才行。这就是我说的综合的观点。

主持人：谢谢郧主任的分享，田长制也是我们耕地保护的一个新举措？

郧文聚：田长有各个层级，不能说这块地承包权是我家的，所以我就是田长。这个对不对？对，因为承包权给你了，当然你是，你有这个权利。但是，我们现在讲的田长，是在更大范围内将整个农田系统作为整体来看，谁对这个东西负责，强调责任，所以一定得有一个总田长才对。也就是我们现在的耕地保护目标责任考核，我觉得应该鲜明地提出田长制；所以，我特别希望田长制能够响当当地说出来。河长现在说了，长江谁是长江的河长，谁是黄河的河长，说清楚了。那么，田长这个事儿也应该说清楚。好在最近我看天津不错，讲了田长制。天津的田长制听说落实的非常好。像习总书记提到的要像保护大熊猫一样保护耕地，生态环境也会得到很大的提升。

主持人：听了几位老师的介绍，我们觉得耕地和土地非常的重要，同时也存在很多问题。在保护耕地和保护土地的过程中，我们一定要保护好、开发好和利用好。其实我们出台了很多政策，推进整个社会节约集约利用资源，能否请您点评一下。

郧文聚：党的十九届四中全会讲了我们国家的制度优势，讲要完善制度，要提升国家治理能力。高效利用资源、节约集约利用的问题，是一个大问题。要站在完善国家治理体系的高度来完善构建这个耕地保护制度，发挥我们的制度优势。怎么从模范到示范，我觉得，如果说模范是标兵的话，示范就是排头兵。怎么把排头兵搞好？我觉得要让它有先行先试的探索机会，允许它试错，更要有包容性。

各行各业都有节约集约用地的问题，你发卫星也不能多用地，我们为什么要把中产田变成高标准农田呢？实际上是节约集约用地。所以，我觉得搞生态文明建设，也有节约集约用地的问题。节约集约用地要走出建设用地圈圈，走向全部的土地。我们设计考核指标，本来就不是只针对建设用地的，还有耕地保护问题、耕地红线问题，还有生态问题、海洋问题。就是说按资源分类来设计，要有草，有林，有海洋，有生态。

（播出时间：2020 年 6 月 25 日，本文是根据 2020 年全国“土地日”主场直播节目整理的，有删改，整理：杨磊）

高标准农田，如何建？如何用？

2020 年 5 月 22 日，在第十三届全国人民代表大会第三次会议上，《政府工作报告》指出，惩处违法违规侵占耕地行为，新建高标准农田 8000 万亩。

2019 年 11 月，国务院办公厅发布《关于切实加强高标准农田建设提升国家粮食安全保障能力的意见》指出，到 2020 年，全国建成 8 亿亩集中连片、旱涝保收、节水高效、稳产高产、生态友好的高标准农田；到 2022 年，建成 10 亿亩高标准农田，以此稳定保障 1 万亿斤以上粮食产能；到 2035 年，通过持续改造提升，全国高标准农田保有量进一步提高，不断夯实国家粮食安全保障基础。

建设高标准农田旨在“藏粮于地”，保障粮食高产稳产，让中国人的饭碗里始终装满优质的中国粮。

接受《中国科学报》采访时，专家们对实现目标充满信心。他们认为，高标准农田建设情况如何、如何平衡生态环境与农业生产、如何保障高标准农田的“高标准利用”等问题，仍然受到高度关注。

现状："8 亿亩"目标值得期待

专家们的乐观判断有着"硬核"数据做支撑。

我国从 2011 年开始创建高标准农田，据农业农村部对外公布数据，2019 年全国新增高标准农田 8150 万亩，累计建成面积达到 7.2 亿亩左右，且平均每年新增 8000 万亩。

"今年新建高标准农田 8000 万亩，就包含在 8 亿亩的既定目标之中。"中国农科院农业资源与农业区划研究所所长杨鹏告诉《中国科学报》。

那么，高标准农田的建设目标为什么是"8 亿亩""10 亿亩"?

"高标准农田是利用多种措施克服现有耕地中限制粮食生产的障碍因子后产生的，其建设面积将与我国粮食综合生产能力、粮食需求、水土保障能力相适应。"杨鹏说，高标准农田建设后耕地质量有普遍提升，亩均粮食生产能力提高约 100 公斤。

在自然资源部国土整治中心副主任郧文聚看来，关于建设面积，理论上是越多越好，但关键问题在于现有耕地究竟有多大面积（比例）能够满足高标准农田要求。"应该按照《高标准农田建设通则》，高标准农田能建尽量建。不过从潜力来看，到 2022 年全国能满足条件建成高标准农田的确有 10 多亿亩。"

高标准农田从何而来？郧文聚表示，主要来自现有耕地，且在分布上与水土资源条件良好的地方相一致，其建设基础相对成熟。"在质量上，由于过去标准不一，导致各地参差不齐，好在现在有了国家标准（即《高标准农田建设通则》），还有一些地区需要'补课'。"

中国农业大学教授张凤荣也表示，高标准农田主要来自现有耕地。在他看来，高标准农田就是能够满足区域内主要栽培作物高产稳产生长需求、与现代农业生产和经营方式相适应、可持续利用的农田。“但不见得（《通则》）定义中的所有标准全部都需具备。”

张凤荣告诉《中国科学报》，比如，水浇地和水田一般是旱涝保收的，且一般地块也大，再加上“靠天吃饭”但基本“风调雨顺”的旱地，或是将一些旱地再改成水浇地，使其在欠水年份也能够得到灌溉补充水分，这些都可作为高标准农田建设基础。

“值得注意的是，已经质量很高的耕地，也还是需要进一步建设或维护的，如道路、沟渠等农田基本设施。”张凤荣说。

平衡：种粮？种经济作物？

通常，水土资源条件较好的地区，经济较为发达，同时也最适宜建设高标准农田。

前几年，郧文聚在地方调研过程中发现，南方一些较为发达城市的高标准农田建设确实与经济发展相冲突了，当地甚至有不建的念头。

在郧文聚的建议下，有些地方最终保留了高标准农田建设用地。“不建确实是很可惜，有的还在满足高标准农田条件的田里种了树。”郧文聚说：“高标准农田不应该只集中在某几个省，应该是每个省每个地方都有，至少市级地区都应该有高标准农田。”

在张凤荣看来，高标准农田应主要分布在诸如黄淮海平原、长三角、珠三角、两湖平原等自然资源禀赋条件好的东部湿润平原区。“但由于建设占用，也包括植树造林，东部地区的耕地越来越少，耕地重心越来越向西北迁移。而且东部地区减少的耕地大多数是高标准农田。”他对此表示担忧。

同时，他也注意到，很多已经非粮化种植的耕地依然登记为“可调整”耕地类。很多高标准农田不但种了经济林，有些还是杨树、松树等生态林。

在他看来，种水果或许无可厚非，它是人民生活水平提高的标志性食物。“最令人担忧的是种生态林，因为那些林木不再产生食物，且我们人均耕地少。”张凤荣指出。

政府建好高标准农田之后，把农田交到农民手上，种什么的主导权则由农民自己来决定。

根据“藏粮于地”的宗旨，“高标准农田主要用于粮食生产，确保谷物基本自给、口粮绝对安全。”杨鹏说。建设高标准农田能够提升粮食综合生产能力，可以使用更少的耕地生产更多的粮食，从而为调整农业生产结构留出空间，总体上提高农民收益。

杨鹏认为，高标准农田不调整农业生产关系和耕地权属，建成后的高标准农田仍由原本业主或农户经营。目前，新型农业经营主体也可申报建设高标准农田，国家将给予适当补助。由于建成效果良好，新型经营主体流转意愿更强，流转租金也相对更高，农民资产性收益相对上涨。

“政府应当出台配套措施，引导种粮，如采取高标准农田种粮补贴形式等。”杨鹏说。

张凤荣也表示：“还是要真正的农民来种，种地不是什么高科技，绝大多数农民都会种好地。高标准农田应该回归其自然资源的本质属性。但政府部门要多帮助农民怎样种好地。”

“不能为了土地流转而流转，如果农民工找不到非农工作，就不得不回家种地。而土地流转后，就没有了社会经济基础。”张凤荣说。

张凤荣强调，原则上，农民种粮或种经济作物都可以，有利于农民增收而且又不破坏耕地的农业种植结构调整，就应该支持。“但绝不能容许在高标准农田上挖塘养鱼。养殖是利用光合作用产物的再转换，而转换过程导致能量损失，使土地遭到破坏。”

郧文聚则认为，考虑种田主体时，既要考虑种粮大户、农业企业，有一定规模的家庭农场，更要考虑小农经济的特殊需要。但更重要的是，高标准农田如何能够管护好、利用好？

在这方面，要有专门的资金安排，不要把管护责任推给农民或农村集体组织。农民可以干，但不能搞摊派。“从目前看来，很多地方还做得不够，包括现代农业生产技术条件与农民新型生产方式的结合，都还是现存的重要问题。国家应给予更多重视和政策支持。”

他坦承，粮食安全和农民增收的平衡的确难度较大，是一个值得探讨的深层次问题。“这是两个战略目标，一个是国家粮食安全，一个是农民家庭生计，都需要长期规划。高标准农田建设的目标服务于国家粮食安全战略，一刻也不能放松。但事实上，农民并不会因为经济社会发展，而处于一个越来越不利的位置。”

未来：是良田，也是生态建设

在高标准农田建设中，生态友好是一项硬指标。

专家们均表示，高标准农田建设，事实上也是生态建设。

“耕地不健康，不可能有健康的粮食，高标准农田一定是生态良田。”郧文聚表示，不可忽视的是，现仍有土壤重金属污染现象存在。目前，国家相关部委已注意到高标准农田与生态环境的重要性，总体来看，生态状况良好。

据了解，2018 年，农业农村部与生态环境部联合印发《农业农村污染治理攻坚战行动计划》，指导各地加强包括农业面源污染防治在内的农业农村生态环保工作。

张凤荣指出，农田/耕地污染的最大威胁来自于工业化和城市化，要更加严格控制工业生产，特别是矿产能源生产过程中对农田的污染。

此外，他建议启动新时代的“中低产田改造”项目。这既能提高质量和产能，也是生态建设，防止进一步退化。但他强调，生态脆弱的土地应该退耕。

杨鹏也建议，积极探索采取绿色生态的方式建设高标准农田，在农田水利建设中主动建设生态护坡等工程设施。

“为保障建设成功，要按照‘项目跟着规划来，规划跟着战略来’的策略。”郧文聚建议，集中力量按标准干、推进一批重大工程、确定一批重点县来推进。

高标准农田为保障国家粮食安全提供着坚实基础，建设中的经验教训仍需探索总结。自 2018 年国务院机构改革调整之后，过去各个部委有关高标准农田建设的相关职责已全部整合到农业农村部，解决了农田建设“五牛下田”的难题。

目前，杨鹏团队正在农业农村部指导下建设“全国农田建设综合监测监管平台”，以期实现农田建设成果“一张图”、农田建设统计“一张表”以及农田建设监测评价“一张网”。

“通过这一平台，我们将很好地解决‘高标准农田建在哪里’‘高标准农田建设数量多少’‘高标准农田建设效果如何’的问题。”杨鹏说。

（原载：2020 年 6 月 1 日《中国科学报》，作者：韩扬眉、李晨）

保护性耕作保育黑土地
筑牢粮食安全“压舱石”

嘉　宾：

郧文聚　自然资源部国土整治中心研究员

李保国　中国农业大学土地科学与技术学院/国家黑土地现代农业研究院院长

李洪文　中国农业大学国家保护性耕作研究院院长、农业农村部保护性耕作研究中心主任

主持人：赵姗

在全球新冠肺炎大流行的背景下，全球多国已经禁止了粮食出口，而作为全世界人口第一大国，中国的粮食安全自然也被广泛关注。习近平总书记说过，“中国人要把饭碗端在自己手里，而且要装自己的粮食。”粮食生产根本在耕地，“耕地是我国最为宝贵的资源”。日前，农业农村部、财政部联合印发《东北黑土地保护性耕作行动计划（2020—2025 年）》（以下简称《行动计划》），部署在适宜区域全面推广应用保护性耕作，促进东北黑土地保护和农业可持续发展。《行动计划》的出台为东北黑土地保护提供了一种农民

易学、用养结合、一举多得的解决方案。

实施黑土地保护性利用是东北地区落实耕地保护基本国策的必由之路

中国经济时报：作为“东北黑土区保护性耕作技术（方案）——梨树模式”的主要创建者之一，10余年来，您一直从事该模式在东北地区的完善与推广。在您看来，当前东北黑土地保护面临怎样的形势？如何才能在对其有效的利用中做到对其有效的保护，从而保障我国的粮食安全？

李保国：在人们的一般印象当中，东北的黑土地是我国最肥沃的土地，其地力特性可一直维持下去，可以一直作为我国最有保障的粮仓。实际上新中国成立至今从表面或直观的数据统计来看的确如此——东北黑土地粮食总产量和商品粮现分别占全国总产量的1/4和1/3，已成为我国粮食生产的“稳压器”和“压舱石”。

这样成效的取得，除了高强度利用投入和科技进步外，我们还付出了极其沉重的资源与环境代价。从东北黑土地开垦至今，东北地区黑土地的土壤水蚀风蚀加剧、土壤有机质含量下降、耕层板结硬化、生态功能退化等问题也日益凸显。黑土耕层的有机质含量下降了50%～60%，土层平均厚度由50～60厘米下降到30厘米左右，土壤潜在生产力降低了20%以上，而且仍在以年均5‰的速率下降。照此速度，再过几十年东北粮食主产区作物生产的优质土地资源将不复存在，要想取得现阶段的粮食产量或要保持一定的增产，将会需要更大的灌溉水与肥料资源的投入，这将会引起更进一步严重的区域资源与环境问题，东北地区农业的现代化与乡村振兴的资源与环境基础就失去了保障。

面对此严峻的形势，在生态文明新时代下，党的十八大后，国家已出台了黑土地保护一系列政策，并采取了国家级行动。鉴于我国的基本国情，人多地少，优质耕地更少，耕地保护必须采用在保护中还要进行高效的利用，来保障我国的粮食安全。保护东北黑土地，要以科学研究和认识作为基础，来制定和发展东北各地的有效保护模式。

从土壤学原理上讲，只有在寒温带草原或草甸植被才能发育成黑土类的土壤，形成1厘米黑土层需要400年左右的时间。黑土开垦后，农田条件与自然条件相比，会有两个变化：一是草地植被变成农作物后，作物植被做不到终年对土地表面的覆盖；二是为了耕作种植，必须要对黑土地进行必要的耕种操作，如犁翻耙、播种、锄草等。对黑土地频繁的耕作以及地面缺少覆盖，使得与原有的黑土地自然系统相比，就会导致综上所谈到的土壤侵蚀、有机质下降、土壤板结等土壤退化问题的发生。

如何才能在黑土地的有效利用中做到对其有效的保护，那还是要贯彻执行党的十九大所提出的生态文明新时代下的绿色发展观。必须落实好尊重自然、适应自然的理念，科学地制定对策，来发展黑土地可持续利用的模式。国内外的大量科学研究与实践表明：只要秸秆覆盖到地表的1/3以上，就可以防止土壤的侵蚀，降低80%的土壤侵蚀量，2/3以上秸秆覆盖或全覆盖，会防止90%～99%的土壤侵蚀量。秸秆覆盖，再加上尽量少动土或者免耕，就可逐步提高耕层土壤有机质含量，改善土壤结构，能防止土壤进一步退化，还可使退化的土壤的优良生产特性逐步得到恢复。这就是秸秆覆盖和免耕或少耕，即保护性耕作或保护性农业的科学原理。我坚信，这也将成为黑土地保护性利用最主要的科学原理、大家在黑土地保护上的科学共识。东北各地应依据科学原理，发展和创新适合本地区黑土地保护性利用的有效模式。

近10余年来，依据此科学原理，我们引进国际保护性农业技术，在东北地区发展与探索黑土地保护性利用技术和推广方式，发展和提出了东北黑土地保护性耕作的“梨树模式”，并通过布局在东北三省一区近百个农民合作社、家庭农场开展技术示范，在黑土地地力提升、丰产增效、改善生态环境和节本增效等方面取得了显著效果。

黑土地保护性利用还涉及种植过程中水肥药的统筹高效施用，如何在一个地貌或丘坡地上推广等高耕作，景观至小流域尺度上优化种植作物的空间布局及其相应土地制度及政策等，但毫无疑问的是，在农田尺度上或新型农业种植经营者的地块上，采取在利用中保护与培育黑土地措施才是最重要的。此次出台《行动计划》，恰逢其时，可以加快东北黑土地保护性利用工作的实质性推进，是继2017年原农业部、国家发展改革委等6部委发布《东北黑土地保护规划纲要（2017—2030年)》之后，促进东北地区农业可持续发展与农业农村现代化的又一里程碑式的重大事件，同时又是实现推进东北地区落实耕地保护基本国策的必由之路的重要举措。《行动计划》为东北黑土地保护提供了一种农民易学、用养结合、一举多得的解决方案。

中国经济时报：作为一位从事28年保护性耕作研究的农机专家，您认为，《行动计划》的出台有着怎样的背景?《行动计划》有何亮点?《行动计划》出台的意义有哪些?

李洪文：我国东北黑土区是世界3个黑土区之一，东北黑土地在中国农业发展特别是粮食生产中具有举足轻重的地位。东北曾经自豪的“随意插柳柳成荫，手抓一把攥出油”的黑土地正在面临水土流失、土层变薄、肥力下降等严重问题。由于长期不合理的耕作和高强度开发，如铧式犁翻耕产生的犁底层变厚、变硬、上移、水土流失等，使黑土层厚度平均减少约40%，越来越薄，已有专家发出“东北黑土地可能在50年后消失”的警示；由于长期以来“重用轻养”，庄稼收获后，大量秸秆被焚烧或者挪出农田，土壤有机质大幅度下降，变得越来越“瘦”，对东北农业可持续发展和保障我国粮食安全形成严峻挑战。

党中央、国务院高度重视东北黑土地保护工作与利用，出台了多项相关政策，对保护性耕作技术20多年的研究表明，这项技术能够实现作物稳产高产与生态环境保护双赢，应用于东北黑土地，具有防治农田扬尘和水土流失、蓄水保墒、培肥地力、节本增效、减少秸秆焚烧和温室气体排放等作用。在此背景下，经过大量调研、论证，农业农村部、财政部联合印发了《行动计划》。

《行动计划》有以下三大亮点。

第一，行动目标明确，技术路线清晰。《行动计划》以黑龙江、吉林、辽宁和内蒙古东部四个市为技术实施区域，以玉米为主，兼顾大豆、小麦等作物，力争到“十四五”末期，保护性耕作实施面积达到1.4亿亩，占这一区域适宜面积的70%左右。这样大范围的保护性耕作持续数年后，将会辐射带动更多农民采用保护性耕作。《行动计划》确定了秸秆覆盖免耕和秸秆覆盖少耕两种技术类型，其中还有很多具体的技术模式，在这样两种大的技术类型下，农民可以根据土壤、水分、积温、经营规模等条件自主选择适合自己的技术形式，让农民在实践中选择适合自己的保护性耕作技术模式，有利于农民持续采用保护性耕作技术。

第二，技术支撑得力，装备供给有效。“行动计划”将组建多学科专家组成的专家指导组，四个省区也将组成省级专家组，明确保护性耕作技术内涵，确定主推技术模式，制定相关技术标准，开展技术培训；还将布局一批长期效果监测点，以科学的监测数据促进技术模式优化和机具装备升级，宣传引导农民采用这一技术；与此相关的基础研究也将得到加强。

为了有效提高装备供给能力，《行动计划》将引导科研院所与企业合作，开展核心部件的研发，突破关键部件的材料与加工工艺，全面提升保护性耕作装备的技术水平和可靠性，提高装备的供给能力；保护性耕作相关的机具标准和作业标准将逐步形成体系，有利于促进高标准保护性耕作技术的应用。

第三，社会化服务组织将发挥重要作用。《行动计划》将鼓励农机合作社等社会化服务组织采用订单作业、生产托管等多种方式为农民提供保护性耕作作业服务，既有利于实现机具共享、互利共赢，也有利于带动规模化经营和标准化作业，还有利于培养一批熟练掌握保护性耕作技术的生产经营能手、农机作业能手。

《行动计划》为东北黑土地保护与利用提供了一种农民易学、用养结合、一举多得的解决方案。秸秆不再需要焚烧，覆盖地表腐烂还田后，提高土壤有机质，培肥地力；不需要翻耕整地，不但节省了成本，而且改善了土壤结构、减少了水分蒸发，提高了土壤蓄水抗旱能力；地表得到保护的土壤也可显著减轻地表径流和农田扬尘。有的农民有感而发：保护性耕作真是好，省时省力又环保。

《行动计划》的出台还将引导东北四省区地方政府结合本地实际，制定相关政策，推动保护性耕作的发展；明确推广目标，也将带动相关企业提升产品技术水平、提高产品制造能力；通过为农民提供优质的作业服务，农机合作社等服务组织将得到快速发展。

在实施《行动计划》过程中须有一些注意事项。虽然保护性耕作被有些人戏称为“懒汉种田”，但是真正实施好这些技术，还是有很多需要注意的方面：在保护性耕作推广过程中，应该循序渐进，先试验、示范，再推广，切勿盲目冒进；对于初次实施保护性耕作技术的农民，应该接受培训，理解保护性耕作的内涵和意义，从理论上接受这项技术；通过多种方式选择适合自身条件的保护性耕作机具，并且学会机具调节原理与方法，从装备上保障技术的实施；由于地表有秸秆覆盖而且不翻耕土壤，农田中的杂草病虫变化规律与传统耕作可能有较大差异，需要采用合理的杂草病虫新技术；在收获时，除了关注作物产量，更需要核算生产效益，关注土壤变化。保护性耕作已成为黑土地可持续利用必由之路。

东北黑土地保护需要一场耕作革命来支撑

中国经济时报：您一直从事“耕地保护”“土地利用工程”工

作，并呼吁和推动东北黑土地保护性耕作。针对保护性耕作的特点和作用，您怎样看当前出台的《行动计划》?

郧文聚：第一，保护性耕作是耕作学理论突破的技术革命，从一定意义上是颠覆性的。“土”是人类生存之根基，万物生命之根本，土壤退化和土壤侵蚀的问题，自古便困扰着人类社会，但它却并没有被认真对待。随着科技进步，重型农用机械被引入农业却进一步加剧了土壤侵蚀，化学农业被大规模应用却将土壤养分消耗殆尽。

畅销书《泥土：文明的侵蚀》的作者戴维·R. 蒙哥马利走访了不同国家的农学家、农场主揭示了土壤健康的重要性，丰富的案例和科学数据表明免耕少耕、多样性轮作、农作物覆盖等保护性耕作能够取得非凡成效，回应了有机农业养活不了世界的质疑，肯定了发展保护性农业可以实现双赢、多赢的光明前景。蒙哥马利指出，唯有健康的土壤，才有健康的植物、健康的动物、健康的人们、健康的人类未来生存环境。联合国粮食及农业组织、联合国教科文组织都普遍认同这一基于理论突破的技术革命。

我认为，这个具有世界范围意义的理论突破，同样是搞好我们东北地区黑土地保护性耕作技术体系完善定型、推广应用的理论依据，应予以充分重视。

第二，把保护性耕作技术体系落实到东北黑土地，需要与我国东北黑土地的自然条件、现实状况、利用水平等相结合，实现再创新。所谓保护性耕作，是一种以农作物秸秆覆盖还田、免（少）耕播种为主要内容的现代耕作技术体系，能够有效减轻土壤风蚀水蚀、增加土壤肥力和保墒抗旱能力、提高农业生态和经济效益。

我曾依《泥土：文明的侵蚀》作者的思路，把保护性耕作比喻为农业领域的5G技术（第五代耕地技术之意），受到梨树县同志们的欢迎。传统的1G技术就是栽培和犁耕、畜力使用；2G技术以作物轮作、间作套种和施用厩肥等土壤管理为核心；3G技术是农业机械化、工业化和大型农场发展；4G 技术是以种子、化肥、农药、高价值贸易农产品为标志的“绿色革命”技术包。

必须强调，保护性耕作是以土壤健康为中心，区别于任何传统耕作方式的一场革命性技术进步。一是通过少耕、免耕尽可能减少土壤扰动；二是通过农作物秸秆覆盖还田、多样化轮作等，重新构建起以自维持型有机质为基础的肥沃土壤；三是减少化肥、农药、除草剂依赖，使农业生产体系绿色化。

保护性耕作能够实现节本增收、增产、绿色多赢，已成为国际农业技术发展的重要趋势，美国、澳大利亚、巴西、阿根廷等国保护性耕作已成为主流耕作技术，应用面积占本国耕地面积的 40% ~ 80%，欧洲多个国家也有较大面积应用。

经过多年努力，我国科学家根据东北黑土地特点，用作物秸秆给耕地“盖被子”，免少耕复式作业，减少风蚀水蚀，增加土壤有机质，增强保墒抗旱能力等方式研发了一系列有区域特色的新技术和新装备，并使之整装化。黑龙江海伦、吉林梨树等科学试验站都取得了耀眼的科技成果可资推广应用。我认为，这是当前实施《行动计划》的实践依据。

第三，因地适宜开展技术创新。保护性耕作一般可减少机械进地 2 ~ 5 次，持续实施秸秆覆盖免耕播种的地块稳产增产优势明显，降低成本开支。监测结果表明，保护性耕作可减少农田扬尘 35% 以上，减少地表径流 40% ~ 80%，每亩可节省作业成本 50 元，连续实施 5 年后，表层 20 厘米土壤有机质含量增长 10%。

但是，走进辽阔的东北黑土地，会发现其中差异很大，需要因地制宜细化技术组合，通过秸秆还田、免耕播种、高效植保、水肥管理等作业环节紧密结合，形成完整的技术体系。由于保护性耕作与传统耕作差别较大，很有可能出现在关键技术环节上衔接不到位的情况，导致实施效果不明显甚至发生减产现象。需要在坚持保护性耕作技术基本要求的基础上，注意技术模式的区域适应性。我认为，这是《行动计划》要求以县为单位，精细设计、整体推进，快速迭代、持续完善的过程要求，是科学合理的。

第四，要把家庭经营与专业合作社耦合起来，一个梨树模式（包括海伦模式等）可能还不够。把国际先进技术引进消化吸收，必须要立足我国国情进行再创新。东北黑土地人均10亩地，有利于推广保护性耕作技术，但户均2～3公顷耕地，在这样规模的家庭农场上，推广应用新技术，还是有相当难度的。因此，需要充分调动我国的组织动员优势，建立龙头专业合作社，用合作社来优化配置新技术体系的运行机制，切实调动起千家万户农民家庭应用新技术的积极性。

梨树模式的成功经验也正在于此。梨树黑土地研究院不仅是一个技术创新中心，也是一个技术培训中心、技术推广中心，更是一个专业合作社职业农民的技术交流中心。只有加强在农机服务、农技培训、专业化组织等方面的能力，强化技术支撑，推动科普宣传、技术培训，将家庭经营与专业合作社耦合起来，才能做到保护性耕作技术推广一片、成功一片。我认为，这是《行动计划》考虑发挥我国制度优势，重启东北黑土地率先实现农业现代化的组织依据。

第五，东北黑土地保护性耕作行动计划似乎没有强调信息技术的充分应用。我建议有关部门认真研究，抓住“新基建”大好机遇，给保护性耕作装上慧眼、插上翅膀。同时，要布局好长期监测点，重点开展耕地土壤理化、生物性状、生产成本、作物产量变化、病虫草害变化和机具装备适用性等情况的监测试验，促进技术模式优化和机具装备升级。

（原载：2020年3月31日《中国经济时报》）

北京电视台：

我们的粮食够吃吗？

人物介绍小片：

他，是我国耕地保护首席科学家

领衔完成了全国首次耕地质量分等工作

使我国耕地保护走进数量质量并举的新阶段

几十年如一日，不问秋冬

足迹踏遍神州五色土

只为中国饭碗装满中国粮

欢迎2020—2021科学跨年之夜演讲嘉宾

自然资源部首席科学传播专家——郧文聚研究员

第一部分：疫情下的粮食安全

大家好，我是自然资源部首席科学传播专家郧文聚。2020年是十分特殊的一年，新冠肺炎疫情给全世界以严重的冲击，我国曾首当其冲。疫情期间，有人担心我们的粮食不够吃。在这里，我再一次很负责任地告诉大家：请放心，中国饭碗端得稳稳的，中国粮绝对够吃！

中央强调节约粮食，社会再提“光盘行动”。这些因素叠加在一起，使一些人又产生了粮食不够吃的误读。我的一些朋友也问我：“老郎啊，你老实告诉我，我们的粮食是不是不够吃了，要是真不够了我赶紧囤点。”

每到这时候，我都是斩钉截铁地说，“你放心，中国粮食够吃，完全没有必要囤粮食。”

我们的口粮不仅够吃，而且还好吃。我的女儿小时候，吃东西比较费劲。读中学后，我们给她带水果，发现给苹果，就是带去带回；但信丰脐橙、库尔勒香梨是有去无回。为什么？风味物质！

我的侄子，现在读高中，爱吃东北大米。暑假期间，他去珠海，吃不上东北大米，就不高兴了。五常大米为什么好吃？风味物质！

我的外孙女，不到两岁，吃水果嘴刁。舌头尖一舔，就决定吃不吃了。不爱吃的怎么也塞不下去。爱吃的水果是什么？阿克苏苹果、栖霞苹果。为什么？风味物质！

谈完风味物质，再来谈谈粮食安全。粮食安全是最重要的安全，是国家整体安全的最后一道防线。中国用占世界6%的淡水、9%的耕地，养活了占世界近20%的人口，是一项了不起的伟大成就。

当然，我们现在虽然不缺粮食，但是也不能浪费粮食，有人算过，如果每人每天节约一粒米，全国就有1万吨大米，相当于1万亩水稻田。

据中科院调查，我们现在餐桌上浪费的粮食占生产粮食总量的11.7%，相当于我国有1亿亩最优质农田产出的粮食都被浪费掉了。我是“光盘行动”的践行者，也是宣传者。我们不能忘记曾经的饥荒，要居安思危，要节约每一粒粮食。

第二部分：大幅提高耕地资源利用效率的关键技术路径

刚才我们说的是疫情之下，我们的粮食安全能够得到保障，但是值得注意的是，这并不意味着我们就能够高枕无忧了。事实上，粮食安全问题你再怎么关注都不为过，尤其是当代中国，正处在粮食消费结构的深刻变革时期，粮食安全问题，已经从保障“吃得饱”向保障“吃得好”转变。耕地资源利用必须做出适应性调整。解决中国人“吃得饱”的问题是一件了不起的世纪伟业，解决“吃得好”的问题同样是一项伟大工程。

如何才能做到用更少的耕地，生产更多的粮食、养活更多的人呢？良种是科技增产粮食的一个方面，是核心。家喻户晓的袁隆平院士发明的杂交水稻，连连创造超级稻高产纪录。科学是第一生产力，对粮食产量的提升具有关键影响作用。改革开放以来，良种选育方面实现了每十年换种一遍，每次换种增产10%的单产。作为育种家，袁隆平先生还有一个重要科学思想：良种是核心，良法是手段，良田是基础，“三良”必须配套。

现代农业的根本标志是新要素的组合运用，良种是其中一个核心要素，其他要素还有农田、农机、农艺、农信、农电、农技等，粮食安全是一个系统解决方案。农业的根本出路在于机械化，未来农业是智慧农业。基因技术是现代先进农业技术，拥有广阔的发展前景。蔬菜工厂、集约化种养可以利用有限国土空间，提供大量绿色安全肉蛋奶菜产品。

第三部分：坚守耕地红线，把论文写在大地上

过去为了吃得饱，我们的科学家们可以说是绞尽脑汁，想了各

种办法，那经过他们的努力，我们现在可以不用再为“吃得饱”发愁了。

但吃得好的新目标已经成为中央对“十四五”建议的重要内容，坚守耕地红线就有了新的内涵——不仅要提升生产能力保障粮食总产，而且要建设粮食强国，适应变化了的食物结构，生产让消费者安心的农产品；与此同时还要坚持绿色发展，把我们从祖宗手中接过来的优质耕地传给子孙后代。

我们可以看一组数据，新中国成立时，我们有 15 亿亩耕地，6 亿人；20 世纪 80 年代，我们有 18 亿亩耕地，9 亿人；2000 年，18 亿亩耕地，13 亿人；2020 年，20 亿亩耕地，14 亿人。由于技术的突破，我国粮食总产跑赢了人口增长，人均“中国粮”占有水平得以提高。

今天，已经很接近这条红线了。所以必须像保护大熊猫一样保护耕地，守住粮食生产的命根子。黑土地更是耕地中的大熊猫，保护好、利用好黑土地，是土地科技工作者的责任。

粮食生产领域，我们体会最深的政策是联产承包责任制。一下子调动了广大农民的生产积极性，一举解决了吃不饱问题。我是 1979 年秋季离开家乡到武汉上大学。寒假回家，吃上了白面馍，心里直嘀咕。我的担心被哥哥看出来了，他说放心吃吧，够吃、管够！我是亲身体会过“青黄不接”的，豌豆、大麦不熟，饿肚子的春天真长、很难熬，一丁点诗情画意也没有。

所以说，积极性是一个动力因素，地方政府抓种粮积极性、农民种粮积极性靠政策来调动。轮作休耕养地、退耕还林还草等政策措施都很重要。

第四部分：耕地资源可持续利用是一个沉重话题

粮食生产系统是自然生产与社会生产的结合体，耕地保护是科技工作者的使命。守土厚生，最重要的是牢牢守住“根本的根本”——耕地的自然生态安全边界。

今年12月5日，是第7个世界土壤日，主题是保护土壤生命力、保护生物多样性。我国耕地资源由于长期持续高强度利用，缺乏轮作休耕，还有相当一部分边际耕地未退出，耕地退化严重，耕地资源可持续利用是坚守耕地红线、保障粮食安全的一大挑战，必须加以解决。

（本文为郧文聚研究员参加北京电视台2020年“科技跨年之夜”节目的演讲稿，有删改。）

全国“土地日”央广访谈：
严格保护耕地、节约集约用地

6 月 25 日是第 29 个全国“土地日”，主题为“严格保护耕地 节约集约用地”。今年全国“土地日”的海报中展现了这样一个景象：在一只饭碗上有一片耕地，但耕地的很大一部分被楼房占据。所展现的就是“饭碗田种楼，口粮从哪来?”这一问题。

耕地保护不仅要保证面积数量

从 5 月下旬开始，随着小麦陆续成熟，河南由南向北迎来收获季。河南省是我国农业大省、粮食生产大省。截至目前，河南省实际耕地面积 1.2227 亿亩，超出国家下达目标 192 万亩；实际保护永久基本农田 1.0223 亿亩，超出国家下达目标 17 万亩。

据介绍，河南采取了管控性保护、约束性保护、补救性保护、倒逼性保护、激励性保护和惩治性保护——“六重保护措施”，以确保耕地面积不减少，质量不降低。河南省自然资源厅耕地保护处处长李中伟介绍：“如通过推进农村建设用地复垦，产生的节余指标以‘增减挂钩’方式报批用地，‘增减挂钩’审批规模从 2016 年的 2.7 万亩增加到 2018 年的 11.23 万亩。用地保障方式由原来的依靠新增逐步向盘活存量转变。”

据介绍，近两年来，河南省推进土地利用管理突出问题集中整治，消除违法存量和历史欠账。目前，累计消化处置不实耕地 7.3 万亩，盘活利用城镇空闲土地 36.8 万亩，清理处置违法用地 6.9 万亩，归还拆旧复垦欠账指标 29.6 万亩，以守住耕地保护红线。

我国人多地少。“严守 18 亿亩耕地红线，全面落实永久基本农田特殊保护制度，确保永久基本农田保持在 15.46 亿亩以上” 的表述今年再度出现在了“中央一号文件” 当中。

自然资源部国土整治中心副主任郧文聚表示：“在我看来，把永久基本农田落到空间上的意义非常大。因为过去往往说耕地红线想到的是 18 亿亩面积这个数字，这很重要。但是，在我们这么大的国土空间上，这个规模落在哪里是完全不一样的。从东南到西北；从水源丰沛到没有水；从可以连续耕种到一年最多种一季，差别非常大。所以说，耕地红线更是一个布局的概念。各个市、地方不能把粮食安全寄望于别的地方，得自己担起责任来。”

除了布局外，耕地质量也很重要。

郧文聚指出，“我们现有的优质耕地、高质量的耕地基本上是在城市边上，一旦城市、工业发展了，占用的可以说都是优质耕地。但是，补充的耕地就不可能在城边去补了，就到了远处。这样就存在怎么样既保住生产能力又保住对资源条件利用的问题。这必须得好好计算”。

永久基本农田是按照一定时期人口和经济社会发展对农产品的需求，依据土地利用总体规划确定不得占用的耕地。郧文聚表示，永久基本农田不仅有生产功能，其本身的生态功能也不能降低：“研究表明，农田生态系统的生态价值跟森林、草原、湿地相比还是比较低一点的，它生产比较单一，没有多样性。但是，我们中国必须研究农田生态系统的生态功能问题。”

从生态功能来看，永久基本农田是自然生态特别是农业生态系统的重要组成部分，发挥着湿地、绿地、景观等多种生态功能。划定永久基本农田并不是给建设发展上“紧箍”，而是重构生产、生活、生态空间合理布局的要求和机会。

走进“存量时代”向哪里要发展？

位于广东顺德的广东工业设计城如今聚集了全球8000多名设计师，为广东乃至全国制造产业转型升级提供工业设计服务。而在10多年前，这里是个老兔毛纺织厂。该项目在2009年1月17日正式开园，启动区占地面积4.8万平方米，总建筑面积7万平方米。

说起当初的转型，该工业设计城工作人员介绍：“当时很多制造业面临倒闭，本地产业架构要转变。当时当地察觉到工业设计是个很好的切入点。因为，本地有很多家电制造业，但是，在当时本地并不能很好地提供工业设计服务。”

2010年6月29日这里被认定为综合整治类“三旧”改造项目，进一步盘活闲置物业，减少浪费。

建设用地是最重要的生产要素之一。自然资源部自然资源开发利用司副司长杜官印表示，从建设用地数量上看，我国建设用地的总规模很大。从建设用地结构上看，多年来年度工矿仓储用地供应在建设用地供应总量中占比始终在20%以上。从产业形态上看，传统产业正在转型，生产性服务业日趋活跃，战略性新兴产业持续兴起。他指出目前的产业发展要求不能光盯着新增建设用地：“这种传统工业的转型，生产性服务业的活跃，实际上都对产业用地结构提出了新的要求。面对新的这种产业的发展，不能把所有目光简单地寄托在新增建设用地上面。我们必须把优化建设用地结构、提高效率摆在更加重要的位置上。”

杜官印指出，推动存量建设用地再开发要更加注重规划，统筹规划，并且更多地从片区角度制定：“由于存量建设用地开发里涉及的主体比较多，必须在规划过程中更注重和产权主体间的互动，规划的操作性、实施性才能更强。存量建设用地将来的规划应该更多地从片区的角度来制定。通过片区的开发可以更好地平衡小片区内产业用地、居住用地、公共服务设施、开放空间等。”

近年来，自然资源部在全国范围内推动城镇低效用地再开发，实施建设用地“增存挂钩”机制等。一些地方也实施减量规划、“三旧改造”等，倒逼存量建设用地盘活利用。

从城市发展上来讲，郧文聚指出，目前对地下空间的有效利用还不够充分：“我们做得最好的也不过是地下50米以上的浅层地。那就是说，下面还有50~200米的空间我们并没有用好。城市空间也应该构造成为生态空间。地下、地上，城市功能、生态功能兼顾，一些生态空间也在朝着立体化发展，要科技走在前。”

郧文聚表示，从大的生态账来算，划算。

（原载：2019年6月25日央广网，记者：刘飞、李凡）

科技日报：
打造土地管理利用的“金刚钻”

今年的6月25日是第29个全国土地日。自然资源部土地整治中心副主任郧文聚最关心的，依然是如何用科技创新来助力今年的主题——“严格保护耕地 节约集约用地”。

“土地科技创新是土地资源利用和保护的现实生产力。”郧文聚说。

郧文聚分析，改革开放以来，我国土地资源对经济持续发展和城镇化进程快速推进起到了重要支撑作用，但随着自然资源的大量消耗，土地资源“查不清、用不好、整不细、管不住”的问题逐步显现，土地退化、生态破坏、环境污染等问题日益严重。

在这一背景下，土地科技创新供给与需求不匹配、不平衡问题愈加突出。“土地科技创新供给严重滞后于需求，难以满足对土地的整体性、持续性、和谐性管护的需求。”北京师范大学环境学院教授赵烨告诉科技日报记者。

郧文聚则认为，我国在土地调查的精确程度、整治的精细手段、管控的智能技术等方面与发达国家有明显差距，土地科技创新能力不足以支撑国家粮食、经济和生态安全。

例如，“十三五”期间，我国确定建设4亿~6亿亩高标准农田的目标，这需要大量生态型的土地整治材料、装备和监测监管技术支撑，但我国土地整治科技成果多数是在借鉴国外先进经验基础上获得的，以模仿创新为主。“颠覆性创新不够，没有自己的‘金刚钻’。”郧文聚说。

“我最近反复研读习近平总书记关于“三农”的论述，总结起来，我国粮食安全和耕地保护面临五大难题：守住18亿亩耕地红线难、稳定提升耕地质量难、遏制农田生态退化和污染难、提升耕地利用效率难、扩大农田规模化经营难，而要解决这些难题，亟须增强土地科技原始创新能力。”郧文聚说。

正因此，土地科技创新近年来备受关注。自然资源部提出，争取用十年左右时间改变目前土地科技创新跟踪模仿的状况，迈入世界第一方阵。2017年，自然资源部下属的全国土地科技创新中心挂牌成立。

去年，土地科学首次成为“香山科学会议”的议题。“源于中国国家需求的土地科技创新核心问题只能靠中国科学家自己来解决。争取用十年左右时间改变目前的跟踪模仿状况，进入世界第一方阵。”第S44次香山科学会议执行主席、自然资源部原副部长曹卫星在会上呼吁科研工作者勇于担当，持续推进土地科技创新能力建设。

该会议达成了“土地科学香山共识”，建议将土地科技创新纳入国家科技计划重点研究，加快创建国家级土地科技创新平台，加强土地学科建设。

在郧文聚看来，土地科技创新要围绕我国迫切需要解决的耕地资源安全、土地高效利用、土地生态安全三大问题，按照“全产业链、全创新链”原则整体设计，系统提供维护土地资源安全的解决方案。

曹卫星、中国科学院院士傅伯杰、中国工程院院士康绍忠、中国工程院院士郭仁忠、中国工程院院士孙九林等参加上述香山会议的专家认为，土地科技创新需要顶层设计，要坚持将土地工程技术作为创新基本导向，要布局重大土地科技创新攻关，实施国家重点研发计划，同时，面向全球土地资源安全，选择粮食安全、生态安全、人类命运共同体等重大命题，设计并实施具有国际影响力、由中国科学家领衔的土地大科学项目。

“目前，‘建立土地科学理论’‘构建耕地资源保护技术体系’及‘创新土地资源安全与管控关键技术’已被列入《自然资源科技创新发展规划纲要》（征求意见稿），我们也在推动将土地科技创新纳入国家科技计划重点研究。”郧文聚说，尽快打造自己的“金刚钻”，成为当代土地科技工作者光荣而艰巨的任务。

（原载：2019 年 6 月 25 日《科技日报》，记者：操秀英）

《中国标准化》杂志：

加强标准化工作　推动高质量发展

导读： 标准是国家的基础性制度，是经济社会活动的主要技术依据。自2000年以来，自然资源部国土整治中心（原国土资源部土地整治中心）紧紧围绕土地整治和耕地保护业务需求，积极开展土地整治技术标准体系建设，在推进土地整治工作制度化、规范化、科学化等方面取得了重要进展。截至目前，我国土地整治、耕地保护领域已发布实施了5项国家标准、27项行业标准、150多项地方标准，初步形成了以“项目管理”为需求，以“过程控制”为重点，由国家标准、行业标准和地方标准共同组成的土地整治技术标准体系，在土地整治、耕地保护领域基本实现了“有标准可依、按标准实施”。土地整治标准化建设已成为项目实施、监测监管工作的重要组成部分，发挥了基础性支撑作用，有力地支撑了土地整治、耕地保护等政策的落地，有力地保障了各类土地整治项目的顺利实施，有力地促进了土地整治事业规范化、可持续发展。为此，《中国标准化》杂志社记者采访了国土整治中心副主任郧文聚，请他谈一谈加强标准化工作、推动土地整治高质量发展的经验体会。

记者：我国土地整治标准化建设取得了哪些成就？

郧文聚：整治中心主要负责全国土地整治工作，同时也是全国国土资源标准化技术委员会土地整治、保护分技术委员会（TC93/SC7）秘书处的挂靠单位。从1998年组建至今，整治中心历届领导充分认识到标准化建设对事业发展的重要性，高度重视土地整治、耕地保护领域的标准化工作。在部领导和有关司局的指导下，始终坚持把土地整治标准化建设作为一项核心职能和基础性工作来抓，积极顺应土地整治事业发展的需要，认真落实《全国土地整治规划》《国土资源标准化发展规划》和年度标准制修订计划，在标准研究、立项论证、体系建设、标准编制、审查报批、宣贯培训、实施评估等方面，不断加大工作力度，取得了一定进展。

自“秘书处”成立以来，共组织审查了39项标准，其中由国家标准委颁布实施国家标准5项，国土资源部颁布实施行业标准27项，修订后颁布实施的行业标准7项，目前还有列入标准制修订计划的国家标准8项、行业标准6项，正在开展预研究的行业标准6项。此外，在国家标准、行业标准的引领下，整治中心还加强对地方标准化建设的指导，协助地方开展了156项地方标准的编制工作，其中以DB编号发布的地方标准就有20项。应该说，通过近20年的努力，在标准化建设上，初步形成了以“项目管理”为需求，以“过程控制”为重点，涵盖了土地整治项目调查、规划、可行性研究、造价、设计、施工、监理、验收、评价以及耕地保护、调查、监测、评定等工作序列，由国家标准、行业标准和地方标准共同组成的技术标准体系，土地整治各项工作基本实现了“有标准可依、按标准实施”的目标。

实践证明，标准化建设已成为国土资源部门土地整治、耕地保护的重要组成部分，发挥了重要技术支撑作用，有力地支撑了土地整治、耕地保护、土地节约集约利用等土地政策执行，有力地支撑了国土部门支持乡村振兴、脱贫攻坚、生态文明建设、高标准农田建设等国家政策实施，有力地推动了土地整治项目实施管理工作的规范化、制度化、科学化，有力地促进了土地整治事业健康、有序、可持续发展。

我这里有一组数据可以说明标准化工作的重要性：在2000年的时候，全国土地整治年资金投入不到20亿元，项目数量不足200个，各级土地整治机构工作人员约2500人；到了2016年的时候，全国各级土地整治项目年资金投入超过1000亿元，项目数量超过10000个，各级土地整治机构工作人员大约23000人。16年间，全国土地整治项目数量和规模增长了近50倍，而各级土地整治工作人员增加了不足10倍，而且项目出问题的少了，项目管理的规范化程度明显提高，足见标准化工作对推动事业发展的作用。

记者：我国土地整治标准化建设有哪些主要做法？

郧文聚：一是注重顶层设计，开展标准体系研究。为了从总体上把握土地整治、耕地保护领域标准化建设工作，规范土地整治、保护标准的编制工作。整治中心组织力量开展了土地整治技术标准体系研究工作，形成了“十二五”时期土地整治技术标准制修订规划。2013年以来，为适应新形势下土地整治发展的需要，整治中心面向“十三五”，再次开展了土地整治技术标准体系研究，向全国31个省（区、市）发放了调查问卷，到有关部门、有关省区开展实地调研，在借鉴相关部门标准化工作经验的基础上，结合土地整治事业发展的需要，系统构建土地整治技术标准体系，提出了土地整治标准建设的目标和任务，提出了88项标准项目，为“十三五”标准化制修订计划和发展规划的编制奠定了基础。

二是围绕大局，面向需求，积极参与国家标准的制定。“十二五”以来，围绕《全国高标准农田建设总体规划》提出的目标任务，在部有关司局的直接指导下，积极协调国家发改委、财政部、农业部、水利部、国家林业局、国家统计局、国家标准委等部门，联合开展《高标准农田建设通则》《高标准农田建设评价规范》国家标准研制。2011年以来，结合《土地复垦条例》发布实施，及时制定了《土地复垦质量控制标准》《土地复垦方案编制规程》和《土地复垦项目验收规程》等行业标准。2012年以来，根据国家加强耕地质量管理新的要求，及时制定了农用地质量分等、定级、估价3个国家标准，有力地拓展了土地整治业务范围，巩固了事业发展的基础，支撑了国家重大业务布局和需求。

三是注重前期研究工作，科学制定标准。土地整治包括土地整理、土地复垦、土地开发和土地修复等内容，涉及专业面广，工作程序复杂。由于开展时间短，专业基础薄弱，多数专业还没有形成稳定的学科基础，也没有较成熟的实践经验。故此，在技术标准制修订中，需要特别加强标准立项前的管理工作，加强标准预研究工作环节，并根据研究内容的实用性、可操作性和成熟度，再行确定是否将该标准立项，必要时增加标准立项审查环节，并根据专家意见集体商定是否纳入年度标准制修订工作计划。自2011年以来，每年提出的标准项目10项以上，但能够转化为标准的不超过5项。

四是与业务司局和部门紧密联系，加强工作沟通。面向国家重大战略布局，紧跟部门业务需要，部署标准研制工作，是标准化工作的首要条件。2000年，在主管司局的指导下，整治中心编制了《土地开发整理规划编制规程》《土地开发整理项目规划设计规范》《土地开发整理项目验收规程》和《土地开发整理项目预算定额标准》等标准，指导了第一批国家投资土地开发整理项目实施。2012年开始，按照国家有关高标准农田建设部署，及时编制了《高标准基本农田建设标准》《高标准农田建设通则》，统一全国高标准农田建设标准。在国家标准《高标准农田建设评价规范》制定中，主动与国家发改委、财政部、农业部、水利部、国家标准委等部门沟通，消除分歧，按时完成了标准编制工作。

五是注重多专业融合，及时将科技成果转化为技术标准。土地整治是指对低效利用、不合理利用和未利用的土地进行治理，对生产建设破坏和自然灾害损毁的土地进行恢复利用，提高土地利用效率和效益的活动。按照《土地管理法》的解释，土地整理是对田、水、路、林、村的综合整治，主要对象为农用地。现有土地整治业务涵盖高标准农田建设、农村土地整治、建设用地整理、未利用地开发、土地复垦等。按照有关学者的研究，土地整治涉及土壤学、生物学、地质学、工程学、环境学、景观学、生态学、水利学、材料学等13门学科，专业技术复杂，工作序列涉及调查、规划、评价、建设、利用和管护等技术环节。通过多专业研究，总结土地整治技术规律，及时将科研成果转化为标准。

六是注重标准的宣贯培训，推动标准实施。为了推进已颁布标准的顺利实施，近年来，整治中心不断加大标准的宣传、培训力度。对于已颁布的标准，及时在有关媒体上刊登解读文章，以便大家正确认识、理解标准。同时，及时组织举办土地整治技术标准培训班，对土地整治从业人员和中介机构人员进行集中培训，增加了社会人员对土地整治标准的认识，扩大了土地整治工作的影响力，提升了土地整治标准的执行力。近年来，全国共有来自不同层面的土地整治专业人员10000余名技术人员参加了培训，既增加了从业人员对标准的理解，也提高了标准的认知度和社会影响力。

18年时间不长，土地整治标准化工作已成为国土资源标准化工作的一个缩影，且成为样板工程。虽然在标准化建设中取得了一些成绩，但和经济社会发展对土地整治工作的迫切需要和部对标准化建设提出的新要求相比还有一定的差距，在土地整治领域，仍存在事业发展引导滞后、技术标准体系尚不统一、标准化工作机制有待健全、编写人员的专业能力尚待进一步提高、与其他部门标准协调力度不够等不足，需要在下一步工作中予以解决，不断提高标准化水平。

记者：谈一谈您对今后一段时期土地整治标准化工作的设想

郧文聚：2018年3月，中共中央印发了《深化党和国家机构改革方案》，提出组建自然资源部，统一行使全民所有自然资源资产所有者职责，统一行使所有国土空间用途管制和生态保护修复职责。面对新的职责定位，整治中心需要进一步拓展内涵和外延，推动土地整治向国土整治、生态保护修复转型发展，积极与乡村振兴、区域协调发展、生态文明建设、脱贫攻坚等国家战略有机结合。当前，将按照党中央国务院和部党组关于土地整治工作的总体要求，着力推进国土综合整治和生态保护修复等方面的标准化建设，全面提升土地整治标准化水平，拟主要抓好以下几个方面的工作：

一是建立以山水林田湖草生态保护修复为重点内容的国土综合整治标准体系。围绕山水林田湖草整体保护、系统修复、综合治理的总体要求，立足《全国国土规划纲要》提出的“四区一带”国土综合整治格局，分类开展城市化地区、重要农村地区、重点生态功能区、矿产资源开发集中区及海岸带和海岛地区等综合整治标准的研制，重点围绕土地、矿产、水利、森林、草原、海洋等自然资源生态保护修复工作，科学构建国土综合整治技术标准体系，科学划分国家标准、行业标准、地方标准和团体标准的制修订范围。

二是做好重点领域内重要标准的制定工作。2017 年中央 4 号文件提出了“加强耕地数量、质量、生态‘三位一体’保护”的新要求。加强耕地管控、建设、激励多措并举保护，开展耕地数量、质量、生态的调查监测评价是当前农村土地整治的重点工作。2017 年，整治中心申请了国家标准《农用地质量调查监测评价规范》和 NQI 国家重点研发计划，通过土地复垦与生态修复通用技术标准研究，计划形成 38 项国家标准。近期，将重点加强上述国家标准的制修订工作。

三是建立新形势下国家、行业和地方标准相衔接的制修订工作机制。为适应国家标准化工作改革的新形势，满足不断发展的土地整治事业的需要，积极探索多元化的标准制修订工作机制，积极引进社会多方力量共同参与土地整治技术标准的制修订工作，建立国家、行业和地方标准相互衔接的标准体系，进一步加大对地方标准制修订工作的指导，建立上下联动、相互支撑的标准化工作机制，配合部积极推进地方标准备案制度的落实，加强对地方标准的管理，实现土地整治标准编制统一性、计划性和规范性。此外，要继续加强分技委秘书处的建设，切实履行好分技委职责。

四是加大土地科技创新，将创新成果及时转化应用。2017 年以来，按照部党组的统一部署，整治中心负责组建国家土地工程技术创新中心。围绕国家工程技术创新基地平台建设，整治中心组织有关高校、科研单位和地方土地整治机构，从土地智能测控技术与设备、土地整治工程技术与装备、土地复垦与生态修复技术、土地质量提升与复合利用技术四个方向，遴选了一批共性关键技术，汇编成《土地工程技术创新优先方向与关键技术》，明确了近期开展创新技术 22 项、工程建设模式 5 项、形成技术标准 66 项，全面启动了土地科技创新工作。

下一步，将围绕上述四个创新方向，加大土地科技研发力度，并及时将创新成果转化为技术标准，更好地服务于当前土地整治、耕地保护工作。

记者：谈一谈您对土地整治标准化工作的一些感受？

郧文聚：做好土地整治技术标准体系的顶层设计是标准化工作的重中之重。2015 年国务院印发的《深化标准化工作改革方案》《国家标准化体系建设发展规划（2016—2020 年）》均提出，把政府单一供给的现行标准体系，转变为由政府主导制定的标准和市场自主制定的标准共同构成的新型标准体系。加快现代农业和新农村建设标准化体系建设，完善工业领域标准体系。加强森林、海洋、土地、能源、矿产等自然资源保护标准化体系的建设。2017 年《中共中央　国务院关于开展质量提升行动的指导意见》提出，加快国家标准体系建设，加快国家质量基础设施体系建设。健全农产品质量标准体系，实施农业标准化生产和良好农业规范。

自1998年整治中心成立以来，历届领导均把土地整治标准体系建设作为标准化工作的重点。先后开展了三次土地整治技术标准体系研究。特别是2013年以来组织开展的第三次土地整治标准体系研究，集合了近20年土地整治理论研究、业务实践和科技创新成果，构建了涵盖土地整治专业门类、功能序列，以及国家标准、行业标准和地方标准等多要素组成的土地整治技术标准体系，研究提出了88项土地整治标准，对于指导土地整治、耕地保护领域标准制修订工作提供了科学依据，同时也为国土综合整治标准体系研究提供了有益的经验借鉴。研究提出的土地整理、土地复垦、土地开发、土地修复等专业门类，以及综合、调查与评价、用地标准、规划、建设与管理、工程技术、材料与装备等功能序列，也为土地整治学科发展和科技创新指明了方向。

可以说，三次标准体系研究一次比一次深入，特别是最近一次的研究，将土地整治与生态文明建设、耕地“三位一体”管护、土地资源节约集约利用、高标准农田建设、土地工程技术等工作结合在一起，将土地整治与学科建设、管理标准和工作标准等需求相融合，提出了系统完善的技术标准体系，指导了“十二五”以来的土地整治标准化工作，这是一次较为科学完善、系统完整的标准体系成果。

（原载：《中国标准化》，2019年第1期）

全国“土地日”央广访谈之一：

要破除粗放用地的思维惯性

编者按：2018年6月25日是我国第28个全国“土地日”。今年的主题是“珍惜土地资源 建设美丽家园”。全国“土地日”当天，中央人民广播电台“中国之声”开通特别节目《今天我值班》，请自然资源部国土整治中心研究员郧文聚到直播间，就自然资源和生态文明建设有关问题为听众和网友答疑解惑。现将直播实录整理如下，供参考。

（背景新闻录音）

近日，自然资源部组建后首次集中公开通报了16起违反土地、海洋、矿产、林业等自然资源法律法规的违法案件，涉及6起土地案件，2起海洋案件，4起矿产案件和4起林业案件。

所通报的土地案件涉及非法占用耕地建设农业嘉年华项目、建设洗煤厂、修建道路、建设进出口企业培育基地，以及非法占用永久基本农田修建基长大道等行为。自然资源部国家自然资源督查执法工作小组召集人崔瑛表示：“以设施农业为名目或者以农业为名实施非农建设的，这在农业土地利用上是比较普遍的违法违规行为。”

所通报的矿产案件则主要涉及非法采矿和越界开采等行为。据介绍，无证采矿、乱采滥挖可能造成山体的破坏或地面的塌陷。这些不仅损害环境，而且对百姓的生存生计也会造成影响。

林业案件方面，据介绍，2017 年全国共发现林业行政案件 17.33 万起，查结 16.69 万起。违法行为主要集中在违法破坏森林资源和滥捕滥猎、滥采滥伐野生动物植物资源方面。

此外，2 起被通报的海洋案件涉及的违法行为主要是未经批准非法填海实施项目的建设。

自然资源部表示，将继续重点查处破坏永久基本农田、擅自围填海、无证开采矿产资源、破坏湿地、毁坏林地草地等破坏自然资源、生态环境和群众反映强烈的问题，加大对自然保护区内破坏自然资源违法行为的查处力度。严肃查处边申请、边审批、边施工的“三边工程”以及化整为零、越权审批的做法。

中国之声：报道中提到，农业土地利用上的违法违规行为，有些是以农业项目为名进行的非农建设。是什么原因造成了这类问题的出现？这对农地会造成什么危害？

郧文聚：刚才自然资源部通报的四类案件都是典型案件，全国的案件远远不止这些，这是抓了一些典型来起警示作用，公示了一批。什么原因造成了这类问题？我讲几个主要的原因：第一，应该说历史欠账是造成违法用地的一个主要的原因。当然，这里占的是农地，实际上并不是农地本身的问题，有的也是发展的问题，是工业的问题，是城市的问题，是其他方面的问题。所以，这个问题要弄清楚，这是历史欠账所造成的，我们现在要补回去。

第二，应该说是不平衡增长带来的。尤其是在农村地区，过去我们的农村发展应该说是个短板。农村地区的建设或者农业经济的增长是一个很大的需求。这样的话，也造成了一部分的冲动，会对农地的违法、违规利用形成一种很强的压力。

第三，我们过去粗放发展用地这种思维惯性也是一个原因。不顾及现在的一些新体制、新时代、新要求下的严令，比如说，不顾最严格的耕地保护，不顾最严格的节约集约利用，不顾生态文明建设的新要求。比如说，在乡村发展，甚至扶贫、经济福利方面也有这样的问题。

从所带来的危害来讲，我觉得一个根本的危害，主要还是造成了一些难以恢复的伤害，尤其是对农地。农地是生态文明的物质基础，如果把农地毁坏了，毁坏的不仅是农地的生产功能，更重要的是，毁坏了它的生态功能。这对永续发展造成了不可挽回的冲击和伤害。

中国之声：刚刚报道里提到“严肃查处边申请、边审批、边施工的工程，以及化整为零、越权审批的做法”。那么，如何才能实现严格的土地用途管制？

郧文聚：说句老实话，用途管制是很不容易的一件事。用途管制提出来已经几十年了，就是按规定的用途、规定的条件来使用土地，如果要转变用途，应按规定的程序、标准和要求进行审批。这是用途管制本身的一个基本要求。问题是，有“三边”——边申请、边审批、边施工的，也有越权、违规的审批问题。

怎样才能够实现最严格的用途管制？我觉得有这么几个方面：第一，还是要科学规划。规划是“画圈”的，在哪个地方干什么，这个是用途的前提，圈外不准干这个事；第二，在圈里要定规则。怎么样用这个地，按照什么要求使用这个地，这些也应按照规则来办，尊重规则；第三，不论是管制政策也好，规划也好，应该建立在科学数据的支撑之上，如果没有科学数据的支撑，我感觉，用途管制实际上难以落实。举个例子来讲，现在上海建设用地零增长，它说地不够用。但是，真正造成地不够用的，有另外两个原因，一是制度性原因，二是工程技术性的原因。就是说，如果我们的制度安排得比较合理，能够“需要用地就能用得上”。如果我们的地不太好用，但是通过工程技术的改造能够好用，这样就不会出现问题；第四，我认为，还有要尊重管制秩序的问题。只有秩序做好了，才能够落实善治；第五，就是少数领导干部不能继续在惯性的道路上跑下去了。

（原载：2018 年 6 月 25 日央广网，记者：刘飞、杨振、张悦；主持人：李欣）

全国“土地日”央广访谈之二：

生态修复要从源头做好环境风险防控

（背景新闻录音）

江苏徐州市是我国华东地区重要的煤炭基地，矿山企业和煤炭企业最多时有300多家。长期的煤炭开采和运输，给徐州贾汪区留下13万亩采煤塌陷地，城区煤尘污染严重，常年积水形成坑塘，良田变荒地，水系遭破坏。

2011年，贾汪区将采煤塌陷地治理作为生态修复突破口，对潘安湖区域实施综合治理。利用采煤塌陷形成的地形地貌，通过“挖深填浅、分层剥离、交错回填”为核心的土壤重构技术，对采煤塌陷破坏的土壤进行重构，恢复土地生态调节功能，利用京杭运河进行生态补水。贾汪区区委书记曹志说：“贾汪先后投入生态治理方面的钱达到20多亿元，当时还受到争议。现在看来，生态修复已经再现绿水青山，绿水青山已经源源不断地带来了金山银山。贾汪共有13万亩采煤沉陷区，已治理的有6万多亩，还有6万多亩没有治理，“十三五”期间，计划把采煤沉陷地治理完毕。”

经过整治，目前，潘安湖湿地水质达到三类水标准。如今，部分失业的矿工和外出打工者纷纷回乡从事乡村旅游。

中国之声：我国还有多少这样需要治理的矿区土地？有什么方式、方法来进行修复、治理？

郧文聚：潘安湖这个案例说明，习总书记提出的“两山理论”是可行的、科学的。实际上，这个矿山的矿地矛盾不仅发生在过程中，也发生在闭矿后。我们国家现在有多少需要治理的矿区土地？有一个估计的数字，还不是调查数字，总共有3800万亩。其中，煤矿2700万亩，铁矿等金属矿1100多万亩。如果要修复，煤矿一亩大概需要5000元到1.2万元，金属矿需要2万~3万元，这仅仅是生态修复的费用。如果再深一步，开矿造成了环境风险，那么这个数字后面还要加个“零”，投入还要增加十倍。

用什么方式方法来修复？先要讲一个次序问题。首先，要搞好环境风险的防控。如果风险管控不住，其他的都是问题。要诊断清楚，采取措施。如果风险管控不住，那这个矿可能就别开了。其次，才是生态系统的恢复或者说重建的问题。最后，在这个基础上说生产、生活功能的构建问题。

方式方法上，我们过去讲的是要恢复原样（开矿之前的生产、生活系统或者生态系统）。但是真正要恢复到原样并不容易。

从开矿到闭矿往往持续100年甚至200年。恢复100年前的原样，怎么恢复？我们的生活、技术、经济条件已经完全变了。所以说，必须按照当代的要求去做生产、生活、生态的一种重构才行。

我想分享个例子，就是平朔煤矿。它是在黄土高原上的露天煤矿。在开矿之前它接近严重的水土流失水平，每年的水土流失是8000吨/平方公里。通过建立一个科学的重建系统后，这个水土流失的水平被控制在了每年1000吨/平方公里的水平。这基本上是25度坡度以下的林地和草地的水土流失量，这就非常难得。

如此看来，如果经过科学的生态重建，实际上恢复的生态系统比原有的生态系统还要好。那么，在这个生态系统里搞生产、安排生活岂不是更好？所以，我认为，在这个方面还是有很大潜力的。

中国之声：在治理中，是说挖人工湖、种上树，就达到治理的目标了吗？当中最应该注重的问题是什么？

郧文聚：挖个湖、种上树，这当然是个目标。但是，应该讲，不是主要目标，更不是根本目标，它是一个表象、一种形式、一种方式方法。要对人民群众负责，要对子孙后代负责，按照“蓝天、碧水、净土”这个原则去治理才算是达到了目标，才是我们应该追求的价值。

应该注意什么？我觉得，第一个还是环境风险的防控，这是关键。第二个就是生态的重建，实际上是很难的。黑龙江伊春的林区，它的采伐已经结束了，应该说算是资源枯竭，城市发展要转型了。怎么办？首先是种树。种完后再去发展更高级的经济形态。但是，伊春林区的优势树木是红松，对红松林来讲，想看到一个顶级稳定的生态系统要200年。所以，生态重建不是说停止伐木就行了，后边还有很长的路要走。

最后，是生产生活的安排，在修复恢复后的生态系统中安排的生活，我觉得，才是美好家园。

（原载：2018年6月25日央广网，记者：刘飞、杨振、张悦；主持人：李欣）

全国“土地日”央广访谈之三：

精明增长如何可持续利用土地资源?

（背景新闻录音）

深圳是我国人口密度最高的城市之一，经过了几十年的发展和建设，目前可待开发的土地已经十分稀缺。深圳市福田区地下，隐藏着一个建筑面积达 14 万平方米，相当于21 个标准足球场大小的高铁火车站。深圳规划发展研究中心副所长徐旭晖表示，作为我国最大的地下交通枢纽，福田高铁站并没有额外占用本已稀缺的土地：“地下一层是人流集散和地铁的站停层，地下二层是高铁候车厅，地下三层是高铁上下车的地方。体现了高效集约的土地利用原则。”火车、地铁在这里交织，形成了一个地下空间一体化利用的综合交通枢纽。

蛇口是深圳最早开发的片区，这里曾经遍布工业厂房，是深圳加工贸易产业崛起的标志，而如今，这里已经成为住宅、商务和城市休闲区，土地的利用迫切需要升级更新。

深圳招商地产相关负责人戴琳表示，蛇口网谷项目便非常典型，此前的铝厂和油漆厂如今成为高科技产业园：“低附加值的一些产业，通过建筑的转型升级和城市规划的重新调整，重新引入新的产业，典型的就是互联网、物联网、电子商务，符合产业发展的趋势，也符合城市的定位。”数据显示，蛇口网谷项目占地面积20万平方米，在升级改造之前每年每平方米的产值为1200元，而如今的蛇口网谷入驻450多家企业，每年每平方米的产值为10万元。

中国之声：我国人多地少，您认为现在还有哪些粗放利用土地的现象较为突出，需要注意？如何才能提高土地利用效率？

郧文聚：一个是地下空间的开发，一个是多层次利用，另外一个叫城市更新。通过调整用地次序的安排，还有产业结构的调整，这些都是我们高效用地的招数。粗放利用怎么理解呢？它的对立面是精致利用。“放”是无序的意思，那么，就是要有序利用。实际上，现在来看，还需要加上一个生态优先的永续利用。

用地效率方面，我觉得应该分两点来看：一是，这个现象很普遍，不管是在城市还是在农村，用地粗放都存在。工业、农业、服务业用地都存在着粗放的问题；二是，后果很严重。我们现在快速城市化，由于我们不注意精致、有序、生态地利用，因此土地的城市化快于人的城市化。由于大手大脚地用地，导致了很难做到紧凑、宜居、生态，造成城市中公共用地不足，生态用地不足。

那么，目前的情况下，怎么样才能够提高土地利用效率？我觉得，第一，向地下要空间，向城市更新要空间，向产业结构调整要空间，目前中国城市地下空间利用深度大约是50米，国际先进水平是200米，潜力还很大；第二，永续利用的话，我们现在城市中发展海绵城市也是一个很好利用空间、高效率的问题；还有，建设美好家园不仅仅是我们的空间大了，住的地方大了就行了，生态空间很重要。我认为，天上能看见鸟，地里能看见虫，水中能看见鱼，这种才是我们美丽家园所需要的一种高效利用。

中国之声：如何才能够科学、适度、有序地来优化我们的国土空间？

郧文聚：第一，自然资源保卫战要从顶层设计入手，出发点和落脚点都应该是人民群众的发展需求，要坚持生态优先、以民为本、保障民生、中国特色、时代前沿。

第二，主体功能区规划要以市县为单元，统一规划、用途管制、资源审计，最后终身问责。

第三，要有体制保障。现在，自然资源部是个源头严防的管理部门，生态环境部是后果严惩的部门，中间各地区、各行业涉及资源的开发利用都要按照节约、保护优先、自然恢复的原则来做。有头、有尾、有过程，按照这个顺序来做工作才能做好。

中国之声：今年自然资源部组建，在新体制下土地资源保护和利用，与以往有何不同？

郧文聚：改革开放以来，关于土地问题中央发了三个重要文件，分别是1986年的7号文件，1997年的11号文件，2016年的4号文件，这三个文件都对土地管理制度产生了深远影响。当前，我国经济社会进入高质量发展的新阶段，高质量发展的本质要求是统一管理。组建自然资源部，就是要继续深化“耕地保护、用途管制、统一管理”三大原则，把林草水土统一管理。

习总书记曾说，生态环境问题归根到底是资源过度开发、粗放利用、奢侈消费造成的。这些问题都要在新体制下坚决清除。我觉得还可以加一条，就是对前述三个问题带来的危害治理不足。当前，对自然资源的系统修复、综合治理已经刻不容缓，要加快补上这个短板。

（原载：2018年6月25日央广网，记者：刘飞、杨振、张悦；主持人：李欣）

第六篇

发言与寄语

梨树模式——耕地保护的革命性创新

首先，我受命代表自然资源部向“第七届梨树黑土地论坛及吉林四平黑土地保护日”活动的成功举办表示最热烈的祝贺！

我谈三个观点：

第一，梨树模式是一个革命性创新，创造了一个贯彻落实最严格的耕地保护基本国策的成功范例。梨树模式，一是颠覆了耕地资源的传统利用技术，实现了保护型科学利用耕地资源的创新；二是实现了科学研究、政策管理与生产实践的“三结合”，创造了广大农民群众可学、可用、可分享的先进技术体系。这是科学家的成功，是党委政府领导的成功，是农民群众保护利用耕地资源的成功。“三个成功”，把论文写在了大地上，把合作社办到了家门口，把党委政府的领导决策摆在了第一线。

第二，从第一届到今年的第七届，我是论坛的常客，也算是一个梨树模式不断迭代升级发展的见证者。我对梨树模式的基本经验有四点认识，不一定对，请各位领导专家批评指正。一是免耕少耕技术，二是技术推广联盟，三是关键机械装备，四是良田建设水平。“四位一体”，缺一不可。

昨天，在参观中国黑土地博物馆时，我注意到，梨树模式研发推广团队提出了“黑土地保护利用准则”：保护耕作 + 水土保持 +

养分循环＋消障阻退＋土地管理。这五条准则，从整体观、系统观、综合观审视了耕地资源及其利用，是中国科学家自主原创的破解黑土地资源保护和利用的一把金钥匙。我是耕地保护研究者，提倡良田良种良法良制“四良”相结合，梨树模式是“四良”配套的一个经典案例。

第三，梨树模式必将走向全国，发挥更大的作用。梨树模式，不仅属于梨树，属于四平 ，属于吉林，属于东北黑土区，也属于中国。这次来梨树，出席第七届梨树黑土地论坛，我是和河南的同志们一起来的，是特意来学习的。我相信，有了梨树模式的启发和助力，我家乡河南的砂姜黑土科技创新也将会创造新的奇迹。

同志们，“求木之长者，必固其根本；欲流之远者，必浚其泉源；思国之安者，必积其德义。”落实好习近平总书记的嘱托，认真总结和推广“梨树模式”，采取有效措施切实把黑土地这个“耕地中的大熊猫”保护好、利用好，使之永远造福人民，是我们的共同责任。

祝“第七届梨树黑土地论坛及吉林四平黑土地保护日活动”取得圆满成功！

谢谢大家！

（本文是在“第七届梨树黑土地论坛”上的发言，2021 年 7 月 22 日）

用自己发出的光，照亮自己前行的路

首先，祝贺第三届“李连捷五色土”金银奖牌的获得者！你们实至名归。衷心祝愿你们能够以此为新的起点，迅速成长为土地科技创新的引领力量。

老师们、同学们、朋友们，一年一度的春季学术报告会，已经不知不觉地成为我们的一个共同期待、共同舞台，也是越来越多的同行们、同事们、朋友们共同关注的高光时刻。九年来，我们共同努力，春季学术报告会越办越好，越来越被关注，越来越逼近我们心中的理想灯塔。2 个主旨报告，启迪思想、指引未来；13 位教授、研究员报告，引领前沿、深情呐喊；14 位研究生报告，勇于探索、夺关斩将。

今年的春季报告会，有什么特点呢？

一是继承性，29 个报告保持了 1 + 5 的陈述结构，1 是 2 个大咖精彩演讲，5 是 5 个创新团队师生同台、分列亮相。

二是创新性，29 个报告讲述了 29 个不同的故事，却贯穿一条红线，勾画了我们中国农业大学土地科学与技术学院誓言以创新驱动学科高质量发展的拳拳报国心、满满责任感。创新需要经年积累，直至突破，从 1 到 100。郝晋珉教授谈规划、孔祥斌教授谈耕地保护、宇振荣教授谈绿色粮田、程锋研究员谈耕地资源质量分类等，都是深耕数年的新思考，旧瓶新酒、顶天立地。创新更需要新瓶新酒，从 0 到 1。林倩同学关于土壤微生物多样性的研究简报就是新瓶新酒、开创未来。

三是时代性，今年是“十四五”规划的第一年，世界形势风云激荡、举国上下万众一心，土地安全是最根本的国家安全，我们探索土地正义、构建土地调查监测新技术体系、纵论耕地红线、畅谈绿色农田等。其中，既有科学问题，也有技术难题、工程难题、政策难题。问题导向与目标导向相结合开展研究是一流大学科研、教学的必然追求。

四是引领性，过去的一年，我们重点实验室回应重大关切，发出了一些权威声音，习近平总书记莅临梨树试验站，“学习强国”多次推荐我们的“耕地保护——专家网谈”成果，李保国、张凤荣、朱道林、王健、张超、黄元仿等多次现身主流媒体，部科技司领导告诉我，如此高频率在主流媒体亮相的“自然资源部重点实验室”，农用地质量与监控部重点实验室是唯一。在此，利用这个机会，我要代表重点实验室和土地学院，感谢部领导和有关司局领导一直关心和指导我们的学术研究，感谢权威学报、主流媒体和行业媒体为我们提供的高端学术交流平台，我们决心以耕地保护、土地信息学、土地工程学、土地管理学交叉融合为特色，开展资源源头保护、资源利用高效、资源利用后果可控的全链条科技创新，努力成为一个名副其实的学术高峰、一道深耕祖国大地的靓丽风景线！

今年的春季报告会，也有遗憾。

一是线上参会人数很多，我们关照不够，没有给线上参会的同道以交流机会；二是日程安排很紧，主旨报告少、教授报告时间短、研究生报告交流不足；三是开放性不够，李连捷五色土奖金银牌数量少、发放面不宽，还没有奖金；四是没有安排经验介绍环节，没有把去年集中安排“黑土地的故事”继承下来，没有把我们毕业生的热情参与转化为一支有效的创新倍增力量；五是没能邀请到《中国土地科学》编辑部莅临。这些不足，我们将重点研究，加以改进。明年，第十届春季报告会，我们将进一步扩大研究生参与规模，继续线上线下相结合，向全国设有土地院系的高校开放。

今年是中国共产党建党100周年，是实现中华民族伟大复兴中国梦的一个关键节点。本次春季报告会反复呈现的热词，包括“耕地”“土地”“碳中和”“大数据”“生态修复”“人工智能”“智慧国土”“土地正义”“两统一、一加强”“国土空间规划”“基于自然的解决方案”等。这都生动地反映了国家需求、人民期盼，更是精准地体现了科学问题、技术难题突破场景，数据驱动+场景驱动的新的科技创新范式正向我们走来，让我们继续传承恩师、发扬前辈土地学人的优良学术传统，把火炬从黄淮海、黑土地传遍祖国大地，照亮中国、照亮世界。

第九届春季学术报告会的成功，离不开各方面的支持。我代表春季报告会组委会，一要感谢部科技司、北京市自规委科技处的指导，二要感谢甘藏春老部长、陈军院士的关怀，三要感谢自然资源报社、《农业工程学报》、《中国土地》编辑部的厚爱，四要感谢各位报告人的分享，五要感谢线上聆听者的宽容，六要感谢志愿者的奉献……

在本次春季报告会上，我们研究小组，也承接下了一份沉甸甸的责任。感谢土地学院领导和全院同事们的支持和信任，把“耕地健康研究中心”的牌子授予了我们。这个平台是开放的，属于我们，也属于各位，同样属于国内外的同道。我们一定不辜负这份期待，把研究中心办好，把耕地健康的科学研究和工程实践干好！

谢谢大家，明年再相会。

（本文是在自然资源部农用地质量与监控重点实验室春节报告会闭幕式上的发言，2021年4月24日）

土地学人要脚踏实地、仰望星空，谨守良知、服务人民

首先，热烈祝贺第二届“李连捷五色土”金银奖的各位得主。各位不要小瞧这个奖牌，它不仅意味着你的出色演讲，更意味着你宣誓承担了一份责任、接到了一支将伴随你一生的火炬。而这圣火的点燃者是我们敬爱的李连捷先生。

防疫倒逼转型，世界已经发生了不可逆转的深刻变化。我们的春季报告会也顺应这个潮流，改变了方式、改变了范围。春季报告会，从一个相对封闭的师生对话小圈子，变成了一个开放的万人大讲堂。“保护黑土地、保卫压舱石”网络直播，吸引了众多珍爱土地者。六位嘉宾的倾情演讲，把我们带进了一个壮丽的世界，人与自然、与黑土地和谐共生的愿景一定能够达成。我认为，今年的春季报告会是一场取得了空前成功的会议。

不管世界如何变化，地还是要种的。不把种子播到土中，就像李洪文老师昨天演示的那样，是不可能收获“五谷满仓”的。新冠肺炎疫情至今仍在全球蔓延，全球疫情的总拐点还没有出现。与如此险恶的病毒做斗争，对于我们人类不是第一次，对于中国人也不

是第一次，抗疫使我们静了下来、退了一步。我们团队，一如既往，在看土地、看耕地、看粮食、看水土气生的健康、看粮菜肉蛋奶的品质。我们团队，一直在行动，包括本次春季报告会，我们已经组织四个有国家级影响的大活动："耕地保护·专家网谈"两场，"休养生息下的耕地保护转型"一场。我们尊敬的李保国、朱道林、张凤荣、孔祥斌老师，多次在中央媒体发声，传达中农土地学人声音，孔祥斌老师的建议得到了陆昊部长批示，张凤荣、汤怀志老师的稿件上了"学习强国"。因此，我要说，中农土地人，是有担当的行动者，名副其实。

在"世界地球日"举办春季报告会，已经成为我们团队的一个传统、一张名片、一个品牌。感谢石元春先生的关怀、张凤荣教授的支持、李保国老师的运作，我们得以独享李连捷先生作为一代宗师的崇高荣誉。土壤与土地科学，在李连捷先生的旗帜下，赢得了更广泛的支持和拥护。我们中国农业大学的土地学院，是担当领跑责任的土地"三甲医院"，土地科学、土地工程、土地信息、土地管理，科室齐全一流、名医交相辉映。今年的春季报告会就是一个新的证明。大会交流的报告个个准备充分，经过了深入系统思考，观点鲜明、事实确凿。我代表各位表态，我们决不辜负前辈的厚望，一定发扬光大诸位先行者的事业。

今年春季报告会的空前成功，我们不仅要感谢各位嘉宾、各位报告人的精彩演讲，更要感谢组织收听收看的辽宁、吉林、黑龙江、内蒙古整治中心的领导和同志们，是他们为我们搭起了一个空前的万人大会堂。我们还要感谢苍穹数码的技术支持，没有他们的支持，我们还真下不了直播的决心。我更要想把特别的感谢送给安萍丽、张超老师，他们二位是本次报告会的总负责人，是他们周到、细致、耐心的奉献，让我们收获了一个空前的成功！谢谢安萍丽教授！谢谢张超教授！

各位老师、各位同学，《中华人民共和国土地管理法实施条例》

正在征求全民意见，再过几天就要截止了。我代表春季报告会组委会，再次提醒大家抓紧时间，认真思考研究，提出您的意见建议。这是本次会议给大家布置的一个大作业。希望各位取得好成绩。

康德说，“有两样东西，我们愈经常愈持久地加以思索，它们就愈使我们的心灵充满日新又新、有加无已的景仰和敬畏：在我之上的星空和居我心中的道德法则。”我们团队是一群既经常又持久思考土地的人，我们不仅有能力欣赏土地的壮丽景象，而且有毅力继续对土地科学的探索之旅，我们终将获得真正的珍宝。

老师们、同学们，明年见！

（本文是在自然资源部农用地质量与监控重点实验室2020年春季报告会闭幕式上的发言，2020年4月23日）

路是用脚踩出来的

为了今天，我们准备了七年。今天，石元春先生亲临我们重点实验室春季报告会，并给获得首届“李连捷五色土奖”的报告人颁奖，我的内心和大家一样激动。

前不久，图灵奖颁发给了三位用一生追梦的人工智能开拓者。他们曾经被广泛质疑，骗子、疯子、傻子……但如果没有他们的疯与傻，也就没有今天的阿尔法系列，更没有“机智过人”惊悚碾压一个又一个行业。我相信，“无用阶层”将是一个广泛的存在，人类离只有靠理想支撑才能有活下去的勇气的时代不远了。

我们尊敬的李连捷先生是中国土壤学的开路人。是他，主动放弃了在美国的逐渐步入辉煌的土壤学家生涯，回到抗战胜利后百废待兴的祖国，拉起同道 72 贤人，扛起了中国土壤学会的大旗，在世界土壤学之林竖起了《四千年农夫》的科学旗帜。没有李连捷先生的开创，没有石元春先生、辛德惠先生接力前行，没有林培先生的土地导航，就没有我们土地学人的今天。当然，也就没有属于青年一代的辉煌明天。

传承是我们重点实验室的一个核心理念。因为我们知道，伟大的事业要一代功成是十分幸运、十分罕见的。我们绝大多数人，都得做传承人，都得耐心等待奇迹的出现。如果 2026 年之前，我们在座的人中，有那么一两位做出了不凡的业绩，世界土壤学大会一定会抬举您！中国土壤学届、中国土地学届一定会把您高高举过头顶，为您领跑世界而集体喝彩。

坚定不移、脚踏实地向前进是我们重点实验室的一种品格。我忘不了申办重点实验室的不眠之夜，忘不了黄元仿、孔祥斌、朱德海、郝晋珉、朱道林等教授每年牵头准备春季报告会的激情奉献，忘不了李保国、张凤荣、宇振荣、杨晓光、张晓东、孙丹峰、刘黎明、任图生、胡克林、张超、杨建宇、安萍莉、胡树文、黄健熙等教授的精彩演讲，忘不了受邀做主旨演讲的国内外嘉宾大牛，忘不了学术委的鞭策和鼓励，忘不了程锋、张蕾娜、陈桂珅、刘云慧、许月卿、段文技、苏伟、李俐、徐艳、高阳等女青土地（男青土地就不点名了）的激情释放，忘不了为我们团队奋力向前默默奉献的东校区、西校区、冠英园西区的老师们、同学们、同事们，忘不了不辞辛苦、跑前忙后的一届又一届研究生、本科生们……是你们，MY DEAR BROTHERS AND SISTERS！YOU RAISE ME UP，MORE THAN I CAN BE！

顶天立地、发挥引领作用是我们重点实验室的一份沉甸甸的责任。自重点实验室成立以来，我们一起凝练方向、探索重点，我们一起考察、切磋交流，我们一起做 LOGO、办网页、出年报……去年，黄元仿、沈重阳老师创意给优秀青年报告人记名；今年，我们决定创设“李连捷五色土奖”。红包不大成色足，砥砺前行看未来。我们希望并相信，“李连捷五色土奖”一定能够成为我们奋力前行的里程碑，这一块块小石头必将把我们的追梦小路铺成七彩大道，成为引领重点实验室、土地学院、土地学科不断向前的一道亮丽风景线。

土地科技创新人才培养、土地学科建设和土地科学知识普及依然是一项艰巨的任务。中国发展举世瞩目，但中国的二元化发展问题日益严重，三农问题、贫困问题是中国农业大学建设双一流大学的核心靶区。在我看来，这些问题都深深地根源于土地问题。中国农业大学土地学院成立，为集聚创新力量、培养后备力量创造了体制条件，但土地学院的成立并不等于问题就解决了，前边的路还很长、很崎岖。但如果没有人披荆斩棘、奋勇先前、甘当董存瑞黄继光，冲锋之路是踏不出来的。

我们是中国土地资源安全从科学到政策的观察家、研究员。其实，我们的研究、我们的行动已经改变了世界、改造了中国。中国的土壤学，中国的盐碱地治理，中国的黑土地保护，中国的沙化土地利用，中国的土地调查、土地规划、土地评价、土地利用、土地管理、土地遥感、土地计算……中国的耕地保护、高标准农田建设、土地整治，中国的土地科学、土地学科、土地专业、土地职业、土地行业，等等，都有我们团队的支撑、影响、引领。回首新中国 70 年、改革开放 40 年，我们师生几代人无愧于伟大祖国、无愧于伟大时代、无愧于 985、双一流、世界著名农业大学的荣誉。我也很优秀，1991 年我因一篇文章入选首届青年科学家论坛，据说推荐人是石元春先生，今天我也为自己喝彩，我无愧于我们敬爱的石元春老校长的教导和培养。

老师们、同学们、同志们，曙光在前，道路弯弯。今年的春季报告会，我们特邀赵春江院士、庄少勤总规划师做报告，是有深刻寓意的。人工智能时代已经到来，土地科学与技术要热情拥抱新技术、满怀信心向未来，我们要舍得放下“精耕细作”的包袱，在创新的高速道路上快速向前进；国土空间规划已经把土地利用总体规划、城乡建设规划、主体功能区规划翻篇了，土地科学与技术要拥抱国土空间规划，讲好春天里的故事，奏好中国生态文明建设的进行曲。我们要使满劲、拉满弓，履行好新时代赋予我们团队、我们每一个团员的使命、责任和担当。让我们做一把火炬，照亮后来者前进的道路；让我们做一颗石子，筑基后来者攀登的阶梯；让我们做一株绿草，映衬后来者鲜艳的绽放。

谢谢大家！

明年再相会。

（文本是在自然资源部农用地质量与监控重点实验室2019年春季报告会闭幕式上的发言，2019年4月24日）

人人皆可成为英雄

前几天，准确说，是 2018 年 4 月 18 日，美国西南航空女机长沙尔茨沉着应对一台发动机空中爆炸事故，挽救了 147 名乘客（1 死7 伤）的生命，被誉为美国英雄。

其实，这样的事情经常发生，经常在我们身边发生。李连捷先生就是英雄，石元春先生、辛德惠先生、林培先生、严泰来先生也都是英雄。他们做出了永垂青史的不朽业绩、开创了属于他们自己的伟大世代。

今天，在座的各位也是，也将是英雄。我们正在书写属于我们伟大时代的辉煌，历史将会作证。我从学术委员会乃至 HORN 教授的赞许和期待中，看到了光荣；从宇振荣、任图生、郝晋珉、张超等教授的演讲中，看到了明天；从一个个青年教师和英气逼人的博士生的激情演讲中，看到了后天、大后天……我们一定可以跑好属于我们的这一棒。我们一定能够成为英雄。我们一定是未来英雄。

我们必须长期保持头脑清醒、洁身自好。在几个颠覆现在、引领未来、开创时代的重要领域，继续凝神聚力。在山水林田湖草生命共同体（地球关键带）重大科学问题、土地资源安全与管控现代工程技术难题，比如黑土地整体保护、黄河流域系统修复、盐碱地沙土地综合治理、农用地质量精准诊断、耕地质量大数据、农用地立体利用与产能提升、土地资源资产核算、绿色基础设施建设、全球变化与低碳耕作制度研究等方面，聚焦调查评价、探测监测、模拟预测三大自然资源科学核心技术体系，全力冲刺、取得新的重大突破。

每年一度，在“世界地球日宣传周”安排的重点实验室春季学术报告会，说我们的地球故事、谈我们的美丽中国梦想、讲我们关于自然资源与空间治理的理论思考和攻关成果，已经进入了第二个轮回。今年的报告会，在黄元仿主席、沈重阳副主席、张清春研究员、高阳老师，以及多位师生志愿者的精心策划、精心实施下，新意迭出、紧张活泼、无与伦比。让我们以热烈的掌声向他们表示衷心的感谢！

在今年报告会登台亮相的演讲者，讲新进展、谈新观点，讲新技术、谈新事实，讲新发现、谈新建议，亮点纷呈、人人出彩、空前不绝后。让我们再次以热烈的掌声向他们致以崇高的敬意！

院士、杰青、长江的报告听多了，发现一个规律：观点鲜明、重点突出、数据说话、PPT 漂亮、演讲精彩。我们团队向前进，必须学思践悟“PPT 制作、科学报告会演讲”，率先在这两方面进入世界先进水平的第一方阵。

遵照黄元仿主席、沈重阳副主席的吩咐，我代表会议主办方，向耐心听报告的老师、同学们，特别是远道而来的老师、同学、同事们表示感谢！我们的讲席，不仅属于业界大咖、属于我们重点实验室师生，也同样属于重点实验室外的老师、同学和同事们。欢迎你们明年再来，并登台发表新思考、新发现、新建议，让我们这个讲台真正成为一面旗帜，让每一个演讲者都成为领头山羊。

创建或联合创建国家重点实验室、国家技术创新中心不是梦。只要我们团结一心，一穷二白正好书写最新、最美的图画。我们就是要一张蓝图干到底、一代接着一代干，用我们出色的工作成果，为改革开放 40 年、为中国农业大学土地科学与技术学院、部土地科技创新中心、部土地工程技术创新中心的元年奠基。本次会议有一个重要共识：重点实验室的发展，必须考虑土地科学与技术学院的建设、土地科技创新的布局。土地学是什么？目前还说不清楚，但肯定不是土壤学，不是地理学，不是生态学，不是气象学，不是经济学，不是管理学，也不是计算机科学。

未来属于我们，但更属于青年一代。老师们，加油啊！同学们，努力吧！

（本文是在自然资源部农用地质量与监控重点实验室2018年春季报告会闭幕式上的发言，2018年4月21日）

土地管理制度关系全局

“守正中创新，创新中守正”。土地管理制度不仅有守正的问题，也有创新的问题，既要在守正中创新，又要在创新中守正。

土地管理制度关系根本、关系全局。要坚持和完善支撑中国特色社会主义制度的根本制度、基本制度、重要制度，着力固根基、扬优势、补短板、强弱项，构建系统完备、科学规范、运行有效的制度体系，加强系统治理、依法治理、综合治理、源头治理，把我国制度优势更好地转化为国家治理效能，为实现“两个一百年”奋斗目标、实现中华民族伟大复兴的中国梦提供有力保证。

从1962年《寂静的春天》以来，我们认识到可持续发展的目标以后，全世界的科学家和智慧人士都逐渐地找到了一个标准：SDGs，包括17个目标，169个小目标，232个指标，它们是整体的，不可分割的，兼顾了可持续发展的三个方面（经济、环境、社会），我们的学生需要深入地掌握这一国际标准。

人类活动强烈干扰自身生存环境，针对我们做土地调查监测的指标来说，我国现在正在做“三调”，“三调”能说清楚耕地、园地、草地、湿地、荒漠在哪儿，以及用地类型的转化，但是仅仅知道类型的转化不能满足土地资源的科技工作者、管理者的要求，因为耕地的性质是怎么变的、耕地与周围与耕地相关联的其他自然资源间的关系无法通过“三调”得出，那么对于性质的恶化、联系的弱化更加无法描述。要回答土地问题，不仅要关注类型，也要关注性质，更要关注联系，要把问题放在一起来看才是生命共同体。耕地是和水、土、气、生联系在一起的自然资源系统，耕地与现代技术体系耦合起来就是现代农业的生产体系，可以支持人类生产出我们自身的农产品，若过程管控的不好，耕地可能积累了废（生产正商品时的负商品），可能转化到环境中，最后由环境作用到人。所以从根本上讲，资源管理是源头，开发利用是过程，生态环境是结果，自然系统、生产系统、消费系统是一体的，需有效地、高效地反馈。如果我们进入生态文明时代，我们的农业途径、我们的农业图解，我们的学生看不到这一层面是不合格的。

美国的科学家科尔曼·戴利提出空旷世界与拥挤世界的福祉，现在我们的经济已经膨胀到要把生态系统憋爆的程度，这个条件下讲福祉跟一个空旷世界讲福祉完全不同。资源系统、环境系统、利用系统一定要有整体观、系统观、综合观，监督主体是监督资源、监督利用还是监督环境的，利用主体是利用资源还是利用环境的，一定要能够讲清楚。我们所讲的农用地一定是以土壤为核心的，土壤系统中的水、土、气、生通过技术、经济，到耕地资源系统的承载力、限制性、风险性通过规划、管制，再到耕地利用系统的过度开发、粗放利用、奢侈消费，如何做到节约与循环是我们应该考虑的。

感知土地利用系统的演化主要通过现状调查精准掌握国情国力与变更调查，提供并积累土地管理科学数据。我们现在对自然资源，尤其是以土壤为核心的农用地资源有多少了解，我们对农用地资源中的耕地了解的最多，草地不行，林地不够，水资源尤其是湿地资源、荒漠资源了解的也不够，现在做调查，仅仅做数量调查、位置调查、权属调查，跟我们所处的时代还不相符。摸清自然资源家底依然艰巨，例如主产省的产能与资源消耗问题、耕地占补平衡的缺陷问题、永久基本农田的破坏问题等现象依然严峻，而且土地资源安全保障仍是我国的一道难题，例如 2070 年中国华北平原或成致命高温区，不宜居住的问题；东北黑土地量减质退的问题；地球土地利用变化进入高风险区；孤岛城市存活时间；黄河水资源问题，都是我国目前及未来土地资源安全问题。所以土地管理制度关乎根本，关乎全局，关乎中华民族的未来。

联合国可持续发展《二十一世纪议程》指出，土地资源是生命系统的基础，为一切人类活动提供土壤、能量、水和机会。我国人口占全球的19%，陆地占全球的6%，淡水占全球的6%，耕地占全球的9%。生态的差距成为与发达国家最大的差距，如何将经济发展和生态保护更好地结合起来，实现共赢局面，是摆在我们面前的新课题。

实行最严格的生态环境保护制度

坚持人与自然和谐共生，坚守尊重自然、顺应自然、保护自然，健全源头预防、过程控制、损害赔偿、责任追究的生态环境保护体系。

加快建立健全国土空间规划和用途统筹协调管控制度，统筹划定落实生态保护红线、永久基本农田、城镇开发边界等空间管控边界以及各类海域保护线，完善主体功能区制度。完善绿色生产和消费的法律制度和政策导向，发展绿色金融，推进市场导向的绿色技术创新，更加自觉地推动绿色循环低碳发展。构建以排污许可制为核心的固定污染源监管制度体系，完善污染防治区城联动机制和陆海统筹的生态环境治理体系。加强农业农村环境污染防治。完善生态环境保护法律体系和执法司法制度。空间治理的双赢之路：发展是硬道理，宜居增加获得感。制度需求是绿色发展，目标是空间治理体系，制度供给包括管控红线、管制规则和生态保护、永久基本农田、城镇开发边界以及海洋红线。以城乡融合、区域协同，高质量发展国土空间格局。通过国土空间规划定性质、定边界、定规则、定程序，以一张图、三条线、双手锏规划主体功能。发展绿色金融。吸引私人资本参与生态和社会效益的创造活动，完善绿色生产和消费的法律制度和政策导向，发展绿色金融，推进市场导向的绿色技术创新，更加自觉地推动绿色循环低碳发展。全球经验表明，政府明确对生态修复等机制的支持力度长期不变、绿色投资机会向社会资本开放，投资资本一定愿意跟进。气候变化和可再生能源领域吸引大量资金，而生态修复领域吸引资金较少但持续增长。

全面建立资源高效利用制度

推进自然资源统一确权登记法治化、规范化、标准化、信息化，健全自然资源产权制度，落实资源有偿使用制度，实行资源总量管理和全面节约制度。健全资源节约集约循环利用政策体系，实行垃圾分类和资源化利用度；推进能源革命，构建清洁低碳、安全高效的能源体系；健全海洋资源开发保护制度；加快建立自然资源统一调查证价、监测制度，健全自然资源监管体制。确权登记是资源高效利用的基础，目标是保增长、保永续、管得住、算得清、全面节约。以法制化、规范化、标准化、信息化进行确权登记、调查评价、监测监管，达到生有所望、少有所学、病有所医、老有所养、衣妆得体、食饮健康、住宿安全、出行便利。

实行土地有偿使用制度。土地、水、空气、生物及其组合是自然资本的核心要素，既有经济价值，又有生态价值。对农用地、建设用地等土地资源、土地资产和土地资本等土地要素，进行适宜性、承载力、流动性评价。

健全生态保护和修复制度

统筹山水林田湖草一体化保护和修复，加强森林、草原、河流、湖泊、湿地、海洋等自然生态保护。加强对重要生态系统的保护和永续利用，构建以国家公园为主体的自然保护地体系，健全国家公园保护制度。加强长江、黄河等大江大河生态保护和系统治理。开展大规模国土绿化行动，加快水土流失和荒漠化、石漠化综合治理，保护生物多样性，筑牢生态安全屏障。除国家重大项目外，全面禁止围填海。保持自然生态系统的整体性、系统性、综合性，使生命共同体更稳固，命运共同体更牢固。以山水林田湖草一体化保护和修复为目标，使自然、资源、生态、环境和谐共生。以民族区域、国家治理与人类命运的命运共同体，能源、矿产资源性的生命共同体和谐共处。自然生态保护与修复的绩效目标是什么？自然资源、资源的开发利用、开发利用的后果以及自然生态保护与修复的评价标准是什么？通过定量化、可视化、价值化、弹性化评测，投入资金最终要落实到项目上，以项目建设为载体。但是没有切实可行的项目，没有可量化的项目绩效评价标准，资金投入就没有载体。

严明生态环境保护责任制度

建立生态文明建设目标评价考核制度，强化环境保护、自然资源管控、节能减排等约束性指标管理，严格落实企业主体责任和政府监管责任；开展领导干部自然资源资产离任审计；推进生态环境保护综合行政执法，落实中央生态环境保护督察制度；健全生态环境监测和评价制度，完善生态补偿和生态环境损害赔偿制度，实行生态环境损害责任终身追究制。

以科学自然观和终生责任观进行资源审计。土地、水、空气、生物及其组合的自然生态稳定性很重要，以最严格的耕地保护制度，保持耕地总量动态平衡，对耕地数量、质量、生态“三位一体”保护。保障宅基地集体属性，加强空心村整治。自然造就了人类，人类离不开自然。坚持和完善土地管理制度，对耕地保护责任目标落实情况进行考核。

坚持习近平生态文明的思想，“生态兴则文明兴”的深邃历史观；“人与自然和谐共生”的科学自然观；“绿水青山就是金山银山”的绿色发展观；“良好生态环境是最普惠的民生福祉”的基本民生观；“山水林田湖草是生命共同体”的整体系统观；“实行最严格生态环境保护制度”的严密法治观；“共同建设美丽中国”的全民行动观；“共谋全球生态文明建设之路”的全球共赢观。

建设生态文明，关乎人民福祉，关乎民族未来。人类从生态系统（自然、半自然、人工）获得的各种惠益，为人类安全、基本物质需求、健康、社会关系、选择与行动自由提供支持、调节和文化服务。

自1983年我国将环境保护确定为基本国策，经历了制定《中国21世纪议程》，全面协调可持续科学发展观，建设资源节约、环境友好社会，以及把建设生态文明作为实现小康社会目标之一的历程。中国特色社会主义“五位一体”的总体布局，把生态文明建设放在突出地位。

我们要建设的现代化是人与自然和谐共生的现代化，既要创造更多物质和精神财富以满足人民日益增长的美好生活需要。坚持节约优先、保护优先、自然恢复为主，形成节约资源和环境保护的空间格局，还自然以宁静、和谐、美丽。

以土地科学香山共识为基础，从科学到政策保证土地资源安全。贯彻落实习近平生态文明思想，坚持和完善最严格的土地管理制度、最严格的耕地保护制度和最严格的土地节约集约利用制度，为建设富强中国、美丽中国，构筑厚实稳健、富有弹性的土地资源安全保障体系而奋斗。

（本文是在中国农业大学土地科学与技术学院、中国土地政策与法律研究中心2020年联合举办的网上学术讲座上的发言，2020年3月31日）

后 记

十年前，央视财经频道（CCTV2，应该是受我策划并组织实施“土地整治万里行”的影响）主动联系我，说他们计划做一部纪录片《国情备忘录》，希望得到我的支持。我当时脱口而出地说，土地国情的聚焦点就是“耕地红线”。后来编导们多次与我深度沟通，耐心听我介绍情况。其后，他们耗费大量时间和精力，完成了这一杰作，并以《特别呈现》方式推出，有关耕地红线内容分两集播出。央视财经频道的同志们还郑重地回赠了我一套光盘《红线》，并至今与我保持联系。

我是 1983 年从武汉水利水电学院农田水利工程系毕业到中国农业工程规划设计研究院土地利用工程研究室工作的，同时报到的共有 24 人。可能因为我是中共党员，性格又比较开朗，被临时指定为入职新员工的联络员。人事处安排我做了两件事：一是选拔本院职工子女上大学，二是整理干部档案。这两项工作之艰巨、复杂，我当时并不清楚，就是坚持按领导要求办事、按原则办事。值得回忆的是，一位老同志女儿的考试成绩被质疑，我做了解释，也没有出什么事情。后来，我要求回到研究室工作，人事处很快就同意了。

1986 年，国家土地管理局成立，我以为土地利用工程研究室会整建制划转，但结果却出人意料，我院遥感室整建制划转，而土地利用工程研究室一人没去。我找院领导了解情况，被告知新组建的国家土地管理局不需要我们。后来才搞清楚，这不是事实。真实情况是，我室老同志不乐意去新组建单位。而就在这一年，我被选中去南京农业大学接受英语培训，准备出国进修。这件事，又被选派中央讲师团团员的安排给置换了。我清楚记得领导谈话过程：郧文聚同志，你是中共党员，现在组织上决定派你参加中央讲师团，必须参加，不允许讨价还价。南京农业大学的事，以后再安排。作为中共党员，对待组织决定是无条件服从的。于是，我就成了中央讲师团团员，分配到黑龙江省齐齐哈尔市泰来师范学校任教一年（教高三数学）。出发动员会是在人民大会堂举行的。一年后我因表现突出，被授予中央讲师团黑龙江分团先进个人、黑龙江优秀人民教师，后又被表彰为中央讲师团先进个人（中央国家机关党工委），我也被部人事司提名提拔，但我院当时并没有提拔我，而是被“蹲苗”了。这一蹲，就到了 1994 年，我从英国伦敦大学 WYE 学院从事合作研究归来，被提拔为规划所副所长。也就是在这一年，我受命牵头编制“九五计划”《种子工程》项目建议书、可行性研究报告。国家投资 132 亿元的种子工程顺利列入国家“九五计划”，我被时任农业部部长的刘江同志特别邀请，在农业部机关食堂设宴敬酒。后来，又受命牵头编制《中国几内亚农业合作计划书》《示范水稻农场项目建议书》《可行性研究报告》。国家投资 1.5 亿元的中几农业合作项目顺利获批。我是该项目的咨询服务负责人，但后来事情的发展却发生了重大转折，我被农业部党组选派到几内亚帮助工作 1 个月。而这 1 个月，最终变成了 8 个月（水稻成熟、大米加工成功、养鸡场建成投产……这些工作，都是我测量、规划、设计、组织施工完成的。但因出国准备不足，我是带病去的，在几内亚工作 8 个月后，身体出现了严重的情况，每天只能工作半天时间，如再不回国治疗就可能导致终生遗憾），我的工作岗位也发生了变化，回不到原单位了。

回国后，我根据了解掌握的情况，牵头组织《中非农业合作研究》，被列入农业部重点科技计划。我与北京大学、南京大学、中国农业大学、中国科学院地理所、中国社科院西亚非洲所取得联系，按照大历史观的框架组织动员了国内最精英的力量开展研究，一干就到了2000年。幸运的是，就在这一年，首届中非合作论坛在北京举行，该套研究成果被农业部选为礼物赠送与会非洲贵宾。我也在这一年晋升为研究员。

2000年底，我调到国土资源部土地整理中心工作。因熟悉项目管理工作，被任命为项目计划处处长，同时负责两项重要工作：一是构建国家投资土地整理项目管理技术体系，二是牵头全国耕地分等定级与估价工作。前者与我是轻车熟路，不需要投入过多精力，把工作任务分解好、队伍带好、把好关即可；后者却是一个卡脖子、拦路虎性质的巨大挑战，土地科学界几次闯关都以失败而告终，我也是知情人和参与者。庆幸的是，这两项工作，在我手中都推进得还不错。前者，后来发展为由国务院批准的“十二五”“十三五”《全国土地整治规划》，全国建成了8亿亩高标准农田；后者，形成了第一个中国耕地调查与评定成果，获得国土资源部科技进步一等奖。2009年发布全国耕地质量分等成果时，时任国土资源部部长徐绍史同志高兴地宣布，从此我国耕地管理进入了数量质量并举的新阶段。

进入新世纪，随着阅历丰富，反思反省就多了起来，迸发出对土地科学学术研究的浓厚兴趣，写了一批学术类论文，也写了一些评论和科普短文，先后由薛剑、杨磊同志帮助，结集出版了《农村土地利用研究》《生态良田思考》两部文集。《坚守耕地红线》是我近年的思考，所收文章也都公开发表过，是梁梦茵、杨磊两位同志帮我整理，由董建会同志资助出版，在此向他们表示衷心感谢！

矢志守红线，一起向未来。这是我的心声，也是受冬奥会口号的启发和鼓舞、而应邀给《中国自然资源报》读者敬撰的2022年新年献词。2021 年，我有幸带领自然资源部农用地质量与监控重点实验室团队，经由中国土地学会举荐，获批建设中国科协耕地红线科学传播专家工作室，该批次共有六个工作室获批，很珍贵。我决心和工作室的同事们继续努力奋斗，为坚守耕地红线发挥应有作用。

60 年前，《寂静的春天》的作者蕾切尔·卡逊在她一生中接受的唯一一次电视采访时就不无忧虑地说过："我们前所未有的挑战是：人类社会要证明自己的成熟和驾驭能力，不是靠掌控自然，而是靠掌控自己。"今天，重温她的忧虑之言，深刻反思当今人类社会发展与安全的关系决不是杞人忧天，地球村民需要集体行动，需要从现在做起、从我做起。

作者简介

● 自然资源部国土整治中心二级研究员，自然资源部农用地质量与监控重点实验室主任，自然资源部土地工程技术创新中心主任。

● 中国农业大学、中国地质大学（北京）兼职教授、博士生导师，河南大学、东北农业大学、华中师范大学等兼职教授。

● 中国农业工程学会成立四十周年40名杰出贡献人物（改革开放40年中国农业工程杰出贡献奖，2019年·杭州）。中国土地学会成立四十周年40篇优秀论文（2021年·北京）：《中国土地科学》2011年第25卷第6期，《土地整治加强生态景观建设理论、方法和技术应用对策》；《中国土地科学》2014年第28卷第4期，《中国耕地质量调查与评定》。

● 自然资源部、中国科学技术协会、中国土地学会、中国农业工程学会首席科学传播专家，国务院特殊津贴工程技术专家，获部省级科技奖10项。

●《全国土地利用总体规划纲要（2006—2020年）》编制技术组组长，全国农用地分等定级与估价专项首席专家，“十二五”“十三五”全国土地整治规划编制技术组组长，第三次全国国土调查耕地组组长。原国土资源部科技咨询委委员。

● 领衔创建国土资源部农用地质量与监控重点实验室、国土资源部土地工程开发技术创新中心；创立耕地保护国土资源科普基地、全国科普基地；创立中国科协、中国土地学会耕地红线科学传播专家工作室。

• 牵头编制“种子工程”项目建议书、可行性研究报告（列入国家“九五”计划，国家投资 132 亿元）；牵头编制中国援助“几内亚粮食自给项目”计划书、可行性研究报告，并担任中国几内亚科巴示范农场项目（3 万亩水稻农场）建设现场总指挥；策划编著《中非农业合作投资指南》（全五卷），并以原农业部名义向首届中非合作论坛（2000 年）赠书；以正式代表身份出席首届中国青年科学家论坛（1991 年）。

• 策划并组织召开第一个中国科协青年科学家论坛——“节地技术若干前沿问题”（2004 年）；第一个土地领域香山科学会议——“土地资源安全 · 从科学到政策”（2018 年）；第一个耕地领域香山科学会议——“耕地内涵外延及其监测评价”（2022 年）；策划构建自然资源监测站网络体系（2017 年）。推动将土地整治工程技术人员列入《国家职业大典》（2015 年），将土地整治工程列入国民教育本科专业（2017 年），提出构建土地系统科学思想并推动将土地科学与技术列入一级学科（中国农业大学推荐、获教育部认可，2021 年）。